D1690797

Die Zeichen GRUR und die grüne Farbe sind eingetragene Marken der GRUR-Vereinigung. GRUR – der grüne Verein. Verwendung mit freundlicher Genehmigung der GRUR-Vereinigung.

GRUR Junge Wissenschaft

Potsdam 2023

Buchheim | Kraetzig | Mendelsohn | Steinrötter [Hrsg.]

Plattformen

Grundlagen und Neuordnung des Rechts digitaler Plattformen

Nomos   DIKE   facultas

Onlineversion
Nomos eLibrary

Die Deutsche Nationalbibliothek verzeichnet diese Publikation in der Deutschen Nationalbibliografie; detaillierte bibliografische Daten sind im Internet über http://dnb.d-nb.de abrufbar.

ISBN (Print) 978-3-7560-1454-5
(Nomos Verlagsgesellschaft mbH & Co. KG, Baden-Baden)
ISBN (ePDF) 978-3-7489-1991-9
(Nomos Verlagsgesellschaft mbH & Co. KG, Baden-Baden)

ISBN 978-3-7089-2476-2
(facultas Verlag, Wien)
ISBN 978-3-03891-715-1
(Dike Verlag, Zürich/St. Gallen)

1. Auflage 2024
© Nomos Verlagsgesellschaft, Baden-Baden 2024. Gesamtverantwortung für Druck und Herstellung bei der Nomos Verlagsgesellschaft mbH & Co. KG. Alle Rechte, auch die des Nachdrucks von Auszügen, der fotomechanischen Wiedergabe und der Übersetzung, vorbehalten. Gedruckt auf alterungsbeständigem Papier.

Vorwort

Das neuere Plattformrecht mit seinen wettbewerbs-, urheber-, medien-, verfahrens- und regulierungsrechtlichen Herausforderungen lässt sich naturgemäß nicht in einem einzelnen Tagungsband erschließen. Der wachsende Wald an Kommentierungen der neuen Rechtsakte mit Plattformbezug legt dafür Zeugnis ab. Das am 23. und 24. Juni 2023 in Potsdam abgehaltene achte Kolloquium zum Gewerblichen Rechtsschutz, Urheber- und Medienrecht der GRUR Junge Wissenschaft und der vorliegende Tagungsband sind angesichts dieser Vielheit und Unübersichtlichkeit ein Versuch, die zahlreichen Perspektiven, aus denen man sich dem Phänomen Plattformen und seiner rechtlichen Regelung annähern kann, zumindest für einen Moment zusammenzubringen. Das Plattformrecht ist schon für sich genommen zu komplex und vielschichtig, um durch überzogene binnenrecht(swissenschaft)liche Vereinzelung noch einen verkomplizierenden Faktor zu ergänzen. Der vorliegende Versuch einer überspannenden Perspektive fokussiert im Wesentlichen auf die beiden „Großen" der jüngsten Rechtsakte (DSA und DMA) und nähert sich ihnen unter dem besonderen Gesichtspunkt ihres Vollzugs: Wie kann man ein globales Phänomen wie Plattformen lokal und regional regulieren? Welche Rolle spielt der Schwarm der einzelnen Vielen in der Effektivierung der neuen Regularien? Passen Regelungsmodelle, die wie das Urheberrecht oder das Antidiskriminierungsrecht an individuelle(s) Leistung oder Leiden knüpfen, zum Plattformphänomen? Wie vollzieht sich das Plattformrecht im institutionellen Potpourri einer pluralistischen (Rechts-)Union?

Dieser Tagungsband gliedert sich – wie das Konferenzprogramm – in vier Teile. Der erste Themenblock befasst sich mit Rechten und Gegenrechten an Plattforminhalten, zunächst aus urheberrechtlicher Sicht. Im ersten Beitrag behandelt *Aurelija Lukoseviciene* das wachsende Machtgefälle zwischen Plattformen und Urheber:innen, die dort Inhalte einstellen (S. 11 ff.). Sie wirft insoweit einen Blick auf das durch die DSM-RL harmonisierte Urhebervertragsrecht und fordert dessen Neuinterpretation und Anpassung, um dem Ungleichgewicht entgegenzuwirken. *Jasmin Brieske* bleibt im Urheberrecht und auch auf Seiten der Nutzer:innen, schlägt mit ihrem Beitrag jedoch den Bogen zur deutschen Umsetzung der DSM-RL: Steht den Nutzer:innen von Plattformen nach dem UrhDaG ein Anspruch auf Anpassung von Filtersystemen zu (S. 31 ff.)? Da es dem Urheberrecht bisher fremd ist, dass Schrankenvorschriften subjektive Rechte begründen und eingeklagt werden können, würde eine solche *ex ante*-Inanspruchnahme von Ausnahmen und Beschränkungen einen Paradigmenwechsel einleiten. *Lars Pfeiffer, LL.M* schließt den Themenblock mit seinem Beitrag zu Datenzugangsregeln in der Plattformökonomie, für den er die Regulierungsinstrumente von P2B-VO, DMA und DSA untersucht (S. 53 ff.).

Der zweite Komplex hat die *private enforcement*-Strukturen des Plattformrechts zum Gegenstand. Zunächst streicht *Max-Julian Wiedemann* heraus, dass sich im Urheber- und Wettbewerbsrecht eine Abkehr von der Störerhaftung gezeigt hat und die Täterverantwortlichkeit in den Blick genommen wurde, während im Äußerungsrecht nach wie vor die Störerhaftung Maß gibt (S. 77 ff.). Dieses ausdifferenzierte und auch heterogen scheinende Bild provoziert die Frage, inwiefern jene Entwicklungen sich alsbald auch auf die Plattformhaftung für Persönlichkeitsrechtsverletzungen auswirken werden. Dem schließen sich Beiträge von *Johannes Weigl* zur privaten Durchsetzung des DMA (S. 97 ff.) sowie von *Dr. Patrick Zurth*, LL.M. (Stanford) zur gleichen Fragestellung für den DSA (S. 125 ff.) an. Beide Rechtsakte zeigen sich dabei nicht nur offen für ein *regulation through litigation*; dieses erscheint jeweils sogar klar rechtspolitisch gewollt und wird voraussichtlich große Praxisrelevanz entfalten.

Im dritten Teil des Tagungsbandes fließen auch interdisziplinäre Erkenntnisse in die Betrachtung ein. *Liza Herrmann* und *Lukas Kestler* warnen anhand aktueller, international stark divergierender Regulierungsvorhaben für Plattformunternehmen vor der Entstehung eines regulatorischen Flickenteppichs und schlagen einen Drei-Säulen-Ansatz vor, der zukünftige Divergenzen und Inkonsistenzen überwinden könnte (S. 143 ff.). *Deborah Löschner* und *Helena Kowalewska Jahromi* untersuchen die neuen „Dark Patterns"-Tatbestände des DSA (S. 163 ff.) – hier wird das Nutzerverhalten auf digitalen Plattformen vor allem psychologisch untersucht, um die Begriffe „freie, informierte Entscheidung", „Täuschung" und „Manipulation" offenzulegen und handhabbarer zu machen. Der Beitrag von *Macarena Viertel Iñiguez* (S. 183 ff.) widmet sich der Aufmerksamkeit (*Attention*) als Ressource und Kehrseite der Datenmacht auf digitalen Märkten. Ihre Eigenschaften werden analysiert und mögliche Gründe für Marktversagen aufgezeigt, um sie insbesondere für das Wettbewerbsrecht fruchtbar zu machen.

Der vierte Themenblock widmet sich regulierungsrechtlichen und pointiert öffentlich-rechtlichen Aspekten des „Neuen Plattformrechts". *Dr. Tobi-*

as Mast wirft zunächst ein Schlaglicht auf die europäische Provenienz der neuen Rechtsakte (S. 207 ff.). Das Plattformrecht der neuesten Generation ist eben nicht irgendein Recht, sondern Europarecht – mit seinen spezifischen kompetenziellen Begrenzungen, komplex verschränkten politischen Prozessen und pluralen Grundrechtskulturen, die hier unter ein gemeinsames, noch irgendwie konsistentes (?) regulatorisches Dach gefasst werden müssen. *Jun.-Prof. Dr. Hannah Ruschemeier* vertieft diese Perspektive mit einer Analyse der komplexen Aufsichts- und Durchsetzungsstrukturen des *DMA* und des *DSA* (S. 227 ff.). Insbesondere letzterer bestimmt ein ganzes Füllhorn von Akteuren – u.a. die Plattformen selbst, Hinweisgebende, Digital Services-Koordinatoren, Audit-Institutionen, Forschende und Kommission – zu Mit-Vollstreckern des neuen Rechtsregimes. Den Abschluss macht *Felicitas Rachinger* mit einer Analyse der rechtlichen Anstalten zum Schutz marginalisierter Personengruppen im Plattformkontext (S. 249 ff.). Gegenüber dem auf Individualschutz setzenden Regulierungsansatz des klassischen Antidiskriminierungsrechts markiert der DSA insoweit einen Übergang zu einer systemischen Herangehensweise, deren Chancen und Herausforderungen der Beitrag beleuchtet.

   Die Tagung wurde von der Deutschen Vereinigung für Gewerblichen Rechtsschutz und Urheberrecht e.V. (GRUR), durch die Kanzleien Simmons & Simmons sowie Osborne Clarke und durch den Nomos Verlag großzügig unterstützt. Ohne diese Förderung wären die Konferenz und die Erstellung des Tagungsbandes nicht möglich gewesen. Hierfür bedanken wir uns vielmals. Herr *Dr. Marco Ganzhorn* hat den Tagungsband umsichtig und mit großer Kompetenz betreut. Hierfür schulden wir großen Dank. Schließlich gilt unser herzlicher Dank unseren Mitarbeiter:innen für deren tatkräftige Unterstützung, namentlich *Lukas Breide, Niko Gräser, Jannik Kellermann, Emmelie Lotzow, Jette Markert, Noel Schaller, Lina Marie Schauer, Markus Schrenk und Tan Nhat Van* (in alphabetischer Reihenfolge). Wir freuen uns sehr, dass wir den Staffelstab der Tagungsorganisation nunmehr an *Dr. Max Dregelies, Dr. Hannes Henke, LLM.oec.* und *Jun.-Prof. Dr. Lea Katharina Kumkar* übergeben konnten. 2024 wird die Tagung in Trier stattfinden.

Johannes Buchheim / Viktoria Kraetzig / Juliane Mendelsohn / Björn Steinrötter

Inhaltsverzeichnis

Aurelija Lukoseviciene
Protection of platform authors in the context of the EU DSM
Directive: The invisible "Gig Authorship"? 11

Jasmin Brieske
Vom Recht, Online-Inhalte als gesetzlich erlaubt zu kennzeichnen 31

Lars Pfeiffer
Datenzugang in der Plattformökonomie: Regulierungsinstrumente
in P2B-VO, DMA und DSA 53

Max-Julian Wiedemann
Die Zukunft der Störerhaftung im Äußerungsrecht 77

Johannes Weigl
Margrethe, the 80, and Who? – Private Durchsetzung des *Digital
Markets Act (DMA)* 97

Patrick Zurth
Private Rechtsdurchsetzung im Digital Services Act 125

Liza Herrmann und Lukas Kestler
Wettbewerbsrechtliche Herausforderungen durch international
heterogene Gatekeeper-Regulierung – Plädoyer für ein strategisches
Umdenken 143

Helena Kowalewska Jahromi und Deborah Löschner
Catch me if you can? Wirksamkeit und Regulierung von Dark
Patterns auf digitalen Plattformen 163

Macarena Viertel Iñíguez
The capture of user attention in digital ecosystems: a competition
policy perspective 183

Inhaltsverzeichnis

Tobias Mast
Plattformrecht als Europarecht   207

Hannah Ruschemeier
Wettbewerb der Aufsicht statt Aufsicht über den Wettbewerb?
Kompetenzfragen der Plattformaufsicht aus verfassungsrechtlicher
Perspektive   227

Felicitas Rachinger
Ungleichbehandlung von Inhalten marginalisierter Personen in
Online-Kommunikationsräumen   249

Protection of platform authors in the context of the EU DSM Directive: The invisible "Gig Authorship"?

Aurelija Lukoseviciene

1. Introduction

Digital Platforms have by now become an inseparable part of the digital infrastructure and the Internet as we know it. Through their aggregation of digital and other resources, information, and people,[1] they have created a new landscape of services we now see as natural part of our lives but have also introduced a set of legal challenges creating new power imbalances or exacerbating old ones. This article seeks to address one of the sides of this new power dynamics, namely, the interactions between platforms and their content creators with a lens of the new harmonised rules for authors' contractual relationships in the Copyright in the Digital Single Market Directive (the DSM Directive).[2]

From the very beginning of professional cultural industry and its regulation in copyright law, there has been a need to balance the interests of those who provide the intellectual and creative input and those who provide investment to produce and disseminate the resulting works.[3] The new intermediaries – the platforms – have become a new powerful actor that possibly worsens the position of authors exploiting their works in the digital sphere.[4] With rapid development of high investment and "virtuous cycle" technologies such as AI, supercomputers or quantum computing,

---

1 See, for instance, V. Iaia, The remodelled intersection between copyright and antitrust law to straighten the bargaining power asymmetries in the digital platform economy, International Journal of Law and Information Technology 2021, 29, pp. 170-172.
2 Directive (EU) 2019/790 of the European Parliament and of the Council of 17 April 2019 on copyright and related rights in the Digital Single Market, (DSM Directive).
3 For more on development of modern copyright law (and neighbouring rights law) from this perspective see: A. Lukoseviciene, Authors and Creative Users: Addressing the Conceptual Challenges of Digital Creativity to EU Copyright Law from the Perspective of Author, Media-Tryck, Lund University 2021, pp. 111 – 184.
4 See, for instance: G. Pessach, Deconstructing Disintermediation - A Sceptical Copyright Perspective, Cardozo Arts & Enterntainment Law Journal 2013, 31, pp. 833-874, or G. D'Agostino, Copyright, Contracts, Creators. New Media, New Rules, Edward

the power imbalance in the digital markets is only bound to increase. The individual creators who are navigating this world trying to economically exploit their copyright protected works need more attention and more protection measures tailored for them.

2. Platform creative industries

In the digital landscape of platform intermediaries, authors are now popularly called "content-creators"[5] and are rarely discussed in copyright law literature. While a significant conversation has emerged on potential violation of copyright by amateur creators making fan-art, mashups, and other so-called "User Generated Content",[6] not much has been said about other moral and material interests of and risks for the authors who use platforms for "monetization"[7] of their creative works. Even the status of these authors is unclear: are they self-publishing businessmen and women building their own brand and audience through a platform as a neutral party that allows self-exploitation of works, or can they be seen as freelancer contractors in platform's business model? Can they be considered employees of the platform in some cases? Depending on the answer to these questions, different legal regimes would apply to those creators and their relationship with the platform.

From the perspective of EU copyright law, in the last decades legal discussions about platform creative environments focused on copyright infringement and presented them as (mostly) passive and neutral.[8] If the same approach would apply to infringement-unrelated aspects of author-platform relationships, those authors could be sharing the currently much

---

Elgar 2012, pp. 3-5, B. *Hugenholtz*, Neighbouring Rights are Obsolete, IIC-International Review of Intellectual Property and Competition Law 2019, 50.

5 A. *Arriagada and F. Ibáñez*, You Need At Least One Picture Daily, if Not, You're Dead: Content Creators and Platform Evolution in the Social Media Ecology, Social Media + Society 2020, p. 1.
6 See, f.i, M. *Senftleben*, User generated content: towards a new use priviledge in EU copyright law, in: T. Aplin (ed.), Research Handbook on Intellectual Property and Digital Technologies, Edward Elgar 2020.
7 For discussion of "monetization" in relation to copyright law and its possible reforms see: R. *Budnik*, Copyright and the Value of Attention, Journal of Intellectual Property Law & Practice 2016, 11(5), pp. 355-359.
8 With a notable move towards more responsibilities for copyright infringement for the largest "Online Content Sharing Service Providers" in article 17 of the DSM Directive.

analysed issues of workers of the "gig economy" that is criticised as not sufficiently regulated and failing ensure fair and balanced conditions for all actors involved.[9] This article seeks to begin a conversation about what EU Copyright law could bring to these "Gig Authors" focusing on three large and famous creative sharing platforms and the conditions of creators there, and the harmonized EU copyright protection measures for authors' contractual relationships (arts. 18-22 DSM Directive) which are specifically aimed at strengthening the bargaining position of authors when they enter into contracts to exploit their creative works. It will be shown that while the relationship and the terms and conditions might vary, in most cases the platforms act as intermediaries with a lot of unilateral control over what works are published, how much creators earn, and what the conditions of the relationship are. While the arts. 18-23 of the DSM directive might be a useful tool to remedy some of the power imbalances, the current provisions need to be reinterpreted and adapted to really be usable for the gig authors.

3. Terms and Conditions for Gig Authorship

3.1. Roblox, YouTube and Instagram

In the world of online computer games, Roblox is a relatively new and still soaring star. This is a platform perhaps best known for young computer game enthusiasts that has become a huge digital actor in the recent years,[10] with almost 50 million daily active users in the last quarter of 2021.[11] Its special feature is that it is made up of games created by the users themselves, over 60% of which are reportedly below the age of 16,[12] with tools provided by the platform. Another important feature of Roblox is that the users can

---

9   See for instance: A. J. Wood et al., Good Gig, Bad Gig: Autonomy and Algorithmic Control in the Global Gig Economy, Work, Employment and Society 2019, 33(1), pp. 65-75; S. Vallas and J. B. Schor, What Do Platforms Do? Understanding the Gig Economy, Annual Review of Sociology 46 (2020) or C. L. Fisk, Hollywood Writers and the Gig Economy, University of Chicago Legal Forum 2017, pp. 177-203, exploring the creative labor as historically similar to "gig economy".

10 See, for instance: Roblox: David Baszucki worth $4.6bn as shares soar, BBC News 2021, https://www.bbc.com/news/technology-56359211 (accessed 25 August 2023).

11 See: *Roblox*, Q4 2021 Report, Supplemental Materials, p. 22, https://ir.roblox.com/financials/quarterly-results/default.aspx (accessed 25 August 2023).

12 See: https://www.statista.com/statistics/1190869/roblox-games-users-global-distribution-age/ (accessed 25 August 2023).

earn money from the games they have created. The platform is especially famous for some success stories of teenagers earning fantastic amounts when a game they created became exceptionally popular.[13] However reports that the creators of Roblox are exploited by the company, have become more common as well.[14] The platform has been criticised for pay-out to the creators much lower than any industry standards, misleading information, and business model aimed at increasing profit for the company without regard for underaged creators.[15]

Another very visible example is YouTube, where different kinds of content creators (authors of creative works) are invited to upload their videos and use ready-made monetization schemes where earnings depend on the audience they manage to attract on the platform.[16] The platform itself is huge and extremely popular with over 2 billion global users in 2021,[17] with more than 500 hours of video uploaded every minute.[18] Moreover, those massive amounts of content are consumed: YouTube has been consistently ranked as one of the most visited online streaming websites, currently number one worldwide according to some ranking sites.[19] The conditions of creators trying to earn money there, however, have been also criticised for the threshold of becoming eligible for monetisation (otherwise all rev-

---

13 See, for instance, *L. Jones & L. Heighton-Ginns*, Roblox: 'We paid off our parents' mortgage making video games', BBC news 2021, https://www.bbc.com/news/business-56354253 (accessed 25 August 2023).
14 See: *C. D'Anastasio*, On Roblox, Kids Learn It's Hard to Earn Money Making Games, Wired 2021, https://www.wired.com/story/on-roblox-kids-learn-its-hard-to-earn-money-making-games/ (accessed 25 August 2023).
15 See, for instance, *People Make Games*, Investigation: How Roblox Is Exploiting Young Game Developers, https://www.youtube.com/watch?v=_gXlauRB1EQ&t=7s (accessed 25 August 2023).
16 See, for instance: *YouTube,* Monetization for Creators, https://www.youtube.com/intl/en_us/howyoutubeworks/product-features/monetization/ (accessed 25 August 2023).
17 See: YouTube users worldwide 2019-2028, https://www.statista.com/forecasts/1144088/youtube-users-in-the-world (accessed 25 August 2023).
18 Hours of video uploaded to YouTube every minute as of February 2022, https://www.statista.com/statistics/259477/hours-of-video-uploaded-to-youtube-every-minute/ (accessed 25 August 2023).
19 See: Top Websites Ranking Most Visited Streaming & Online TV Websites, Similarweb, https://www.similarweb.com/top-websites/arts-and-entertainment/tv-movies-and-streaming/ (accessed 25 August 2023).

enues go to YouTube itself),[20] wide rights to YouTube to make unilateral decisions with respect to all matters related to use of the service,[21] unfair demonetization practices,[22] and so on.

The last example that is rarely put into copyright spotlight but is increasingly becoming one of the key platforms[23] for video and picture authors who also call themselves "influencers," [24] is Instagram. The site is owned by "Meta" and is a sister company to Facebook but traditionally more geared towards creativity (sharing photographs) than just staying in contact with friends. It currently has around 1,35 billion active users per month, which would amount to close to 30% of the global Internet user population[25] and has moved away from merely pictures offering a wide variety of ways to earn money to already well-known people[26] or new creators wishing to develop their personal brand. The platform now also allows sharing and monetizing of videos, broadcasting live streams, creating own product shops and more. At the same time, there have been concerns raised about working conditions and the twisted power dynamics Instagram creators face when dealing with much more powerful businesses. The critique in-

---

20 *Mix,* YouTube's greedy new ad policy will hurt vulnerable creators the most. More money for YouTube, less for the creators, TNW 2020, https://thenextweb.com/news/youtube-ads-revenue-creators (accessed 25 August 2023).

21 See, for instance: *S. Kopf,* "Rewarding Good Creators": Corporate Social Media Discourse on Monetization Schemes for Content Creators, Social Media + Society 2020, 6(4).

22 *W. W. Wilkinson and S. D. Berry,* Together they are Troy and Chase: Who supports demonetization of gay content on YouTube?, Psychology of Popular Media 2020, 9(2).

23 Instagram is the largest platform of this nature at the moment and even if there are some speculations of TikTok taking over the market in a few years, there are evidence that this is unlikely to happen. See: *John Brandon,* Instagram Is Outpacing TikTok For User Growth. Here's Why, Forbes 2023. https://www.forbes.com/sites/johnbbrandon/2023/06/24/instagram-is-outpacing-tiktok-for-user-growth-heres-why/?sh=5488c4755dbd (accessed 2 October 2023).

24 For a possible definition of an influencer and trends in the concepts see: *F. Michaelsen et al.,* The impact of influencers on advertising and consumer protection in the Single Market, Study requested by the IMCO committee 2022, p. 9 and pp. 22-25.

25 Number of Instagram users worldwide from 2020 to 2025, https://www.statista.com/statistics/183585/instagram-number-of-global-users/ (accessed 25 August 2023).

26 The highest earners on Instagram are reportedly already famous people, see: How Much Money Do Instagram Influencers Make in 2023?, Embed Social 2023, https://embedsocial.com/blog/how-much-do-instagram-influencers-make/ (accessed 25 August 2023).

cludes lack of transparency and bargaining power,[27] loss of income due to unilateral changes in platform's business model,[28] etc.

4. Terms and Conditions – the Structure of Platform's relationship with its authors

4.1. Copyright

All reviewed platforms have separate provisions on distribution of rights for creative works, which is perhaps one of the first pillars in the structuring of the platform-author relationship. All three apply the same principle: the author keeps the exclusive rights to the work, granting the platform a "worldwide, non-exclusive, royalty-free, transferable, sublicensable licence to use that Content (including to reproduce, distribute, modify, display and perform it) for the purpose of operating, promoting, and improving the Service".[29] Despite that, as will be shown below, it's the other aspects of terms and conditions and actual circumstances on the platform that often decide the extent to which the author can use the rights to their work.

For instance, remuneration for exploitation of works is in itself an example of "service" that can be arranged seemingly outside of copyright law and outside the royalty-free license on these platforms. Despite the generally free license, YouTube, for instance, provides that payments received through its monetization tools will still be treated as royalties.[30] The amount of royalties here is to be set individually and varies greatly[31] but

---

[27] See: Instagram Influencers Are Standing Up for Creators With F*** you, Pay Me, TeenVogue 2022, https://www.teenvogue.com/story/instagram-influencers-fight-pay (accessed 25 August 2023).

[28] Why Instagram's creatives are angry about its move to video, The Guardian 8 August 2021, https://www.theguardian.com/technology/2021/aug/08/instagram-artists-leaving-social-media-tiktok-shopping (accessed 25 August 2023).

[29] *YouTube,* Terms of Service, https://www.youtube.com/t/terms (accessed 25 August 2023), Licence to YouTube, the other platforms use almost identical text: *Roblox,* Creator Terms 2.b.ii. and *Instagram,* Terms of Use, https://help.instagram.com/581066165581870 (accessed 25 August 2023).

[30] *YouTube,* Right to Monetize, https://www.youtube.com/t/terms#eb887a967c (accessed 25 August 2023).

[31] YouTube partner earnings overview. What's my revenue share?, https://support.google.com/youtube/answer/72902?hl=en#zippy=%2Cwhats-my-revenue-share (accessed 25 August 2023).

there are reports of creators getting around 55%[32] of what their channel makes. Roblox sets up a system where the platform formally isn't exploiting the work and transactions are presented as occurring between the creator and a user, which Roblox only facilitates.[33] All other conditions, including the conversion rate and creator share of the in-game currency, however, are set by the platform, casting doubts on the real independence of creator-user transactions. According to official Roblox data, creators in the end receive up to 29,3% of revenues share for the content they have created.[34] On Instagram, the concept of "royalties" is avoided as well and the question of monetary compensation for the author using the many monetization tools Instagram offers is generally described as a possibility to earn a share of (Instagram's) revenue[35] the amount of which seems to be always set individually with no officially available information on what it might be.

4.2. The nature of the "Service"

Like with the copyright statements, the first look at the terms conditions and policy sites of all three platforms suggests that all of them are mostly neutral intermediaries facilitating exchanges between platform creators and platform users or creators and third-party entities. YouTube states that it only hosts content and the person providing it is responsible for it.[36] Roblox puts forward a similar general statement[37] but also formulates 3 distinct types of actors that make their platform economy possible: The Platform, The Creator and the Distributor, where the platform is always

---

32 K. Wilde, How much does YouTube pay? A creator guide, teach:able, https://teachable.com/blog/how-much-does-youtube-pay (accessed 25 August 2023), also A. Hutchinson, YouTube Generated $28.8 Billion in Ad Revenue in 2021, Fueling the Creator Economy, SocialMediaToday 2022, https://www.socialmediatoday.com/news/youtube-generated-288-billion-in-ad-revenue-in-2021-fueling-the-creator/618208/ (accessed 25 August 2023).
33 *Roblox,* Terms of Use, https://en.help.roblox.com/hc/en-us/articles/115004647846-Roblox-Terms-of-Use (accessed 25 August 2023), Creator Terms, 2.c.v.
34 *Roblox,* Cash Payout Structure, https://create.roblox.com/docs/production/earning-on-roblox (accessed 25 August 2023).
35 See, for instance: *Instagram,* Gifts Creator Terms, https://help.instagram.com/621360509478751 (accessed 10 August 2023).
36 *YouTube,* Your Use of the Service, https://www.youtube.com/t/terms#c3e2907ca8 (accessed 25 August 2023).
37 *Roblox,* Terms of Use (Fn. 33), Introduction.

Roblox company, but the distributor can also be either creator if they are actively selling something inside the game they created or the platform.[38] Instagram presents itself as a company creating personalized opportunities to create, connect, communicate, discover and share,[39] one of these being tools allowing creators to make money from their creations.[40]

Reading further into the rules the authors need to accept to disseminate and monetize their works on the platform, the nature of platform-creator relationship becomes more nuanced. It becomes apparent that YouTube, for instance, not only hosts but exploits the work itself only allowing the creator to participate more actively in this process and share revenues upon meeting certain conditions. According to the "Terms of Service", upon upload YouTube automatically gains a unilateral right to monetize uploaded works.[41] Granting this right to the platform does not make the creator entitled to any payment.[42] To be able to receive what YouTube calls "royalties"[43] for adds displayed alongside the works or through other monetization tools, one needs to qualify for what is called YouTube Partner Programme.[44] This option is only available for creators who have already built an audience as the minimum requirement is at least 1000 subscribers and 4000 public watch hours for their channel. This possibility to monetize videos of other creators without them even qualifying to receive payments besides being an indicator of more than mere neutral role by the platform, has been also criticised as unfair and unbalanced towards the smaller UGC creators.[45] Lastly, after upload, even if the license to the work is non-exclusive, the creator has limited influence to user's access on the platform. For instance, the user cannot be given more rights to the work than platform

---

38 *Roblox*, Terms of Use (Fn. 33), Creator Terms 2.c.i.
39 *Instagram*, Terms of Use, https://help.instagram.com/581066165581870 (accessed 25 August 2023), The Instagram Service.
40 *Instagram*, Instagram Content Monetization Policies, https://help.instagram.com/2635536099905516 (accessed 25 August 2023).
41 *YouTube*, Terms of Service (Fn. 29), Right To Monetize.
42 I'm not a YouTube partner, so why am I seeing ads on my videos?, https://support.google.com/youtube/answer/2475463?hl=en#:~:text=Ads%20may%20appear%20on%20your,in%20the%20YouTube%20Partner%20Program, (accessed 25 August 2023).
43 *YouTube*, Terms of Service (Fn. 29), Right To Monetize.
44 *YouTube,* YouTube Partner Program overview & eligibility, https://support.google.com/youtube/answer/72851?sjid=6913077838490105791-EU (accessed 25 August 2023).
45 See: M. Senftleben, J. P. Quintais, and A. Meiring, Outsourcing Human Rights Obligations and Concealing Human Rights Deficits: The Example of Monetization under the CDSM and the DSA, SSRN 2023, *https://ssrn.com/abstract=4421150*, pp. 59 -61.

allows.⁴⁶ Moreover, the internal algorithms decide which videos get recommended to which users and what drives their popularity, and the best the creators can do is try and guess how those algorithms work.⁴⁷

Roblox, casts the creator as independent and self-employed. This is indicated not only in the copyright policy but also other the terms and conditions, for example, declaring that creators are fully responsible for all issues related to works including any complaints from users⁴⁸ or financial transactions between user and creator.⁴⁹ In reality, however, Roblox creators are the most dependent on the platform of all the examples studied because they create their games (called "Experiences") mainly relying on tools and materials owned by the platform the license for which can be unilaterally revoked at any time for any reason.⁵⁰ The terms and conditions also prohibit distribution of works (experiences and other digital items) anywhere else than on the Roblox platform.⁵¹ Lastly, the platform has unilateral control over the internal currency that is used for all transactions between creators and users and not only sets creator's share for different kinds of monetization tools but also the exchange rate for the currency. To be able to get a share of income, one must meet the requirements (one of which is to have already earned at least 30 000 Robux, which roughly equals 264USD) and become a member in a "Developer Exchange Program".⁵² After all this, the final maximum creator's share for each USD spent by users in connection to the work (29%) is currently justified by that the self-employed author has to cover hosting, storage and other infrastructure and administration costs that Roblox incurs.⁵³

Instagram is the most varied of all the platforms with respect to the different monetization options it provides to its creators. One group of tools allows interaction with creators' Instagram audience directly such as

---

46 *YouTube*, Terms of Service (Fn. 29), Permissions and Restrictions.
47 See, for instance, W. Geyser, How Does the YouTube Algorithm Work: A Peek into its Changes in 2023, Influencer Marketing Hub 2023, https://influencermarketinghub.com/how-does-the-youtube-algorithm-work/ (accessed 25 August 2023).
48 *Roblox*, Terms of Use (Fn. 33), Creator Terms 7.b.i.
49 *Roblox*, Terms of Use (Fn. 33), Creator Terms 4.b.iii.
50 *Roblox*, Terms of Use (Fn. 33), Creator Terms 2.a.
51 *Roblox*, Community Standards, Promotional offers https://en.help.roblox.com/hc/en-us/articles/203313410-Roblox-Community-Standards (accessed 25 August 2023).
52 *Roblox*, Developer Exchange (DevEx) FAQs, https://en.help.roblox.com/hc/en-us/articles/203314100-Developer-Exchange-DevEx-FAQs (accessed 25 August 2023).
53 *Roblox*, Earning on Roblox, Average Cash Payouts, https://create.roblox.com/docs/production/earning-on-roblox (accessed 25 August 2023).

receiving in-platform gifts and selling digital badges and subscriptions to their fans.[54] Second group enables in-platform partnerships with businesses through "Creator Marketplace" and other tools allowing brands to advertise through creator's content.[55] Lastly, as of recently, Instagram also allows creators to receive a share of revenue generated from advertisement that Instagram places on creators' short videos (reels) – the so called "Bonuses".[56] The whole ecosystem of choice and the possibility to cooperate with brands within the platform creates an image of content creator as self-employed entrepreneur with many choices of exploitation of creative works and other content. However, the way those tools are structured reveals similar power imbalance as on other platforms. Authors must separately qualify for each category of tools and the conditions for that are not always clear. Instagram provides formal requirements for audience engagement monetization tools (one of which is 10 000 followers)[57], but indicates that only selected creators are eligible for the "bonuses" program[58] and eligibility criteria for brand cooperation are worded broadly, most notably asking for "established presence" which is not qualified in any way.[59] Even then, Instagram screens creators' content for compliance with Instagram content restriction requirements to provide information to third party partners who select creators for cooperation[60] and has internal algorithms to decide which content is shown to whom. All third-party advertisement deals must also go through Instagram and must use Instagram tools[61] and Branded Content deals have

---

54 Instagram offers "Badges", "Subscriptions" and "Gifts" as separate tools a creator can use to engage with their audience.
55 *Instagram*, Introducing Creator Marketplace, Where Brands Can Discover Creators to Collaborate With, https://business.instagram.com/blog/creator-marketplace-discover-partnerships (accessed 25 August 2023) and *Instagram*, About Branded Content, https://help.instagram.com/128845584325492/?helpref=uf_share (accessed 25 August 2023).
56 *Instagram*, Bonuses on Instagram, https://help.instagram.com/543274486958120 (accessed 25 August 2023).
57 See for instance: *Instagram*, Eligibility requirements for Instagram Subscriptions, https://help.instagram.com/478012211024479?helpref=faq_content (accessed 23 August 2023).
58 *Instagram,* Bonuses on Instagram (Fn. 55).
59 *Instagram*, Eligibility requirements for Instagram partnership ads and branded content, https://www.facebook.com/help/instagram/1372533836927082?helpref=faq_content (accessed 23 August 2023).
60 *Instagram*, About Advertiser-Friendly Content, https://help.instagram.com/537304753874814 (accessed 23 August 2023).
61 *Instagram*, Terms of Use (Fn. 39).

to be personally negotiated between creators and brands.[62] The creator's share for "Bonuses" isn't publicly disclosed at all. Lastly, as provided in numerous instances in the terms, conditions and policies, Instagram can remove availability of any of the monetization tools at any time.

4.3. Content Restrictions

All three platforms have "Community Guidelines" addressing content that is not allowed or restricted, for instance, harassment, hate speech, nudity and sexual content, copyright-violating content, and so on. However, not all categories of unacceptable content are interpreted the same on those platforms and some of them are very subjective, giving a lot of unilateral decision-making power to the platform. This is especially the case for monetized works. For instance, alongside the usual categories, Roblox provides as unacceptable topics and behaviours related to "Real-world sensitive events" and any "political content".[63] The guidelines for monetized content in YouTube inform that, for instance, shocking content, controversial issues, sensitive events, tobacco related content, and similar topics in a video might lead to negative consequences for authors expecting revenue from their works.[64] Similar broad open categories which include such examples as "Debated Social Issues" and "Objectionable Activity" are also found in Instagram "About Advertiser-Friendly Content"[65] provisions and "Instagram Content Monetization Policies."[66] Only YouTube provides extensive examples on what can fall under each of those categories, Roblox and Instagram only list some examples on what content might be unacceptable leaving the power of interpretation, seemingly, to themselves.

When it comes to enforcement of these standards, the three reviewed platforms exhibit still more differences. YouTube meets its creators with a comprehensive "three strike system"[67] where one gets a "strike" for any

---

62 *Instagram,* How to earn with branded content, https://creators.instagram.com/earn-money/branded-content (accessed 23 August 2023).
63 *Roblox,* Community Standards (Fn. 39).
64 *YouTube,* Advertiser-friendly content guidelines (Fn. 45).
65 *Instagram,* About Advertiser-Friendly Content (Fn. 59).
66 *Instagram,* Instagram Content Monetization Policies (Fn. 40).
67 *YouTube,* Community Guidelines strike basics on YouTube, https://support.google.com/youtube/answer/2802032?sjid=11668341906913133407-EU (accessed 23 August 2023).

more significant violation of community standards or other guidelines. A separate parallel three strike system is applicable to copyright violating uploads for which the rights owner has chosen to submit a takedown request.[68] A strike expires after 90 days, but if an account manages to collect three strikes of the same category, it is removed from the platform. However, an account that has even one strike cannot upload any new videos or start streams for the duration of its validity[69] and cannot become a member of the YouTube Partner Program that is necessary to start monetizing works in the first place.[70] Moreover, violation of the "Advertiser Friendly Content" rules or "Ad Sense Program Policies" on YouTube for those who are already receiving revenue, which is not subject of a three strike system, can lead to demonetisation, reduction of income,[71] suspension of participation or removal from the YouTube Partner Program making it impossible to exploit works commercially on YouTube in the future.[72]

Roblox, has no clear enforcement system at all and no transparency about what violation might result in what consequence. In fact, the Community Standards have nothing on sanctions for violation at all, the provisions in other policies seem to be one-sided, giving complete power to the platform to decide on their enforcement. Violation of any of the Roblox terms or repeated violation of copyright law results in that the "User's right to use the Service ends" or removal of content that user has on the service.[73] [74] Lastly, the Roblox "Developer Exchange Terms of Use" also provide that the "Earned Robux" "only include Robux you have earned in complete compliance with the Roblox Terms of Use, which include the

---

68 *YouTube,* Copyright strike basics, https://support.google.com/youtube/answer/2814000?hl=en&p=c_strike_basics#zippy=%2Cwhat-happens-when-you-get-a-copyright-strike%2Ccourtesy-period%2Chow-to-get-info-about-your-strike (accessed 23 August 2023).
69 *YouTube,* Community Guidelines strike basics on YouTube (Fn. 66).
70 *YouTube,* YouTube Partner Program overview & eligibility, https://support.google.com/youtube/answer/72851?sjid=6913077838490105791-EU (accessed 23 August 2023).
71 *YouTube,* AdSense policy FAQs, Part 3: Deductions from earnings FAQs, https://support.google.com/adsense/answer/3394713?hl=en&ref_topic=1250104&sjid=6913077838490105791-EU#2&zippy=%2Cmy-ads-are-not-showing-on-my-page-or-site-how-can-i-fix-the-problem (accessed 23 August 2023).
72 *YouTube,* How we enforce YouTube monetization policies, https://support.google.com/youtube/answer/1311392#zippy= (accessed 23 August 2023).
73 *Roblox,* Terms of Use (Fn. 33), 2.b.
74 *Roblox,* Terms of Use (Fn. 33), Creator Terms I.b.vi.

Roblox Community Standards",[75] implying that if the currency was earned in breach of the content policies, it cannot be seen as "earned" and suggesting the existence of a revenue reduction system akin to that in YouTube, but no more information about it can be found in publicly policy documents.

Instagram is more in line with Roblox and provides only general information about the possibility of illegal or community standards-violating content being removed and whole or parts of service made inaccessible to the violating creators, including termination of their account in some cases.[76] Instagram's "Copyright" policy provides similar possible consequences for repeated copyright violations.[77] The language of these provisions gives discretion of action to Instagram, using "may" and "can" statements, avoiding definite commitment and clarity. Similar approach pertains reduced monetization possibilities: the "Instagram Content Monetization Policies" provide a list of behaviours that will lead to demonetization (like Engagement Bait) and formats which can't be monetized at all (like static image polls) and a longer list of restricted content categories that "may be subject to reduced or disabled monetization".[78] Similar information is repeated in "Advertiser Friendly content" list where Instagram informs creators that it flags all their content if it falls into sensitive categories and this informs advertisement placement choices for third party advertisers.[79]

Indeed, all three examples show that many gig authors might find the platform normative landscape rather vague and full of "grey zone" requirements on which the platform can take unilateral decisions. Even the content screening decisions can have strong impact on the revenues the author can expect to earn from their work and might lead to lost income.[80] While all reviewed platforms have some sort of appeal procedure for account cancelation and similar, only YouTube has any way to complain for demonetization (ask for human review of the case).[81] Perhaps even more importantly,

---

75 *Roblox,* Developer Exchange Terms of Use, https://en.help.roblox.com/hc/en-us/articles/115005718246-Developer-Exchange-Terms-of-Use (accessed 23 August 2023).
76 *Instagram,* Terms of Use (Fn. 39).
77 *Instagram,* Copyright, https://help.instagram.com/126382350847838 (accessed 23 August 2023).
78 *Instagram,* Instagram Content Monetization Policies (Fn. 40).
79 *Instagram,* About Advertiser-Friendly Content (Fn. 59).
80 See: R. *Caplan* and T. *Gillespie,* Tiered Governance and Demonetization: The Shifting Terms of Labor and Compensation in the Platform Economy, Social Media + Society April-June 2020, p. 5.
81 *YouTube,* Request human review of videos marked "Not suitable for most advertisers", https://support.google.com/youtube/answer/7083671 (accessed 23 August 2023).

23

however, all reviewed platforms had broad disclaimers on that any terms and conditions can be unilaterally changed by the platform at any time and if the creator or user disagrees, they should delete the account and stop using the service.[82] Uncertainty and inability to steer the conditions of exploitation of works towards more favorable conditions seems to be inherent in being a gig author in platform dominated digital creative economy.

5. DSM Directive articles 18-23

5.1. Protection of authors in digital challenges?

The short analysis above shows clear signs of negotiation power imbalance between platforms and the rapidly growing social group of "Gig Authors". The reviewed platforms have substantial control over the exploited works as well as considerable unilateral decision-making authority, even if the exact position of creators is different in each case. The review also demonstrates differences between the business models of each platform and is in line with the problem of "platform dependency" meaning great difficulties or impossibility for authors to relocate their works where such practical possibility exists at all, given the share of the market such giants as YouTube or Instagram have.[83]

Power imbalance was one of the departure points of the recent EU harmonization of certain protection measures for authors in their contractual relationships in the DSM Directive arts. 18 to 23. These articles provide normative tools to prevent authors from being unfairly treated that could potentially be helpful also to authors described above. The Directive enshrines the principle of appropriate and proportionate remuneration for the author (art. 18), transparency obligation for the entities exploiting authors' works (art 19), exploitation contract adjustment mechanism (art. 20), possibility of alternative dispute resolution procedure that would be more accessible to authors and performers (art. 21), and a right of revocation of an exclusive exploitation contract (art. 22). It is, however, also evident that these articles were not designed with platform creators in mind. The main points where the provisions might be lacking and need to be clarified, reinterpreted or amended can be summarised in the following way:

---

82 *Roblox*, Terms of Use (Fn. 33), l.c.; *YouTube,* Terms of Service (Fn. 29), About this agreement; *Instagram,* Terms of Use (Fn. 39), Updating These Terms.
83 *Arriagada and Ibáñez*, Picture (Fn. 5), pp. 1-2.

5.2. Applicability of the DSM Directive to platform authors

The text of arts. 18-22 provides that they apply to licensing or transfer of rights with the purpose of *exploitation* (with art. 22 being directed at exclusive licensing only). The same seems to be confirmed in the Recitals 72 and 82 of the Directive, clarifying that the provisions only include licenses and transfers that the author or performer receives remuneration for. The recital 72 also concludes that the author will not be in a weaker bargaining position when the contractual counterpart is an end user of the work. This research focuses on monetizing creators and thus the challenging aspect for applicability of the DSM Directive to these gig authors is not lack of remuneration, but rather the broader question of whether the works are "exploited" by the platform at all, or if the author is self-publishing and independent.

As shown above, all platforms, to different extent, introduce themselves as neutral providers of intermediation services. The terms and conditions also present the question of exploitation differently, from YouTube calling creator's share of income as "royalties" and making a strong case for it exploiting the works, to Roblox claiming that the "experience developers" (many of which are minors) are to be considered as fully self-employed, and Instagram landing somewhere in the middle. Thus, and having in mind that terms and conditions can be, as a rule, unilaterally changed by the platform at any time, it can be suggested that the way the relationship is formally presented cannot be the criterion to decide if the platform exploits the works. The notion of exploitation in the arts. 18-22 of the DSM directive needs to be further discussed and clarified, considering how neutral the platform is selecting the audience for the work, controlling the way it is presented and its content, setting the rates for advertisement and other monetization tools and author's share in the revenues, etc. In the examples studied, platforms had significant unilateral control over many of these aspects, casting doubt on that the service provided to the author is facilitation of self-publishing and not exploitation.

Since the review above lifted Roblox as an especially controlled environment with big potential issues in power dynamics, it is worth also pointing out that the prohibition of applying the protection measures to authors of computer programs in the art. 23(2) of the Directive also has to be carefully examined to make sure not to exclude at least creators of "mixed" creative works such as computer games, as already suggested by European Copyright Society.[84]

5.3. Applicable law

Nothing in the DSM directive itself indicates which law should be applicable to authors' exploitation contracts and, in theory, nothing prevents the platforms, many with their main headquarters in the US, from providing another national law as applicable to the licensing contract to avoid the EU law restrictions. Whereas in the reviewed platforms the EU users have special provisions to make sure EU law is applicable to them, the content creators, as a rule, have to have a special business accounts and qualify for monetization programs, making them likely fall outside the definition of consumer in EU Consumer Rights Directive.[85] With this in mind, the DSM Directive failing to address the issue of applicable law should be dealt with in national implementations, where still possible, or by future interpretation to make it gig author-friendly.[86]

5.4. Fair remuneration and transparency

Arts 18, 19, and 20 of the DSM Directive provide normative basis for authors to receive appropriate and proportionate remuneration and to be informed about the exploitation of their works and revenues that are received this way. If these articles are applicable even to the gig authors, a discussion has to be started about what author's share in different modes of monetization would be "appropriate" and if it should, for instance, depend on what tools and assistance in creation the platform provides, how much control over all aspects of exploitation of work the platform has, and similar. The more active the platform, the higher share of revenue it might be entitled to, however, the author's share must never be insignificant either

---

84 S. Dusollier et al., Comment of the European Copyright Society Addressing Selected Aspects of the Implementation of Arts. 18 to 22 of the Directive (EU) 2019/790 on Copyright in the Digital Single Market, (2020), https://europeancopyrightsocietydotorg.files.wordpress.com/2020/06/ecs_comment_art_18-22_contracts_20200611.pdf (accessed 23 August 2023).

85 Directive 2011/83/EU of the European Parliament and of the Council of 25 October 2011 on consumer rights (Consumer Rights Directive), art. 2(1).

86 *Dusollier et al.*, Comment (Fn. 83), p. 13.

and must be proportionate with respect to platform's income related to the work and with consideration to what role creators play in its business model. This is especially important where in some cases the platform's control over work and its exploitation is comprehensive and the possibility to change the platform negligible (like in Roblox example discussed above), making the creator's license to the platform a *de facto* exclusive one, and effectively limiting creators' possibilities to exploit the work in any other way.

The fair remuneration clauses could also be interpreted more broadly to solve some issues that are quite unique to gig authors. One might want to consider, for instance, what threshold would be "appropriate" to start payouts to the author when their work is already generating revenue (f.i. the minimum amount of Robux to cash out in Roblox or the advertisement on videos of authors who don't belong to the "partner program" yet). Moreover, it can be also disputed, if platform's control over content which can directly affect the income of the creator (for instance, reduction of income, demonetization for policy violations or removal) should at least be subject to clear and transparent procedure with a right for appeal or revision (as also would be required under art. 21 of the Directive), and that authors should have some form of protection against sudden unilateral policy changes. Similarly, the transparency obligation in the art. 19 strengthens the point for transparent demonetization and income reduction system, and, possibly, together with art. 18, could be seen as requiring to provide information proving income reduction to be proportionate to the reduction of platform's income in each case.

More research is needed to ascertain whether the information on exploitation of their works that the gig authors receive from their platforms would satisfy the transparency obligations in the art. 19 since this information, as a rule, is only available on authors' private "dashboards". The technical possibilities to calculate exact revenue from each monetisation tool based on user engagement, third party fees, and similar most certainly already exists on most platforms. From the creator discussions online trying to, for instance, calculate what are the author's earnings per view in a specific platform,[87] it seems, however, that additional obligations for platforms in

---

[87] See, f.i.: How Do Instagram Reels Bonuses Work? A CPM Earnings Calculation, This Week in Blogging 13 March 2023, https://thisweekinblogging.com/instagram-reels-bonus/ (accessed 23 August 2023).

this respect could contribute to better balance of power in author-platform relationships.

5.5. Revocation and other Gig Author problems

It is perhaps especially the provisions of the author's right of revocation in the case where the work was not exploited sufficiently in art. 22 of the DSM Directive, that show the arts. 18-22 being mostly directed towards more traditional creative industries where the author is in the position to choose different avenues to exploit their work. As discussed above, in the platform creative environments some works might be impossible to transfer from one platform to another or doing that would require to adapt to a whole new business model and audience promotion algorithms, etc. In this light protection from the opposite, namely, unfounded *removal* and *demonetization* would be a more pressing one to address.

Moreover, the right of revocation of exclusive license in art. 22 of the DSM Directive should also be considered having in mind that the studied platforms all ask for a non-exclusive license, whereas in reality, the possibilities to exploit the works outside of the platform might be limited or prohibited. It is also very unclear what the "lack of exploitation" would mean in the digital environment where all works are uploaded to a database and always are accessible online. Perhaps a more important right then, that would be currently hard to directly fit within the provisions of the art. 22 of the DSM Directive, would be a general *right of portability,* allowing the author to download their work and move it to another platform (where that is possible) even if it contains elements of platform-owned intellectual property, as especially relevant in such contexts as Roblox.

6. Conclusions

In one of the earlier articles on this topic J. Ginsburg selects a thoughtful metaphor of intermediaries who build highways and authors providing cars that use them. If the highways are not author-friendly, the cars might not show up at all, Ginsburg concludes.[88] The actual developments during the

---

[88] J. Ginsburg, Putting Cars on the Information Superhighway: Authors, Exploiters, and Copyright in Cyberspace, Columbia Law Review 1995, 95, p. 1467.

almost 20 years afterwards show a different situation. This article is intended as a contribution to a discussion on how to address the growing power imbalances in the platform-dominated digital creative environments, this time, from the perspective of what we can call a "Gig Author". It shows that the provisions aimed to protect authors in their contractual relationships in the arts 18-23 of the recent DSM Directive do not fully address the complexities and power dynamics observed on three large content creator platforms, namely, YouTube, Roblox, and Instagram. It can be argued, however, that they should apply to these authors in the same way they apply to any other exploitation contract. Lifting the problem and continuing the discussion on it might influence reinterpretation of those provisions that would bring more balance to platform creative environments.

Acknowledgements: The author is grateful to Dr. Péter Mezei for very helpful comments on an earlier version of this article.

Bibliography:

A. *Arriagada* and F. *Ibáñez*, You Need At Least One Picture Daily, if Not, You're Dead: Content Creators and Platform Evolution in the Social Media Ecology, Social Media + Society 2020.

R. *Budnik*, Copyright and the Value of Attention, Journal of Intellectual Property Law & Practice 2016, 11(5).

R. *Caplan* and T. *Gillespie*, Tiered Governance and Demonetization: The Shifting Terms of Labor and Compensation in the Platform Economy, Social Media + Society April-June 2020.

G. *D'Agostino*, Copyright, Contracts, Creators. New Media, New Rules, Edward Elgar 2012.

C. L. *Fisk*, Hollywood Writers and the Gig Economy, University of Chicago Legal Forum 2017.

B. *Hugenholtz*, Neighbouring Rights are Obsolete, IIC-International Review of Intellectual Property and Competition Law 2019, 50.

V. *Iaia*, The remodelled intersection between copyright and antitrust law to straighten the bargaining power asymmetries in the digital platform economy, International Journal of Law and Information Technology 2021.

S. *Dusollier et al.*, Comment of the European Copyright Society Addressing Selected Aspects of the Implementation of Articles 18 to 22 of the Directive (EU) 2019/790 on Copyright in the Digital Single Market, (2020), https://europeancopyrightsocietydot org.files.wordpress.com/2020/06/ecs_comment_art_18-22_contracts_20200611.pdf.

J. *Ginsburg*, Putting Cars on the Information Superhighway: Authors, Exploiters, and Copyright in Cyberspace, Columbia Law Review 1995, 95.

- S. Kopf, "Rewarding Good Creators": Corporate Social Media Discourse on Monetization Schemes for Content Creators, Social Media + Society 2020, 6(4).
- A. Lukoseviciene, Authors and Creative Users: Addressing the Conceptual Challenges of Digital Creativity to EU Copyright Law from the Perspective of Author, Media-Tryck, Lund University 2021.
- G. Pessach, Deconstructing Disintermediation - A Sceptical Copyright Perspective, Cardozo Arts & Enterntainment Law Journal 2013, 31
- M. Senftleben, J. P. Quintais, and A. Meiring, Outsourcing Human Rights Obligations and Concealing Human Rights Deficits: The Example of Monetization under the CDSM and the DSA, SSRN 2023, *https://ssrn.com/abstract=4421150*
- M. Senftleben, User generated content: towards a new use priviledge in EU copyright law, in: T. Aplin (ed.), Research Handbook on Intellectual Property and Digital Technologies, Edward Elgar 2020.
- S. Vallas and J. B. Schor, What Do Platforms Do? Understanding the Gig Economy, Annual Review of Sociology 46 (2020)
- W. W. Wilkinson and S. D. Berry, Together they are Troy and Chase: Who supports demonetization of gay content on YouTube?, Psychology of Popular Media 2020, 9(2).
- A. J. Wood et al., Good Gig, Bad Gig: Autonomy and Algorithmic Control in the Global Gig Economy, Work, Employment and Society 2019, 33(1),

Vom Recht, Online-Inhalte als gesetzlich erlaubt zu kennzeichnen

*Jasmin Brieske**

Abstract

Weitgehender Konsens im Urheberrecht ist, dass Schranken zwar schutzbereichsbeschränkend wirken, aber nicht eigenständig eingeklagt werden können. Ausgerechnet Art. 17 DSM-RL, der eigentlich auf die Stärkung der Rechte der Rechtsinhaber gerichtet ist, fordert nunmehr jedoch eine Möglichkeit für Nutzer, vor Gerichten und sonstigen Organen der Rechtspflege die urheberrechtlichen Ausnahmen und Beschränkungen in Anspruch nehmen zu können. Voraussetzung hierfür ist, dass die mitgliedstaatlichen Urheberrechtsvorschriften dem Nutzer einen Anspruch auf Schrankengebrauch zugestehen. Ungeklärt ist, wie sich das Urheberrechts-Diensteanbieter-Gesetz (UrhDaG) hierzu verhält. Vorrangig zielt das UrhDaG auf eine technologiebasierte Absicherung der Nutzerinteressen auf Grundlage der sog. „mutmaßlich erlaubten Nutzungen" (§§ 9–12 UrhDaG). Hiervon umfasst sind konkrete Anforderungen an die Ausgestaltung zum Einsatz kommender Upload-Filter, beispielsweise das Erkennen lediglich geringfügiger Nutzungen und die Möglichkeit für den Nutzer, Inhalte als gesetzlich erlaubt zu kennzeichnen. Dadurch soll der ungehinderte Upload des Inhaltes sichergestellt werden. Hierdurch wird kompensiert, dass Nutzer, selbst bei der Annahme eines Anspruchs auf Upload eines gesperrten Inhaltes, nur nachträglich Rechtsschutz erlangen können. Doch auch die Vorgaben zur Art und Weise der Einrichtung von Filtersystemen setzen ein Tätigwerden des Diensteanbieters voraus. Es stellt sich demgemäß die Frage, ob das UrhDaG einen Anspruch des Nutzers vorsieht, der auf die Anpassung der Filtersysteme zielt, und damit eine Inanspruchnahme der Ausnahmen und Beschränkungen, wie es Art. 17 DSM-RL verlangt, *ex ante* ermöglicht. Zweifel an der Annahme eines solchen Anspruchs bestehen jedoch nicht nur aufgrund der Abweichung von urheberrechtlichen Grundsätzen, sondern auch aufgrund der Systematik hinter den mutmaßlich erlaubten Nutzungen im Sinne des UrhDaG.

I. Einleitung

Art. 17 DSM-RL[1] legt besonderen Fokus auf ein Gleichgewicht der Interessen von Rechtsinhabern, Diensteanbietern und Nutzern. Die nationale Umsetzung des Richtlinienartikels im Urheberrechts-Diensteanbieter-Ge-

---

* Doktorandin und Wissenschaftliche Mitarbeiterin am Lehrstuhl für Bürgerliches Recht, Wirtschaftsrecht und Informationsrecht, Goethe-Universität Frankfurt am Main (Prof. Peukert).
1 Richtlinie (EU) 2019/790 des Europäischen Parlaments und des Rates vom 17.4.2019 über das Urheberrecht und die verwandten Schutzrechte im digitalen Binnenmarkt und zur Änderung der Richtlinie 96/9/EG und 2001/29/EG, ABl. L 130/92.

setz (UrhDaG)² greift dies auf und führt das Konzept mutmaßlich erlaubter Nutzungen ein. Dies sind nicht nur *de-minimis* Nutzungen, d.h. Nutzungen, die urheberrechtlich geschützte Materialien in lediglich geringem Umfang nutzen, sondern auch Nutzungen, die vom Nutzer als gesetzlich erlaubt gekennzeichnet sind und damit mutmaßlich unter einen urheberrechtlichen Schrankentatbestand fallen.³ Mit der Einführung des neuartigen Konzepts buchstabiert der deutsche Gesetzgeber die im Richtlinientext festgesetzten abstrakten Anforderungen an den Nutzerschutz zu einem konkreten Anforderungsprofil an die Filtersysteme aus, die Diensteanbieter bei der Inhaltemoderation einsetzen.

Indes bleibt die deutsche Umsetzung nicht ohne Kritik. Ein Defizit zeigt sich bei der Evaluation der tatsächlichen Effekte des Gesetzes auf die Art und Weise der Inhaltemoderation auf Plattformen. Auf der Seite der Diensteanbieter, die sich seit dem 1. August 2021 eigentlich an die Vorgaben des deutschen Gesetzgebers halten müssen, konnte Zurückhaltung bei der Umsetzung der Regelungen beobachtet werden.⁴

Dieser Umstand wirft die Frage auf, ob das UrhDaG das eigene Schutzsystem zugunsten der Nutzer mit einem Durchsetzungsregime verbindet für den Fall, dass Diensteanbieter ihren Pflichten aus den §§ 9 ff. UrhDaG nicht nachkommen. Ohne ein solches, auf eine effektive Rechtsdurchsetzung gerichtetes System birgt das Gesetz die Gefahr, dass Nutzungen, die aufgrund des Vorliegens der Voraussetzungen eines Schrankentatbestandes erlaubt sind, zwar auf dem Papier ein hinreichender Schutzgehalt zugestanden wird, sich dies aber nicht in der Plattformwirklichkeit niederschlägt.

Der Beitrag erläutert zunächst das Konzept mutmaßlich erlaubter Nutzungen und die im UrhDaG angelegte Verpflichtung der Diensteanbieter, Nutzern *ex ante* die Möglichkeit zur Kennzeichnung erlaubter Nutzungen zu bieten, wodurch den Vorgaben auf Unionsebene⁵ entsprochen werden

---

2 Eingeführt durch Art. 3 des Gesetzes zur Anpassung des Urheberrechts an die Erfordernisse des digitalen Binnenmarktes, BGBl. I, S. 1215.
3 Vgl. §§ 9 Abs. 2, 10, 11 UrhDaG.
4 Vgl. *J. Brieske/A. Peukert*, Coming into Force, not Coming into Effect? The Impact of the German Implementation of Article 17 CDSM Directive on Selected Online Platforms, Weizenbaum Journal of the Digital Society 2022, 1 (14 ff.), https://ojs.weizenbaum-institut.de/index.php/wjds/article/view/2_1_4 zuletzt 14.8.2023.
5 Neben denen der Richtlinie insbesondere denen des EuGH Urt. v. 26.4.2022 – C-401/19, ECLI:EU:C:2022:297 – *Republik Polen/Parlament und Rat*, den hierzu ergangenen Schlussanträgen des Generalanwalts, *GA H. Saugmandsgaard Øe*, Schlussanträge in der Rs. C-401/19 vom 15.7.2021, und den Leitlinien der Europäischen Kommission zu Art. 17 DSM-RL, *Europäische Kommission*, Mitteilung der Kommission an

soll (II.). Sodann werden die Anforderungen des Art. 17 DSM-RL an die Durchsetzbarkeit von Nutzerrechten erörtert (III.). Den Schwerpunkt bildet die Beantwortung der Frage, ob das UrhDaG diesen Anforderungen, vor allem in Bezug auf die Kennzeichnungsmöglichkeit des Nutzers, gerecht werden kann. Neben dem UrhDaG können Ansprüche des Nutzers, die auf die Plattformorganisation und die Funktionsweise der Filtersysteme gerichtet sind, auch auf vertraglicher oder gesetzlicher Grundlage stehen (IV.).

II. Die Kennzeichnungsmöglichkeit von Schrankennutzungen im UrhDaG

1. Mutmaßlich erlaubte Nutzung aufgrund der Kennzeichnung eines Inhaltes durch den Nutzer

Das Konzept mutmaßlich erlaubter Nutzungen stellt in vielerlei Hinsicht ein Novum dar. Zum einen führen die §§ 9 ff. UrhDaG eine widerlegliche Vermutung zugunsten der Rechtmäßigkeit bestimmter Inhalte ein, kraft derer entsprechende Inhalte öffentlich wiederzugeben sind, zumindest bis der Rechtsinhaber erfolgreich ein Beschwerdeverfahren durchlaufen hat.[6] Mutmaßlich erlaubt ist ein Inhalt gemäß § 9 Abs. 2 S. 1 UrhDaG, wenn er weniger als die Hälfte eines Werkes eines Dritten oder mehrere Werke Dritter enthält, entsprechende Werkteile mit anderem Inhalt kombiniert und Werke Dritter entweder nur in geringfügigem Maße nutzt oder der Nutzer den Inhalt als gesetzlich erlaubt gekennzeichnet hat. In Abweichung von § 7 Abs. 1 UrhDaG unterfallen mutmaßlich erlaubte Nutzungen keiner *Ex-Ante*-Blockierung, sondern sind vom Diensteanbieter unmittelbar zugänglich zu machen.

Die Qualifizierung eines Inhaltes als mutmaßlich erlaubt beschränkt sich in seiner Wirkung auf die bloße Vermutung der Rechtmäßigkeit. Auf die tatsächliche Rechtmäßigkeit kommt es erst auf sekundärer Ebene an.[7] Daher handelt es sich bei den §§ 9 ff. UrhDaG auch nicht um selbstständige Schrankenregelungen, sondern um eine vorgelagerte Vermutung, dass eine

---

das Europäische Parlament und den Rat, Leitlinien zu Artikel 17 der Richtlinie (EU) 2019/790 über das Urheberrecht im digitalen Binnenmarkt, COM(2021) 288 final.

6 Vgl. § 9 Abs. 1, 2 UrhDaG.
7 Vgl. § 18 Abs. 5 UrhDaG.

der bereits existierenden Schranken einschlägig ist.[8] Diese Vermutung ist widerleglich.

Erforderlich wird die Einführung der Vermutungswirkung aus § 9 Abs. 1, 2 UrhDaG, weil Diensteanbieter zur Einhaltung ihrer Pflichten aus §§ 7 Abs. 1, 8 Abs. 1 UrhDaG auf Verfahren zur automatisierten Filterung von Inhalten zurückgreifen werden müssen.[9] Dies führt zu einem veränderten *default*.[10] Rechtsinhaber können nunmehr die Blockierung von Inhalten erreichen, ohne dass zuvor die Rechtswidrigkeit des nutzergenerierten Inhalts festgestellt wurde. Ausreichend unter § 7 Abs. 1 UrhDaG ist, dass der betroffene Inhalt mit einer Referenzdatei des Rechtsinhabers übereinstimmt. Die §§ 9 ff. UrhDaG nehmen bestimmte Inhalte, wie insbesondere solche, die unter einen Schrankentatbestand fallen, aus dem Anwendungsbereich dieser Vorabblockierungspflicht aus, um einen ungehinderten Upload zu ermöglichen. Würde es an einer solchen Regelung fehlen, wäre der Nutzer gezwungen, ein Beschwerdeverfahren i.S.d. § 14 UrhDaG zu durchlaufen, um den Upload des eigenen Inhaltes zu erreichen. Dies kann aufgrund nachgewiesener *chilling effects* auf Seiten der Nutzer nicht als ausreichender Schutz gewertet werden.[11]

Eine weitere Besonderheit ist, dass die §§ 9 ff. UrhDaG primär auf einen präventiven Schutz vor Blockierung durch Filtersysteme gerichtet sind. Die §§ 9 ff. UrhDaG ergänzen die Regelungen zu Beschwerde- und Rechtsbe-

---

8 Dazu, dass mit den §§ 9 ff. UrhDaG lediglich eine Vermutungswirkung („prozedurales Instrument") verbunden ist, und nicht etwa eine über den Katalog der Richtlinie 2001/29/EG des Europäischen Parlaments und des Rates vom 22. Mai 2001 zur Harmonisierung bestimmter Aspekte des Urheberrechts und der verwandten Schutzrechte in der Informationsgesellschaft (InfoSoc-RL) hinausgehende Schrankenregelung, siehe BT-Drs. 19/27426, S. 46 sowie zusätzlich erläuternd *D. Frey/C. M. Rudolph*, Das Urheberrechts-Diensteanbieter-Gesetz – ein Überblick. Das neue Regelungswerk für Diensteanbieter und seine Stärken und Schwächen, MMR 2021, 671 (676); *M. Leistner*, The Implementation of Art. 17 DSM Directive in Germany – A Primer with Some Comparative Remarks, GRUR Int. 222, 909 (918).
9 EuGH C-401/19 (Fn. 5), Rn. 54, sowie zuvor bereits in *Saugmandsgaard Øe*, Schlussanträge (Fn. 5), Rn. 62-69.
10 Vgl. *N. Elkin-Koren*, Copyright in the Digital Ecosystem. A User-Rights Approach, in: R. L. Okediji (Hrsg.), Copyright Law in an Age of Limitations and Exceptions, Cambridge 2017, S. 132 (133); *L. Specht-Riemenschneider*, Nutzerrechte im neuen Urheberrechts-Diensteanbieter-Gesetz (UrhDaG), in: S. Kubis u.a. (Hrsg.), Ius Vivum: Kunst – Internationales – Persönlichkeit, Festschrift für Haimo Schack zum 70. Geburtstag, Tübingen 2022, S. 328 (330).
11 Vgl. *Saugmandsgaard Øe*, Schlussanträge (Fn. 5), Rn. 187 f., der darauf verweist, dass sowohl fehlendes Know-how als auch ein mit der Zeit verringertes Interesse am einzelnen Inhalt den Nutzer von der Einlegung von Beschwerden abhalten.

helfsverfahren dahingehend, dass der Nutzer nicht nur auf nachträglichen Rechtsschutz beschränkt sein soll, sondern bereits die Ausgestaltung des Filtersystems eine unberechtigte Blockierung erlaubter Inhalte verhindert. Der *Ex-Ante*-Schutz verlagert die Rechtsdurchsetzungslast auf den Rechtsinhaber. Der Nutzer selbst hat innerhalb des Anwendungsbereichs der §§ 9 ff. UrhDaG kein eigenes Interesse an einer Rechtsdurchsetzung, da der Inhalt unmittelbar hochgeladen wird.

Aufgrund des Fokus auf die Funktionsweise von Filtersystemen lassen sich alle in § 9 Abs. 2 UrhDaG vorgesehenen Voraussetzungen in Computersprache übersetzen.[12] Dadurch wird eine Umsetzung der Regelungen auf Plattformseite überhaupt erst ermöglicht. Moderne Filtersysteme sind in der Lage, nicht nur die Übereinstimmung mit einer Referenzdatei zu erkennen, sondern auch das Verhältnis dieser Übereinstimmung zu den sonstigen Bestandteilen des Inhaltes. Die Geringfügigkeit berechnet sich, wie sich aus § 10 UrhDaG ergibt, auf der Grundlage bestimmter Schwellenwerte. Auch das in § 11 UrhDaG vorgesehene Verfahren und die darin normierte Kennzeichnungsmöglichkeit für den Nutzer können programmiert werden. Anders als bei geringfügigen Nutzungen haben es Nutzer bei § 11 Abs. 1 Nr. 3 UrhDaG allerdings selbst in der Hand, den Upload ihrer Inhalte zu erreichen, nämlich indem sie diesen eigenständig, beispielsweise durch das Anklicken einer entsprechenden Box beim Upload,[13] herbeiführen.

2. Grundrechtsrelevanz der Kennzeichnungsmöglichkeit

Unter § 11 UrhDaG obliegt dem Nutzer die Entscheidung, wie mit dem nutzergenerierten Inhalt verfahren wird. Durch diese Vorgabe an Filtersysteme gewährleistet das UrhDaG genau das, was der EuGH in seiner Entscheidung zur Nichtigkeitsklage zu Art. 17 DSM-RL gefordert hat, nämlich, dass ein zum Einsatz kommendes Filtersystem zwischen erlaubten und nicht erlaubten Nutzungen urheberrechtlich geschützter Inhalte unterscheiden kann.[14] Ohne eine entsprechende Kennzeichnung des Inhaltes durch den

---

12 Vgl. *Brieske/Peukert*, Coming Into Force (Fn. 4), 11: „only indexed or combined content y/n; minor use y/n; </> 50 % of indexed content".
13 So schon Vorschlag von A. *Metzger/M. Senftleben*, Comment of the European Copyright Society. Selected Aspects of Implementing Article 17 of the Directive on Copyright in the Digital Single Market into National Law, JIPITEC 2020, 115 Rn. 55.
14 EuGH C-401/19 (Fn. 5), Rn. 86.

Nutzer wäre es für den Diensteanbieter unmöglich zu beurteilen, ob ein Inhalt gesetzlich erlaubt ist oder nicht. Die Beurteilung der Rechtmäßigkeit eines nutzergenerierten Inhaltes hängt von unterschiedlichsten Faktoren ab – in Betracht kommende Schrankentatbestände, Gestaltung, Art und Weise der Nutzung des urheberrechtlich geschützten Materials – und setzt stets eine Kontextualisierung voraus.[15] Es handelt sich somit nicht um die bloße Bestimmung des Umfangs der Nutzung des urheberrechtlich geschützten Werks oder Werkteils und des Verhältnisses des fremden Inhalts zum nutzereigenen Inhalt, oder um eine einfache Ja- oder Nein-Entscheidung. Filtersysteme benötigen jedoch klar bestimmbare Parameter, um Entscheidungen zu treffen. Eine darüberhinausgehende Einordnung und Bewertung eines Inhaltes können moderne Filtersysteme nicht leisten.[16]

Das System mutmaßlich erlaubter Nutzungen setzt einer weitgehenden Filterung Grenzen und ermöglicht es Filtersystemen gleichzeitig, zumindest einen Teil der tatsächlich erlaubten Inhalte erkennen zu können. Damit leistet es einen maßgeblichen Beitrag zum Schutz der grundrechtlich geschützten Freiheiten der Nutzer. Die Erforderlichkeit des Einsatzes von Filtersystemen zur Inhaltskontrolle und die dadurch gesteigerte Gefahr der *false positives*, d.h. der fälschlichen Blockierung von erlaubten Inhalten, schränkt die Nutzer in ihrem Recht auf Freiheit der Meinungsäußerung sowie ihrer Informationsfreiheit aus Art. 11 GRCh ein.[17] Gerade Nutzungen, die unter einen Schrankentatbestand fallen, wie Zitate, Parodien, Karikaturen oder Pastiches, sind in aller Regel Ausdruck von Meinungsäußerung und kreativem Schaffen und damit grundrechtlich geschützt.[18] Mit der Kennzeichnungsmöglichkeit nach § 11 Abs. 1 Nr. 3 UrhDaG wird ein Großteil dieser grundrechtlich relevanten Nutzungsformen auf Plattformen abgesichert.

Es ist die grundrechtliche Relevanz bestimmter Nutzungsformen im Online-Bereich, die auch Generalanwalt Saugmandsgaard Øe sowie die Europäische Kommission in ihren Leitlinien zu Art. 17 DSM-RL dazu veranlasst haben, Grenzen für Filtersysteme aufzuzeigen. Die Kommission

---

15 S. *Beaucamp*, Rechtsdurchsetzung durch Technologie. Grundlagen und rechtlichen Bedingungen am Beispiel des Einsatzes von Filtertechnologien im Urheberrecht, Tübingen 2022, S. 88 ff.; *M. Becker*, Von der Freiheit, rechtswidrig handeln zu können. »Upload-Filter« und technische Rechtsdurchsetzung, ZUM 2019, 636 (644).
16 *Saugmandsgaard Øe*, Schlussanträge (Fn. 5), Rn. 148.
17 EuGH C-401/19 (Fn. 5), Rn. 54 f.; *Saugmandsgaard Øe*, Schlussanträge (Fn. 5), Rn. 77-87.
18 Vgl. Erw. Gr. 70 DSM-RL.

betont beispielsweise, dass es sich bei Art. 17 Abs. 7, 8 und 9 DSM-RL um „Erfolgspflichten" handelt, die im Kollisionsfall Vorrang vor den Blockierungspflichten aus Art. 17 Abs. 4 DSM-RL haben.[19] Eine Reduzierung des Nutzerschutzes auf *Ex-Post*-Beschwerdemöglichkeiten reiche nicht aus, um den Vorgaben der Richtlinie hinreichend gerecht zu werden.[20] Übertragen auf eine Filterpraxis der Diensteanbieter nach Maßgabe des Art. 17 DSM-RL heißt dies, dass der Diensteanbieter zwar eine automatisierte Vorabfilterung von Inhalten vorzunehmen hat, im Falle, dass ein Nutzerinhalt unter eine urheberrechtliche Ausnahme und Beschränkung fällt, dieser Inhalt jedoch freizuschalten ist, selbst wenn eine Übereinstimmung mit einer Referenzdatei festgestellt wird.[21]

Die Schwierigkeiten voraussehend, die das Gegenüber einer eigentlich uneingeschränkten *Ex-Ante*-Blockierungspflicht und eines Verbots der Blockierung von rechtmäßigen Inhalten bereitet, schlug Saugmandsgaard Øe bereits vor, die Entscheidung über das Vorliegen einer Ausnahme oder Beschränkung an den Nutzer zu übertragen. Neben der Festsetzung von Schwellenwerten zur Identifikation offensichtlicher Rechtsverletzungen[22] solle der Nutzer in der Lage sein, beim Hochladen des Inhalts zu signalisieren, ob der Inhalt seiner Meinung nach erlaubt ist oder nicht.[23] Mit der Einführung des Konzepts mutmaßlich erlaubter Nutzungen greift das UrhDaG diesen Lösungsvorschlag auf und reduziert damit das Risiko von Overblocking. Ob damit ein ausreichender Grundrechtsschutz der Nutzer gewährleistet wird, hängt indes auch davon ab, ob das Konzept mutmaßlich erlaubter Nutzungen auch tatsächlich auf den Plattformen der Diensteanbieter implementiert wird.

---

19 *Europäische Kommission*, Leitlinien (Fn. 5), S. 3.
20 *Europäische Kommission*, Leitlinien (Fn. 5), S. 24
21 Sowohl Saugmandsgaard Øe als auch die EU-Kommission gehen in der Auslegung der Richtlinie sogar soweit, dass nur offensichtlich rechtswidrige Inhalte der Vorabblockierung durch ein Filtersystem unterliegen sollen, *Europäische Kommission*, Leitlinien (Fn. 5), S. 24; *Saugmandsgaard Øe*, Schlussanträge (Fn. 5), Rn. 197 ff.
22 *Saugmandsgaard Øe*, Schlussanträge (Fn. 5), Rn. 211.
23 Ebd.

III. Die Anforderungen von Art. 17 DSM-RL an die Durchsetzbarkeit von Nutzerrechten

Dass Nutzerschutz nicht nur auf dem Papier Berücksichtigung finden sollte, sondern auch eine faktische Wirksamkeit voraussetzt, ist evident. Art. 17 DSM-RL macht dies auch auf Richtlinienebene deutlich, wenn es in Abs. 9 UAbs. 2, letzter Satz, heißt, dass die Mitgliedstaaten gewährleisten müssen, dass die Nutzer Zugang zu einem Gericht oder einem anderen einschlägigen Organ der Rechtspflege haben, um die Inanspruchnahme einer Ausnahme oder Beschränkung für das Urheberrecht und verwandte Schutzrechte geltend machen zu können. Auch wenn der Richtlinienartikel dazu schweigt, wie eine solche Inanspruchnahme in der Praxis aussehen kann, wird in der Formulierung dennoch deutlich, dass nach der Auffassung des Unionsgesetzgebers Nutzerfreiheiten im Online-Kontext nicht nur eine Defensivfunktion erfüllen, sondern im Anwendungsbereich des Art. 17 DSM-RL zu eigenständigen, subjektiven Nutzer*rechten* aufgewertet werden.[24]

Dies bedeutet *in concreto*, dass dem Nutzer ein mit dem Urheberrecht des Rechtsinhabers gleichwertiges Recht zugestanden wird, welchem sowohl im Verhältnis des Nutzers zum Rechtsinhaber als auch des Nutzers zum Diensteanbieter eigenständiges Gewicht zukommt. Der Nutzer hat ein Recht auf den Upload eines Inhaltes, der aufgrund seiner gesetzlichen Erlaubtheit keine Urheber- oder verwandten Schutzrechte verletzt. Verletzt der Diensteanbieter dieses Recht des Nutzers, beispielsweise weil er ein Filtersystem zum Einsatz bringt, das aufgrund fehlerhafter Ausgestaltung erlaubte Inhalte systematisch blockiert, so muss der Nutzer mindestens einen Anspruch gegen den Diensteanbieter auf den Upload des Inhaltes haben.[25]

---

24 *Saugmandsgaard Øe*, Schlussanträge (Fn. 5), Rn. 161; *F. Hofmann*, Die Plattformverantwortlichkeit nach dem neuen europäischen Urheberrecht - »Much Ado About Nothing«?, ZUM 2019, 617 (622). Vgl. zur Rechtslage auf Unionsebene EuGH Urt. v. 27.3.2014 – C-314/12, ECLI:EU:C:2014:192, Rn. 57 – *UPC Telekabel*; EuGH Urt. v. 11.9.2014 – C-117/13, ECLI:EU:C:2014:2196, Rn. 43 – *Eugen Ulmer*; EuGH Urt. v. 29.7.2019 – C-469/17, ECLI:EU:C:2019:623, Rn. 70 – *Funke Medien*; EuGH Urt. v. 29.7.2019 – C-516/17, ECLI:EU:C:2019:625, Rn. 54 – *Spiegel Online*; *C. Geiger/E. Izyumenko*, The Constitutionalization of Intellectual Property Law in the EU and the Funke Medien, Pelham and Spiegel Online Decisions of the CJEU: Progress, but Still Some Way to Go! IIC 2020, 282 (296-98).

25 Vgl. *F. Hofmann*, Urheberrechtliche Schranken als subjektive Nutzerrechte?, in: S. Kubis u.a. (Fn. 10), S. 171 (182); *L. Specht-Riemenschneider*, Leitlinien zur nationalen Umsetzung des Art. 17 DSM-RL aus Verbrauchersicht, 2020, S. 89, https://www.vzb

Dies ist auch grundrechtlich geboten, da nach Art. 47 GRCh jede Person, deren durch das Recht der Union garantierte Rechte und Freiheiten verletzt worden sind, das Recht haben soll, bei einem Gericht einen wirksamen Rechtsbehelf einzulegen. Mit der Begründung einer subjektiven Rechtsposition zugunsten des Nutzers muss somit nach dem Rechtsgedanken des Art. 47 GRCh die Bereitstellung eines wirksamen Rechtsbehelfes einhergehen.[26] Demgemäß verlangt Art. 17 Abs. 9 DSM-RL über die Aufwertung von Nutzerfreiheiten zu subjektiven Nutzerrechten hinaus auch eine prozessuale Komponente, die es dem Nutzer ermöglicht, Beschränkungen seines Rechts effektiv zu unterbinden. Durch die Richtlinie anerkannt wird also ein eigenständiger *locus standi* des Nutzers.[27]

Offen bleibt indes, wie eine Inanspruchnahme der Ausnahmen und Beschränkungen durch den Nutzer konkret auszusehen hat. Insbesondere fehlt es in der Richtlinie an konkreten Vorgaben, mit welchen Ansprüchen Nutzer gegenüber dem Diensteanbieter auszustatten sind. Auch sonstige Rechtsmittel, die sich im Ergebnis positiv auf die effektive Inanspruchnahme der Ausnahmen und Beschränkungen durch den Nutzer auswirken könnten, beispielsweise in Form von Transparenzpflichten oder kollektiven Rechtsschutzmöglichkeiten, nennt die Richtlinie nicht.[28]

Innerhalb des UrhDaG ist der auf den singulären Inhalt gerichtete Nutzerschutz weitestgehend durch die verfahrensrechtlichen Vorgaben der §§ 9 ff., 14 UrhDaG determiniert. Mutmaßlich erlaubte Nutzungen unterliegen danach ohnehin keiner *Ex-Ante*-Blockierung nach § 7 Abs. 1 UrhDaG, und für sonstige erlaubte Inhalte spricht das ausdifferenzierte System des UrhDaG dafür, dass der Gesetzgeber eine Inanspruchnahme des Dienste-

---

v.de/sites/default/files/downloads/2020/11/05/2020-06-12-specht-final-art_17.pdf zuletzt 14.8.2023.
26 Vgl. *C. Geiger/B. J. Jütte*, Platform Liability Under Art. 17 of the Copyright in the Digital Single Market Directive, Automated Filtering and Fundamental Rights: An Impossible Match, GRUR Int. 2021, 517 (528); *H. D. Jarass* in: H. D. Jarass (Hrsg.), Charta der Grundrechte der Europäischen Union unter Einbeziehung der sonstigen Grundrechtsregelungen des Primärrechts und der EMRK, 4. Aufl., München 2021, Art. 47 Rn. 8.
27 *T. E. Synodinou*, Lawfulness for Users in European Copyright Law. Acquis and Perspectives, JIPITEC 2019, 20 Rn. 63.
28 *J. Reda/J. Selinger/M. Servatius*, Article 17 of the Directive on Copyright in the Digital Single Market: a Fundamental Rights Assessment, 2020, S. 39 f., https://freiheitsrecht e.org/uploads/publications/Demokratie/Article17_Fundamental_Rights-Gesellschaft _fuer_Freiheitsrechte_2020_Projekt_Control_C.pdf zuletzt 14.8.2023.

anbieters vor Abschluss eines Beschwerdeverfahrens ausschließt.²⁹ Doch eine Beeinträchtigung des Nutzers besteht nicht erst dann, wenn der einzelne Nutzerinhalt durch den Diensteanbieter zu Unrecht blockiert wird. Schon der Umstand, dass ein Filtersystem nicht in der Lage ist, mutmaßlich erlaubte Nutzungen zu erkennen, stellt eine Einschränkung der Freiheit des Nutzers dar. Dann nämlich läuft der Nutzer Gefahr, dass typische erlaubte Verwertungsformen urheberrechtlich geschützter Werke systematisch vorab blockiert werden.

IV. Nutzeranspruch auf Anpassung des Filtersystems

Konsequenz des Fehlens von Durchsetzungsmöglichkeiten für Nutzerrechte wäre die Diskrepanz des UrhDaG zu den Vorgaben des Art. 17 DSM-RL. Das System mutmaßlich erlaubter Nutzungen kann nur so lange den Nutzer vor Einschränkungen seiner Rechte schützen, wie es von den Diensteanbietern auf den Plattformen auch umgesetzt wird. Behalten sich diese eine Anpassung vor, beispielsweise durch Vorenthaltung der Möglichkeit, Inhalte als gesetzlich erlaubt zu kennzeichnen, so stellt sich die Frage, ob das UrhDaG die erforderlichen Instrumente besitzt, um seine eigene Umsetzung zu gewährleisten.

1. Verbandsklage, § 18 Abs. 6 UrhDaG

Nach § 18 Abs. 6 UrhDaG können Diensteanbieter von einem eingetragenen Verein, dessen Zweck auf die nicht gewerbsmäßige und nicht nur vorübergehende Förderung der Interessen von Nutzern gerichtet ist, auf Unterlassung in Anspruch genommen werden, wenn sie wiederholt fälschlich erlaubte Nutzungen blockieren. Hierbei handelt es sich um eine kollektive Form der Rechtsdurchsetzung im Wege der Unterlassungsklage. Ausweislich des Wortlautes der Norm ist das Unterlassungsbegehren des Nutzerschutzvereins allerdings nicht *per se* auf die Anpassung des Filtersystems gerichtet, sondern auf das Unterlassen der Blockierung erlaubter Nutzungen.

---

29 Vgl. aber *Specht-Riemenschneider*, Leitlinien (Fn. 25), S. 87, die die Frage aufwirft, ob es eines Beschwerdeverfahrens überhaupt bedarf, oder ob der Nutzer unmittelbar gerichtlich gegen eine Blockierentscheidung des Diensteanbieters vorgehen kann.

Durch die Verbandsklagemöglichkeit soll dem Overblocking entgegengewirkt werden.[30] Im Hintergrund steht die Erwägung, dass bei systematischen Rechtsverstößen auf der Plattform, insbesondere bei nicht ordnungsgemäß funktionierenden Filtersystemen, neben dem Interesse des Einzelnen vor allem auch das Allgemeininteresse beeinträchtigt ist. Statt einer Inanspruchnahme durch den einzelnen Nutzer mit entsprechend singulärer Bindungswirkung erscheint daher eine Bündelung der betroffenen Interessen sinnvoll.[31]

§ 18 Abs. 6 UrhDaG bleibt indes nicht ohne Kritik. Zuvorderst ist zu bemerken, dass der Anspruch auf ein Unterlassen beschränkt ist. Eine Absicherung von Nutzerinteressen nur über einen Unterlassungsanspruch steht im Missverhältnis zu den Haftungsfolgen, die dem Diensteanbieter drohen, wenn urheberrechtsverletzende Inhalte auf der Plattform hochgeladen werden – insbesondere die Inanspruchnahme auf Schadensersatz durch die betroffenen Rechtsinhaber. Einen Anreiz gegen Overblocking kann § 18 Abs. 6 UrhDaG vor dem Hintergrund nur in allenfalls geringem Umfang setzen.[32]

Daneben handelt es sich bei § 18 Abs. 6 UrhDaG um eine Norm, die konzeptionell auf nachträglichen Rechtsschutz gerichtet ist. So bedarf es, damit Nutzervereine überhaupt klagebefugt sind, zunächst der Verletzung der Rechte von Nutzern. Vorbeugende oder von individuellen Beschwerden unabhängige Möglichkeiten der Inanspruchnahme von Diensteanbietern, beispielsweise wenn Testdurchläufe auf ein fehlerhaft funktionierendes Filtersystem hindeuten, sieht § 18 Abs. 6 UrhDaG nicht vor.

Auch die genaue Zielrichtung eines Unterlassungsanspruchs nach § 18 Abs. 6 UrhDaG bleibt unklar. Da es sich um einen Unterlassungsanspruch gerichtet auf die Verhinderung der Blockierung „erlaubter Nutzungen" handelt, kann der Diensteanbieter nicht zur Anpassung der Filtersysteme nach Maßgabe der §§ 9 ff. UrhDaG verpflichtet werden, die auf „mutmaßlich"

---

30 BT-Drs. 19/27426, S. 146.
31 Vgl. *M. Joachimsthaler/W.-D. Walker* in: B. Dauner-Lieb/W. Langen (Hrsg.), BGB Schuldrecht ProdHaftG UKlaG, Band 2: §§ 241-853, 4. Aufl., Baden-Baden 2021, § 2a UKlaG Rn. 2 zur Verbandsklagemöglichkeit bei Verstoß gegen § 95b Abs. 1 UrhG.
32 Ebenfalls zweifelnd *M. Becker*, Automatisierte Rechtsdurchsetzung im Umsetzungsentwurf zu Art. 17 DSM-RL, ZUM 2020, 681 (691); *J. Oster* in H.-P. Götting/A. Lauber-Rönsberg/N. Rauer (Hrsg.), BeckOK Urheberrecht, 38. Ed., München 2023, § 7 UrhDaG Rn. 17; *A. Wandtke/R. Hauck*, Ein neues Haftungssystem im Urheberrecht – Zur Umsetzung von Art. 17 DSM-RL in einem »Urheberrechts-Diensteanbieter-Gesetz«, ZUM 2020, 671 (680).

erlaubte Nutzungen beschränkt sind. Zwar ist anerkannt, dass ein Unterlassungsanspruch auch eine Pflicht zum aktiven Tun beinhalten kann, wenn ein solches erforderlich ist, um zukünftige Rechtsverletzungen zu verhindern.[33] Eine Anpassung des Filtersystems dahingehend, dass Schwellenwerte i.S.d § 10 UrhDaG und eine Kennzeichnungsmöglichkeit für erlaubte Inhalte nach § 11 UrhDaG eingeführt werden, würde die Zugänglichkeit erlaubter Inhalte indes allenfalls mittelbar begünstigen. Dies reicht jedoch nicht aus, um den unter § 18 Abs. 6 UrhDaG erzielten Unterlassungstitel hierauf auszudehnen.[34] Vor dem Hintergrund, dass die Pflicht, erlaubte Inhalte nicht zu blockieren, nach der Systematik des UrhDaG in ständigem Konflikt mit der Pflicht steht, rechtswidrige Inhalte nicht zugänglich zu machen, ist stattdessen sogar darüber nachzudenken, ob § 18 Abs. 6 UrhDaG den Diensteanbieter nicht sogar vor unverhältnismäßige Hürden stellt[35] und in seiner Reichweite daher vom Gesetzgeber auf die Zugänglichmachung von mutmaßlich erlaubten Inhalten beschränkt werden sollte.[36]

2. In Betracht kommende Ansprüche des Nutzers

a) Anspruch unmittelbar aus dem UrhDaG

Die Verbandsklagemöglichkeit macht Nutzerrechte somit nur in begrenztem Umfang wehrhaft. Ohnehin setzt Art. 17 Abs. 7, 9 DSM-RL einen individuellen Nutzerschutz voraus.[37] Die Verbandsklagemöglichkeit in § 18 Abs. 6 UrhDaG ist eine nationale Besonderheit. Einer Beschränkung des Nutzers auf eine rein kollektive Rechtsschutzmöglichkeit steht der Wort-

---

33 BGH GRUR 2018, 1044 Rn. 57 m.w.N.
34 Anders zu den in § 10 UrhDaG vorgesehenen Schwellenwerten wohl *B. Raue* in: T. Dreier/G. Schulze (Hrsg.), Urheberrechtsgesetz, Urheberrechts-Diensteanbieter-Gesetz, Verwertungsgesellschaftsgesetz, Nebenurheberrecht, Kunsturhebergesetz. Kommentar, 7. Aufl., München 2022, § 18 UrhDaG Rn. 28.
35 Vgl. so *J. Eichelberger* in: J. Eichelberger/T. Wirth/F. Seifert (Hrsg.), UrhG UrhDaG VGG. Handkommentar, 4. Aufl., Baden-Baden 2022, § 18 UrhDaG Rn. 14.
36 Dies hätte beispielsweise auch den Vorteil, dass der Diensteanbieter bei der Zugänglichmachung von mutmaßlich erlaubten Inhalten einer Haftungserleichterung nach § 12 Abs. 2 S. 1 UrhDaG unterliegt.
37 *G. Spindler*, Upload-Filter: Umsetzungsoptionen zu Art. 17 DSM-RL. Vorschläge zur „Quadratur des Kreises" im nationalen Recht, CR 2020, 50 Rn. 58; ferner *B. Raue*, Meinungsfreiheit in sozialen Netzwerken. Ansprüche von Nutzern sozialer Netzwerke gegen die Löschung ihrer Beiträge, JZ 2018, 961 (963).

laut des Art. 17 Abs. 9 UAbs. 2, letzter Satz, DSM-RL entgegen. Um das Kräftegleichgewicht zwischen Inhabern von Urheberrechten und Nutzern urheberrechtlich geschützter Werke zu wahren,[38] muss somit auch der einzelne Nutzer durch das Recht effektive Rechtsschutzmittel gegen unzulängliche Filtersysteme gewährt bekommen. Was die Verbandsklagemöglichkeit ergänzt, kann sie nicht ersetzen.[39]

Individuelle Nutzeransprüche können entweder auf das Hochladen des einzelnen gesperrten Inhaltes gerichtet sein oder auf die über den einzelnen Inhalt hinausgehende Anpassung des Filtersystems. Ersterer ist bereits nur auf nachträglichen Rechtsschutz gerichtet.[40] Ein Anspruch, der auf die Anpassung des Filtersystems zielt, kann dagegen Wirkung über den Einzelfall hinaus entfalten. Auch ist es im Hinblick auf die *chilling effects* für den Nutzer profitabler, eine grundsätzliche Anpassung des Filtersystems erreichen zu können, anstatt nur einen Anspruch zugunsten eines einzelnen Inhalts durchzusetzen. Auch mit Blick auf die Diensteanbieter erscheint die Inanspruchnahme auf Anpassung des Filtersystems nicht nur als die nachhaltigere Lösung (mit der einmaligen Anpassung an die Vorgaben des UrhDaG wäre weiteren Klagen vorgebeugt). Eine etwaige Zwangsvollstreckung bei Untätigkeit der Diensteanbieter dürfte empfindlichere Folgen auch für die Diensteanbieter selbst haben.[41]

Die Frage stellt sich, aus welcher Norm ein solcher Anspruch des Nutzers auf Anpassung des Filtersystems abgeleitet werden könnte. Aus dem Wortlaut des § 9 Abs. 1 UrhDaG ergibt sich zwar, wie mit Nutzungen, die als mutmaßlich erlaubt i.S.d. § 9 Abs. 2 UrhDaG zu qualifizieren sind, verfahren werden soll. Die Norm schweigt jedoch, ob mit der dort begründeten Erfolgspflicht auch eine Handlungspflicht des Diensteanbieters einhergeht.

---

38 Hierzu *Specht-Riemenschneider*, Nutzerrechte (Fn. 10), S. 330.
39 Vgl. so auch *Spindler*, Upload-Filter (Fn. 37), Rn. 58.
40 Dies ist aufgrund der in der Regel relevanten Aktualität der Inhalte nicht ausreichend, vgl. *Saugmandsgaard Øe*, Schlussanträge (Fn. 5), Rn. 188. Die daneben in Betracht kommenden Ansprüche des Nutzers auf Schadensersatz werden im Schrifttum zu Recht kritisch gesehen, da es in den wohl allermeisten Fällen auf Seiten des Nutzers an einem bezifferbaren Schaden fehlt, vgl. *K. Kaesling/J. Knapp*, „Massenkreativität" in sozialen Netzwerken. Überlegungen zur Plattformverantwortlichkeit nach der DSM-RL, MMR 2020, 816 (820 f.).
41 So ist die Höhe eines etwaig zu verhängenden Zwangsgeldes nach § 888 ZPO auch am Interesse des Gläubigers auszurichten, welches bei einem generell fehlerhaften Filtersystem höher ausfallen dürfte als bei dem einzelnen blockierten Inhalt, vgl. *R. Lackmann* in: H.-J. Musielak/W. Voit (Hrsg.), Zivilprozessordnung mit Gerichtsverfassungsgesetz, 20. Aufl., München 2023, § 888 ZPO Rn. 11.

Stattdessen handelt es sich bei § 9 Abs. 1 UrhDaG vor allem um ein Öffnungstor für das Rechtssystem der mutmaßlich erlaubten Nutzungen. Ein Anspruch des Nutzers auf Umsetzung der §§ 9 ff. UrhDaG lässt sich der Norm indes nicht entnehmen.[42]

Darüber hinaus lässt sich über einen Anspruch aus § 11 Abs. 1 Nr. 3 UrhDaG nachdenken. Die Norm verpflichtet den Diensteanbieter, es dem Nutzer zu ermöglichen, die Nutzung als nach § 5 UrhDaG gesetzlich erlaubt zu kennzeichnen. Orientiert man sich am Wortlaut des § 194 Abs. 1 BGB, wonach ein Anspruch dann besteht, wenn jemand von einem anderen ein Tun oder Unterlassen verlangen kann, ließe sich ein Anspruch auf die Gewährung einer solchen Kennzeichnungsmöglichkeit aus der Norm ableiten, da dort eine konkrete Verpflichtung des Diensteanbieters gegenüber dem Nutzer begründet ist.

Gegen die Annahme eines solchen Anspruchs spricht jedoch, dass der Gesetzgeber selbst hierzu keine Aussage trifft, weder im Gesetzgebungsverfahren noch in der Gesetzesbegründung. Ein Vergleich zu § 95b Abs. 2 UrhG zeigt, dass der Gesetzgeber im Falle der Abweichung vom Grundsatz, dass Schranken nicht selbstständig eingeklagt werden können, die Natur einer Rechtsnorm als Anspruchsgrundlage sprachlich deutlich macht.[43] Auch differenziert der Gesetzgeber im Rahmen des § 95b UrhG erkennbar zwischen der Verpflichtung zur Verfügungstellung der erforderlichen Mittel, um von den Schranken trotz technischer Schutzmaßnahmen Gebrauch machen zu können, § 95b Abs. 1 UrhG, und dem zivilrechtlichen Anspruch in § 95b Abs. 2 UrhG. Eine vergleichbar deutliche Positionierung lässt sich weder dem Wortlaut des § 11 UrhDaG noch der Gesetzesbegründung entnehmen.

Auch das Unionsrecht ist wenig aufschlussreich, da Art. 17 Abs. 9 UAbs. 2 DSM-RL zwar durchsetzbare Schranken voraussetzt, auf die Festsetzung einer Verpflichtung zum Einsatz von Filtersystemen hat der Unionsgesetzgeber jedoch verzichtet. Unter Berücksichtigung der vom EuGH aufgezeigten Grenzen des zulässigen Einsatzes von Filtersystemen ließe sich über eine Auslegung des Art. 17 DSM-RL dahingehend nachdenken, dass Rechtsschutz nicht nur gegenüber dem einzelnen Inhalt bestehen soll, sondern

---

42 Anders wohl *A. Metzger/T. Pravemann*, Der Entwurf des UrhDaG als Umsetzung von Art. 17 DSM-RL – Ein gesetzgebungstechnischer Drahtseilakt, ZUM 2021, 288 (294).

43 Vgl. BT-Drs. 15/38, S. 27: „Absatz 2 begründet einen individuellen zivilrechtlichen Anspruch des einzelnen Begünstigten gegen den Rechtsinhaber, die Mittel zur Inanspruchnahme der jeweiligen Schrankenvorschrift in dem zu ihrer Nutzung erforderlichen Maße zu erhalten."

auch im Hinblick auf die Schutzmechanismen, die diese Inhalte absichern. Der Wortlaut des Art. 17 Abs. 9 UAbs. 2 DSM-RL spricht jedoch nur von der Erforderlichkeit des Zugangs zu einem Gericht oder einem sonstigen Organ der Rechtspflege zum Zwecke der „Inanspruchnahme einer Ausnahme oder Beschränkung" – und ist damit nur auf den einzelnen Inhalt gerichtet.

Des Weiteren ist die Rechtsnatur der mutmaßlich erlaubten Nutzungen zu berücksichtigen. Die §§ 9 ff. UrhDaG begründen nicht etwa die Zulässigkeit eines nutzergenerierten Inhaltes, sondern enthalten lediglich eine Vermutungswirkung zugunsten derjenigen Inhalte, die unter die Voraussetzungen der § 9 Abs. 2 S. 1 UrhDaG fallen.[44] Kennzeichnet der Nutzer seinen Inhalt als gesetzlich erlaubt i.S.d. § 11 Abs. 1 Nr. 3 UrhDaG, bedeutet dies nicht zwangsläufig, dass keine Rechtsverletzung vorliegt. Stattdessen wird in einer Art vorgelagerten Beurteilung des Inhaltes dessen Zulässigkeit vermutet, was die unmittelbare öffentliche Wiedergabe des Inhaltes zur Folge hat. Der Rechtsinhaber hat die Möglichkeit, die Vermutung zu widerlegen.

Ein Inhalt, dessen rechtliche Zulässigkeit nur vermutet wird und dessen Zugänglichkeit allein von der Wertung des Nutzers abhängt, kann jedoch nicht den gleichen Schutz beanspruchen, wie ein tatsächlich erlaubter Inhalt (selbst wenn sich die Rechtmäßigkeit im Nachhinein positiv feststellen lässt). Zur vollen Schutzwürdigkeit gelangt der Inhalt erst bei faktischer Einschlägigkeit eines Schrankentatbestandes, und damit jenseits des Anwendungsbereichs der §§ 9 ff. UrhDaG, die in ihrer Reichweite auf den vorläufigen Zustand vermuteter Rechtmäßigkeit beschränkt sind.

Konzeption, Zwecksetzung und das Unionsrecht stehen somit dem Wortlaut des § 11 Abs. 1 Nr. 3 UrhDaG entgegen, wenn es um die Frage eines sich aus dieser Norm ableitbaren Anspruchs geht. Klarheit bringen kann nur die Rechtsprechung, sollte es zu Entscheidungen in diese Richtung kommen, oder der Gesetzgeber selbst.[45]

---

44 Vgl. *Leistner*, Implementation (Fn. 8), 918.
45 Vereinzelt wird ein Anspruch nach dem Vorbild des § 95b Abs. 2 UrhG gefordert, vgl. *F. Hofmann*, Fünfzehn Thesen zur Plattformhaftung nach Art. 17 DSM-RL, GRUR 2019, 1219 (1227); *Spindler*, Upload-Filter (Fn. 37), Rn. 47 f.

b) Ansprüche aus der Vertragsbeziehung zwischen Diensteanbieter und Nutzer

Fehlt es an einem unmittelbar aus dem UrhDaG ableitbaren Anspruch, könnte die Vertragsbeziehung zwischen Diensteanbieter und Nutzer dem gesetzlichen Durchsetzungsdefizit Abhilfe verschaffen.[46] Über das Vertragsrecht handhabt die Rechtsprechung bisher auch Wiederherstellungsansprüche in äußerungsrechtlichen Sachverhaltskonstellationen. So könne eine unberechtigte Blockierung von Inhalten als Verletzung der dem Nutzer gegenüber bestehenden Schutzpflichten gewertet werden, die nach §§ 280 Abs. 1, 241 Abs. 2 BGB sowohl eine Pflicht zur Wiederherstellung des Inhaltes als auch zum Ersatz eines etwaig entstandenen Schadens auslöst.[47]

Ob die Gerichte diesen Lösungsweg auch auf urheberrechtliche Konstellationen übertragen werden, bleibt abzuwarten. Der Nutzer ist in seinem Integritätsinteresse verletzt, wenn der Diensteanbieter auf der Plattform ein Filtersystem implementiert, welches den Nutzer davon abhält, für den Meinungsaustausch wesentliche Funktionen der Plattformen zu nutzen.[48] Die Einklagbarkeit von Schutzpflichten ist indes umstritten, insbesondere wenn es sich um unselbstständige, d.h. auf die Absicherung des Vertragszweck gerichtete Nebenpflichten handelt.[49] Um eine solche handelt es sich bei der Pflicht des Diensteanbieters, nur solche Filtersysteme zum Einsatz zu bringen, die den gesetzlichen Vorgaben entsprechen.

Im Rahmen eines aus der Schutzpflichtverletzung resultierenden Schadensersatzanspruchs nach § 280 Abs. 1 BGB kann lediglich der Schaden ersetzt verlangt werden, der daraus resultiert, dass der Schuldner, hier der Diensteanbieter, keine angemessenen Schutzmaßnahmen ergriffen hat.[50]

---

46 Zum Bestehen eines Vertragsverhältnisses zwischen dem Diensteanbieter und dem Nutzer vgl. *G. Spindler*, Löschung und Sperrung von Inhalten aufgrund von Teilnahmebedingungen sozialer Netzwerke. Eine Untersuchung der zivil- und verfassungsrechtlichen Grundlagen, CR 2019, 238 Rn. 4 f.
47 OLG München NJW 2018, 3115; KG Berlin NJW-RR 2019, 1260; LG Frankfurt a.M. MMR 2018, 545.
48 Vgl. OLG München NJW 2018, 3115 Rn. 26-28, wonach die Reichweite des § 241 Abs. 2 BGB als Generalklausel am Maßstab der Grundrechte zu messen ist.
49 Ablehnend *H. Sutschet* in: W. Hau/R. Poseck (Hrsg.), BeckOK BGB, 66. Ed., München 2023, § 241 Rn. 43. Dagegen sogar einen vorbeugenden Unterlassungsanspruch für möglich erachtend, sofern eine unmittelbare Gefährdung des Leistungserfolges vorliegt: *G. Bachmann* in: F. J. Säcker u.a. (Hrsg.), Münchener Kommentar zum BGB, Bd. II, 9. Aufl., München 2022, § 241 Rn. 81 f.
50 *Bachmann* (Fn. 49), § 241 Rn. 180.

Ein positives Interesse an der ordnungsgemäßen Vertragserfüllung ist dagegen nicht ersatzfähig.[51] Dies bedeutet, dass der Nutzer auf einen Anspruch auf Zugänglichmachung eines durch ein defektes Filtersystem blockierten Inhaltes beschränkt ist, dagegen aber nicht die Anpassung des Filtersystems insgesamt verlangen kann.

Neue Impulse für einen vertraglichen Anspruch gibt jedoch die DID-RL[52] für den Bereich des Mängelgewährleistungsrechts.[53] Nach Art. 6 DID-RL muss der Unternehmer dem Verbraucher die digitale Dienstleistung in einer solchen Weise bereitstellen, dass diese den Vorgaben aus Art. 7, 8 und 9 DID-RL entspricht. Bei diesen Vorgaben handelt es sich unter anderem um die Vereinbarkeit der digitalen Dienstleistung mit den subjektiven und objektiven Anforderungen. Entspricht eine digitale Dienstleistungen diesen Vorgaben nicht, so liegt ein Mangel der vertraglichen Leistung vor. Neu ist vor allem, dass ein Mangel nunmehr auch dann anzunehmen ist, wenn zwar subjektive, d.h. vertraglich verabredete Anforderungen eingehalten sind, die Nutzer aber hiervon abweichende, objektive Anforderungen an die Leistung haben, die nicht gewahrt wurden.[54]

Um den objektiven Anforderungen an digitale Dienstleistungen gerecht zu werden, müssen sich diese insbesondere nach Art. 8 Abs. 1 DID-RL für Zwecke eignen, für die digitale Dienstleistungen derselben Art in der Regel genutzt werden, sowie der Quantität, den Eigenschaften und Leistungsmerkmalen – darunter Funktionalität, Kompatibilität, Zugänglichkeit, Kontinuität und Sicherheit – entsprechen, die bei digitalen Dienstleistungen derselben Art üblich sind und die der Verbraucher aufgrund der Art der digitalen Dienstleistung vernünftigerweise erwarten kann.

Unter diese Voraussetzungen zu fassen ist auch das ordnungsgemäße Funktionieren der Plattform in Einklang mit gesetzlichen Vorgaben. Nutzer nehmen Plattformen in Anspruch, um über die Zugänglichmachung und

---

51 Ebd.
52 Richtlinie (EU) 2019/790 des Europäischen Parlaments und des Rates vom 20. Mai 2019 über bestimmte vertragliche Aspekte der Bereitstellung digitaler Inhalte und digitaler Dienstleistungen, ABl. L 136/1.
53 Vgl. hierzu *L. Kuschel/D. Rostam*, Urheberrechtliche Aspekte der Richtlinie 2019/770. Eine Analyse der Bereiche: EULA, Second Hand Market, Overblocking und Nutzung nach Vertragsbeendigung, CR 2020, 393 Rn. 22-28; *G. Spindler*, Digital Content Directive And Copyright-related Aspects, JIPITEC 2021, 111 Rn. 60; und andeutungsweise *Hofmann*, Urheberrechtliche Schranken (Fn. 25), S. 180.
54 Vgl. Art. 8 Abs. 1 DID-RL: „Zusätzlich zur Einhaltung der subjektiven Anforderungen an die Vertragsmäßigkeit […]".

Verbreitung von Inhalten an öffentlicher Kommunikation zu partizipieren. Die gängigen Kommunikationsformen im Internet unterfallen nicht selten einer urheberrechtlichen Ausnahme oder Beschränkung, so dass der Zweck der Nutzung von Online-Plattformen nur bei ungehindertem Schrankengebrauch gewahrt ist. Die Erwartung des Nutzers wird sich, ungeachtet spezifischer urheberrechtlicher Kenntnisse,[55] darauf richten, dass sämtliche Inhalte hochgeladen werden können, sofern diese nicht gegen gesetzliche Vorschriften verstoßen.[56] Diese Erwartung erstreckt sich insbesondere auch auf die Inhaltemoderation mittels automatisierter Verfahren, da die Automatisierung von Uploadprozessen dem Standard im Bereich sozialer Medien entspricht.[57]

Interagiert der Nutzer bei Verwendung der Plattform mit einem Filtersystem, welches nicht ordnungsgemäß funktioniert, so ist die Erwartung des Nutzers an die Funktionalität und Zugänglichkeit der digitalen Dienstleistungen verletzt. Der hierin begründete Mangel führt zu einem Gewährleistungsanspruch des Nutzers. In seiner Rechtsfolge ist ein solcher Gewährleistungsanspruch primär auf die Nacherfüllung gerichtet, und damit im Falle eines von der Vertragserwartung abweichenden Filters auf dessen Anpassung.[58]

c) Deliktsrechtliche Ansprüche

Nimmt man an, dass es bei sich beim Einsatz ordnungsgemäß funktionierender Filtersysteme um eine Schutzpflicht i.S.d. § 241 Abs. 2 BGB handelt, so könnten Ansprüche des Nutzers auf Anpassung des Filtersystems auch im Deliktsrecht zu finden sein. Dies bereits deshalb, da vertragliche Schutzpflichten in aller Regel auch deliktsrechtliche Verkehrssicherungspflichten darstellen,[59] deren Verletzung eine Haftung nach § 823 BGB auslösen kann.

Zwar schafft der sich eines Filtersystems bedienende Diensteanbieter eine nach § 823 Abs. 1 BGB relevante Gefahrenlage für den Nutzer, die ihn zum Ergreifen zumutbarer Vorkehrungen zur Abwehr der hieraus resultie-

---

55 Vgl. Art. 8 Abs. 1 lit. a) DID-RL, wonach u.a. auch das geltende Unions- und nationale Recht bei der Beurteilung der objektiven Anforderungen zu berücksichtigen ist.
56 *Kuschel/Rostam*, Urheberrechtliche Aspekte (Fn. 53), Rn. 26.
57 *Kuschel/Rostam*, Urheberrechtliche Aspekte (Fn. 53), Rn. 26.
58 Art. 14 Abs. 1 DID-RL.
59 OLG Saarbrücken NJW-RR 2017, 1434 Rn. 17; *G. Wagner* in: F. J. Säcker (Hrsg.), Münchener Kommentar zum BGB, Bd. VII, 8. Aufl., München 2020, § 823 Rn. 449.

renden Gefahren, insbesondere durch die Umsetzung der §§ 9 ff. UrhDaG, verpflichtet.[60] Die Haftung aufgrund einer Verkehrssicherungspflichtverletzung setzt jedoch notwendigerweise voraus, dass ein Rechtsgut i.S.d. § 823 Abs. 1 BGB betroffen ist. Dies ist schon hinsichtlich der Blockierung des einzelnen Inhaltes zweifelhaft.[61] Hinsichtlich der Anpassung des Filtersystems insgesamt käme als betroffenes Rechtsgut allein ein abstraktes Recht des Nutzers auf Datenzugänglichkeit oder ein Recht, von nicht funktionierenden Filtersystemen unbeeinträchtigt zu bleiben, in Betracht. Eine Gleichstellung eines solchen Nutzerinteresses mit den anderen Rechtsgütern des § 823 Abs. 1 BGB widerspricht jedoch der streng rechtsgutsorientierten Ausgestaltung der Norm.

Ein Nutzeranspruch auf Anpassung der Filtersysteme könnte stattdessen seine Grundlage in § 823 Abs. 2 BGB haben. Neben der Loslösung der Haftung von der Verletzung der enumerativ aufgezählten absoluten Rechte, unterscheidet sich § 823 Abs. 2 BGB dadurch, dass an die Verletzung eines Schutzgesetzes statt an die Rechtsgutsverletzung angeknüpft und dadurch ein vorgelagerter Rechtsschutz geboten wird.[62]

Bei den Regeln zu den mutmaßlich erlaubten Nutzungen kann es sich nur dann um Schutzgesetze handeln, wenn sie ein Ge- oder Verbot enthalten[63] und sie nicht oder nicht nur die Interessen der Allgemeinheit, sondern vor allem den Einzelnen oder einzelne Personenkreise vor Verletzungen ihrer Rechtsgüter oder Rechtsinteressen schützen.[64] Ein möglicher Indikator für die Annahme eines Individualschutzes ist es, wenn das Gesetz selbst seinen Zweck beschreibt und sich darin auf die Rechte Einzelner bezieht.[65] Dies ist der Fall bei § 9 Abs. 1 UrhDaG, der gleich zu Beginn das Ziel der mutmaßlich erlaubten Nutzungen benennt, Overblocking auf den

---

60 Zum Begriff der Verkehrssicherungspflichtverletzung siehe BGH NJW 2021, 1090 Rn. 8.
61 Vergleicht man den Gebrauch urheberrechtlich geschützter Werke im Rahmen des Umfangs eines Schrankentatbestandes mit dem berechtigten Besitz am Eigentum eines anderen, so ließe sich ein „sonstiges Recht" i.S.d. § 823 Abs. 1 BGB konstruieren. Dies würde auch mit der Aufwertung von Ausnahmen und Beschränkungen in der DSM-RL zusammenpassen.
62 *J. Hager* in: J. von Staudingers Kommentar zum Bürgerlichen Gesetzbuch mit Einführungsgesetz und Nebengesetzen, §§ 832 E-I, 824, 825 (Verkehrspflichten, deliktische Produkthaftung, Verletzung eines Schutzgesetzes, Arzthaftungsrecht), Berlin 2021, § 823 Rn. G 2; *C. Katzenmeier* in: Dauner-Lieb/Langen (Fn. 31), § 823 Rn. 524 f.
63 *Hager* (Fn. 62), § 823 Rn. G 16.
64 BGH NJW 1988, 1383; *Katzenmeier* (Fn. 62), § 823 Rn. 528.
65 *Wagner* (Fn. 59), § 823 Rn. 563.

Online-Plattformen zu vermeiden. Gerade § 11 UrhDaG ist darauf gerichtet, den urheberrechtlichen Ausnahmen und Beschränkungen zur vollen Wirkung zu verhelfen.[66] Die hierin begründeten, durch Art. 17 Abs. 7, 9 DSM-RL anerkannten subjektiven Rechte des Nutzers werden durch die Kennzeichnungsmöglichkeit des § 11 Abs. 1 Nr. 3 UrhDaG abgesichert, das Fehlen einer solchen stellt eine unmittelbare Gefährdung der Individualinteressen der Nutzer dar.[67]

Indes ist auch ein Schadensersatzanspruch aus § 823 Abs. 2 BGB – wie auch beim vertraglichen Äquivalent – auf Schadensersatz nach Maßgabe der §§ 249 ff. BGB gerichtet. Damit ist auch hier zwar das verletzte Integritätsinteresse des Anspruchstellers auszugleichen, nicht dagegen ein positives Interesse an der Vertragserfüllung.[68] Es ist somit der Schaden zu ersetzen, der durch die Verletzung des Schutzgesetzes entstanden ist. Ein solcher Differenzschaden[69] kann jedoch nicht an das fehlerhaft funktionierende Filtersystem als solches anknüpfen, sondern nur konkret an den von einem fehlerhaften Filtersystem betroffenen Inhalt. Dies steht einem umfassenden Anspruch des Nutzers auf Anpassung des Filtersystems entgegen.

V. Fazit

Das Konzept mutmaßlich erlaubter Nutzungen innerhalb der §§ 9 ff. UrhDaG bietet einen *Ex-Ante*-Mechanismus, der aufgrund der genauen Umsetzungsvorgaben innerhalb des Gesetzes technisch in den Filtersystemen implementierbar ist. Effektiver Nutzerschutz setzt jedoch auch die tatsächliche Anpassung der Filtersysteme an diese gesetzlichen Vorgaben voraus. Erwägungen zu den sich aus dem UrhDaG ergebenden Nutzeransprüchen beschränken sich in der Regel auf die Frage nach *Ex-Post*-Ansprüchen des Nutzers, die die Zugänglichmachung einzelner Inhalte und den Ersatz von aus der Blockierung entstandenen Schäden zum Ziel haben. Solche Ansprüche decken jedoch nur eine Hälfte des Spektrums an Rechtsschutzmöglichkeiten des Nutzers ab, für die auf der Grundlage des Art. 17 DSM-RL ein Bedürfnis besteht.

---

66 Vgl. BT-Drs. 19/27426, S. 47.
67 Vgl. *Wagner* (Fn. 59), § 823 Rn. 587, wonach die bloße Gefährdung subjektiver Rechte für eine Haftung nach § 823 Abs. 2 BGB ausreicht.
68 BGH NJW 2011, 1962 Rn. 8 ff.
69 BGH NJW 2011, 1962 Rn. 8.

Die Defizite der im UrhDaG vorgesehenen Verbandsklagemöglichkeit in § 18 Abs. 6 UrhDaG werden dadurch verschärft, dass das Gesetz diese kollektive Rechtsschutzmöglichkeit nicht etwa als Ergänzung zu hierzu komplementären, individuellen Nutzeransprüchen zu verstehen scheint, sondern als einziges Mittel zur Durchsetzung von Nutzerinteressen gegenüber Diensteanbietern. Sollte der Gesetzgeber die Frage nach aus dem UrhDaG resultierenden Nutzeransprüchen auch in Zukunft offenlassen, so wird die Beurteilung, ob die §§ 9 ff. UrhDaG – im Hinblick auf den Schrankengebrauch speziell § 11 Abs. 1 Nr. 3 UrhDaG – einklagbare Verkehrspflichten der Diensteanbieter beinhalten, den Gerichten obliegen.

In der Alternative verlagert sich die Problematik in den Bereich der vertragsrechtlichen Haftung, und trifft dort auf die Sondervorschriften zu den Verträgen über digitale Produkte, einschließlich digitaler Dienstleistungen wie das Anbieten von Online Content Sharing Plattformen. Die dortige Bedeutungszunahme der objektiven Vertragserwartung für die Mängelgewährleistungshaftung bei digitalen Diensten ist in der Lage, dem Nutzer zu einem Mängelgewährleistungsanspruch zu verhelfen, sollten die tatsächlichen Plattformmodalitäten von der Erwartung des Nutzers an ein ordnungsgemäßes, d.h. gesetzmäßiges Funktionieren von Filtersystemen abweichen.

Im Hinblick auf den in der DSM-RL geforderten und vom EuGH betonten hohen Schutzstandard für Nutzerrechte und das drohende Kräfteungleichgewicht zwischen den Durchsetzungsmöglichkeiten der Inhaber von Urheber- oder verwandten Schutzrechten und den Nutzern wäre eine deutliche Positionierung des Gesetzgebers innerhalb des dafür vorgesehenen Rahmens, nämlich der Umsetzung des Art. 17 DSM-RL im UrhDaG, wünschenswert gewesen. Indem das UrhDaG dies versäumt, nimmt es dem eigenen, dem Grunde nach lobenswerten Nutzerschutz die Sprengkraft und riskiert damit, lediglich auf dem Papier, nicht aber in der Praxis überzeugen zu können.

Datenzugang in der Plattformökonomie: Regulierungsinstrumente in P2B-VO, DMA und DSA

Lars Pfeiffer[*]

I. Einleitung

Angesichts der Vielzahl der in den vergangenen Jahren verwendeten Metaphern zur Betonung der besonderen Bedeutung von Daten[1] wohl eher Binsenweisheit als neue Erkenntnis: Daten sind zum (mit)entscheidenden Faktor für eine erfolgreiche wirtschaftliche Teilhabe aufgestiegen. Sie sind oft der „Schlüssel für einen Marktzutritt"[2] und ermöglichen sowohl die Verbesserung bestehender, als auch die Entwicklung neuer Geschäftsmodelle.[3] Lange Zeit war bezüglich Datenzugriffsmöglichkeiten lediglich die „unangetastete faktische Position desjenigen [von Bedeutung], der Zugriff auf einen Datenbestand hat."[4] Die Europäische Kommission hat in Reaktion darauf über zahlreiche Strategiepapiere hinweg u.a. hervorgehoben, dass insbesondere nicht-personenbezogene Daten „allen zugänglich sein [sollten] – ob öffentlich oder privat, ob groß oder klein, ob Start-Up oder

---

[*] Lars Pfeiffer, LL.M., ist wissenschaftlicher Mitarbeiter am Fachgebiet für Öffentliches Recht, IT-Recht und Umweltrecht (Prof. Dr. Gerrit Hornung, LL.M.) sowie am wissenschaftlichen Zentrum für Informationstechnik-Gestaltung (ITeG) der Universität Kassel. Der Beitrag ist unter anderem aus der Mitwirkung des Autors in dem vom Bundesministerium für Bildung und Forschung (BMBF) geförderten Projekt „Privatsphärenfreundliche Geschäftsmodelle für die Plattformökonomie (PERISCOPE)" (FKZ: 16KIS1481) sowie in der Projektgruppe „Datenzugangsregeln" des Forschungs- und Kompetenznetzes „Zentrum verantwortungsbewusste Digitalisierung (ZEVEDI)" entstanden.
[1] Exemplarisch: „Daten sind der Rohstoff des 21. Jahrhunderts", vgl. *A. Merkel*, Rede beim Jahrestreffen des World Economic Forum, 24.01.2018; „Daten sind die Lebensader der wirtschaftlichen Entwicklung", vgl. COM (2020) 66 final, S. 3.
[2] *N. Ziegler/S. Nagl*, Zugang zu Industriedaten für KMU, ZfDR 2023, 57 (59).
[3] *A. Haberl/L. Volbers*, Digitale Geschäftsmodelle – Datenbasierte Chancen und Risiken für Unternehmen, in: L. Specht-Riemenschneider/N. Werry/S. Werry (Hrsg.), Datenrecht in der Digitalisierung, Berlin 2019, S. 821 Rn. 22.
[4] *T. Wischmeyer/ E. Herzog*, Daten für alle?, NJW 2020, 288 (289); s.a. *J. Tenta*, Rechte an Daten – bloße Macht des Faktischen?, ZdiW 2022, 447 (448 f.).

Gigant."[5] Es sei problematisch, „wenn die Erzeuger der Daten diese für sich behalten und die Daten folglich nur isoliert analysiert werden"[6] sowie, dass die aus „Datenvorteilen" resultierende Marktmacht negativ zulasten anderer Marktakteure genutzt werden könne.[7] Besonders im Mittelpunkt stehen dabei die Betreiber digitaler Plattformen. Deren Bedeutung, „vor allem die der mächtigsten [...], denen andere Marktteilnehmer kaum noch ausweichen können",[8] hat die Kommission bereits 2015 herausgestellt und betont, dass daher ein „bedarfsgerechtes Regulierungsumfeld für Plattformen und Mittler"[9] zu etablieren sei. In der Folge wurden mit der Verordnung (EU) 2019/1150 zur Förderung von Fairness und Transparenz für gewerbliche Nutzer von Online-Vermittlungsdiensten (P2B-VO), der Verordnung (EU) 2022/1925 über bestreitbare und faire Märkte im digitalen Sektor (DMA) sowie der Verordnung (EU) 2022/2065 über einen Binnenmarkt für digitale Dienste (DSA) gleich drei plattformspezifische Verordnungen erlassen.

Dieser Beitrag geht den Fragen nach, warum Datenzugangsregeln in der Plattformökonomie eine besondere Bedeutung zukommt, welche Datenzugangsregeln Einzug in die neuen europäischen plattformspezifischen Rechtsakte erhalten haben, welche Zwecke damit jeweils verfolgt werden sowie wer Verpflichteter und Berechtigter der jeweiligen Vorschriften ist. Abschließend werden die Erkenntnisse rechtsaktsübergreifend zusammengefasst und auf Potentiale sowie Herausforderungen der derzeitigen Ausgestaltung hingewiesen.

II. Digitale Plattformen

Die besondere Bedeutung von digitalen Plattformen in der heutigen datenbasierten und datengetriebenen Wirtschaft ist vor allem dadurch bedingt, dass sie in ihrer Rolle als Vermittler zwischen mehreren Marktseiten über einen „privilegierte[n] Zugang zu großen Datenmengen"[10] verfügen und die ihnen dadurch offenstehenden Möglichkeiten derart nutzen, dass sie mehr und mehr in das Visier sowohl von Regulierern als auch von Aufsichtsbe-

---

5 COM (2020) 67 final, S. 2.
6 COM (2017) 9 final, S. 9.
7 COM (2020) 66 final, S. 9.
8 COM (2015) 192 final, S. 10.
9 COM (2015) 192 final, S. 12.
10 *C. Busch*, Mehr Fairness und Transparenz in der Plattformökonomie?, GRUR 2019, 788 (794).

hörden geraten. Wohl zu Recht werden sie daher als „die augenfälligsten Akteure der Digitalwirtschaft"[11] bezeichnet und der Aufschwung der Plattformökonomie als „eine der prägenden ökonomischen Entwicklungen der vergangenen Jahre" bewertet.[12]

1. Begriffsbestimmung und ökonomische Charakteristika

Bei digitalen Plattformen handelt es sich um digitale Dienste, die die Interaktion zwischen zwei oder mehr getrennten, dennoch voneinander abhängigen Nutzergruppen vereinfachen, die miteinander durch den Service über das Internet verbunden sind.[13] Diese Interaktion kann dabei sowohl technischer, kommerzieller als auch sozialer[14] Natur sein und damit auch zwischen unterschiedlichen Marktteilnehmern mit divergierenden Interessen erfolgen, etwa zwischen Käufer und Verkäufer, zwischen Werbetreibendem und Werbeadressat oder zwischen Informationsanbieter und Informationsempfänger.[15]

Aus dieser an die Funktion von digitalen Plattformen angelehnten Begriffsbestimmung ergeben sich bereits Hinweise auf die ökonomischen Charakteristika der Plattformökonomie, die ihr – zumindest im Zusammenspiel – durchaus eigen sind. Die „ökonomische Basis"[16] digitaler Plattformen ist zunächst ihr Charakteristikum der Zwei- oder Mehrseitigkeit, wovon immer dann die Rede ist, wenn mehrere unterschiedliche Nutzergruppen miteinander interagieren und der Nutzen für die Teilnehmer auf der einen Seite des Marktes mit der Anzahl der Marktteilnehmer auf der anderen Seite steigt oder fällt.[17] Die Vermittlungsfunktion digitaler Plattfor-

---

11 *A. Engert,* Digitale Plattformen, AcP 218 (2018), 304 (305).
12 So *Busch,* Plattformökonomie (Fn. 10), 788.
13 Eigene Übersetzung nach *OECD,* An Introduction to Online Platforms and their Role in the Digital Transformation, Paris 2019, S. 21.
14 *Engert,* Plattformen (Fn. 11), 305.
15 Für weitere Beispiele s. *R. Dewenter/F. Löw/J. Rösch,* Digitale Plattformen aus industrieökonomischer Sicht, in: M. Seiter/L. Grünert/A. Steur (Hrsg.), Management Digitaler Plattformen, Wiesbaden 2021, S. 35 (36).
16 *A. Hein/M. Böhm/H. Krcmar,* Digitale Plattformen, in: M. H. Dahm/S. Thode (Hrsg.), Strategien und Transformation im digitalen Zeitalter, Wiesbaden 2019, S. 181 (187).
17 *M. Armstrong,* Competition in two-sided markets, RAND Journal of Economics 2006, 668 (668); *M. Rysman,* The Economics of Two-Sided Markets, Journal of Economic Perspectives 2009, 125 (125).

men hat dazu geführt, dass traditionelle Wertschöpfungsmechanismen in den Hintergrund gerückt sind, anstelle produktzentrierter nunmehr plattformzentrierte Wertschöpfungsstrategien verfolgt werden[18] und damit für den Geschäftserfolg die Generierung möglichst vieler Interaktionen und Aktivitäten entscheidend geworden ist.[19] Indem Plattformen die Transaktionskosten – worunter sämtliche bei der Etablierung einer Austauschbeziehung zunächst anfallenden Kosten zu verstehen sind[20] – deutlich reduzieren, schaffen sie einen Mehrwert für die bis dahin unverbundenen Marktseiten, die das Problem zu hoher Transaktionskosten nur schwer selbst beherrschen und reduzieren können.[21]

Eng verbunden mit dem Vorliegen mehrerer miteinander agierender Marktseiten sind die sich daraus ergebenden Netzwerkeffekte, die einen weiteren zentralen Aspekt digitaler Plattformen darstellen.[22] Bereits 1985 haben *Katz* und *Shapiro* festgestellt, dass der Mehrwert, den ein bestimmtes Gut für einen bestimmten Nutzer generiert, davon abhängen kann, wie viele andere Nutzer in demselben „Netzwerk" aktiv sind.[23] Üblicherweise wird zwischen direkten und indirekten Netzwerkeffekten unterschieden.[24] Während direkte Netzwerkeffekte den Umstand beschreiben, dass der Nutzen, den die Teilnahme an einer Plattform für die Nutzer birgt, direkt mit der Anzahl an Nutzern auf derselben Marktseite korreliert,[25] liegen indirekte Netzwerkeffekte vor, wenn der Nutzen der Marktteilnehmer auf der einen Seite des Marktes von der Anzahl der Nutzer auf der anderen Seite abhängt.[26]

---

18 *Hein/Böhm/Krcmar,* Plattformen (Fn. 16), S. 182.
19 *M. Jaekel,* Die Macht der digitalen Plattformen, Wiesbaden 2017, S. 113 ff.
20 *L. Gasser,* Der Marktstrukturmissbrauch in der Plattformökonomie, Baden-Baden 2021, S. 37.
21 *D. S. Evans/R. Schmalensee,* The Antitrust Analysis of Multi-Sided Platforms, NBER Working Paper No. 19783, 2013, S. 2.
22 *OECD,* Platforms (Fn. 13), S. 22.
23 *M. L. Katz/C. Shapiro,* Network Externalitites, Competition, and Compatibility, American Economic Review 1985, 424 (424).
24 So z.B. *M. Motta/M. Peitz,* Intervention triggers and underlying theories of harm, Luxemburg 2020, S. 10 ff.; *H. Schweitzer/T. Fetzer/M. Peitz,* Digitale Plattformen: Bausteine für einen künftigen Ordnungsrahmen, ZEW Discussion Paper No. 16-042, 2016, S. 4.
25 *Schweitzer/Fetzer/Peitz,* Ordnungsrahmen (Fn. 24), S. 4.
26 *B. Caillaud/B. Julien,* Chicken & egg: competition among intermediation service providers, RAND Journal of Economics 2003, 309 (309 f.); *Schweitzer/Fetzer/Peitz,* Ordnungsrahmen (Fn. 24), S. 4 f.

Eine weitere wichtige Eigenschaft digitaler Plattformen ist deren Fähigkeit, die gleichzeitige Nutzung verschiedener Plattformen durch einen Nutzer zu demselben Zweck bzw. für dieselbe Dienstleistung (sog. „Multi-Homing"[27]) zu verhindern und damit zu einem Lock-In Effekt beitragen zu können.[28] Entscheidend für die Wahrnehmung unterschiedlicher Plattformen zu demselben oder zumindest ähnlichen Zweck sind aus Nutzerperspektive die Wechselkosten.[29] Diese sind in der Regel nicht monetärer Natur, sondern entsprechen sämtlichem für den Nutzer subjektiv anfallenden Aufwand. So kann etwa Aufwand bei der Suche nach Alternativplattformen entstehen (Suchkosten) und die Gewöhnung an neue Layouts und Funktionalitäten kann mitunter sehr zeitaufwändig sein (Lernkosten).[30] Ausschlaggebend ist zudem der mit einem Dienstwechsel regelmäßig einhergehende Verlust von Daten sowie im Fall von sozialen Netzwerken der Verlust der gesamten „virtuellen Einrichtung"[31] – also etwa gespeicherten Inhalten, Nachrichtenverläufen und bereits geknüpften Kontakten. Ähnlich signifikante Datenverluste können durch den Wechsel von Plattformen entstehen, bei denen Reputationssysteme eine wesentliche Bedeutung spielen.[32] Sind die subjektiv wahrgenommenen Wechselkosten ausreichend hoch, kommt es zu Lock-In Effekten, die den Anbieterwechsel aus Sicht der gewerblichen und privaten Nutzer erheblich erschweren oder sogar komplett verhindern können.[33] Bei digitalen Plattformen kommt erschwerend das Vorliegen starker Netzwerkeffekte hinzu: Wechselkosten und Netzwerkeffekte verstärken sich gegenseitig, da sich die Nutzer als Gruppe koordinieren müssten, um nach einem Wechsel von Plattform A zu Plattform B von dieser neuen Plattform profitieren zu können.[34]

---

27 *Caillaud/Julien*, Chicken & egg (Fn. 26), 310; *R. Dewenter/M. Linder*, Bestimmung von Marktmacht in Plattformmärkten, List Forum 2017, 67 (75).
28 *J. Haucap*, Plattformökonomie: neue Wettbewerbsregeln – Renaissance der Missbrauchsaufsicht, Wirtschaftsdienst 2020, 20 (23).
29 *Dewenter/Linder*, Marktmacht (Fn. 27), 75.
30 *K. Nocun*, Datenschutz unter Druck, in: A. Roßnagel/M. Friedewald/M. Hansen (Hrsg.), Die Fortentwicklung des Datenschutzes, Wiesbaden 2018, S. 39 (53).
31 *Nocun*, Datenschutz (Fn. 30), S. 53; s.a. *OECD*, Platforms (Fn. 13), S. 24.
32 *K. A. Bamberger/O. Lobel*, Platform Market Power, Berkeley Technology Law Journal 2017, 1051 (1067).
33 *Nocun*, Datenschutz (Fn. 30), S. 54.
34 *Bamberger/Lobel*, Platform (Fn. 32), 1068 f.

2. Daten und Plattformen

Wegen ihrer Funktion als Bindeglied zwischen den unterschiedlichen Marktseiten stehen Plattformbetreiber in Bezug auf die ihnen zur Verfügung stehenden Daten in einer privilegierten Position.[35] Sie sammeln von allen auf ihren Plattformen aktiven Akteuren aktiv bereitgestellte (etwa Namen, Adressen, Unternehmensinformationen) sowie nutzungsbasierte Daten (etwa Transaktionsdaten, Suchanfragen, Klickverhalten) und können damit ihre Matching-Algorithmen sukzessive verbessern.[36] Darüber hinaus stellt die Datensammlung und -verarbeitung die wesentliche Grundlage für die Plattformbetreiber dar, Nutzerprofile erstellen und dadurch ihre Dienste personalisieren zu können,[37] was sich in besseren Empfehlungssystemen, Kaufvorschlägen oder Werbebannern niederschlagen kann.[38] Die damit einhergehende Nutzensteigerung trägt wiederum zu einer Erhöhung der Wechselkosten und damit zur Intensivierung der Lock-In Effekte der Nutzer bei, die bei einem Plattformwechsel auf diese (erfolgreich) personalisierten Dienste verzichten müssten.[39] Daher genießen Plattformen mit einer ausreichend großen Nutzerbasis einen Wettbewerbsvorteil in Form der großen Menge ihnen zur Verfügung stehenden Daten, der ihnen schnellere und bessere Produkt- und Dienstleistungsinnovationen ermöglicht.[40] Insofern werden die heutigen Datenspeicherungs- und -verarbeitungsmöglichkeiten zu Recht als wesentliche technische Voraussetzung für den Erfolg digitaler Plattformen angesehen.[41] Verstärkend kommen zudem die Implikationen der bereits dargestellten Netzwerkeffekte hinzu (die

---

35 *Busch,* Plattformökonomie (Fn. 10), 794; *V. Fast/D. Schnurr/M. Wohlfahrt,* Marktmacht durch Daten, in: L. Specht-Riemenschneider/S. Werry/N. Werry (Hrsg.), Datenrecht in der Digitalisierung, Berlin 2019, S. 745 (Rn. 2).
36 *BMWi,* Digitale Souveränität im Kontext plattformbasierter Ökosysteme, Dortmund 2019, S. 6 f.
37 *Schweitzer/Fetzer/Peitz,* Ordnungsrahmen (Fn. 24), S. 15 f.
38 *Dewenter/Löw/Rösch,* Plattformen (Fn. 15), S. 55; zur Bedeutung von personalisierter Werbung für die Geschäftsmodelle digitaler Plattformen s. *Schweitzer/Fetzer/Peitz,* Ordnungsrahmen (Fn. 24), S. 16.
39 *Bamberger/Lobel,* Platform (Fn. 32), 1085 f.
40 *L. Wiewiorra,* Transparenz und Kontrolle in der Datenökonomie, Wirtschaftsdienst 2018, 463 (465).
41 *Haucap,* Plattformökonomie (Fn. 28), 21; *Schweitzer/Fetzer/Peitz,* Ordnungsrahmen (Fn. 24), S. 5; *H. Schweitzer/J. Haucap/W. Kerber/R. Welker,* Modernisierung der Missbrauchsaufsicht für marktmächtige Unternehmen, Baden-Baden 2018, S. 19.

Kombination wird daher bisweilen als „Daten-Netzwerkeffekte"[42] bezeichnet): Hat ein Plattformdienst die kritische Nutzermasse erreicht, gewinnt er zunehmend an Attraktivität für alle Marktseiten, wodurch er mehr und mehr Nutzer generiert, deren Daten er wiederum zur Verbesserung seiner Dienste einsetzen und insofern den Nutzen für alle Akteure des Plattformökosystems erhöhen kann.[43]

3. Ausgewählte Problemfelder

Mit dem Aufschwung der Plattformökonomie insgesamt sowie auch dem Bedeutungszuwachs einzelner digitaler Plattformen geht eine Vielzahl unterschiedlicher Probleme einher, viele davon eng verbunden mit der Frage nach Datenzugängen. Eines dieser Probleme liegt darin, dass Betreiber digitaler Plattformen als eine Art „privater Gesetzgeber"[44] die Teilnahmebedingungen für ihre jeweiligen Infrastrukturen vorgeben, denen sich gewerbliche und private Nutzer wegen ihrer Abhängigkeit auch bei für sie unvorteilhafter Ausgestaltung in der Regel beugen.[45] Gerade für gewerbliche Nutzer ist in diesem Zusammenhang die Frage von Bedeutung, in welchem Umfang die Plattformbetreiber ihnen Zugang zu Kunden- und Transaktionsdaten gewähren.[46] Dies gilt vor allem dann, wenn vertikal integrierte Plattformen vorliegen, also solche, die neben der Bereitstellung der Plattform zugleich auch selbst Waren oder Dienstleistungen auf dieser anbieten, damit in den Wettbewerb zu den gewerblichen Nutzern treten und Datenzugangsvorteile unmittelbar zu deren Lasten ausüben können.[47]

Gleichwohl sind die Probleme nicht auf solche aus einer wirtschaftlichen und wettbewerbsrechtlichen Perspektive beschränkt. Vielmehr gehen von bestimmten digitalen Plattformen – einerseits wegen ihrer zunehmenden Bedeutung als Medium zur Informationsgewinnung,[48] andererseits wegen

---

42 *Schweitzer/Haucap/Kerber/Welker*, Modernisierung (Fn. 41), S. 21; R. Dewenter/H. Lüth, Datenhandel und Plattformen, Hamburg 2018, S. 15 f.
43 *Dewenter/Lüth*, Datenhandel (Fn. 42), S. 15 f.; *Schweitzer/Haucap/Kerber/Welker*, Modernisierung (Fn. 41), S. 21; C. Busch, Small and Medium-Sized Enterprises in the Platform Economy, WISO Diskurs 01/2020, S. 5 f.
44 *H. Schweitzer*, Digitale Plattformen als private Gesetzgeber, ZEuP 2019, 1 (3 f.).
45 *Schweitzer/Haucap/Kerber/Welker*, Modernisierung (Fn. 41), S. 17.
46 *Busch*, Platform Economy (Fn. 43), 7.
47 *Busch*, Platform Economy (Fn. 43), 7; *Busch*, Plattformökonomie (Fn. 10), 793.
48 So geben 26,5% der 14-29-Jährigen an, dass soziale Medien ihr wichtigstes Informationsmedium zum aktuellen Zeitgeschehen sind, vgl. D. Hein, Wie informieren sich

der mit der Aufmerksamkeitsökonomie einhergehenden Tendenz zur Anzeige möglichst polarisierender Inhalte[49] – auch Risiken bezüglich der Verbreitung von Desinformation,[50] Hassrede[51] und Gewaltaufrufen[52] aus.[53]

Zum besseren Verständnis dieser Risiken bedarf es daher u.a. weit- und tiefreichender Einblicke in die Funktionsweise der Algorithmen digitaler Plattformen. Nur so kann beispielsweise nachvollzogen werden, welche Einflussfaktoren bei der Inhaltsmoderation ausschlaggebend dafür sind, warum einzelne Beiträge auf sozialen Medien eine besonders hohe Reichweite erzielen während andere blockiert werden, oder warum Nutzern bestimmte Ergebnisse als Resultat einer Suchanfrage angezeigt werden.[54]

III. (Transparenz über den) Zugang zu den Datenschätzen

Aufbauend auf der primär aus einer ökonomischen Perspektive vorgenommenen Betrachtung von digitalen Plattformen werden nachfolgend die einleitend angesprochenen plattformspezifischen Rechtsakte der EU auf ihren Regelungsgehalt in Bezug auf die Einräumung von Datenzugangsrechten analysiert.

1. Mehr Transparenz dank P2B-VO

Den ersten „umfassenden Regelungsrahmen für die Plattformwirtschaft"[55] stellt die P2B-VO vom 20. Juni 2019 dar. Unmittelbare Geltung entfaltet die

---

Menschen zum Zeitgeschehen?, in: die medienanstalten – ALM GbR (Hrsg.), Vielfaltsbericht der Medienanstalten, Berlin 2022, S. 8 (18).
49 *United Nations*, Information Integrity on Digital Platforms, 2023, S. 6 f.
50 Exemplarisch *J. Schat*, TikTok und Facebook: Plattformen winken Fake News zur US-Wahl durch, Netzpolitik v. 25.10.2022.
51 Exemplarisch *T. Rudl*, Inhaltemoderation auf Twitter: „Wir bei HateAid erleben vor allem Willkür", Netzpolitik v. 08.04.2023.
52 Exemplarisch *I. Dachwitz*, Facebook: Brandbeschleuniger für Konflikte, Netzpolitik v. 27.05.2022.
53 Insgesamt zu diesem Themenbereich *United Nations*, Integrity (Fn. 49), S. 11 ff.
54 S. dazu auch die Europäische Kommission unter Rückgriff auf die Ergebnisse einer Studie, bei der sich 75% der Befragten für mehr Transparenz „hinsichtlich des Einflusses der Einnahmequellen von Plattformen auf die angezeigten Ergebnisse von Suchmaschinenanfragen" ausgesprochen haben, COM (2016) 288 final, S. 11.
55 *Busch*, Plattformökonomie (Fn. 10), 789.

Verordnung, die aus deutscher Sicht „als ein Konglomerat aus Vertrags-, Kartell und Lauterkeitsrecht [erscheint]"[56], in den EU-Mitgliedstaaten seit dem 12. Juli 2020.

a) Regelungsansatz und Anwendungsbereich

Das Ziel der Verordnung ist gem. EG 7 P2B-VO, „ein faires, vorhersehbares, tragfähiges und vertrauenswürdiges Online-Geschäftsumfeld" für ausgewählte Arten von digitalen Plattformen und deren gewerbliche Nutzer zu schaffen. Die Vorschriften finden Anwendung auf Anbieter von Online-Vermittlungsdiensten sowie Online-Suchmaschinen, wobei nicht alle Vorgaben beide Typen von Normadressaten treffen.[57] Online-Vermittlungsdienste sind gem. Art. 2 Abs. 2 P2B-VO sämtliche Dienste, die kumulativ[58] die Anforderungen des Art. 2 Abs. 2 lit. a-c P2B-VO erfüllen. Demnach muss es sich um einen Dienst der Informationsgesellschaft im Sinne von Art. 1 Abs.1 lit. b RL (EU) 2015/1535 handeln (lit. a), der es seinen gewerblichen Nutzern ermöglicht, mit den Verbrauchern Transaktionen abzuschließen (lit. b) und der dem gewerblichen Nutzer auf Grundlage eines Vertragsverhältnisses bereitgestellt wird (lit. c). Beispiele hierfür sind etwa Online-Marktplätze, Hotelbuchungsportale, App-Stores sowie auch soziale Netzwerke.[59] Weniger differenziert, dafür auffallend technologieneutral ausgestaltet, ist die Begriffsbestimmung von Online-Suchmaschinen. Darunter werden gem. Art. 2 Nr. 5 P2B-VO digitale Dienste verstanden, die es ihren Nutzern ermöglichen, mittels text- oder sprachbasierten sowie auch weiteren, nicht näher bestimmten Eingaben, Suchanfragen im Internet vornehmen zu können. Nicht erfasst vom Anwendungsbereich sind hingegen gem. Art. 1 Abs. 3 P2B-VO Online-Zahlungsdienste, Online-Werbeinstrumente und Online-Werbebörsen, mit denen keine Anbahnung direkter Transaktionen verfolgt wird und bei denen kein Vertragsverhältnis mit Verbrauchern besteht. Ebenso ausgeschlossen sind ausweislich EG 11 S. 4 P2B-VO reine „Peer-to-Peer-Online-Vermittlungsdienste ohne Beteili-

---

56 *C. Alexander*, Anwendungsbereich, Regelungstechnik und einzelne Transparenzvorgaben der P2B-Verordnung, WRP 2020, 945 (Rn. 4).
57 *Busch*, Plattformökonomie (Fn. 10), 789.
58 *P. Voigt/W. Reuter*, Platform-to-Business-Verordnung, MMR 2019, 783 (784).
59 *Busch*, Plattformökonomie (Fn. 10), 789; *Alexander*, P2B-Verordnung (Fn. 56), Rn. 18.

gung gewerblicher Nutzer" (z.B. Blablacar, Couchsurfing.org)[60] sowie reine B2B-Plattformen.[61]

Bezüglich der räumlichen Anwendbarkeit hat der europäische Gesetzgeber gem. EG 9 P2B-VO auf die „globale Dimension" der im Fokus dieser Verordnung stehenden Diensteanbieter reagiert und einen weiten Ansatz gewählt. So gilt die Verordnung gem. Art. 1 Abs. 2 P2B-VO ausdrücklich unabhängig vom Ort des Sitzes oder der Niederlassung des Diensteanbieters. Entscheidend ist vielmehr, ob die durch die Verordnung geschützten Marktakteure – die gewerblichen Nutzer oder Nutzer mit Unternehmenswebsite – ihre Niederlassung oder ihren Wohnsitz innerhalb der Union haben und ob diese Nutzer über die Online-Vermittlungsdienste oder Online-Suchmaschinen Waren oder Dienstleistungen an in der Union befindliche Verbrauchern anbieten.[62] Ausgeschlossen vom Anwendungsbereich der Verordnung sind daher einerseits solche Konstellationen, in denen der gewerbliche Nutzer zwar seinen Sitz innerhalb der Union hat, sein Leistungsangebot allerdings an außerhalb der Union befindliche Verbraucher richtet,[63] sowie andererseits solche, in denen sich der Verbraucher innerhalb der Union befindet, der gewerbliche Nutzer allerdings nicht.[64]

b) Datenzugangsbezogene Transparenzpflichten

Zum Datenzugang finden sich in Art. 7 Abs. 3 lit. a sowie Art. 9 Abs. 1 P2B-VO zwei Vorschriften, durch die Plattformbetreiber zu mehr Transparenz hinsichtlich der von ihnen angewandten Praktiken verpflichtet werden. Diese datenzugangsbezogenen Vorschriften reihen sich damit in die gesamte Funktionsweise der P2B-VO ein, die auf Transparenz als Mittel zum Schutz der gewerblichen Nutzer von Plattformbetreibern ausgelegt ist und

---

60 Auf die mangelnde Praxisrelevanz dieser Ausnahme hinweisend *Busch*, Plattformökonomie (Fn. 10), 789.
61 Kritisch zu der den Ausschluss von B2B-Plattformen begründenden Argumentation der Kommission und auf potentielle Schutzlücken hinweisend *Voigt/Reuter*, P2B-VO (Fn. 58), 784.
62 Ob die Waren oder Dienstleistungen an Verbraucher innerhalb der Union angeboten werden, bestimmt sich anhand der Rechtsprechung des EuGH zu dem bereits aus Art. 6 Abs. 1 lit. b Rom I-VO und Art. 17 Abs. 1 lit. c Brüssel Ia-VO bekannten Kriterium des „Ausrichtens"; s. zu Nachweisen für die einschlägige Rechtsprechung *Alexander*, P2B-Verordnung (Fn. 56), Rn. 30.
63 Ausführlich dazu H. *Wais*, B2B-Klauselkontrolle in der Plattform-Ökonomie, EuZW 2019, 221 (222).
64 *Wais*, B2B-Klauselkontrolle (Fn. 63), 223.

dabei auf die Untersagung einzelner Geschäftspraktiken nahezu komplett verzichtet.[65]

Zunächst normiert Art. 7 Abs. 3 lit. a P2B-VO die Pflicht für Anbieter von Online-Vermittlungsdiensten, innerhalb ihrer AGB sowie für Anbieter von Online-Suchmaschinen, etwaige Unterschiede im Zugang zu seitens der Nutzer des Dienstes zur Verfügung gestellten oder bei der Dienstnutzung generierten Daten offenzulegen. Eine differenzierte Behandlung in Form einer Selbstbevorzugung des Plattformbetreibers – ein durchaus „typisches Phänomen"[66] – wird damit nicht untersagt, sondern lediglich mehr Transparenz über das Vorliegen solcher Ungleichbehandlungen gefördert.[67]

Eng verbunden damit ist die weitere Transparenzverpflichtung, die sich aus Art. 9 P2B-VO ergibt. Diese Vorschrift verpflichtet die Anbieter von Online-Vermittlungsdiensten gem. Abs. 1 dazu, innerhalb ihrer AGB zu erläutern, ob ein technischer oder vertraglicher Zugang für ihre gewerblichen Nutzer zu solchen personenbezogenen wie auch nicht-personenbezogenen Daten besteht, die gewerbliche Nutzer oder Verbraucher für die Nutzung der Dienste zur Verfügung stellen oder die bei der Nutzung dieser Dienste generiert werden. In Art. 9 Abs. 2 lit. a-d P2B-VO werden die vom Online-Vermittlungsdienst geforderten Erläuterungen konkretisiert, so dass – kurz gefasst – mindestens[68] darüber angemessen Auskunft zu geben ist, ob der Diensteanbieter selbst Zugang zu solchen Daten hat und falls ja, welche Datenkategorien davon unter welchen Bedingungen umfasst sind (lit. a), ob der gewerbliche Nutzer Zugang zu durch ihn oder seine Endkunden generierte Daten hat und falls ja, zu welchen Datenkategorien und unter welchen Bedingungen (lit. b), ob der gewerbliche Nutzer darüber hinaus auch Zugang zu den Daten hat, die durch alle gewerblichen Nutzer und Verbraucher zur Verfügung gestellt oder generiert werden (lit. c), sowie zuletzt darüber, ob der Diensteanbieter die Daten, zu denen er gem. lit. a Zugang erhält, auch Dritten zur Verfügung stellt (lit. d). Zwar wurden von Seiten des Parlaments im Verlauf des Gesetzgebungsverfahrens Änderungsanträge eingebracht, mit denen die Diensteanbieter dazu verpflichtet werden sollten, ihren gewerblichen Nutzern Zugang zu allen Daten einzuräumen, die sie im Zuge der Handelstätigkeit des jeweiligen gewerblichen

---

65 *C. Alexander*, Transparenz in der Plattformwirtschaft, GRUR 2023, 14 (15).
66 *Alexander*, P2B-Verordnung (Fn. 56), Rn. 65.
67 *Busch*, Plattformökonomie (Fn. 10), 794.
68 So auch *A. Tribess*, Datenzugangsrechte in der Plattformökonomie, ZD 2020, 440 (442).

Nutzers erfasst haben.[69] Einzug in die finale Fassung konnten diese Vorschläge jedoch nicht halten. Insofern verbirgt sich auch hinter Art. 9 P2B-VO lediglich eine Offenlegungspflicht der Plattformdienste,[70] nicht jedoch ein Anspruch auf Zugang zu bestimmten Daten, was zwar einerseits schon dem Wortlaut zu entnehmen ist, zugleich jedoch auch in EG 35 P2B-VO noch einmal ausdrücklich klargestellt wird. Auch Schlussfolgerungen, dass „gewerblichen Nutzern [...] unter der P2B-VO Zugangsrechte auch zu personenbezogenen Daten eingeräumt werden [können]"[71], sind abzulehnen. Art. 9 P2B-VO verpflichtet dazu, offenzulegen, ob und unter welchen Bedingungen gewerbliche Nutzer u.a. Zugang zu personenbezogenen Daten haben. Er kann jedoch nicht als Rechtsgrundlage für die Offenlegung der personenbezogenen Daten selbst dienen. Ob diese offengelegt werden dürfen, bestimmt sich unverändert nach dem Maßstab der DSGVO, wie auch Art. 9 Abs. 3 P2B-VO zeigt, der klarstellt, dass die Vorschrift die Anwendung der DSGVO unberührt lässt.

2. Bestreitbare Märkte dank DMA

Den nächsten für die Zwecke dieses Beitrags zu betrachtenden plattformspezifischen Rechtsakt stellt der DMA dar. Auch in dieser vollharmonisierenden Verordnung, die im Wesentlichen den Versuch darstellt, „gegenüber einigen der mächtigsten Unternehmen der Welt den Primat einer wertgeprägten Rechtsordnung"[72] zu behaupten, wurden datenzugangsbezogene Vorschriften normiert.

a) Regelungsansatz und Anwendungsbereich

Die besonderen Charakteristika digitaler Plattformen und die daraus resultierenden Risiken für die Bestreitbarkeit zentraler Plattformdienste sowie die Fairness der Geschäftsbeziehungen hervorhebend (EG 2 DMA), hat

---

69 S. dazu *N. Schneider/S. Kremer*, Ein zweiter, kritischer Blick auf die P2B-Verordnung, WRP 2020, 1128 (Rn. 54); *Busch*, Plattformökonomie (Fn. 10), 794.
70 *T. Höppner/A. Schulz*, Die EU-Verordnung 2019/1150 für Fairness und Transparenz von Online-Vermittlungsdiensten („P2B-Verordnung"), ZIP 2019, 2329 (2335); *Busch*, Plattformökonomie (Fn. 10), 794.
71 *Tribess*, Datenzugangsrechte (Fn. 68), 444.
72 *R. Podszun*, in: R. Podszun (Hrsg.), Digital Markets Act, Baden-Baden 2023, Einleitung Rn. 1.

der europäische Gesetzgeber sich dafür entschieden, die größten digitalen Plattformen einem gesonderten Regulierungsrahmen zu unterwerfen und damit eine „Zähmung der Tech-Giganten" zu erreichen.[73] Diese Tech-Giganten, in der Verordnung nunmehr adressiert unter dem neu geschaffenen Begriff des „Torwächters" (nachfolgend: Gatekeeper), werden in Bezug auf jeden ihrer zentralen Plattformdienste einer Reihe weitreichender Verhaltenspflichten, die im Wesentlichen auf kartellrechtlichen Verfahren aus der Vergangenheit beruhen,[74] unterworfen.

Der Anwendungsbereich des DMA beschränkt sich in persönlich-sachlicher Hinsicht gem. Art. 1 Abs. 2 DMA auf zentrale Plattformdienste, die von Gatekeepern für in der Union niedergelassene gewerbliche Nutzer oder in der Union niedergelassene oder aufhältige Endnutzer bereitgestellt oder angeboten werden. Als zentrale Plattformdienste kommen gem. der abschließenden Liste in Art. 2 Nr. 2 lit. a-j DMA u.a. Online-Vermittlungsdienste, Online-Suchmaschinen sowie Video-Sharing-Plattformdienste in Betracht[75] und die Einstufung als Gatekeeper erfolgt durch die Kommission auf Basis qualitativer und quantitativer Kriterien. So sind in Art. 3 Abs. 1 lit. a-c DMA zunächst drei qualitative Kriterien vorgegeben, die kumulativ erfüllt sein müssen. Diese werden in Art. 3 Abs. 2 lit. a-c DMA von quantitativen Schwellenwerten in Bezug auf Umsatz, Marktkapitalisierung und Nutzerzahlen begleitet, deren Überschreiten die widerlegbare[76] Vermutung für die Erfüllung des jeweiligen qualitativen Kriteriums begründen.[77] Für den Fall, dass die quantitativen Schwellenwerte nicht überschritten werden, besteht für die Kommission gem. Art. 3 Abs. 8 DMA eine weitere Alternative zur Gatekeeper-Benennung auf Basis eines in Art. 17 DMA konkretisierten Marktuntersuchungsverfahrens und unter Berücksichtigung der in Art. 3 Abs. 8 UAbs. 2 lit. a-g DMA genannten Aspekte. Am 06. September 2023

---

73 *R. Achleitner*, Digital Markets Act beschlossen: Verhaltenspflichten und Rolle nationaler Wettbewerbsbehörden, NZKart 2022, 359 (359).
74 Vgl. *R. Podszun/P. Bongartz/S. Langenstein*, The Digital Markets Act: Moving from Competition Law to Regulation for Large Gatekeepers, EuCML 2021, 60 (65), die von einem „best of' competition law cases" sprechen.
75 Für Beispiele für digitale Plattformen, die unter die jeweiligen Kategorien fallen, s. *Achleitner*, Verhaltenspflichten (Fn. 73), 360.
76 Zur Vermutungswiderlegung s. *J. Krauskopf/M. Brösamle*, in: J. P. Schmidt/F. Hübener (Hrsg.), Das neue Recht der digitalen Märkte, Baden-Baden 2023, § 4 Rn. 8-12.
77 Ausführlich zu den Einstufungskriterien *T. J. Gerpott*, Neue europäische Regeln für Digitale Plattformen, CR 2021, 255 (Rn. 7).

wurden mit Alphabet, Amazon, Apple, ByteDance, Meta und Microsoft sechs Unternehmen von der Kommission als Gatekeeper benannt.[78]

Ähnlich zur Frage der räumlichen Anwendbarkeit der P2B-VO kommt es gem. Art. 1 Abs. 2 DMA auch hier ausdrücklich nicht auf Niederlassungs- oder Standort des potentiell als Gatekeeper zu benennenden Unternehmens an, sondern lediglich darauf, ob dessen zentraler Plattformdienst für in der Union niedergelassene gewerbliche Nutzer oder in der Union niedergelassene oder aufhältige Endnutzer betrieben oder diesen angeboten wird.

b) Datenzugangsansprüche für Nutzer und Wettbewerber

Herzstück der Gatekeeper-Regulierung sind die Art. 5-7 DMA, in denen Listen mit Ge- und Verboten für die als Gatekeeper benannten Unternehmen festgelegt sind. Während die Pflichten aus Art. 5 DMA unmittelbar anwendbar sind, bedürfen die Pflichten des Art. 6 DMA einer Konkretisierung entweder durch die Gatekeeper selbst oder – sofern sich dies als nicht ausreichend erweisen sollte – durch die Kommission gem. Art. 8 Abs. 2 UAbs. 2 DMA.[79] Mit Blick auf die im Fokus dieses Beitrags stehenden datenzugangsbezogenen Vorschriften sind lediglich die Art. 6 Abs. 8-11 DMA von Relevanz.

Zunächst findet sich in Art. 6 Abs. 8 S. 1 DMA die Pflicht des Gatekeepers zur Gewährung eines Datenzugangs für Werbetreibende, Herausgeber sowie von diesen beauftragten Dritten in einer Art und Weise, die es ihnen ermöglicht, eigene unabhängige Überprüfungen der für sie erbrachten „Werbeleistungen" vornehmen zu können. Mit dieser Vorschrift – die zudem im Zusammenhang mit den Transparenzvorschriften aus Art. 5 Abs. 9 u. 10 DMA zu sehen ist[80] – soll die „Wechselfähigkeit und -willigkeit"[81] der Unternehmen, die Werbedienstleistungen von als Gatekeepern benannten

---

78 Vgl. die Pressemitteilung v. 06. September 2023, abrufbar unter https://ec.europa.eu/commission/presscorner/detail/en/ip_23_4328 (letzter Zugriff: 28.09.2023).
79 Daneben ist auch ein Weg zur gemeinsamen Lösungsfindung in Art. 8 Abs. 3 DMA angelegt, der sogenannte „regulatorische Dialog". Ausführlich dazu *Seeliger*, in: R. Podszun (Hrsg.), Digital Markets Act, Baden-Baden 2023, Art. 8 DMA Rn. 40-48; ebenfalls *Kumkar*, Der Digital Markets Act nach dem Trilog-Verfahren, RDi 2022, 347 (Rn. 11).
80 Vgl. *L. Gasser/J. Hegener* in: J. P. Schmidt/F. Hübener (Hrsg.), Das neue Recht der digitalen Märkte, Baden-Baden 2023, § 6 Rn. 71.
81 *A. Wolf-Posch*, in: R. Podszun (Hrsg.), Digital Markets Act, Baden-Baden 2023, Art. 6 Abs. 8 Rn. 160.

Unternehmen in Anspruch nehmen, erhöht und dadurch mittelbar die aus der Informationsasymmetrie im Werbemarkt resultierenden Probleme[82] adressiert werden.[83] Der Zugang zu sowohl den Daten als auch den eigenen von dem Gatekeeper verwendeten Instrumenten zur Leistungsmessung[84] ist kostenlos zu gewähren, auch eine Aufwandsentschädigung ist nicht vorgesehen.

Als nächste datenzugangsbezogene Vorschrift enthält Art. 6 Abs. 9 DMA eine Erweiterung des aus Art. 20 DSGVO bekannten Rechts auf Datenportabilität und verfolgt damit gem. EG 59 DMA das Ziel, Anbieterwechsel und Multi-Homing zu vereinfachen. Gatekeeper werden nunmehr dazu verpflichtet, Endnutzern sowie von ihnen beauftragten Dritten auf deren Antrag hin die kostenlose Übertragbarkeit aller vom Endnutzer bereitgestellten oder durch seine Tätigkeit generierten Daten – unabhängig davon, ob es sich dabei um aggregierte oder nicht-aggregierte Datensätze, personenbezogene oder nicht-personenbezogene Daten handelt[85] – zu ermöglichen. Im Unterschied zu Art. 20 DSGVO erstreckt sich dieser Zugangsanspruch damit auch auf nicht-personenbezogene Daten und auch juristische Personen werden in den Kreis der Berechtigten aufgenommen, da sie unter den Begriff des Endnutzers gem. Art. 2 Nr. 20 DMA fallen. Daneben stellt auch die Pflicht zum Vorhalten eines permanenten Echtzeitzugangs eine Neuerung dar. Unverändert werden hingegen aus den bereitgestellten Daten sowie Nutzungsdaten abgeleitete Daten nicht vom Zugangsanspruch erfasst.[86]

Vergleichbar zu Art. 6 Abs. 9 DMA enthält Abs. 10 die Pflicht des Gatekeepers, auch seinen gewerblichen Nutzern und von ihnen zugelassenen

---

82 Ausführlich zu den Transparenzproblemen im Online-Werbemarkt *Competition & Markets Authority*, Online platforms and digital advertising, London 2020, Rn. 5.331 ff.
83 Vgl. *Wolf-Posch* (Fn. 81), Art. 6 Abs. 8 Rn. 160.
84 Zu den durch diese Instrumente gesammelten Daten s. *Wolf-Posch* (Fn. 81), Art. 6 Abs. 8 Rn. 170.
85 *Wolf-Posch* (Fn. 81), Art. 6 Abs. 9 Rn. 184.
86 Ebenso *Wolf-Posch* (Fn. 81), Art. 6 Abs. 9 Rn. 185; a.A. *S. Louven*, in: H. Gersdorf/B. P. Paal (Hrsg.), BeckOK InfoMedienR, 41. Ed. München 2023, Art. 6 DMA Rn. 129; *Gasser/Hegener* (Fn. 80), § 6 Rn. 74, die jedoch auf *R. Polley/F. A. Konrad*, Der Digital Markets Act – Brüssels neues Regulierungskonzept für Digitale Märkte, WuW 2021, 198 (203) verweisen, die diese Feststellung ihrerseits noch unter Bezug auf EG 55 des Kommissionsentwurfs zum DMA getroffen haben. Die dort in S. 2 noch explizit vorgesehene Erstreckung auch auf abgeleitete Daten findet sich in der finalen Fassung in EG 60 DMA nicht mehr.

Dritten auf deren Antrag hin kostenlos einen effektiven, hochwertigen und permanenten Echtzeitzugang[87] zu aggregierten und nicht-aggregierten, personenbezogenen und nicht-personenbezogenen Daten einzuräumen, die durch den gewerblichen Nutzer und dessen Endnutzer bereitgestellt oder generiert wurden. Umfasst sind dabei sowohl Daten, die im Zusammenhang mit der Nutzung des zentralen Plattformdienstes selbst erfasst wurden, als auch solche, die im Zusammenhang mit der Nutzung von Diensten, die zusammen mit den zentralen Plattformdiensten oder zu deren Unterstützung erfolgen, generiert wurden. Zweck dieser Vorschrift ist damit ebenso wie der des Art. 6 Abs. 9 DMA das Aufbrechen der Datensilos der marktdominierenden Plattformbetreiber und damit die Erleichterung von Multi-Homing bzw. die Reduktion von Lock-In-Effekten.[88] Im Gegensatz zu Art. 6 Abs. 9 DMA erstreckt sich die Verpflichtung der Gatekeeper nach Abs. 10 allerdings lediglich auf die Gewährung von Möglichkeiten zu Datenzugang und Datenexport, nicht jedoch darauf, selbst auf Antrag des gewerblichen Nutzers die betreffenden Daten an einen Dritten zu übertragen.[89]

Zuletzt enthält Art. 6 Abs. 11 DMA einen – ebenfalls antragsabhängigen – Zugangsanspruch für Betreiber von Online-Suchmaschinen gegenüber Gatekeepern, die ihrerseits Online-Suchmaschinen betreiben, zu Ranking-, Anfrage-, Klick- und Ansichtsdaten in Bezug auf unbezahlte und bezahlte Suchergebnisse, die von Endnutzern über die Online-Suchmaschinen der Gatekeeper generiert werden. Bei diesem Zugangsanspruch steht gem. EG 61 DMA die Förderung der besonders problematischen[90] „Bestreitbarkeit von Suchmaschinenmärkten"[91] im Vordergrund. Im Unterschied zu den in den Art. 6 Abs. 8-10 DMA dargestellten Datenzugangsansprüchen ist für den Zugang im Rahmen von Abs. 11 das Bestehen eines Vertragsverhältnisses keine Voraussetzung, vielmehr handelt es sich um eine horizontale Festlegung von Rechten und Pflichten von miteinander im Wettbewerb stehenden Suchmaschinen-Betreibern.[92] Insofern ist es angemessen, dass

---

87 Ausführlich hierzu *Wolf-Posch* (Fn. 81), Art. 6 Abs. 10 Rn. 231-242.
88 *Wolf-Posch* (Fn. 81), Art. 6 Abs. 10 Rn. 205.
89 So auch *Wolf-Posch* (Fn. 81), Art. 6 Abs. 10 Rn. 230.
90 S. dazu *W. Kerber*, Datenrechtliche Aspekte des Digital Markets Act, ZD 2021, 544 (547).
91 *Wolf-Posch* (Fn. 81), Art. 6 Abs. 11 Rn. 256.
92 Wobei *Wolf-Posch* (Fn. 81), Art. 6 Abs. 11 Rn. 260 zu Recht darauf hinweist, dass der Zugangsanspruch auch Dritten zukommen kann, die nicht im unmittelbaren Wettbewerb zum Gatekeeper stehen.

der Gesetzgeber an dieser Stelle von der Einräumung kostenloser Datenzugangsansprüche abgesehen hat und es dem Gatekeeper stattdessen ermöglicht, unter fairen, zumutbaren und diskriminierungsfreien Bedingungen eine Vergütung zu verlangen.

Allen aufgeführten Datenzugangsvorschriften aus den Art. 6 Abs. 8-11 DMA ist gemein, dass es an einer Konkretisierung der technischen Zugriffsmodalitäten mangelt. So ergeben sich bei der gem. Art. 6 Abs. 8 S. 2 DMA geforderten Bereitstellung der Daten in einer Art und Weise, die den Einsatz eigener Überprüfungs- und Messinstrumente erlaubt, ebenso Auslegungsschwierigkeiten[93] wie bei der Frage nach dem geeigneten Datenformat für die effektive Ausübung des erweiterten Datenportabilitätsrechts nach Abs. 9 für Endnutzer,[94] dem Datenzugangsanspruch für gewerbliche Nutzer nach Abs. 10,[95] sowie den technischen Modalitäten bei der Gewährung eines Datenzugangs für Suchmaschinenbetreiber gem. Abs. 11.[96] Vor diesem Hintergrund kommt der Kommission die Verantwortung zur notwendigen Konkretisierung zu – im Rahmen ihrer Kompetenz nach Art. 8 Abs. 2 UAbs. 2 S. 1 DMA zum Erlass von Durchführungsrechtsakten zur Festlegung von Maßnahmen, mit denen die Gatekeeper den Verpflichtungen aus den Art. 6 und 7 DMA nachzukommen haben.[97]

3. Aufsichts- und Forschungsförderung dank DSA

Auch im letzten für die Zwecke dieses Beitrags zu betrachtenden Plattformrechtsakt, dem am 27. Oktober 2022 im Amtsblatt der Union veröffentlichten DSA, hat der europäische Gesetzgeber Datenzugangsansprüche normiert.

---

93 Ausführlicher *Wolf-Posch* (Fn. 81) Art. 6 Abs. 8 Rn. 174.
94 *Wolf-Posch* (Fn. 81), Art. 6 Abs. 9 Rn. 187; früher bereits mit Blick auf diese Vorschrift auf das Fehlen eines allgemeingültigen Formats hinweisend *Polley/Konrad*, DMA (Fn. 86), 203.
95 *Wolf-Posch* (Fn. 81), Art. 6 Abs. 10 Rn. 241.
96 *Wolf-Posch* (Fn. 81), Art. 6 Abs. 11 Rn. 274 f.
97 *Achleitner*, Verhaltenspflichten (Fn. 73), 364 betont, dass die „Implementierung des DMA [...] daher auch eine Frage der Ressourcen der Kommission sein" werde.

a) Regelungsansatz und Anwendungsbereich

Anlass für den Erlass der Verordnung war ausweislich EG 2 DSA zwar die Angst vor einer Fragmentierung des Binnenmarkts, im Gegensatz zu den bislang betrachteten Verordnungen wäre ein ausschließlich auf ökonomische Interessen fokussierender Blick auf den DSA jedoch zu verengt.[98] Anschaulich zeigt sich dies nicht nur an der Zielbestimmung in Art. 1 Abs. 1 DSA, nämlich ein sicheres, vorhersehbares, vertrauenswürdiges, innovationsförderndes und die Grundrechte schützendes Online-Umfeld zu schaffen, sondern auch an den in Art. 34 ff. DSA enthaltenen Verhaltenspflichten für sehr große Online-Plattformen (VLOPs) und sehr große Online-Suchmaschinen (VLOSEs), die maßgeblich auf den von diesen Plattformen ausgehenden systemischen Risiken aufbauen, welche sich „im Unterschied zu systematischen Wirtschaftsrisiken [...] vor allem auf gesellschaftliche Risiken, insbesondere Gefahren für die öffentliche Meinungsbildung und den öffentlichen Diskurs [...]"[99] beziehen.

Bei den VLOPs und VLOSEs handelt es sich im vierstufigen Regelungsansatz[100] des DSA nicht nur um diejenigen Diensteanbieter, denen die mit Abstand weitreichendsten Pflichten auferlegt wurden,[101] zugleich sind sie die einzigen Normadressaten der Verordnung, die für diesen Beitrag von Bedeutung sind, denn nur für sie hat der europäische Gesetzgeber Pflichten zur Offenlegung von Daten vorgesehen. Für die Abgrenzung eines VLOP- oder VLOSE-Anbieters in Abgrenzung zu den auf Stufe Drei des Regelungsansatzes vorzufindenden Online-Plattformen (s. Abb. 1) wird dabei auf einen Schwellenwert zurückgegriffen, der gem. Art. 33 Abs. 1 DSA zunächst bei einer durchschnittlichen monatlichen Zahl von mindestens 45 Millionen aktiven Nutzern in der Union festgelegt ist. Am 25. April 2023 hat die Kommission den ersten von ihr gem. Art. 33 Abs. 4 UAbs. 1 S. 1 DSA geforderten Benennungsbeschluss veröffentlicht und darin insgesamt 19 Plattformbetreiber als VLOP bzw. VLOSE benannt.[102]

---

98 S. auch *D. Beaujean/C. Oelke/T. Wierny*, Immer mehr Verordnungen aus Brüssel und ihre Auswirkungen auf die Medienregulierung, MMR 2023, 11 (12).
99 S. *Gerdemann/G. Spindler*, Das Gesetz über digitale Dienste (Digital Services Act) (Teil 2), GRUR 2023, 115 (121).
100 S. dazu *S. Gerdemann/G. Spindler*, Das Gesetz über digitale Dienste (Digital Services Act) (Teil 1), GRUR 2023, 3 (3).
101 So auch *Gerdemann/Spindler*, DSA Teil 2 (Fn. 99), 121.
102 Abrufbar unter: https://ec.europa.eu/commission/presscorner/detail/de/IP_23_2 413 (letzter Zugriff: 03.08.2023).

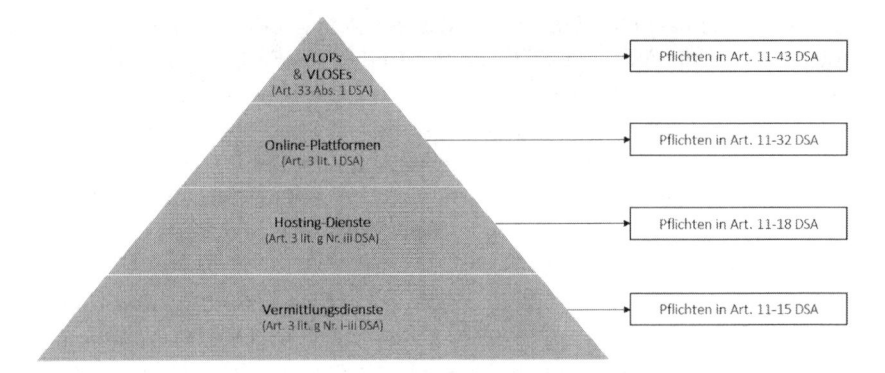

Abb. 1: Der vierstufige Regulierungsansatz des DSA (eigene Darstellung)

Hinsichtlich des räumlichen Anwendungsbereichs lässt sich mit Blick auf Art. 2 Abs. 1 DSA erneut feststellen, dass der Niederlassungsort der Diensteanbieter nicht von Belang ist, sondern vielmehr das Anbieten des jeweiligen Dienstes an Nutzer mit Niederlassungsort oder Sitz in der Union.

b) Datenzugang zu Aufsichts- und Forschungszwecken

Die für die Zwecke dieses Beitrags entscheidende Vorschrift stellt Art. 40 DSA dar, der drei unterschiedliche Datenzugangsansprüche zu entnehmen sind.[103] Bei den Verpflichteten handelt es sich – dem oben dargestellten Regelungsansatz folgend – lediglich um VLOP- oder VLOSE-Anbieter und damit nur um „solche Unternehmen der Privatwirtschaft, bei denen eine wirtschaftliche Überforderung durch die Verpflichtung zum Datenzugang ausgeschlossen ist."[104]

Zunächst räumt Art. 40 Abs. 1 DSA sowohl der Kommission als auch den neuen Koordinatoren für digitale Dienste (Digital Services Coordinator; nachfolgend DSC) am Niederlassungsort des VLOP- oder VLOSE-Anbieters einen Zugangsanspruch zu allen Daten ein, die für die Überwachung und Bewertung der Einhaltung des DSA erforderlich sind und spiegelt damit hinsichtlich der Anspruchsberechtigten die Zuständigkeitsregeln und

---

[103] Zum Kommissionsentwurf bereits auf die „trialistische Ausgestaltung" dieser Vorschrift hinweisend *A. Wehde*, Datenzugang über Art. 31 Abs. 2 DSA-E, MMR 2022, 827 (828).
[104] *L. I. Löber*, Der Forschungsdatenzugang nach dem neuen Art. 40 DSA, ZD-Aktuell 2022, 01420.

Aufgaben dieser Behörden.[105] Für das Entstehen des Zugangsanspruchs müssen Kommission oder DSC ein begründetes Verlangen an den jeweiligen Diensteanbieter richten, in dem u.a. dargelegt wird, auf welche Art und Weise der Datenzugang gewährt werden soll.[106] Der Anspruch auf Zugang zu allen für die Überwachung der Einhaltung des DSA erforderlichen Daten[107] wird gem. Art. 40 Abs. 3 DSA zudem ergänzt um ein „Recht auf Erläuterung der Gestaltung, Logik, Funktionsweise und Tests sämtlicher algorithmischer Systeme."[108]

Neben diesem Zugangsanspruch zu Aufsichtszwecken für die Kommission und die DSCs hat in Art. 40 Abs. 4 DSA eine „originäre Forschungsdatenklausel"[109] Einzug gefunden. Dieser Datenzugangsanspruch ist in zweierlei Hinsicht eingeschränkt, sowohl personell als auch sachlich.[110] Erstens kommt er lediglich „zugelassenen" Forschern zugute. Diesen Status erhalten Forscher nach Einreichung eines hinreichend begründeten Antrags bei dem DSC am Niederlassungsort[111] nur für die ebenfalls im Antrag zu nennenden spezifischen Forschungsarbeiten[112] und nur, sofern sie die in Art. 40 Abs. 8 UAbs. 1 lit. a-g DSA normierten Kriterien erfüllen – wozu u.a. nach lit. g die Selbstverpflichtung zur kostenlosen Veröffentlichung ihrer Ergebnisse gehört.[113] Die sachliche Einschränkung des Zugangsanspruchs liegt darin, dass er sich nur auf solche Daten erstreckt, die zur Erreichung des Forschungszwecks nachweislich notwendig sind. Der Forschungszweck selbst kann dabei nicht frei gewählt werden, stattdessen ist ein grober Rahmen bereits gesetzlich vorbestimmt: Erfasst ist nur der Datenzugang zum ausschließlichen Zweck der Durchführung von Forschungsarbeiten, die zu Aufspürung, Ermittlung und Verständnis systemischer Risiken in der

---

105 *K. Kaesling*, in: F. Hofmann/B. Raue (Hrsg.), Digital Services Act, Baden-Baden 2023, Art. 40 Rn. 15.
106 *Kaesling* (Fn. 105), Art. 40 Rn. 19.
107 S. hierzu *Kaesling* (Fn. 105), Art. 40 Rn. 20 f.
108 *C. Krönke*, Die europäische Kommission als Aufsichtsbehörde für digitale Dienste, EuR 2023, 136 (150).
109 *Kaesling* (Fn. 105), Art. 40 Rn. 31; *Wehde*, Datenzugang (Fn. 103), 828.
110 So auch *N. Maamar*, in: T. Kraul (Hrsg.), Das neue Recht der digitalen Dienste, Baden-Baden 2023, § 4 Rn. 240.
111 Alternativ kann das Verlangen gem. Art. 40 Abs. 9 UAbs. 1 auch gegenüber dem DSC am Niederlassungsort der Forschungsorganisation, der die Forscher angeschlossen sind, eingereicht werden; diesbezüglich auf ein Wahlrecht hinweisend *Kaesling* (Fn. 105), Art. 40 Rn. 37.
112 Ebenso *Kaesling* (Fn. 105), Art. 40 Rn. 34.
113 Ausführlich zu den einzelnen Kriterien *Kaesling* (Fn. 105), Art. 40 Rn. 42-56.

Union gem. Art. 34 Abs. 1 DSA beitragen, wobei auch solche Forschungsarbeiten miterfasst sind, die die Bewertung der Angemessenheit, der Wirksamkeit und der Auswirkungen der Risikominderungsmaßnahmen gem. Art. 35 DSA zum Gegenstand haben.[114] Einen Anspruch auf eine Aufwandsentschädigung erhalten die VLOP- und VLOSE-Anbieter für die Gewährung des Datenzugangs nicht.[115]

Der dritte und letzte in Art. 40 DSA enthaltene Zugangsanspruch findet sich in Abs. 12 und hat lediglich öffentlich zugängliche Daten zum Gegenstand. Auch dieser Zugangsanspruch dient ausschließlich der Forschung zu systemischen Risiken nach Art. 34 Abs. 1 DSA, im Gegensatz zu Art. 40 Abs. 4 DSA können die Forscher jedoch auch mit gemeinnützigen Einrichtungen, Organisationen und Vereinigungen verbunden sein und müssen lediglich einen Teilbereich des als Zugangsvoraussetzung fungierenden Kriterienkatalogs gem. Art. 40 Abs. 8 DSA erfüllen, womit insgesamt die personellen Anforderungen gelockert werden.[116] Zudem entfällt hier das Antragserfordernis über eine Behörde als vermittelnde Stelle, stattdessen genügt eine formlose Anfrage gegenüber dem jeweiligen VLOP- oder VLOSE-Anbieter, in der beispielsweise auch transparent über die Finanzierung der Forschung zu informieren ist.[117]

Abschließend ist – wie auch schon in Bezug auf die Datenzugangsansprüche gem. Art. 6 Abs. 8-11 DMA – erneut die Bedeutung der Kommission hervorzuheben. Hinsichtlich der Zugangsansprüche nach Art. 40 Abs. 1 und 4 DSA obliegt es ihr, delegierte Rechtsakte zu erlassen, in denen sie die technischen Bedingungen der Zugangsgewährung sowie die zulässigen Verarbeitungszwecke festlegen soll.

IV. Bewertung und Ausblick

Alles in allem werden in den neuen plattformspezifischen Rechtsakten eine ganze Reihe an Datenzugangsproblemen durch den Rückgriff auf unterschiedliche Instrumente adressiert. So geben die Transparenzanforderungen der Art. 7 Abs. 3 lit. a und 9 Abs. 1 P2B-VO Aufschluss über die Datenzugangspraktiken von digitalen Plattformen, unabhängig von ihrer Größe. In Art. 6 Abs. 8-11 DMA sind hingegen konkrete Datenzugangsan-

---

114 S. dazu *Löber*, Forschungsdatenzugang (Fn. 104).
115 *Kaesling* (Fn. 105), Art. 40 Rn. 71.
116 Vgl. *Maamar* (Fn. 110), § 4 Rn. 244.
117 *Kaesling* (Fn. 105), Art. 40 Rn. 85.

sprüche für gewerbliche Nutzer, Endnutzer und sogar Wettbewerber normiert, allerdings nur gegenüber sehr vereinzelten Tech-Giganten. In Art. 40 DSA profitieren schließlich Behörden und Wissenschaft von neuen Datenzugangsansprüchen, auch hier jedoch lediglich gegenüber den VLOP- und VLOSE-Anbietern im Sinne der Verordnung.

Zu begrüßen ist dabei zunächst der vom Gesetzgeber gewählte, abgestufte Regelungsansatz, bei dem sich die mit den neuen Verpflichtungen einhergehenden Belastungen für die Plattformbetreiber an ihrer jeweiligen Größe, ihrer wirtschaftlichen Leistungsfähigkeit und damit auch an dem von ihnen ausgehenden Risiko orientieren. Dieser Stufenansatz ist zwar nur im DSA explizit angelegt, lässt sich jedoch auch rechtsaktsübergreifend feststellen: So sind in der viele Adressaten betreffenden P2B-VO vor allem vergleichsweise wenig eingriffsintensive Transparenzverpflichtungen enthalten, während die hohen Anforderungen aus dem DMA lediglich Wirkung gegenüber einigen wenigen Gatekeepern entfalten.[118]

Ein großer Vorteil der neuen Vorschriften liegt in ihrem Potential zur Ermöglichung eines besseren Verständnisses der Geschäftspraktiken sowie der Funktionsweise der Algorithmen von digitalen Plattformen. Zwar kann in Bezug auf die Transparenzpflichten der P2B-VO zu Recht hinterfragt werden, inwiefern diese – insbesondere bei digitalen Plattformen mit bereits marktbeherrschender Stellung – ausreichend sind, um den negativen Folgen von Machtasymmetrien zu begegnen.[119] Immerhin müssen jedoch sowohl die Geschäftspraktiken in Bezug auf die Einräumung eigener Datenzugangsmöglichkeiten als auch etwaige Ungleichbehandlungen erstmals explizit offengelegt werden. Diese Erkenntnismöglichkeit wird ergänzt durch den in Art. 40 Abs. 4 DSA enthaltenen Datenzugangsanspruch für zugelassene Forscher gegenüber VLOP- und VLOSE-Anbietern, um von ihnen ausgehende systemische Risiken zu erforschen. Dieser Zugangsanspruch kann bereits für sich – trotz der in ihm verankerten personellen wie auch sachlichen Einschränkungen – zu einem deutlich besseren Verständnis digitaler Plattformen und ihrer Risiken beitragen. Insbesondere im Zusammenspiel mit der Pflicht zur kostenlosen Veröffentlichung der aus diesem Datenzugang resultierenden Ergebnisse gem. Art. 40 Abs. 8 UAbs. 1

---

118 Zum stufenweisen Ausbau der Plattform-Regulierung s. bereits *Höppner/Schulz*, P2B-Verordnung (Fn. 70), 2331; darüber hinaus ist dieses Vorgehen von der Kommission ausdrücklich intendiert gewesen, vgl. COM (2020) 842 final, S. 3.
119 S. etwa *Alexander*, Plattformwirtschaft (Fn. 65), 22); *G. Spindler/A. Seidel*, Die Regulierung von Online-Plattformen, NJW 2022, 2730 (Rn. 19).

lit. g DSA sowie dem durch die Erfassung von Informationen zu zugelassenen Forschern sowie deren Forschungsvorhaben gem. Art. 40 Abs. 11 DSA entstehenden unionsweiten Überblick über laufende Forschungsprojekte[120] ergeben sich hier Anknüpfungspunkte für weitere Forschungsvorhaben und erkenntnisbasierte Rechtssetzung.

Der wesentliche Kritikpunkt an der derzeitigen Ausgestaltung der neuen Datenzugangsansprüche liegt in der Abhängigkeit ihrer Wirksamkeit von noch durch die Kommission vorzunehmenden Konkretisierungen. So liegt die Festlegung der technischen Modalitäten des Datenzugangs zu Aufsichts- und Forschungszwecken gegenüber VLOP- und VLOSE-Anbietern gem. Art. 40 Abs. 13 DSA ebenso bei der Kommission, wie die Kompetenz zum Erlass von Durchführungsrechtsakten zur Konkretisierung der Maßnahmen, die Gatekeeper i.S.d. DMA zu ergreifen haben, um ihren Verpflichtungen in Bezug auf die Datenzugangsvorschriften des Art. 6 Abs. 8-11 DMA nachzukommen. Zwar werden teilweise – etwa hinsichtlich der Befugnis zur Zulassung der antragsstellenden Forscher gem. Art. 40 Abs. 8 DSA[121] – noch mehr Kompetenzen für die Kommission gefordert. In Anbetracht der schon jetzt kritischen Stimmen hinsichtlich einer möglichen Überlastung,[122] sowie einer insgesamt ohnehin immer weiter zunehmenden Aufgaben- und Kompetenzfülle[123] könnte sich daraus allerdings eher ein Hemmnis für die Wirksamkeit der Datenzugangsregeln ergeben. Exemplarisch dafür steht die erste Evaluierung der P2B-VO durch die Kommission. Diese sollte gem. Art. 18 Abs. 1 P2B-VO bis zum 13. Januar 2022 erfolgen und gem. Art. 18 Abs. 2 UAbs. 2 P2B-VO ausdrücklich dazu dienen, zu ermitteln, ob zusätzliche Vorschriften zur Erreichung eines fairen, vorhersehbaren, tragfähigen und vertrauenswürdigen Online-Geschäftsumfeldes notwendig sind. Vorgelegt wurde der erste Bericht allerdings mit rund 20 Monaten Verspätung erst am 12. September 2023.[124]

---

120 *Kaesling*, (Fn. 105), Art. 40 Rn. 76.
121 *Kaesling*, (Fn. 105), Art. 40 Rn. 41.
122 S. *Kumkar*, Digital Markets Act (Fn. 79), Rn. 19.
123 S. beispielhaft die Übersicht von *L. Pfeiffer/J. T. Helmke*, Die Digitalrechtsakte der EU (DGA, DSA, DMA, KI-VO-E und DA-E) – Teil IV, ZD-Aktuell 2023, 01206.
124 S. COM (2023) 525 final.

Die Zukunft der Störerhaftung im Äußerungsrecht

Max-Julian Wiedemann

I. Einleitung

Die Relevanz digitaler Plattformen für nahezu alle Bereiche der Gesellschaft – von Wirtschaft bis Freizeitgestaltung – nimmt mit jedem Tag zu. Plattformbasierte Geschäftsmodelle haben den Handel revolutioniert. Facebook, YouTube & Co. sind von elementarer Bedeutung für unsere Kommunikation und unseren Medienkonsum. Bei diesem Aufstieg handelt sich um einen fortlaufenden Prozess, dessen Ende nicht abzusehen ist.

Seit der Gründung der ersten digitalen Plattformen beschäftigen diese auch die Gesetzgeber, die Rechtsprechung und die juristische Literatur. Im Mittelpunkt der Diskussion stand dabei immer, wer für die auf den Plattformen verbreiteten Inhalte haftet. Neben dem veröffentlichenden Nutzer selbst, haften unter gewissen Umständen auch die Plattformen. Diesbezüglich hat in den letzten Jahren insbesondere die Rechtsprechung ein ausdifferenziertes System der Plattformhaftung entwickelt.

Wesentlich für die Haftung der Plattformen war in Deutschland von Beginn an die Störerhaftung. Als mittelbarer Störer ist derjenige verpflichtet, der, ohne unmittelbarer Störer zu sein, in irgendeiner Weise willentlich und adäquat kausal zur Beeinträchtigung des Rechtsguts beiträgt.[1] Die Betreiber von Online-Plattformen veröffentlichen in der Regel keine eigenen Beiträge, sondern bieten ihren Nutzern die Möglichkeit zur Veröffentlichung solcher. Ihr Geschäftsmodell besteht darin, die Internetseite zu betreiben und Nutzern dort die Möglichkeit zu bieten, eigenständig Inhalte zu veröffentlichen. Sofern diese Inhalte die Schwelle zur Rechtswidrigkeit überschreiten, haften sie ab Kenntnis.

Mittlerweile weicht die Rechtsprechung allerdings in immer mehr Bereichen vom Grundsatz der Störerhaftung ab und nimmt für digitale Plattformen eine täterschaftliche Haftung an. Dies führt zu einem heterogenen Bild. Nach welchen Grundsätzen die Plattform für die Nutzerinhalte haftet,

---

1 BGH GRUR-RS 2022, 21876 Rn. 26.

hängt inzwischen erheblich davon ab, was für eine Rechtsverletzung vorliegt.

Im Urheber- und Wettbewerbsrecht hat der BGH die Störerhaftung bereits aufgegeben.

Während dies für das Wettbewerbsrecht schon länger bekannt ist,[2] hat der BGH in seiner Entscheidung "YouTube II" urheberrechtliches Neuland betreten, indem er nunmehr auch hier eine ausgeweitete Täterhaftung annimmt.[3]

Die Einordnung als Täter statt als Störer ist dabei nicht nur von rechtstheoretischem Interesse, sondern bringt auch weitreichende praktische Änderungen mit sich. Die Begründung der täterschaftlichen Haftung eröffnet insbesondere auch Schadensersatzansprüche gegenüber Plattformen, die als Störer zuvor lediglich auf Unterlassung hafteten.[4]

Von besonderer Relevanz ist daher auch die Frage, ob sich der Wandel des Haftungsregimes der Plattformen auch auf andere Arten von Rechtsverletzungen ausweiten wird. Ist die Rechtsprechung im Urheber- und Wettbewerbsrecht ein Anzeichen für einen Richtungswechsel im Äußerungsrecht? Stehen Betroffenen von Persönlichkeitsrechtsverletzungen zukünftig möglicherweise Geldentschädigungsansprüche gegen Facebook & Co. zu?

Der Beitrag stellt zunächst das System der Plattformhaftung im Äußerungsrecht umfassend dar und untersucht darauf aufbauend, inwieweit die aufgestellten Grundsätze zur täterschaftlichen Haftung im Urheber- und Wettbewerbsrecht auch auf die Haftung von Plattformen für Persönlichkeitsverletzungen übertragbar sind. Dabei geht er auf die rechtsgebietsspezifischen Grundlagen der täterschaftlichen Haftung und deren Vergleichbarkeit dieser Grundlagen ein.

Mit dem Versuch, einen Blick in die Zukunft der Störerhaftung zu wagen, geht unweigerlich auch die Berücksichtigung bald inkrafttretender und angekündigter Rechtsakte einher.

II. Störerhaftung im Äußerungsrecht

Online-Plattformen sind mittlerweile ein wesentlicher digitaler Raum öffentlicher Teilhabe und Kommunikation.

---

2 BGH GRUR 2007, 890 Jugendgefährdende Medien bei eBay.
3 BGH GRUR 2022, 1308 Rn. 113 – YouTube II.
4 MAH UrhR, *Stang/Starke*, § 31 Social Media und UrhDaG Rn. 81.

Auf derartigen Online-Plattformen[5] kommt es – wie auch in der analogen Welt – immer wieder zu Äußerungen, die die Grenze zur Persönlichkeitsrechtsverletzung überschreiten. Es stellt sich die Frage, inwieweit neben dem sich äußernden Nutzer auch die verbreitende Plattform für dessen Inhalte haftet.

1. Grundsätze der Störerhaftung

Im Äußerungsrecht hält die Rechtsprechung weiterhin an der Störerhaftung als Grundlage der Haftung digitaler Plattformen fest.[6] Zur Haftung genügt ein willentlicher und adäquat kausaler Beitrag zur Beeinträchtigung des Rechtsguts.[7] Dies ist der Fall, soweit die Plattform Prüfpflichten verletzt, deren Umfang stets davon abhängt, inwieweit dem Störer eine Verhinderung der Verletzung zuzumuten ist.[8] Proaktive Prüfpflichten überschreiten die Grenze der Zumutbarkeit[9], was angesichts der unüberschaubaren Menge veröffentlichter Inhalte einleuchtet.

Digitale Plattformen haften für die Inhalte ihrer Nutzer ab dem Zeitpunkt der Kenntnis.[10] Grundlage der Haftung digitaler Plattformen ist mithin ein Hinweis auf die rechtsverletzenden Inhalte. Dieser muss so konkret gefasst sein, dass der Rechtsverstoß auf der Grundlage der Behauptung des Betroffenen unschwer – das heißt ohne eingehende rechtliche oder tatsächliche Überprüfung – bejaht werden kann.[11]

An einem solchen Hinweis scheitert die Verantwortlichkeit der Plattformbetreiber in der Praxis bereits häufig. Der Hinweis muss sowohl in inhaltlicher als auch formeller Hinsicht konkret sein.

---

5 Art. 3 i) DSA enthält eine Legaldefinition der Online-Plattformen. Demnach handelt es sich dabei um "*einen Hostingdienst, der im Auftrag eines Nutzers Informationen speichert und öffentlich verbreitet, sofern es sich bei dieser Tätigkeit nicht nur um eine unbedeutende und reine Nebenfunktion eines anderen Dienstes oder um eine unbedeutende Funktion des Hauptdienstes handelt, die aus objektiven und technischen Gründen nicht ohne diesen anderen Dienst genutzt werden kann, und sofern die Integration der Funktion der Nebenfunktion oder der unbedeutenden Funktion in den anderen Dienst nicht dazu dient, die Anwendbarkeit dieser Verordnung zu umgehen*".
6 BGH GRUR-RS 2022, 21876.
7 BGH GRUR-RS 2022, 21876 Rn. 26.
8 BGH GRUR-RS 2022, 21876 Rn. 26.
9 BGH GRUR 2012, 311 Rn. 22 – Blog-Eintrag.
10 BGH GRUR 2012, 311 Rn. 24 – Blog-Eintrag.
11 BGH GRUR-RS 2022, 21876 Rn. 28.

Sofern sich der Betroffene beispielsweise gegen die Unwahrheit einer Tatsachenbehauptung richtet, muss er diese auch explizit rügen. Es genügt nicht, wenn er lediglich den ehrenrührigen Charakter der Behauptung moniert.[12]

Damit der Plattformbetreiber den beanstandeten Inhalt klar identifizieren kann, muss der Betroffene seinen Hinweis auf eine konkrete URL beziehen.[13]

Nicht endgültig geklärt ist, ob ein Hinweis auf die konkrete Rechtsverletzung unter Angabe der URL beispielsweise auch per Telefax erfolgen kann. Das hätte zur Folge, dass die Plattformbetreiber unzählige URLs händisch abtippen müssten. Der damit einhergehende Aufwand und die Verwechslungsgefahren wären nicht zumutbar.

Ein diesen Anforderungen entsprechender Hinweis löst die für die Störerhaftung maßgeblichen Prüfpflichten der Plattform aus.

Rechtsverletzungen können sich im Äußerungsrecht im Wesentlichen aus unzulässigen Meinungsäußerungen oder unwahren Tatsachenbehauptungen ergeben.

Bei Letzteren bestehen die Prüfpflichten der Plattform in der tatsächlichen Überprüfung der Behauptung des Betroffenen. Ob eine Rechtsverletzung vorliegt hängt maßgeblich vom Wahrheitsgehalt einer Tatsachenbehauptung ab.[14] Aus diesem Grund ist der Plattformbetreiber bei einem entsprechenden Hinweis verpflichtet, ein detailliertes Stellungnahmeverfahren (sog. Notice & Take-Down-Verfahren) einzuleiten.[15] Der Plattformbetreiber muss die Beanstandung zunächst an den für den Inhalt Verantwortlichen zur Stellungnahme weiterleiten.[16] Sofern dieser eine solche nicht abgibt, ist von der Berechtigung der Beanstandung auszugehen und die Plattform ist zur Löschung des beanstandeten Inhalts verpflichtet.[17] Wenn der Verantwortliche hingegen die Wahrheit der angegriffenen Tatsachenbehauptung substantiiert darlegt, trifft den Plattformbetreiber wiederum die Pflicht, den Betroffenen zur Vorlage von Nachweisen aufzufordern, aus denen sich

---

12 OLG Frankfurt a.M., NJW 2018, 795 Rn. 40.
13 OLG Saarbrücken, NJW-RR 2018, 809 Rn. 31; LG Frankfurt a. M. GRUR-RS 2020, 37230 Rn. 20; LG Hamburg, MMR 2018, 407 Rn. 30.
14 Zur Notwendigkeit, ein Stellungnahmeverfahren einzuleiten, kann es auch bei Meinungsäußerungen kommen, soweit der Betroffene geltend macht, dieser fehle der für eine zulässige Meinungsäußerung notwendige Tatsachenkern.
15 BGH GRUR-RS 2022, 21876 Rn. 28.
16 MAH UrhR, *Poche/Kopf*, § 30 Telemedienrecht, Rn. 123.
17 BGH GRUR-RS 2022, 21876 Rn. 31.

die behauptete Rechtsverletzung ergibt.[18] Sofern der Betroffene berechtigte Zweifel an der Rechtsverletzung nicht ausräumen kann, trifft die Plattform keine Pflicht zur Löschung.[19] Ergibt sich aus der erneuten Stellungnahme des Betroffenen allerdings unter Berücksichtigung der Äußerung des Verantwortlichen eine rechtswidrige Verletzung des Persönlichkeitsrechts, ist die Plattform zur Löschung verpflichtet.[20]

Nur wenn der Plattformbetreiber das Stellungnahmeverfahren diesen Anforderungen entsprechend durchführt, erfüllt er die ihm als Störer obliegenden Prüfpflichten, sodass eine Haftung ausscheidet.

2. Vereinbarkeit der Störerhaftung mit geltendem Recht

Zum Teil wird argumentiert, das Institut der Störerhaftung verstoße sowohl gegen nationale gesetzliche Bestimmungen als auch gegen das Unionsrecht.

§ 7 TMG enthält allgemeine Grundsätze zur Haftung von Diensteanbietern für die durch sie verbreiteten Informationen. Dieser wurde zuletzt im Jahr 2017 durch das Dritte Gesetz zur Änderung des Telemediengesetzes angepasst. In der diesbezüglichen Gesetzesbegründung heißt es, dass "*Verpflichtungen zur Entfernung (...) von Informationen nur zulässig* (sind), *wenn sie klar gesetzlich geregelt sind*".[21] § 1004 BGB enthält diesbezüglich keine klaren Aussagen. Daraus wurde zum Teil geschlossen, dass der gesetzlich nicht normierten Störerhaftung mangels klarer gesetzlicher Regelung die Grundlage der Zulässigkeit entzogen wurde.[22] Dagegen spricht allerdings § 8 Abs. 1 Satz 2 TMG.[23] Wenn der Zweck des § 7 Abs. 3 TMG gewesen wäre, eine umfassend kodifizierte Haftung festzulegen und damit die Störerhaftung gänzlich abzuschaffen, erschlösse sich die Notwendigkeit der in § 8 Abs. 1 Satz 2 TMG enthaltenen Spezialregelung für Zugangsanbieter nicht.[24]

Darüber hinaus bestanden Zweifel, ob das Institut der Störerhaftung insgesamt mit dem Unionsrecht vereinbar ist. Es wurde zum Teil die Auffassung vertreten, die Störerhaftung bleibe hinter dem Gebot des effektiven

---

18 BGH GRUR 2012, 311 Rn. 27 – Blog-Eintrag.
19 *Poche/Kopf*, § 30 Rn. 123.
20 BGH GRUR 2012, 311 Rn. 27 – Blog-Eintrag.
21 BT.-Drs. 18/12202 S. 11.
22 Spindler/Schmitz/*Spindler*, 2. Aufl. 2018, TMG § 7 Rn. 44.
23 BeckOK InfoMedienR/*Hennemann*, 39. Ed. 1.2.2023, TMG § 7 Rn. 57a.
24 *Grisse*, Was bleibt von der Störerhaftung?, GRUR 2017, 1073.

Rechtsschutzes zurück.[25] Die Frage der Vereinbarkeit mit dem Unionsrecht ist für die deutsche Plattformhaftung von weitreichender Bedeutung, weshalb der BGH sie auch dem EuGH zur Entscheidung vorlegte.[26] Dieser betonte die Gestaltungsmöglichkeiten der Mitgliedstaaten und bejahte die grundsätzliche Vereinbarkeit der Störerhaftung mit dem Unionsrecht.[27] Aus dem Urteil folgt lediglich die Notwendigkeit der täterschaftlichen Haftung für den vollharmonisierten Bereich des Art. 3 InfoSoc-RL.[28] Für alle übrigen Bereiche der Plattformhaftung, etwa für das Äußerungsrecht, sprechen keine europarechtlichen Gesichtspunkte gegen die Störerhaftung.[29]

III. Auswirkungen künftiger Rechtsakte

Auch aufgrund der zunehmenden Sichtbarkeit von Hate Speech und anderen Rechtsverletzungen auf digitalen Plattformen rückt deren Regulierung weiter in den Fokus der Gesetzgeber in Berlin und Brüssel.

1. Der Digital Services Act

Ab dem 17. Februar 2024 tritt der Digital Services Act (DSA) vollumfänglich in Kraft. Dieser führt zu einer umfassenden Regulierung verschiedenster Arten von Online-Vermittlungsdiensten. Neben Grundsätzen zur Haftung von Online-Diensten enthält er teils weitgehende Handlungspflichten für Diensteanbieter. Besonders im Fokus des DSA stehen dabei Online-Plattformen.

Während der DSA für diese weitreichende neue Handlungspflichten bereithält, wirkt er sich auf die Haftung von Plattformen für Nutzerinhalte kaum aus. Der entscheidende Art. 6 DSA übernimmt die Formulierungen des Art. 14 E-Commerce Richtlinie,[30] der bisher wichtigsten Norm zur Haftung von Host-Providern, nahezu wortgleich. Es ist daher davon aus-

---

25 BGH ZUM-RD 2018, 665 Rn. 50.
26 BGH ZUM-RD 2018, 665.
27 EuGH ZUM 2021, 682 Rn. 119 ff.
28 Dazu näher unten unter IV.2.
29 *Zurth*, Der Pyrrhussieg der deutschen Störerhaftung in Luxemburg, ZUM 2021, 829; *Stang/Starke*, § 31 Rn. 81.
30 RL 2000/31/EG.

zugehen, dass der DSA nicht darauf abzielt, das bisherige Haftungsregime grundlegend zu verändern.[31]

Einige neue Details hinsichtlich der Haftung von Plattformen ergeben sich allerdings aus Art. 16 Abs. 2 Satz 2 DSA. Dieser enthält Anforderungen an die Ausgestaltung des Hinweises, der weiterhin die Grundlage der Haftung der Plattform für Nutzerinhalte bildet.[32] Nur ein Hinweis, der den Anforderungen des Art. 16 Abs. 2 Satz 2 DSA genügt, bewirkt eine tatsächliche Kenntnis der rechtswidrigen Inhalte und lässt die Haftungsprivilegierung in Art. 6 DSA entfallen.

Art. 16 Abs. 2 Satz 2 b) DSA stellt nunmehr klar, was die deutsche Rechtsprechung ohnehin bereits angenommen hat. Der die Haftung der Plattform auslösende Hinweis muss die konkrete URL enthalten, unter der der vermeintlich rechtswidrige Inhalt abrufbar ist. Art. 16 Abs. 2 Satz 2 c) DSA verlangt zudem, dass der Betroffene seinen Namen und seine E-Mail-Adresse angibt und verbietet mithin anonyme Hinweise, soweit der beanstandete Inhalt nicht mit den in Art. 3 bis Art. 7 der Richtlinie 2011/93/EU genannten Straftaten in Verbindung steht.

2. Der Entwurf eines Gesetzes gegen digitale Gewalt

Von besonderer aktueller Relevanz für das Äußerungsrecht ist das geplante Gesetz gegen digitale Gewalt. Im April 2023 hat das Bundesministerium der Justiz ein Eckpunktepapier veröffentlicht, das erste Konkretisierungen des Vorhabens enthält.[33] Der Entwurf will die effektive Rechtsdurchsetzung bei Rechtsverletzungen im Internet ermöglichen. Obwohl der Zusammenhang mit der Haftung von digitalen Plattformen sich geradezu aufdrängt, berühren die geplanten Gesetzesänderungen die Grundsätze der Plattformhaftung nur am Rande. Insbesondere soll der Auskunftsanspruch nach § 21 Abs. 2 Satz 2 TTDSG auf die Herausgabe von Nutzungsdaten erweitert werden. Zudem soll Betroffenen besonders schwerwiegender Persönlichkeitsrechtsverletzungen zukünftig ein Anspruch gegen die Plattform zustehen, die für fortlaufende Rechtsverletzungen verantwortlichen Accounts zu sperren. Die geplanten Gesetzesänderungen stärken mithin zwar die Effektivität der Rechtsdurchsetzung gegenüber Plattformen. Die Frage, unter

---

31 *Gielen/Uphues*, Digital Markets Act und Digital Services Act, EuZW 2021, 627.
32 Vgl. Erwägungsgrund 22 zum DSA.
33 Abrufbar unter: https://www.bmj.de/SharedDocs/Gesetzgebungsverfahren/DE/Digitale_Gewalt.html.

welchen Umständen Plattformen aber grundsätzlich für die Inhalte ihrer Nutzer haften, berührt der Entwurf eines Gesetzes gegen digitale Gewalt nicht.

IV. Wandel im Wettbewerbs- und Urheberrecht

Sowohl im Wettbewerbs- als auch im Urheberrecht ging die Rechtsprechung ursprünglich ebenfalls von einer Störerhaftung für unlautere oder urheberrechtsverletzende Inhalte aus. Vom Bild der Plattform als rein mittelbaren Störer ist der BGH allerdings zwischenzeitlich abgerückt. Die diesbezüglichen Beweggründe sind für die Frage, inwieweit die Störerhaftung im Äußerungsrecht noch eine Zukunft haben kann, von unabdingbarer Bedeutung.

1. Wettbewerbsrecht

Ursprünglich nahm der BGH eine Haftung für fremde Inhalte auch im Wettbewerbsrecht nur auf Grundlage der Eigenschaft als mittelbarer Störer an. Als solchen qualifizierte der BGH jeden, *„der in irgendeiner Weise willentlich und adäquat kausal an der Herbeiführung einer wettbewerbswidrigen Beeinträchtigung mitgewirkt hat".*[34]

Die Annahme der Störerhaftung im Wettbewerbsrecht wurde in der Literatur stets kritisiert.[35] Grundlage der Kritik war die Besonderheit des Wettbewerbsrechts, welches den Schutz von Mitbewerbern, Verbrauchern und sonstigen Marktteilnehmern bezweckt. Adressat des Wettbewerbsrechts ist nach § 1 Abs. 1 UWG nur derjenige, der eine unlautere geschäftliche Handlung vornimmt. Die Störerhaftung hingegen forderte nur eine adäquat kausale Förderung der Wettbewerbsverletzung eines Dritten[36] und erfasste mithin auch solche Dritte, die selbst keine geschäftliche Handlung im Sinne des § 2 Abs. 1 Nr. 2 UWG vornahmen.[37] Das war vom Wettbewerbsrecht nicht bezweckt. Als Täter einer Wettbewerbsverletzung kommt hingegen

---

34 BGH GRUR 1990, 373.
35 MüKoUWG/*Fritzsche*, 3. Aufl. 2022, UWG § 8 Rn. 311.
36 BGH GRUR 1990, 373.
37 *Poche/Kopf*, § 30 Rn. 149.

nur in Frage, wer alle Anforderungen an die Tätereigenschaft erfüllt und selbst eine geschäftliche Handlung vornimmt.[38]

Von dieser dogmatischen Haftungsbegründung rückte der BGH im Jahr 2007 mit seiner Entscheidung Jugendgefährdende Medien bei eBay richtigerweise ab.[39] Der BGH geht seitdem davon aus, dass der Betrieb einer digitalen Plattform geeignet ist, die ernsthafte Gefahr zu begründen, dass Dritte durch das Wettbewerbsrecht geschützte Interessen von Marktteilnehmern verletzen.[40] Aus dieser Gefahrenquelle resultieren Verkehrspflichten. Die Plattformbetreiber sind zu zumutbaren Maßnahmen und Vorkehrungen, die zur Abwehr von Gefahren für Dritte notwendig sind, verpflichtet.[41] Den Plattformbetreiber trifft ab dem Zeitpunkt, in dem er konkret auf den unlauteren Inhalt hingewiesen worden ist, die Pflicht, diesen Inhalt unverzüglich zu sperren und zumutbare Maßnahmen zu treffen, um weitere gleichartige Rechtsverletzungen zu unterbinden.[42] Grenze dieser Verkehrspflichten ist in jedem Fall die Zumutbarkeit, sodass allgemeine Prüfpflichten vor Veröffentlichung der Inhalte nicht bestehen.[43]

Wer gegen diese wettbewerbsrechtliche Verkehrspflicht verstößt und dabei selbst eine geschäftliche Handlung vornimmt, ist Täter einer unlauteren Wettbewerbshandlung.[44]

2. Urheberrecht

Nach dem Wettbewerbsrecht hat der BGH die Störerhaftung kürzlich auch im Urheberrecht aufgegeben. In seiner Entscheidung "YouTube II" hat er urheberrechtliches Neuland betreten, indem er nunmehr auch hier eine ausgeweitete Täterhaftung annimmt.[45] Der Wandel des BGH im Urheberrecht basiert auf den entsprechenden Vorabentscheidungen des EuGH.[46]

---

38 BGH GRUR 2011, 340 Rn. 27 - Irische Butter.
39 BGH GRUR 2007, 890 – Jugendgefährdende Medien bei eBay.
40 BGH GRUR 2007, 890 Rn. 36 – Jugendgefährdende Medien bei eBay.
41 *Hoeren*/Sieber/Holznagel MMR-HdB, Teil 18.2 Zivilrechtliche Haftung im Online-Bereich Rn. 22.
42 *Hoeren*/Sieber/Holznagel, Teil 18.2 Rn. 22.
43 *Köhler*/Bornkamm/*Feddersen*, 41. Aufl. 2023, UWG § 8 Rn. 2.10.
44 BGH GRUR 2007, 890 Rn. 36 – Jugendgefährdende Medien bei eBay.
45 BGH GRUR 2022, 1308 Rn. 113 – YouTube II.
46 EuGH GRUR 2021, 1054.

Dogmatisch begründen sowohl EuGH als auch BGH die täterschaftliche Haftung für Urheberrechtsverletzungen mit der Verletzung von Verkehrspflichten. Ein Hosting-Dienst handelt danach täterschaftlich, wenn er allgemeine Kenntnis darüber hat, dass auf seiner Plattform rechtswidrige Inhalte zugänglich gemacht werden, und er *„nicht die geeigneten technischen Maßnahmen ergreift, (…) um Urheberrechtsverletzungen (…) glaubwürdig und wirksam zu bekämpfen".*[47]

Die Entscheidung des BGH stellt so faktisch einen Gleichlauf der Haftung aller Plattformen zu den von § 2 UrhDaG genannten Diensteanbietern her. Für den vom UrhDaG umfassten Bereich war die Störerhaftung bereits vor der Entscheidung des BGH nicht mehr anwendbar.[48]

Wie schon bisher ist Grundlage der Haftung allerdings die Kenntnis des Plattformbetreibers. Es bedarf mithin eines Hinweises auf den rechtsverletzenden Inhalt, der so konkret ist, dass der Rechtsverstoß unschwer und ohne eingehende rechtliche oder tatsächliche Prüfung festgestellt werden kann.[49] Möglich ist allerdings auch, dass der Plattformbetreiber täterschaftlich haftet, weil er anderweitig weiß oder wissen musste, dass Inhalte rechtswidrig zugänglich gemacht werden.[50]

Ab Kenntnis ist der Plattformbetreiber nunmehr verpflichtet, geeignete technische Maßnahmen zu ergreifen, um Rechtsverletzungen auf der Plattform wirksam zu bekämpfen.[51] Der Umfang der technischen Maßnahmen richtet sich danach, was von einem die übliche Sorgfalt beachtenden Wirtschaftsteilnehmer in seiner Situation erwartet werden kann.[52] Den Plattformbetreiber trifft nicht lediglich eine Pflicht zur Löschung sondern auch eine solche, zu verhindern, dass es zukünftig zu weiteren gleichartigen Rechtsverletzungen kommt.[53]

Kommt ein Plattformbetreiber diesen Anforderungen nicht nach, obwohl er die rechtsverletzenden kennt oder kennen muss, nimmt er selbst eine öffentliche Wiedergabe der Nutzerinhalte gemäß § 19a UrhG bzw. Art. 3 Abs. 1 und Abs. 2 lit. a und b InfoSoc-RL vor.[54]

---

47 EuGH GRUR 2021, 1054 Rn. 84
48 *Zurth*, Störerhaftung, ZUM 2021, 829.
49 BGH GRUR 2022, 1308 Rn. 113 – YouTube II.
50 BeckOK UrhR/*Götting*, 38. Ed. 1.5.2023, UrhG § 19a Rn. 3b.
51 BGH GRUR 2022, 1308 Rn. 77 – YouTube II.
52 BGH GRUR 2022, 1308 Rn. 77 – YouTube II.
53 BGH GRUR 2022, 1308 Rn. 120 – YouTube II.
54 *Götting*, UrhG § 19a Rn. 3b.

Da Plattformen wie YouTube wissen müssen, dass es auf der Plattform grundsätzlich zu Urheberrechtsverletzungen kommt, bedarf es bereits proaktiver technischer Maßnahmen.[55] Lediglich reaktive Maßnahmen – wie etwa die Bereitstellung eines „Meldebuttons" – genügen nicht.[56] Upload-Filter sind zwar nicht ausdrücklich verpflichtend, in der Praxis aber kaum zu vermeiden.

Die Aufgabe der Störerhaftung im Urheberrecht beruht auf der diesbezüglichen europarechtlichen Vollharmonisierung durch die InfoSoc-RL.[57] Ein Plattformbetreiber gibt die rechtsverletzenden Nutzerinhalte im Sinne des Art 3 Abs. 1 der InfoSoc-RL öffentlich wieder. Die urheberrechtliche Zulässigkeit der öffentlichen Wiedergabe nach Art. 3 InfoSoc-RL ist vollständig harmonisiert, was dazu führt, dass die Mitgliedstaaten das durch diese Vorschrift begründete Schutzniveau daher weder unter- noch überschreiten dürfen.[58] Es wäre also mit dem Unionsrecht unvereinbar gewesen, für die Verbreitung von Inhalten durch Plattformen, die eine öffentliche Wiedergabe im Sinne des Art 3 Abs. 1 der InfoSoc-RL darstellt, an der Störerhaftung festzuhalten. Die Aufgabe der Störerhaftung war in diesem Bereich nach der entsprechenden Vorabentscheidung des EuGH[59] zwingend vorgegeben.

Entsprechend hat der BGH die Aufgabe der Störerhaftung im Urheberrecht ausdrücklich auf diesen vollharmonisierten Bereich beschränkt.[60]

Art. 3 InfoSoc-RL erfasst nur *„die drahtgebundene oder drahtlose öffentliche Wiedergabe"* und mithin nur den digitalen Bereich. Daher ist die fortwährende Anwendung der Störerhaftung im analogen Urheberrecht weiterhin denkbar.[61] Der diesbezügliche Anwendungsbereich bleibt gleichwohl praktisch begrenzt.

---

55 BGH GRUR 2022, 1308 Rn. 88 – YouTube II.
56 BGH GRUR 2022, 1308 Rn. 88 – YouTube II.
57 *Heine/Stang/Starke*, § 31 Rn. 82.
58 BGH GRUR 2018, 1132 Rn. 24.
59 EuGH GRUR 2021, 1054.
60 BGHGRUR 2022, 1308 Rn. 113 – YouTube II.
61 *Zurth*, Störerhaftung, ZUM 2021, 829.

3. Auswirkungen des Wechsels von Störer- auf Täterhaftung

Der BGH nimmt in ständiger Rechtsprechung an, dass Störer ausschließlich auf Unterlassung, jedoch nie auf Schadensersatz haften.[62]

Dies ist gegenüber Tätern naturgemäß anders. Gegen den Täter einer auf den Plattformen begangenen Rechtsverletzung bestehen je nach betroffenem Recht Schadensersatzansprüche aus §§ 97 Abs. 2 UrhG, 9 Abs. 1 UWG oder 823 Abs. 1 BGB.

Die für die Praxis relevanteste Auswirkung der Abkehr von der Störerhaftung ist daher, dass Plattformbetreiber im Bereich des Wettbewerbs- und Urheberrechts als Täter nicht bloß auf Unterlassung, sondern unter Umständen auch auf Schadensersatz haften.[63]

Im Wettbewerbsrecht führt die Annahme einer täterschaftlichen Haftung darüber hinaus auch dazu, dass der Anspruchsgegner des § 8 UWG stets alle Voraussetzungen einer wettbewerbsrechtlichen Haftung erfüllen muss. Er muss mithin vor allem eine geschäftliche Handlung im Sinne des § 2 Abs. 1 Nr. 2 UWG vornehmen.[64] Dies war für den Störer, der lediglich adäquat kausal zur Wettbewerbsverletzung eines anderen beitragen musste, nicht der Fall. Die Störerhaftung im Wettbewerbsrecht weitete dessen Anwendungsbereich daher in systemwidriger Weise auf solche Dritte aus, die mangels Vornahme einer geschäftlichen Handlung gar nicht vom Wettbewerbsrecht erfasst sein sollten.[65]

Eine Plattform haftet daher nunmehr nur für unlautere Inhalte, soweit sie selbst eine geschäftliche Handlung vornimmt.[66] Dies mag zwar für die meisten Plattformen selbstverständlich der Fall sein. Für die aufsteigende Plattform Mastodon hingegen, deren Server regelmäßig ohne Gewinnerzielungsabsicht betrieben werden, führt "neue" Rechtsprechung allerdings zu weitreichenden Änderungen. Für sie ist mangels Vornahme einer geschäftlichen Handlung die täterschaftliche Haftung für wettbewerbswidrige Inhalte ausgeschlossen.

---

62 BGH ZUM 2004, 831– Internet-Versteigerung; *Nordemann*, Neu: Täterschaftliche Haftung von Hostprovidern im Urheberrecht bei (Verkehrs-)Pflichtverletzungen im Internet, ZUM 2022, 806.
63 *Poche/Kopf*, § 30 Rn. 154.
64 *Köhler*, „Täter" und „Störer" im Wettbewerbs- und Markenrecht - Zur BGH-Entscheidung GRUR 2008, 1 - „Jugendgefährdende Medien bei eBay".
65 *Poche/Kopf*, § 30 Rn. 149.
66 *Fritzsche*, UWG § 8 Rn. 317.

V. Übertragbarkeit auf das Äußerungsrecht

Nach alledem stellt sich natürlich die Frage, welche Auswirkungen die Rechtsprechung des BGH im Wettbewerbsrecht[67] und im Urheberrecht[68] auf das Äußerungsrecht hat. Ist es nur eine Frage der Zeit, bis der BGH eine täterschaftliche Haftung der Plattformen auch für persönlichkeitsrechtsverletzende Inhalte annimmt? Dies ginge damit einher, dass Betroffenen solcher Verletzungen gegen Facebook & Co. zukünftig zumindest in der Theorie Schadenersatzansprüche zuständen.

Wie dargestellt, hat der BGH in einer im letzten Jahr ergangenen Entscheidung ausdrücklich an der Störerhaftung festgehalten. Dies ist insbesondere deshalb beachtlich, weil er die Entscheidung erst im August 2022 und somit nach dem Paradigmenwechsel im Urheberrecht getroffen hat. Hierin muss bereits ein starkes Indiz dafür gesehen werden, dass der BGH geneigt ist, an der Störerhaftung im Äußerungsrecht festzuhalten. Andernfalls hätte er die Gelegenheit genutzt, im Sommer des Jahres 2022 eine einheitliche dogmatische Grundlage der Plattformhaftung im Urheber- und Äußerungsrecht zu schaffen.

Die Forderungen nach einer deckungsgleichen Übertragung der Rechtsprechung zum Wettbewerbs- und Urheberrecht auf das Äußerungsrecht übersehen die Besonderheiten dieses Rechtsgebiets. Zwar sind die Vorzüge eines einheitlichen Haftungsmodells nicht von der Hand zu weisen.[69] Ein einheitliches Bild verlangt aber einen Wandel, der sich nicht nur auf das Äußerungs- sondern auch auf das Markenrecht bezieht. Auch hier geht der BGH weiterhin davon aus, dass derjenige als mittelbarer Störer haftet, der in irgendeiner Weise willentlich und adäquat kausal zur Markenverletzung beiträgt.[70]

Der Wandel zur täterschaftlichen Haftung im Äußerungsrecht wäre rechtlich durchaus vertretbar. Es ist allerdings – anders als im Wettbewerbs- und Urheberrecht – keineswegs zwingend. Im Ergebnis sprechen weiterhin auch Gründe dafür, die Störerhaftung von Plattformen im Äußerungsrecht beizubehalten.

Zunächst besteht im Äußerungsrecht keine vergleichbare Notwendigkeit, von der bestehenden Störerhaftung abzurücken. Der BGH hat diese in den

---

67 BGH GRUR 2007, 890 – Jugendgefährdende Medien bei eBay.
68 BGH GRUR 2022, 1308 – YouTube II.
69 So auch: *Köhler*, GRUR 2008, 1; *Zurth*, Störerhaftung, ZUM 2021, 829.
70 BeckOK MarkenR/*Eckhartt*, 33. Ed. 1.4.2023, MarkenG § 14 Rn. 684.

anderen Bereichen nicht deshalb aufgegeben, weil er sie für grundsätzlich ungeeignet oder systemwidrig erachtet hätte, sondern aufgrund rechtsgebietstypischer Besonderheiten.[71]

Im Wettbewerbsrecht war die Störerhaftung von Beginn an systemwidrig, weil sie eine wettbewerbsrechtliche Haftung auch für Handlungen ermöglichte, die selbst keine geschäftlichen Handlungen im Sinne des § 2 Abs. 1 Nr. 2 UWG darstellen. Dass jede Privatperson, die eine Wettbewerbsverletzung nur adäquat kausal fördert, im Rahmen der Ansprüche aus § 8 UWG passivlegitimiert sein soll, widersprach dem Gedanken des Wettbewerbsrechts, den Wettbewerb zu schützen.[72] Diesen dogmatischen Irrweg hat der BGH richtigerweise beendet.[73]

Im Urheberrecht basiert der Wandel nicht auf der Überzeugung des BGH, dass sich die Störerhaftung nicht in das deutsche System der Plattformhaftung integrieren lasse, sondern auf europarechtlichen Vorgaben. Der deutsche Gesetzgeber ist verpflichtet, Art. 3 der InfoSoc-RL vollständig umzusetzen. Nach der Vorlageentscheidung des EuGH[74] war der Wandel in der deutschen Rechtsprechung folgerichtig.[75]

Anders als die Vornahme einer geschäftlichen Handlung im Wettbewerbsrecht kennt das Äußerungsrecht keine gesonderten Täterqualifikationen, sodass eine Störerhaftung den Kreis der Anspruchsgegner hier nicht systemwidrig erweitert. Darüber hinaus ist das Äußerungsrecht – anders als das Urheberrecht – nicht europarechtlich geprägt. Es gibt hier keinen vollharmonisierten Bereich, der die deutsche Rechtsprechung zum Übergang zur Täterhaftung verpflichten würde.

Gegen die Störerhaftung wurde vermehrt ins Feld geführt, sie ermögliche keinen hinreichend effektiven Rechtsschutz der Betroffenen. Die im Rahmen der Störerhaftung fehlende Schadensersatzpflicht der Plattform wurde als Schwachpunkt des deutschen Haftungssystems ausgemacht.[76] Dies mag für das Urheberrecht zutreffen. Im Äußerungsrecht ist die Ausgangslage allerdings anders.

Materiellen Schadensersatz gibt es im Äußerungsrecht praktisch nicht, weil sich die Kausalität zwischen einem etwaig eingetretenen Schaden und

---

71 *Stang/Starke,* § 31 Rn. 82.
72 *Köhler,* GRUR 2008, 1.
73 BGH GRUR 2007, 890 – Jugendgefährdende Medien bei eBay.
74 EuGH GRUR 2021, 1054.
75 *Stang/Starke,* § 31 Rn. 81.
76 *Zurth,* Störerhaftung, ZUM 2021, 829.

einer Persönlichkeitsrechtsverletzung nahezu unmöglich darlegen lässt.[77] Alternative Möglichkeiten zur Schadensberechnung, wie beispielsweise die im Urheberrecht anerkannte Lizenzanalogie,[78] bestehen im Äußerungsrecht ebenfalls nicht.

Es verbleibt daher nur der immaterielle Schadensersatzanspruch, der Anspruch auf eine Geldentschädigung. Dieser von der Rechtsprechung auf Grundlage der Art. 1 Abs. 1 GG iVm. Art. 2 Abs. 1 GG entwickelte Anspruch ist eine Besonderheit des Äußerungsrechts.[79] Ein wesentlicher Grund für die Gewährung des Geldentschädigungsanspruchs ist die Genugtuung für eine besonders schwere Verletzung des Persönlichkeitsrechts.[80]

Der Geldentschädigungsanspruch bezweckt zweierlei: Zum einen soll dem Betroffenen durch eine erhebliche Geldsumme Genugtuung widerfahren. Zum anderen soll die Zahlung einer Geldsumme auch den sich Äußernden davon abhalten, das Persönlichkeitsrecht erneut derart schwerwiegend zu beeinträchtigen.[81]

Schuldner eines solchen Gelentschädigungsanspruchs, der ohnehin nur sehr zurückhaltend gestattet wird, sind häufig Boulevard-Zeitungen, die Persönlichkeitsrechtsverletzungen zur Auflagenmaximierung bewusst in Kauf nehmen.[82]

Diese Situation ist mit digitalen Plattformen, die bloß die rechtsverletzenden Inhalte ihrer Nutzer verbreiten, nicht vergleichbar. Die Genugtuung des Betroffenen verlangt es nicht, einen Geldentschädigungsanspruch gegen digitale Plattformen durchzusetzen. Den Effekt der Genugtuung stellt sich nur ein, wenn Schuldner des Geldentschädigungsanspruchs der sich Äußernde selbst ist.

Der Anspruch auf Zahlung eines Schadensersatzes, der beispielsweise im Urheberrecht ein wesentlicher Kritikpunkt der Störerhaftung war, ist auf das Äußerungsrecht daher nicht übertragbar. Im Äußerungsrecht sind Schadensersatzansprüche praktisch sehr selten. Sofern es zu Geldentschädigungsansprüchen kommt, sind Plattformen diesbezüglich nicht der rich-

---

77 *Korte*, Praxis des Presserechts, München 2014, § 5 Rdnr. 122.
78 Wandtke/*Bullinger*, 6. Aufl. 2022, UrhG § 97 Rn. 77.
79 BGH GRUR 2014, 702 Rn. 9.
80 *Fechner*, Medienrecht, 18. Aufl. Tübingen 2017, 4. Kapitel Rn. 167; *Schlüter*, Verdachtsberichterstattung, München 2011 S. 234.
81 BGH NJW 2005, 215.
82 Als Beispiel kann hier der Fall Kachelmann herangezogen werden, in dem das OLG Köln (BeckRS 2016, 16931) die Bild Zeitung zur Zahlung einer hohen Geldentschädigung verpflichtete.

tige Schuldner, um dessen Zweck zu erreichen. Die Notwendigkeit, von der Störerhaftung auch im Äußerungsrecht abzurücken und somit Schadensersatzansprüche zu ermöglichen, um die Effektivität des Rechtsschutzes Betroffener zu erhöhen, ist im Äußerungsrecht daher nur bedingt gegeben.

Zudem widerfährt der Rechtsschutz in allen Bereichen digitaler Plattformen ab Februar 2024 eine weitreichende Stärkung durch die zusätzlichen Handlungspflichten des DSA. Darüber hinaus widmet sich der deutsche Gesetzgeber mit dem Entwurf eines Gesetzes gegen digitale Gewalt in besonderem Maße dem effektiven Rechtsschutz gegen Persönlichkeitsverletzungen im Internet. Diesem Gesetz liegt offenbar die Erkenntnis zugrunde, dass effektiver Persönlichkeitsrechtsschutz in der Praxis insbesondere mit einer Ausweitung des Auskunftsanspruchs nach § 21 Abs. 2 TTDSG gegen die Plattformen einhergeht.[83]

Trotz der unterschiedlichen Ausgangslage erscheint es rechtsdogmatisch nicht ausgeschlossen, den Wandel zur täterschaftlichen Haftung auch im Äußerungsrecht zu vollziehen. Die Vorzüge eines einheitlichen Haftungssystems und die dogmatische Herleitung sind als valide Punkte zu berücksichtigen.[84]

Keineswegs könnte ein Wandel im Äußerungsrecht allerdings nach dem Muster der Verkehrspflichten im Urheberrecht vollzogen werden. Auch hier sind die Besonderheiten des Äußerungsrechts zu berücksichtigen.

Der BGH hat festgelegt, dass der Plattformbetreiber verpflichtet ist, geeignete technische Maßnahmen zu ergreifen, um Rechtsverletzungen auf der Plattform wirksam zu bekämpfen.[85] Diese Maßnahmen dürften nicht lediglich reaktiver Natur – wie etwa die Bereitstellung eines „Meldebuttons" – sein, sondern müssten schon proaktiv greifen.[86] Im Urheberrecht führt das zum Einsatz von Upload Filtern, was zwar vielfach kritisiert wird, in der Praxis aber kaum ersichtliche Probleme mit sich bringt. Die technischen Möglichkeiten, urheberrechtswidrige Inhalte zu identifizieren und zu sperren, nehmen fortlaufend zu. Dabei kommt den Plattformbetreibern allerdings auch die Gleichförmigkeit der Inhalte zugute. Es erscheint naheliegend, sich bei den Verkehrspflichten an den Regelungen zu mutmaßlich erlaubten Nutzungen nach den §§ 9 – 12 UrhDaG zu orientieren. Demnach wären beispielsweise Ausschnitte von Filmwerken von mehr als 15 Sekun-

---

[83] Auch gefordert von *Gerecke* in Anmerkung zu OLG Schleswig, GRUR-Prax 2022, 356.
[84] *Wagner*, Haftung von Plattformen für Rechtsverletzungen (Teil 1), GRUR 2020, 329.
[85] BGH GRUR 2022, 1308 Rn. 77 – YouTube II.
[86] BGH GRUR 2022, 1308 Rn. 88 – YouTube II.

den in Anlehnung an § 10 Nr. 1 UrhDaG mittels technischer Maßnahmen zu sperren.

Hiervon unterscheidet sich das Äußerungsrecht fundamental. Während im Urheberrecht jede Verbreitung eines Werks, ohne dass eine Lizenz oder eine gesetzliche Schranke greift, rechtsverletzend ist, stellt sich die Situation im Äußerungsrecht deutlich komplexer dar. Die Vielgestaltigkeit von Persönlichkeitsrechtsverletzungen führt dazu, dass sie nicht mit einem einfachen Suchbegriff-Filter identifiziert werden können.[87] Ob eine Äußerung die Schwelle zur Persönlichkeitsrechtsverletzung überschreitet oder noch von der Meinungsfreiheit gedeckt ist, ist eine extrem einzelfallabhängige Abwägungsfrage. Der BGH wird nicht müde, zu betonen, dass stets eine sorgfältige Abwägung unter Würdigung aller Umstände des Falles vorzunehmen ist.[88]

Persönlichkeitsrechtsverletzungen haben im Wesentlichen zwei mögliche Grundlagen: Unwahre Tatsachenbehauptungen oder unzulässige Meinungsäußerungen. Beide Arten lassen sich ohne die Begleitumstände der Äußerung unmöglich rechtlich einstufen. Um den Wahrheitsgehalt einer Tatsache zu ermitteln, ist regelmäßig Rücksprache mit dem sich Äußernden und dem Betroffenen zu halten. Aus diesem Grund hat die Rechtsprechung für das Äußerungsrecht das oben dargestellte Stellungnahmeverfahren entwickelt.[89]

Auch Meinungen haben häufig einen dem Beweis zugänglichen Kern. Ob eine Meinungsäußerung unabhängig von diesem Tatsachenkern die Grenze zur Schmähkritik überschreitet, hängt erheblich davon ab, inwieweit sie sich inhaltlich mit einer Angelegenheit von öffentlichem Interesse auseinandersetzt. Die Komplexität der vorzunehmenden Abwägung lässt sich am Beispiel des Falls um Renate Künast veranschaulichen. Hier entschied das Bundesverfassungsgericht nach über zwei Jahren und vier instanzgerichtlichen Entscheidungen, dass ihre Verfassungsbeschwerde gegen die Urteile, die eine Beleidigung ihrer Person verneint hatten, offensichtlich begründet war.[90]

---

87 *Spindler*/Schmitz, 2. Aufl. 2018, TMG § 7 Rn. 65.
88 BGH NJW 2012, 148 Rn. 25; BGH NJW 2010, 76, Rn. 11; BGH NJW 1996, 1131.
89 BGH GRUR-RS 2022, 21876 Rn. 28.
90 Hier ging es zwar um einen Auskunftsanspruch und die Frage, ob die Aussagen die Schwelle zur Beleidigung nach § 185 StGB überschreiten. Die Notwendigkeit einer Abwägung stellt sich hier aber ebenfalls.

Abgesehen von besonders krassen Formalbeleidigungen scheidet der proaktive Einsatz technischer Maßnahmen im Äußerungsrecht daher aus. Proaktiv verbliebe nur eine manuelle Prüfung der Äußerungen, die die Grenze der Zumutbarkeit überschritte.[91]

VI. Fazit

Die jüngste Entscheidung des BGH[92] lässt vermuten, dass ein Wandel des Haftungssystems im Äußerungsrecht nicht bevorsteht. Der BGH hat explizit und in Kenntnis der jüngsten Entwicklungen in den anderen Rechtsgebieten – insbesondere der Entscheidung YouTube II – an der Störerhaftung festgehalten.

Eine Abkehr von der Störerhaftung im Äußerungsrecht ist auch keineswegs zwingend.

Sowohl das Wettbewerbsrecht als auch das Urheberrecht unterscheiden sich zu sehr vom Äußerungsrecht, als dass sich eine Übernahme der dort angenommenen täterschaftlichen Haftung aufdrängte. Im Wettbewerbsrecht verbietet sich die Störerhaftung aufgrund der mit ihr einhergehenden Erweiterung der Haftung auf Dritte, die keine geschäftliche Handlung im Sinne des § 2 Abs. 1 Nr. 2 UWG vornehmen. Im Urheberrecht war der Wandel durch den vollharmonisierten Art. 3 InfoSoc-RL europarechtlich zwingend vorgegeben.

Derartige Besonderheiten liegen für das Äußerungsrecht nicht vor. Vielmehr sind proaktive Verkehrspflichten für das vielgestaltige und enorm einzelfallabhängige Recht der Persönlichkeitsverletzungen kaum denkbar. Der EuGH hat das Haftungssystem der Störerhaftung grundsätzlich als europarechtskonform qualifiziert.[93] Da es zudem ohnehin kaum denkbar ist, dass digitale Plattformen bei einer täterschaftlichen Haftung für Persönlichkeitsrechtsverletzungen zur Zahlung von Schadensersatz verurteilt würden, bleiben die Auswirkungen des unterschiedlichen Haftungssystems praktisch gering. Die Rufe nach einer Vereinheitlichung des Haftungssystems sind daher im Wesentlichen rechtsdogmatischer Natur.

---

91 *Spindler*/Schmitz, TMG § 7 Rn. 63.
92 BGH GRUR-RS 2022, 21876.
93 EuGH GRUR 2021, 1054.

Auf lange Sicht bleibt die Zukunft der Störerhaftung im Äußerungsrecht ungewiss. Kurzfristig zeichnet sich ein Wandel des Haftungssystems jedenfalls nicht ab.

Margrethe, the 80, and Who? – Private Durchsetzung des *Digital Markets Act (DMA)*

Johannes Weigl[*]

A. Wer bändigt Big Tech?

EU-Wettbewerbskommissarin Margrethe Vestager gilt im Kampf gegen *Big Tech* als fest entschlossen. Zudem sind in der Kommission 80 Vollzeitstellen vorgesehen, um die mit dem *Digital Markets Act* (DMA)[1] verbundene Revolution der Plattformregulierung voranzutreiben. So will man die immer mächtiger werdenden *Big Five*, also Alphabet (Google), Apple, Meta (Facebook), Microsoft und Amazon, sowie weitere (designierte[2]) „Gatekeeper"[3] endlich bändigen. Indes: Was sind 80 Planstellen im Kampf gegen die mächtigsten Unternehmen der Welt?[4] So besteht Einigkeit, dass ein effektiver Vollzug die Ergänzung der behördlichen (*public enforcement*) durch private Durchsetzung (*private enforcement*) voraussetzen wird. Den damit verknüpften Fragen wollen die folgenden Ausführungen auf den Grund gehen und nicht nur vermeintliche Gewissheiten auf den Prüfstand stellen, sondern auch die Sinne für bislang noch nicht thematisierte Probleme schärfen. Dabei gilt ein besonderes Augenmerk den vom Kartellrecht zum Teil abweichenden Regelungsstrukturen und den hieraus folgenden privatrechtstheoretischen und prozessdogmatischen Herausforderungen.

---

[*] Der *Autor*, Ass. jur., *Licencié en droit*, ist Doktorand an der LMU München, assoziierter Doktorand am DFG-Graduiertenkolleg DynamInt an der HU Berlin und akademischer Mitarbeiter an der Universität Potsdam. Die Schriftfassung wurde im Vergleich zum am 23.6.2023 auf der 8. Tagung *GRUR Junge Wissenschaft* in Potsdam gehaltenen Vortrag aktualisiert; insb. berücksichtigt sie die zwischenzeitliche Verabschiedung der 11. GWB-Novelle. Internetquellen sind zuletzt am 28.9.2023 abgerufen worden.

[1] VO (EU) 2022/1925. Der vorherige Kommissionsentwurf (COM/2020/842 final) sei i.F. als DMA-E bezeichnet.

[2] Die Stellung als Gatekeeper tritt nicht *ipso iure* ein, sondern setzt einen Beschluss nach Art. 3 [IX] DMA voraus. Am 6.9.2023 wurde neben den Genannten auch Tiktok-Betreiberin ByteDance benannt.

[3] Die deutsche Fassung des DMA, das „Gesetz über digitale Märkte", übersetzt „Gatekeeper" als „Torwächter".

[4] Ähnl. *R. Podszun*, Private Enforcement and the DMA, VerfBlog, 1.9.2021 (https://verfassungsblog.de/power-dsa-dma-05/).

B. Der DMA

Der DMA beschreitet zur Erreichung seiner Ziele[5] neue Wege. Er ist in zweierlei Hinsicht ein neuartiges Instrument. Dies ist er zunächst mit Blick auf den Regelungs*zweck*. Hier kann man von einem „Wettbewerbsrecht zweiter Ordnung" sprechen:[6] Durch ihre Stellung als Plattformbetreiber fungieren Gatekeeper als digitale Intermediäre *zwischen* Unternehmen und Verbrauchern (B2-P-2C). Sie üben als solche erhebliche private Regulierungsmacht aus (die überhaupt erst die sehr einschneidenden mit dem DMA einhergehenden Maßnahmen rechtfertigt[7]). Es geht also um die öffentliche Regulierung privater Regulierungsmacht.[8]

Neuartig ist aber nicht nur, *was* der DMA erreichen will, sondern auch, *wie* er dieses Ziel verfolgt. Zwar ist seine Verwandtschaft mit der kartellrechtlichen Missbrauchskontrolle evident: Die konkreten Pflichten gehen weitgehend auf frühere Kartellverfahren zurück;[9] und politisch reagiert der DMA gerade darauf, dass die „Nadelstiche des Kartellrechts" sich als unzureichend erwiesen haben.[10] Gleichwohl geht mit dem DMA ein Paradigmenwechsel einher; er ist ein echtes Regulierungsinstrument:[11] Anders als das Kartellrecht kennt der DMA keinen Effizienzeinwand, lässt eine Rechtfertigung aus Gründen der Wohlfahrtssteigerung also nicht zu (vgl. auch ErwG 10 f. DMA).[12] Damit hängt zusammen, dass der DMA nicht erst durch eine *ex post*-Missbrauchskontrolle auf Basis von General-

---

5   Primäres Ziel ist nach der offiziellen Bezeichnung und Art. 1 I DMA die Gewährleistung *bestreitbarer und fairer Märkte im digitalen Sektor*.

6   Zum Ganzen *D. Wielsch*, Wettbewerbsrecht zweiter Ordnung, ZUM 2023, 153 ff.

7   Vgl. auch *R. Podszun/P. Bongartz/A. Kirk*, DMA, NJW 2022, 3249 (3254). Z.T. wird explizit davon ausgegangen, dass sogar eine „(leicht) überschießende Rechtsdurchsetzung" vertretbar sei (so *Monopolkommission*, Sondergutachten 82, Baden-Baden 2022, Rn. 47).

8   Vgl. auch *M. Eifert/A. Metzger/H. Schweitzer/G. Wagner*, Taming the Giants, CMLRev. 58 (2021), 987 (990 ff.).

9   Siehe etwa *L. K. Kumkar*, Der DMA nach dem Trilog-Verfahren, RDi 2022, 347 (350 f.); *R. Podszun/P. Bongartz/A. Kirk*, DMA (Fn. 7), 3249 (3251). Siehe auch *A. Komninos*, The DMA and Private Enforcement, in: N. Charbit/S. Gachot (Hrsg.): Liber Amicorum E. M. Fox, New York City 2021, S. 425 (426).

10 Treffend *R. Podszun/P. Bongartz/A. Kirk* (Fn. 7), 3249 (3250).

11 *A. Komninos* (Fn. 9), S. 425 (426); vgl. auch *R. Podszun/P. Bongartz/A. Kirk* (Fn. 7), 3249 (2349 f., 2354). Zum Verhältnis zum Kartellrecht vgl. auch Art. 1 VI und ErwG 10 f. DMA.

12 Statt vieler *R. Podszun/P. Bongartz/A. Kirk* (Fn. 7), 3249 (3253); vgl. aber auch *L. K. Kumkar* (Fn. 9), 347 (351 f.).

klauseln zur Geltung gebracht wird, sondern auf spezifischen, enumerativ aufgezählten[13] (und damit bereits *ex ante* konkreter feststehenden) Pflichten fußt.[14] Dem regulatorischen Ansatz entsprechend wird der DMA auch auf die allgemeine Ermächtigungsgrundlage zur Rechtsangleichung im Binnenmarkt (Art. 114 AEUV) und nicht etwa auf die kartellrechtliche Grundlage des Art. 103 AEUV gestützt.[15]

C. Grundlagen der privaten Durchsetzung des DMA

I. Hintergrund: Zunehmende Bedeutung privater Durchsetzung

Die private Durchsetzung von zunächst im öffentlichen Interesse geschaffenen Regeln hat Konjunktur. Dies bezeugt das Kartellrecht, wo die zivilgerichtliche inzwischen zu einem festen Bestandteil neben der behördlichen Durchsetzung gereift ist.[16] Aber auch in den nicht marktordnungsrechtlichen Bereichen der Digitalregulierung nimmt ihre Bedeutung zu.[17] So enthält etwa die DS-GVO in Art. 82 sogar eine eigenständige Schadensersatzgrundlage.

Dabei ist die Effektuierung der Durchsetzung durch Zivilverfahren nicht nur frommer Wunsch, sondern hat sich auch in der Praxis als probates Mittel der Durchsetzung sowohl privater als auch öffentlicher Interessen erwiesen.[18] *Podszun* hat anhand dreier Beispiele aus der jüngeren Praxis deutscher Instanzgerichte belegt, dass *private enforcement* gerade auch gegenüber großen Digitalunternehmen nicht zu langwierigen oder gar ergebnislosen Verfahren führen muss, sondern durchaus ein effektives Instru-

---

13 Vgl. aber auch Art. 12 DMA.
14 *J. Brauneck*, Der DMA – das neue, bessere digitale EU-Wettbewerbsrecht?, RDi 2023, 27 (31); *A. Komninos* (Fn. 9), S. 425 (426). Näher zu unterschiedlichen Aspekten des Paradigmenwechsels *H. Schweitzer*, The Art to Make Gatekeeper Positions Contestable and the Challenge to Know What Is Fair, ZEuP 2021, 503 (530 ff.). Freilich geht es bei dem häufig bemühten Dualismus *ex ante/ex post* mehr um das Konkretisierungsniveau als die Geltung. Denn auch das Kartellrecht *gilt* natürlich schon *ex ante*.
15 Krit. dazu *J. Basedow*, Das Rad neu erfunden: Zum Vorschlag für einen DMA, ZEuP 2021, 217 (220 ff.).
16 Für Überblick zur Entwicklung siehe *W. Wurmnest/M. Gömann*, Comparing Private Enforcement of EU Competition and Data Protection Law, JETL 2022, 154 (157 f.).
17 Vgl. auch *W. Wurmnest/M. Gömann* (Fn. 16), 154 ff.
18 Vgl. dazu auch noch unten, C.II.3. sowie D.I.3.

ment sein kann – das die behördliche Durchsetzung nicht nur sinnvoll ergänzt, sondern mitunter sogar in ihren Wirkungen übertrifft.[19] Neben die unmittelbaren Wirkungen des gerichtlichen Ausspruchs tritt dabei auch eine Abschreckungswirkung, aus der *compliance incentives* resultieren.

Schließlich ist noch auf zwei weitere Aspekte hinzuweisen, die sich positiv auf die Entwicklung der privaten Durchsetzung gerade des DMA auswirken könnten. Zum einen scheinen vormalige Beißhemmungen kleinerer Wettbewerber zurückgegangen und diese nun vermehrt bereit zu sein, den gerichtlichen Kampf auch wirklich aufzunehmen.[20] Ferner dürften gerade durch den DMA geschützte Unternehmen durch ihr digitalwirtschaftliches und technisches Know-How Problemlagen vergleichsweise zügig erkennen und schnell reagieren können; sie werden den Fragen oft näher sein als die Kommission selbst.[21]

II. Die Offenheit des DMA für *private enforcement*

1. Die prinzipielle Öffnung für private Durchsetzung

Anders als andere EU-Instrumente deutet der DMA die Möglichkeit privater Durchsetzung nur an. Inzwischen ist aber anerkannt, dass er diese voraussetzt.[22] Dem ist zuzustimmen: Schon während des Gesetzgebungsverfahrens deuteten verschiedene offizielle Äußerungen auf eine Öffnung des DMA für das *private enforcement* hin.[23] Jedenfalls Art. 39 (vgl. auch

---

19 Ausf. R. *Podszun*, Private Enforcement and Gatekeeper Regulation, JECLAP 2022, 254 (255 ff.) zu LG München I, 10.2.2021 – 38 O 15721/20; LG München I, 14.1.2021/12.5.2021 – 37 O 32/21; LG Berlin, 8.4.2021 – 16 O 73/21 Kart.
20 Auch hierfür mögen die Bsp. bei *R. Podszun* (Fn. 19), 254 (255 ff.) als Beleg dienen. Einen positiven Effekt könnte mit Art. 5 VI DMA auch eine im DMA selbst enthaltene Pflicht erzielen.
21 Vgl. *H. Schweitzer/K. Woeste*, Der „Private Attorney General", SSRN, 25.1.2021 (https://papers.ssrn.com/sol3/papers.cfm?abstract_id=3695965), S. 3. Zu dennoch zu erwartenden Beweisschwierigkeiten siehe aber noch unten, D.III.5.
22 Etwa *B. C. Becker*, Privatrechtliche Durchsetzung des DMA, ZEuP 2023, 403 (406 f.); *C. Karbaum/M. Schulz*, „Antitrust Litigation 2.0" – Private Enforcement beim DMA?, NZKart 2022, 107 ff.; *R. Lahme/A. Ruster* in: R. Podszun (Hrsg.), Hk-DMA, Baden-Baden 2023, Art. 39 Rn. 1 ff.; *R. Podszun/P. Bongartz/A. Kirk* (Fn. 7), 3249 (3253); *A.-C. Richter/M. Gömann*, Private Enforcement des DMA, NZKart 2023, 208 ff.
23 Siehe etwa *Europäische Kommission*, Q&A: DMA, 10.12.2020, letztes Update: 6.9.2023 (https://ec.europa.eu/commission/presscorner/detail/en/qanda_20_2349) sowie die Nachw. bei *A. Komninos* (Fn. 9), S. 425 (427 f. Fn. 8-10).

ErwG 92) und Art. 42 DMA bringen die Offenheit des DMA für dessen zivilgerichtliche Durchsetzung unmissverständlich zum Ausdruck. Dass die Mitgliedstaaten nicht noch lauter zur Schaffung entsprechender Mechanismen aufgerufen (vgl. Art. 15 P2B-VO) oder eigene Anspruchsgrundlagen geschaffen wurden (vgl. Art. 82 DS-GVO), ist unschädlich. Denn ohnehin folgt die prinzipielle Möglichkeit des *private enforcement* einer EU-Verordnung nicht (notwendigerweise) aus dessen expliziter Anordnung in einem Sekundärrechtsakt,[24] sondern wurzelt letztlich im Primärrecht selbst. Insgesamt ist der DMA also offen für private Durchsetzung. Das heißt freilich nicht, dass dies ohne weitere Voraussetzungen automatisch für alle darin geregelten Pflichten gelten müsste.[25]

Hintergrund der Öffnung des DMA ist, wie bereits angedeutet, dass diese für *notwendig* befunden wird, um überhaupt einen effektiven Vollzug zu sichern. Blickt man auf die zum Kartellrecht ergangene Rechtsprechung, überrascht dies auch nicht. Denn der EuGH selbst geht davon aus, dass *private enforcement* zur Sicherung eines effektiven Vollzugs des Unionsrechts (*effet utile*, vgl. auch Art. 4 III EUV) erforderlich sein kann.[26]

2. Reichweite der Öffnung: Das Erfordernis selbstvollziehender Normen

Wollen Private sich unmittelbar auf EU-Sekundärrecht berufen, setzt dies mindestens[27] voraus, dass die Norm selbstvollziehend (*self-executing*) ist, also eine hinreichend „klare und unbedingte Verpflichtung begründet"[28] und insoweit keiner weiteren Umsetzungsmaßnahme bedarf. Dies gilt nicht nur für Richtlinien-, sondern auch für Verordnungsrecht und ist für jede Norm gesondert zu prüfen.[29]

---

24 Möglich ist freilich ein *Ausschluss*, wie ihn etwa Art. 3 III UmwHaftRL vorsieht.
25 Siehe sogleich, C.II.2. und C.II.3.
26 EuGH, 20.9.2001 – C-453/99 (*Courage*) = EuZW 2001, 715 ff.; EuGH, 17.9.2002 – C-253/00 (*Muñoz*) = BeckRS 2004, 75459. Dazu etwa G. *Wagner*, Prävention und Verhaltenssteuerung durch Privatrecht, AcP 206 (2006), 352 (404 ff.). Instruktiv zur privaten Durchsetzung im Dienste der Effektuierung auch F. *Episcopo*, Varieties of effectiveness and their impact on private law adjudication, ZEuP 2023, 350 ff.
27 Siehe aber auch sogleich, C.II.3.
28 Vgl. EuGH, 16.6.1966 – Rs. 57/65 = NJW 1966, 1630.
29 W. *Schroeder* in: R. Streinz (Hrsg.), EUV/AEUV, 3. Aufl., München 2018, Art. 288 AEUV Rn. 45 f.

Den Pflichten des Art. 5 DMA wird allgemein – und mit Recht – ein selbstvollziehender Charakter zugeschrieben.[30] Hinsichtlich Art. 6 und 7 DMA ist dies aber zum Teil bezweifelt bzw. verneint worden; hierfür wurde deren Konkretisierungsbedürftigkeit und insbesondere die Möglichkeit eines Verfahrens zur weiteren Ausführung nach Art. 8 (i.V.m. Art. 20) DMA (sog. „regulatorischer Dialog") ins Feld geführt.[31]

Insgesamt sprechen die besseren Argumente aber dafür, auch Art. 6 und 7 DMA für *self-executing* zu halten.[32] Dabei ist zunächst zu beachten, dass unbestimmte Rechtsbegriffe einen selbstvollziehenden Charakter nicht zwingend ausschließen.[33] Bei näherem Hinsehen zeigt sich ferner, dass die Art. 6 und 7 DMA gar nicht sonderlich vage formuliert sind, sondern die darin vorgesehenen Pflichten vergleichsweise präzise festlegen – präziser jedenfalls als etwa die kartellrechtlichen Normen der Art. 101 und 102 AEUV, deren selbstvollziehender Charakter heute ebenfalls außer Zweifel steht.

Und schließlich steht auch die Möglichkeit des Dialogverfahrens dem selbstvollziehenden Charakter nicht entgegen. Von selbst versteht sich dies für Fälle, in denen die Kommission bereits ein solches Verfahren durchgeführt und die Pflichten konkretisiert hat.[34] Es gilt aber auch sonst. Denn wie Art. 8 II, III 2 DMA zeigen, handelt es sich um ein fakultatives Verfahren, dessen Durchführung im Ermessen der Kommission steht. Eine Konkretisierung ist also gerade nicht zwingend in allen Fällen nötig, sondern nur möglich. Schon deshalb steht auch nicht zu befürchten, dass Beklagte laufende Verfahren durch Ersuchen nach § 8 III 1 DMA mit Erfolg mutwillig torpedieren.[35] Wo es im Einzelfall dennoch zu einem Dialogverfahren kommt, kann das gerichtliche Verfahren ausgesetzt werden (vgl. Art. 39 V 3 DMA).[36]

---

30 Statt aller *R. Lahme/A. Ruster* (Fn. 22), Art. 39 Rn. 49.
31 Etwa *R. Podszun* (Fn. 19), 254 (264 f.) [noch allein zu Art. 6 DMA-E].
32 Siehe auch *B. C. Becker* (Fn. 22), 403 (419 ff.); *L. K. Kumkar* (Fn. 9), 347 (353); *R. Lahme/A. Ruster* (Fn. 22), Art. 39 Rn. 49; *A.-C. Richter/M. Gömann* (Fn. 22), 208 (210 ff.).
33 Siehe nur *A.-C. Richter/M. Gömann* (Fn. 22), 208 (210) m.w.N.
34 Vgl. auch *R. Podszun* (Fn. 19), 254 (264).
35 In diese Richtung aber etwa *R. Podszun* (Fn. 19), 254 (264).
36 Dazu noch unten, D.III.1.

3. Konturierung der Öffnung: *Private enforcement* zwischen öffentlichen und privaten Interessen

Wie bereits angedeutet, wird das *private enforcement* des DMA in erster Linie auf das objektive Erfordernis einer effektiven Durchsetzung gestützt. Es geht also um ein Tätigwerden Privater im öffentlichen Interesse – eine Situation, die der US-amerikanische Diskurs mit der Figur des *private attorney general* beschreibt.[37] Dass die private Durchsetzung legitimerweise Lücken schließen kann (und ggf. muss), die die behördliche Durchsetzung lässt, ist dabei praktisch allgemein anerkannt.[38] Dennoch scheint die Aktivierung privater Kläger als *private attorney generals* zunächst in einem Spannungsverhältnis zu etablierten Rechtsschutzstrukturen zu stehen. Denn traditionell folgt die Durchsetzungsbefugnis den zugrundeliegenden Interessen:[39] Die Durchsetzung privater Interessen erfolgt durch Private, diejenige öffentlicher Interessen durch Behörden.[40]

Bei näherem Hinsehen bricht das *private enforcement* des DMA aber vorerst nicht mit dieser Trennung, sondern weicht sie allenfalls auf. Denn *de lege lata* hängt die zivilgerichtliche Durchsetzung in allen Fällen von der Einschlägigkeit zumindest im weiteren Sinne individualschützender Normen ab. Es handelt sich hier also in Wahrheit allenfalls um private Rechtsverfolgung im *auch*-öffentlichen Interesse, bei der Kläger als *unechte private attorney generals* auftreten [a.]. Dies bedeutet freilich nicht, dass die Zulassung *echter private attorney generals* von vornherein ausgeschlossen wäre [b.].

---

37 Dazu etwa *H. Schweitzer/K. Woeste* (Fn. 21), S. 1 ff.
38 Grdl. etwa *D. Poelzig*, Normdurchsetzung durch Privatrecht, Tübingen 2012, S. 292; vgl. ferner die Nachw. oben in Fn. 22. A.A. für den DMA aber *O. Andriychuk*, Do DMA obligations for gatekeepers create entitlements for business users?, J. Antitrust Enforc. 11 (2023), 123 ff.
39 Dazu grdl. *J. Masing*, Die Mobilisierung des Bürgers für die Durchsetzung des Rechts, Berlin 1997, S. 65 ff.; siehe auch *H. Schweitzer/K. Woeste* (Fn. 21), S. 2.
40 *Mittelbar* bzw. reflexartig mag jede behördliche Durchsetzung auch privaten und jede private Durchsetzung auch öffentlichen Zwecken dienen können. Hier soll es aber um unmittelbare Zusammenhänge bzw. die eigentlichen Zwecksetzungen gehen.

a. *De lege lata*: Individualschutzerfordernis und private Kläger als unechte *private attorney generals*

Der Fokus der bisherigen Diskussion auf das Gebot objektiver Effektivität suggeriert zunächst, dass ein *private enforcement* gerade *nicht* von der Einschlägigkeit einer individualschützenden Norm abhängt. Hierzu passt, dass auf Voraussetzungsebene praktisch ausschließlich über den selbstvollziehenden Charakter der Pflichten des DMA gesprochen wird und nicht auch über das Erfordernis einer Norm, die gerade den Anspruchsteller schützt.[41]

Dies fügt sich *prima facie* nahtlos in die allgemeine Entwicklung privater Durchsetzung des EU-Sekundärrechts ein. Denn schon unabhängig vom DMA scheint die Tendenz dahin zu gehen, dass ein Individualschutzerfordernis im Bereich der privaten Durchsetzung von EU-Sekundärrecht gerade nicht (mehr) besteht.[42] Dies zeigt die jüngere Entwicklung des deutschen Kartelldeliktsrechts: Während der früher in erster Linie maßgebliche § 823 II BGB über die Schutzgesetzverletzung ein echtes und auch im unionsrechtlichen Kontext beachtliches[43] Individualschutzerfordernis enthält, begrenzt § 33a GWB den Kreis der Anspruchsteller infolge unionsrechtlicher Vorgaben[44] nicht explizit.

---

41 Vgl. aber immerhin *B. C. Becker* (Fn. 22), 403 (409 f., 424 f.); *L. K. Kumkar* (Fn. 9), 347 (353); *R. Podszun/P. Bongartz/A. Kirk* (Fn. 7), 3249 (3253).

42 Ausf. *G. Wagner* in: F.-J. Säcker/R. Rixecker/H. Oetker u.a. (Hrsg.), MüKo-BGB, Bd. 7, 8. Aufl., München 2020, § 823 Rn. 539 ff.; siehe auch *D. Poelzig* (Fn. 38), S. 289, 479. Tendenziell krit. *K. Schmidt* in: A. Heldrich/I. Koller/J. Prölss u.a. (Hrsg.), Festschrift für C.-W. Canaris zum 70. Geburtstag, Bd. I, München 2007, 1175 (1185 ff.). Etabliert hat sich hier der Begriff der *funktionalen Subjektivierung* des Unionsrechts (etwa *J.-U. Franck* in: U. Immenga/E.-J. Mestmäcker (Begr.), Wettbewerbsrecht, Bd. 2, 6. Aufl., München 2020, § 33a GWB Rn. 20).

43 Eine allzu pauschale Einebnung des nationalen Rechts – ohne Rücksicht auf die mitgliedstaatliche Norm, den betroffenen Unionsrechtsakt und dessen tatsächliches Durchsetzungsniveau – fordert auch das Effektivitätsprinzip nicht ein. Vgl. etwa auch *B. C. Becker* (Fn. 22), 403 (409); a.A. freilich *G. Wagner* (Fn. 42), § 823 Rn. 539 ff. Dabei zeigt gerade die jüngste Entscheidung der *Großen Kammer* des EuGH zum Dieselkomplex (21.3.2023 – C-100/21 = NJW 2023, 1111 ff.), dass die Tendenz auch eher dahin gehen könnte, individuelle Schutzzwecke großzügiger zu bejahen. Es ist aber ein Unterschied, ob eine unionsrechtliche Norm bei Anwendung des § 823 II BGB für (auch) individualschützend befunden oder ob dieses Erfordernis i.R.d. § 823 II BGB für obsolet gehalten wird.

44 Dazu noch näher unten, D.I.3.

Hieraus kann indes nicht geschlossen werden, dass ein Individualschutzerfordernis überhaupt nicht mehr bestünde. Im Fall des DMA folgt dies schon aus den in dessen Art. 5-7 und den jeweiligen Erwägungsgründen enthaltenen persönlichen Beschränkungen. Dass dem DMA solche nicht fremd sind, zeigt gerade auch dessen Art. 12 II lit. b. Damit fordert unter dem Strich auch der DMA einen von subjektiver Betroffenheit losgelösten Rechtsschutz gerade nicht ein.[45]

Diese durch den DMA selbst gezogenen Grenzen schlagen auch auf den Rechtsschutz durch. Deutlich sichtbar ist dies bei den in Art. 5-7 DMA zum Teil enthaltenen *Geboten*, bei denen sich zeigen wird, dass sie eigenständige Anspruchsgrundlagen darstellen.[46] Hier wirken sich die dem DMA inhärenten Grenzen unmittelbar aus, sodass sogar von einem Individualschutzerfordernis *im engeren Sinne* ausgegangen werden kann. Aber auch im Bereich von negatorischen oder Schadensersatzansprüchen schlagen die Wertungen des DMA durch. Die nach der 11. GWB-Novelle auch für die Durchsetzung des DMA maßgeblichen Normen der §§ 33, 33a GWB[47] ziehen den Kreis der Berechtigten zwar weiter und lassen ein Individualschutzerfordernis zunächst nicht erkennen. Auch hier wird sich aber herausstellen, dass diese die durch den DMA gezogenen Grenzen nicht einfach umgehen, sondern ihnen mittelbar Rechnung tragen. So ist etwa das in § 33a I GWB enthaltene Kausalitätserfordernis normativ einzuschränken. Im Rahmen dieser wertungsmäßigen Betrachtung spielt zwangsläufig auch die Frage eine Rolle, ob der Schutz gerade des Geschädigten zumindest mittelbar bezweckt wird. Bei derartigen Beschränkungen kann zumindest *im weiteren Sinne* von einem Individualschutzerfordernis gesprochen werden.[48]

Eine isolierte, von der Berührung konkreter Individualinteressen losgelöste Durchsetzung durch Private gibt es – anders als es die Rezeption der

---

45 Vgl. auch *A. Komninos* (Fn. 9), S. 425 (438). So auch für das Kartellschadensersatzrecht *F. Stancke* in: F. Stancke/G. Weidenbach/R. Lahme (Hrsg.), Kartellrechtliche Schadensersatzklagen, 2. Aufl., Frankfurt a.M. 2021, Kap. H Rn. 1. Zu Unrecht offen für Popularklagen *R. Lahme/A. Ruster* (Fn. 22), Art. 39 Rn. 38. Aus deren Verweis auf Art. 27 DMA folgt nichts anderes, da dieser nur das behördliche Verfahren betrifft und außerdem nach Abs. 2 gerade keinen Anspruch gibt.
46 Näher dazu und zur (insoweit) mangelnden Einschlägigkeit des § 33 I GWB unten, D.I.2.b.
47 Dazu unten, D.I.2.
48 Näher unten, D.I.3.

Courage-Rechtsprechung mitunter suggerieren mag[49] – *de lege lata* also nicht.[50] Dies schließt die Idee eines Klägers als *private attorney general* nicht vollständig aus, beschränkt seine Aktivierung aber auf Fälle der Überlagerung bzw. des Zusammentreffens privater und öffentlicher Interessen.[51] Insoweit kann von *unechten private attorney generals* gesprochen werden.

Wo das *private enforcement* damit prinzipiell auch individualschützende Pflichten voraussetzt, bleibt die Frage zu beantworten, inwieweit der DMA solche auch wirklich enthält. Hier zeigt sich indes, dass alle in Art. 5-7 DMA enthaltenen Pflichten wenigstens prinzipiell individualschützend sind.[52] Hierfür sprechen neben der jeweiligen Inbezugnahme konkreter Akteure gerade auch die zugehörigen Erwägungsgründe, die an vielen Stellen subjektive Schutzzwecke formulieren.[53] Kritisch hat sich hier zwar etwa *Andriychuk* geäußert.[54] Auch er bezweifelt aber nicht die Individualschutzorientierung *de lege lata*, sondern hält diese nur für nicht sachgerecht und spricht sich für einen stärkeren Fokus auf *public enforcement* aus.[55] Insgesamt ist ein prinzipiell (auch-)subjektiver Schutzzweck der Art. 5-7 DMA also zu bejahen. Eine andere Frage ist freilich, wie weit der Schutz jeweils reicht, *welche* Akteure also in *welchen* Fällen *welche* Ansprüche geltend machen können.[56]

---

49 Vgl. *J.-U. Franck* (Fn. 42), § 33a GWB Rn. 18 f. zur „,jedermann'-Formel des EuGH"; speziell zum DMA vgl. auch *R. Lahme/A. Ruster* (Fn. 2), Art. 39 Rn. 38.

50 Vgl. zum Erfordernis individualschützender Normen gerade auch bei Anspruchsbegründung im Lichte des *effet utile* etwa *U. Soltész*, Effet Utile als Allzweckwaffe im Kartellschadensersatz, EuZW 2021, 869 (870 f.).

51 Vgl. auch den Fokus bei *H. Schweitzer/K. Woeste* (Fn. 21), S. 4; vgl. ferner *D. Poelzig* (Fn. 38), S. 292.

52 Explizit *gegen* einen durch *Art. 14 DMA* vermittelten Individualschutz aber etwa *R. Podszun* (Fn. 19), 254 (265) [noch zu Art. 12 DMA-E].

53 Siehe insb. ErwG 36 ff. DMA.

54 *O. Andriychuk* (Fn. 38), 123 ff.; zurückhaltend auch *G. Klumpe*, „Think twice" – Die private Rechtsdurchsetzung des DMA, in: A. Kirk/P. Offergeld/T. Rohner (Hrsg.), Kartellrecht in der Zeitenwende, Baden-Baden 2023, S. 131 (134 ff.).

55 *O. Andriychuk* (Fn. 38), 123 (124). Indes verfängt seine auf die kategoriale Unterscheidung von Kartellrechts- und DMA-Durchsetzung gestützte Kritik (S. 129 f.) nicht: Weder ist die Missbrauchskontrolle naturrechtlichen Ursprungs, noch ist die Kluft zwischen dieser und dem DMA so tief, dass die Anerkennung der ersteren *per se* als legitim, diejenige der zweiteren *per se* als illegitim angesehen werden müsste. Zuzustimmen ist ihm aber darin, dass kartellrechtliche Mechanismen nicht unbesehen auf den DMA-Vollzug übertragbar sind; dazu noch unten, D.II.2.b.

56 Dazu näher unten, D.I.3.

b. *De lege ferenda*: Aufgabe des Individualschutzerfordernisses und private Kläger als echte *private attorney generals*?

Dass das geltende Recht echte *private attorney generals* nicht kennt und auch der DMA sie nicht zwingend einfordert, heißt nicht, dass es rechtstheoretisch nicht denkbar wäre, auch wirklich „jedermann"[57] den DMA (gerichtlich) durchsetzen zu lassen.[58] Dies wäre etwa im Bereich primärer Unterlassungspflichten durchaus konstruierbar und könnte neben einer Aufgabe jeglicher Individualschutzerfordernisse auf materiell-rechtlicher Ebene insbesondere durch eine Aufweichung der Prozessführungsbefugnis als Zulässigkeitsvoraussetzung erreicht werden.[59] Rechtspolitisch *klug* dürfte zumindest die Einführung unbegrenzter Popularrechtsbehelfe aber nicht sein.[60]

III. Grundformen privater Durchsetzung

Der Begriff des *private enforcement* beschreibt ein potenziell breites Spektrum an Mechanismen. Zunächst kann zwischen der (eigentlichen) gerichtlichen und einer (uneigentlichen) Durchsetzung unterschieden werden, die nur ein behördliches Verfahren – also ein *public enforcement* – anstößt. Dabei kann sich letztere als kostengünstiges und dennoch sehr effektives Mittel erweisen. Hier ist Art. 27 DMA zu beachten, der eine Möglichkeit der Information nationaler Behörden bzw. der Kommission vorsieht (Abs. 1, insoweit klarstellend) und das weitere Verfahren in solchen Fällen näher ausgestaltet (Abs. 2 und 3). Ein Anspruch auf Tätigwerden besteht nach Abs. 2 aber gerade nicht. Zwar ist davon auszugehen, dass die Kommission zureichende Anhaltspunkte nicht einfach ignorieren wird. Es ist aber auch nicht ausgeschlossen, dass sie Antragsteller im Einzelfall auf die Möglichkeit des *private enforcement* verweist und auf dieser Basis nicht selbst zur

---

57 Vgl. wiederum oben, Fn. 49.
58 Vgl. hierzu und zu möglichen Anreizstrukturen *H. Schweitzer/K. Woeste* (Fn. 21), S. 2 ff.
59 Hierfür bedarf es im Bereich des Individualrechtsschutzes nach geltendem Recht in der Regel einer Geltendmachung *eigener Rechte*.
60 Vgl. zu Skepsis und Risiken nur *H. Schweitzer/K. Woeste* (Fn. 21), S. 3. Siehe aber noch unten, D.III.5.

Tat schreitet.[61] *Sofern* die Kommission tätig wird, beschränkt sich die von dieser (uneigentlichen) Art der privaten Durchsetzung ermöglichte Entlastung der des behördlichen Vollzugs auf die Ebene der initialen Verdachtsermittlung.

Im Fokus stehen soll hier demgegenüber das *private enforcement* im eigentlichen Sinne zivilgerichtlichen (Individual-[62])Rechtsschutzes.[63] Dabei soll sich der Blick aber nicht allein auf die oft allein thematisierten[64] Schadensersatzklagen richten. Denn hier hat nicht zuletzt das Kartellrecht gezeigt, dass diese kein Allheilmittel und ihnen – auch unter Geltung der KartSE-RL[65] – häufig beträchtliche Hürden im Weg stehen, gerade auf Ebene der Schadensbezifferung.[66] Besonders aus Sicht rechtsschutzsuchender Akteure sollte der Fokus deshalb noch stärker auf einer primären Durchsetzung des DMA – insbesondere dessen Art. 5-7[67] – liegen. Blickt man wiederum auf das benachbarte Kartellrecht, wird hier in erster Linie negatorischer, bisweilen auch Feststellungsrechtsschutz in Betracht kommen. Dabei ist der Primärrechtsschutz nicht zuletzt deshalb reizvoll, weil er das jeweilige Problem an der Wurzel packt und so nicht nur ein Anwachsen später (trotz etwaiger prozessualer Erleichterungen[68]) schwierig zu beziffernder Schäden, sondern überhaupt das Eintreten vollendeter Tatsachen verhindern kann.[69] So entfaltet er eine Hebelwirkung, die gerade auf schnelllebigen digitalen Märkten bedeutsam sein kann.

---

61 Vgl. zum Kartellrecht *S. Kreifels*, Die Prioritätensetzung der Europäischen Kommission beim Aufgreifen kartellrechtlicher Fälle, Baden-Baden 2019, S. 50 f.
62 Zum kollektiven Rechtsschutz siehe Art. 42 DMA; näher *R. Lahme/A. Ruster* (Fn. 22), Art. 39 Rn. 42 f.
63 Näher zu den Anspruchsgrundlagen unten, D.III.
64 Vgl. wiederum die Äußerung der Kommission im Q&A vom 10.12.2020 (Fn. 23). Krit. hierzu insoweit *R. Podszun* (Fn. 19), 254 ff.
65 RL 2014/104/EU.
66 Siehe etwa *H. Schweitzer/K. Woeste*, Zum Umgang mit ökonomischer Unsicherheit bei der Schätzung von Kartellschäden, ZWeR 2022, 46 (49 f.), auch zu Besonderheiten in der deutschen Praxis. Zur Kritik an der Effektivität von Schadensersatzklagen etwa auch *G. Klumpe* (Fn. 54), S. 131 (133) m.w.N. Siehe auch noch unten, D.V.5.
67 Zu den Umgehungsverboten nach Art. 13 IV-VI DMA siehe *B. C. Becker*, Durchsetzung (Fn. 22), 403 (424 f.).
68 Siehe noch unten, D.V.5.
69 Vgl. auch *R. Podszun* (Fn. 19), 254 ff.; *A.-C. Richter/M. Gömann*, Private Enforcement (Fn. 22), 208.

Auch deshalb ist gerade im Primärrechtsschutz nicht nur an die Hauptsache, sondern auch an den Eilrechtsschutz zu denken,[70] der diese Hebelwirkung noch verstärken kann. So ist es kein Zufall, dass die drei Beispiele, anhand derer *Podszun* Effektivität und Effizienz privater Durchsetzung illustriert, alle den einstweiligen Rechtsschutz betrafen.[71]

D. Nähere Ausgestaltung der privaten Durchsetzung des DMA

I. Materielle Anspruchsgrundlagen

1. Allgemeines; Ansprüche aus Unionsrecht und/oder nationalem Recht?

Bei der Frage, ob Ansprüche unmittelbar aus dem Unionsrecht folgen oder aus Normen des nationalen Rechts,[72] verbieten sich allzu pauschale Aussagen. Richtigerweise ist dies eine Auslegungsfrage, die von den jeweiligen Vorschriften (gerade des Unionsrechts) abhängt. Es ist also zunächst zu prüfen, ob und inwieweit der DMA selbst Anspruchsgrundlagen enthält. Soweit dies nicht der Fall ist (und der Unionsgesetzgeber dies ggf. sogar noch klarstellt[73]), kommt es für etwaige Ansprüche auf das nationale Recht an. Insoweit mögen sich aus dem Unionsrecht gewisse Mindestanforderungen ergeben, etwa durch einschlägige Richtlinien oder unmittelbar aus dem unionsrechtlichen Effektivitätsprinzip.[74] Eine allein auf den *effet utile* gestützte, allzu pauschale Relativierung der Relevanz des mitgliedstaatlichen Rechts[75] verbietet sich indes;[76] die Herleitung von Ansprüchen allein aus dem Effektivitätsgebot ist auf Extremfälle der Unterschreitung eines primärrechtlich geforderten *Mindeststandards* zu begrenzen.[77] Ohnehin werden die folgenden Ausführungen zeigen, dass für eine

---

70 R. *Podszun* (Fn. 19), 254 (265) hatte sich hier eine gesetzliche Klarstellung zum einstweiligen Rechtsschutz gewünscht.
71 Siehe dazu wiederum oben, Fn. 19.
72 Zu diesbezüglichen Überlegungen im Kontext des DMA etwa *C. Karbaum/M. Schulz* (Fn. 22), 107 (110).
73 Siehe etwa Art. 15 P2B-VO.
74 Daneben u.U. auch gestützt auf das – praktisch freilich weniger relevante – Äquivalenzprinzip; vgl. dazu auch *C. Karbaum/M. Schulz* (Fn. 22), 107 (110, 112).
75 Vgl. etwa EuGH, 19.11.1991 – C-6/90 u.a. (*Francovich*) = NJW 1992, 165 ff.
76 Siehe schon oben, C.II.3.a. mit Fn. 43 zu § 823 II BGB.
77 Wo der Unionsgesetzgeber eine höhere Kontrolldichte schaffen will, muss er im Rahmen seiner Zuständigkeiten entsprechendes Sekundärrecht (etwa durch Anspruchs-

Unterschreitung der unionsrechtlichen Vorgaben durch das deutsche Recht (gerade nach der 11. GWB-Novelle) keine Anhaltspunkte bestehen.

2. Die Anspruchsgrundlagen im Einzelnen

Das vorstehend eingeführte Auslegungserfordernis macht im Fall des DMA wiederum eine Unterscheidung nach unterschiedlichen Anspruchstypen erforderlich. Zwar bietet die private Durchsetzung des Kartellrechts auch hier erste Anhaltspunkte. Eine unbesehene Übertragung verbietet sich aber einmal mehr.

a. Durchsetzung von Verboten

Soweit die Art. 5-7 DMA *Ver*bote enthalten, sind sie wie im Kartellrecht nicht unmittelbar als Anspruchsgrundlagen zu begreifen.[78] Schon die gewählten Formulierungen (häufig: „darf [...] nicht"; vgl. etwa Art. 5 II, III, VI-VIII, Art. 6 II, V, VI DMA) sind nicht anspruchstypisch. Außerdem fehlt es ihnen an einer für den negatorischen Rechtsschutz typischen und auch erforderlichen näheren Ausgestaltung, insbesondere einer Unterscheidung zwischen Beseitigungs- und Unterlassungsrechtsschutz und der Formulierung entsprechender Voraussetzungen. Daher bedarf es einer Übersetzung durch negatorische Ansprüche des mitgliedstaatlichen Rechts. Dem trägt der Gesetzgeber mit der jüngst verabschiedeten 11. GWB-Novelle Rechnung, die den kartellrechtlichen Beseitigungs- und Unterlassungsanspruch aus § 33 GWB auf (drohende) Verstöße gegen Art. 5-7 DMA erstreckt.[79] Ohne diese Erstreckung hätte es eines Rückgriffs auf die (analoge) Anwendung des § 1004 BGB bedurft.[80] Bestimmte in Art. 5-7 DMA enthaltene Pflichten dürften außerdem als Vorschriften i.S.d. § 3a UWG zu begrei-

---

grundlagen in einer Verordnung oder eine Richtlinie nach dem Vorbild der KartSE-RL) schaffen. Die Umsetzung durch nationale Behörden und Gerichte ist dann auch engmaschiger überprüfbar.

78 Dies gilt ungeachtet der Tatsache, dass sie als prinzipiell *self-executing* eingeordnet wurden (oben, C.II.2.). Denn nicht jede im unionsrechtlichen Sinne selbstvollziehende Norm ist zugleich eigenständige Anspruchsgrundlage.

79 Eine analoge Anwendung der §§ 33, 33a GWB ist zuvor schon mit Blick auf die gewählte Ermächtigungsgrundlage (Art. 114 statt Art. 103 AEUV) einhellig abgelehnt worden (siehe statt vieler etwa *C. Karbaum/M. Schulz* (Fn. 22), 107 (110)).

80 Siehe statt vieler nur *B. C. Becker* (Fn. 22), 403 (409).

fen sein, sodass auch Ansprüche aus § 8 i.V.m. §§ 3, 3a UWG denkbar sind;[81] insoweit kommt mit Blick auf die unterschiedlichen Zwecksetzungen Anspruchskonkurrenz mit § 33 GWB n.F. in Betracht.

b. Durchsetzung von Geboten

Anders stellt sich die Situation mit Blick auf die in Art. 5-7 DMA in beträchtlicher Zahl enthaltenen *Ge*bote dar. Dies betrifft etwa Art. 5 IV, V, IX, X, Art. 6 III, IV, VII-XII und Art. 7 DMA. Dabei ist die explizite Verankerung positiver *Ge*bote als solche zwar keine Besonderheit des DMA, sondern vereinzelt schon aus dem Kartellrecht bekannt.[82] Die Gebote nehmen im DMA aber nicht nur mehr Raum ein; sie sind ferner sowohl sachlich als auch mit Blick auf den persönlichen Schutzbereich spezifischer formuliert, als dies aus der kartellrechtlichen Missbrauchskontrolle bekannt ist.[83] So lassen sich die Gebote bereits ohne Weiteres als Anspruchsgrundlagen begreifen, die keiner Übersetzung in nationales Recht bedürfen. Hier zeigt sich ein wichtiger Unterschied je nachdem, ob die Pflicht positiv oder negativ formuliert ist: Die positiven Formulierungen (z.B. Art. 6 III [1]: „gestattet es [...] und ermöglicht es [...] technisch"; Art. 6 IX: „gewährt [...] auf ihren Antrag hin kostenlos einen effektiven, hochwertigen und permanenten Echtzeitzugang") lassen eine solche Auslegung im Gegensatz zu ihren negativen Pendants zu; sie sind als Rechte, von einem anderen ein konkretes Tun zu verlangen (vgl. aus deutscher Sicht auch § 194 I BGB) formuliert.[84]

---

81 Siehe etwa *C. Karbaum/M. Schulz* (Fn. 22), 107 (110); *G. Klumpe* (Fn. 54), S. 131 (137 f.).
82 Man denke an die *essential facilities*-Doktrin bzw. § 19 II Nr. 4, aber auch § 19a II Nr. 5 GWB.
83 Vgl. Art. 102 [2] AEUV, aber wiederum auch § 19 II Nr. 4 und § 19a II Nr. 5 GWB. Ähnl. wie hier auch *M. Botta*, Sector Regulation of Digital Platforms in Europe: Uno, Nessuno et Centomila, JECLAP 2021, 500 (504).
84 Auch in der (Kommentar-)Literatur wird von unmittelbaren aus den Geboten folgenden Rechten ausgegangen, siehe bspw. *B. Herbers* in: Hk-DMA (Fn. 22), Art. 6 VII Rn. 155; Art. 6 VIII Rn. 169; Art. 7 Rn. 36; *A. Wolf-Posch* in: Hk-DMA (Fn. 22), Art. 6 X Rn. 246; Art. 6 XI Rn. 276. Es werden dort aber keine ganz klaren Aussagen dazu getroffen, ob deren Durchsetzung nicht dennoch auf § 33 I GWB gestützt wird (wovon mit Blick auf das aus dem Kartellrecht bekannte Vorgehen indes auszugehen ist).

Eines Rückgriffs auf mitgliedstaatliche Anspruchsgrundlagen bedarf es daneben nicht mehr. Zwar differenziert der Gesetzgeber der 11. GWB-Novelle hier wie im Kartellrecht nicht zwischen Ge- und Verboten und operiert in § 33 I GWB n.F. mit einem Globalverweis auf alle Pflichten der Art. 5-7 DMA. Soweit aber schon das Unionsrecht Anspruchsgrundlagen enthält, kommt § 33 I GWB n.F. nicht mehr zum Zug.[85] Mangels Rückgriffs auf § 33 I GWB scheidet damit auch eine Erweiterung der Anspruchsberechtigung auf sonstige „Betroffene" aus.[86]

Ohnehin sollte man gerade mit Blick auf den DMA darüber nachdenken, sauberer zwischen Ge- und Verboten bzw. positiven Leistungs- und Unterlassungsansprüchen zu differenzieren.[87] Hier hat es sich wegen der traditionell negatorischen Stoßrichtung des Kartellrechts eingebürgert, außerhalb des Schadensersatzrechts stets von negatorischen Ansprüchen auszugehen.[88] Davon zeugt auch die negatorische Fassung von § 33 I GWB. So werden (Verstöße gegen) Ver- und Gebote zunächst einheitlich in (vermeintlich) negatorische Ansprüche übersetzt. Dass dieser *one size fits all*-Ansatz die Dinge (zu) stark vereinfacht, zeigt sich dort, wo aus diesen negatorischen Ansprüchen (gerade dem Beseitigungsanspruch) in bestimmten Fällen doch wieder positive Handlungsgebote konstruiert werden: Dies betrifft in erster Linie Kontrahierungszwänge (gerade auf Basis der mit den DMA-Geboten strukturell verwandten *essential facilities*-Doktrin, vgl. wiederum auch § 19 II Nr. 4 GWB) – die dann aus prozessualer Sicht auch durch positiven Leistungsrechtsschutz (und nicht etwa Unterlassungsrechtsbehelfe) durchgesetzt werden.[89] Nicht jedes Handlungsgebot kann aber sinnvoll

---

85 Dabei ließe sich darüber streiten, ob bei Fehlen einer inhaltlichen Kollision der Gebote des DMA einer- und § 33 I GWB andererseits gar kein Anwendungsvorrang angenommen werden müsste, sondern auch weiterhin (ggf. kumulativ) auf § 33 I GWB abgestellt werden könnte. Hiergegen spricht aber schon, dass dieser rein negatorisch formuliert ist und der Möglichkeit (u.U. effektiveren) positiven Rechtsschutzes damit nicht ausreichend Rechnung trägt. Dass dies in der Praxis wiederum durch die Ableitung positiver Leistungsansprüche aus den negatorischen Grundansprüchen abgemildert wird, dürfte hieran mit Blick auf die Unnachgiebigkeit des *effet utile* nichts ändern. Zum Ganzen auch noch sogleich.
86 Dazu näher sogleich, D.I.3.
87 Vgl. zur Bedeutung der Unterscheidung von Ge- und Verboten gerade im Kontext des DMA auch *M. Botta* (Fn. 83), 500 (504 ff.).
88 Vgl. statt aller und gerade auch im Kontext des DMA nur *B. C. Becker* (Fn. 22), 403 (409); *C. Karbaum/M. Schulz* (Fn. 22), 107 (110): „Unterlassungs-, Beseitigungs- und Schadensersatzansprüche".
89 Siehe *T. Holzmüller* in: A. Fuchs/A. Weitbrecht (Hrsg.), Hdb. Private Kartellrechtsdurchsetzung, München 2019, § 10 Rn. 6, 19.

als inhaltliche Ausformung einer „Beseitigung" oder „Unterlassung" begriffen werden. Das mag man für die kartellrechtliche Missbrauchskontrolle noch anders sehen können, weil diese ihrem Grundgedanken nach auf eine *missbräuchliche Ausnutzung* beherrschender Stellungen und daraus resultierende und nicht rechtfertigbare *Beeinträchtigungen* (vgl. Art. 102 AEUV; §§ 18 ff. GWB) anknüpft, die – ggf. auch durch Handlungs*gebote* – „beseitigt" werden können.[90] Spätestens hier aber hinkt der Vergleich von klassischem Kartellrecht und DMA, weil die ohne Rücksicht auf ihre Auswirkungen geltenden *per se*-Gebote des DMA ihrem Wesen nach auf eine *Erweiterung* des Rechtskreises der Anspruchsteller zielen. Es handelt sich um genuine Leistungsansprüche, die auf Erzwingung positiver Handlungen gerichtet sind. Spätestens hier erschiene eine negatorische Umformulierung allzu künstlich. Wer ohne Rücksicht auf vorherigen Missbrauch den Zugang zu Instrumenten der Leistungsmessung oder zu bestimmten Daten (Art. 6 VIII) oder die Herausgabe von Nutzer- (vgl. Art. 6 X DMA) bzw. Trainingsdaten (Art. 6 XI DMA) begehrt, der zielt von vornherein auf die Herstellung eines neuen Zustandes, nicht auf die Wiederherstellung eines vormaligen.

Bei den prozessual deshalb statthaften positiven[91] Leistungsklagen ist in besonderem Maße auf deren bestimmte Formulierung zu achten (vgl. § 253 Abs. 2 Nr. 2 ZPO).[92] Dies gilt gerade dort, wo sich kompliziertere technische Fragen stellen[93] und die Erfüllung solcher Ansprüche mit neuen Herausforderungen in Bezug etwa auf *data governance* mit sich bringt (siehe auch Art. 8 I 3 DMA). Im Zweifel dürfte es aber ausreichen, die Anspruchsgegenstände (etwa die jeweiligen Instrumente oder Daten) genau zu bezeichnen und sich im Übrigen am Wortlaut des jeweiligen Absatzes zu orientieren.

---

90 Dies betrifft insb. kartellrechtliche Kontrahierungszwänge. Auch dort erscheint die Verankerung in *negatorischen* Ansprüchen mitunter aber künstlich.
91 Auch *Unterlassungsklagen* sind – negative – Leistungsklagen.
92 Siehe T. *Holzmüller* (Fn. 89), § 10 Rn. 19. Vgl. auch S. *Heinz* in: Hk-DMA (Fn. 22), Art. 5 IV Rn. 73 a.E. mit Fn. 89.
93 Vgl. bspw. B. *Herbers* (Fn. 84), Art. 7 Rn. 34; A. *Wolf-Posch* (Fn. 84), Art. 6 XI Rn. 274 ff.

c. Schadensersatz

Für Schadensersatzansprüche gilt ähnliches wie für die primäre Durchsetzung von Verboten. Denn eine Anspruchsgrundlage enthält der DMA (anders: Art. 82 DS-GVO) insoweit nicht, sodass das nationale Recht zum Zuge kommt. Die Neufassung des § 33 GWB hat aufgrund des Verweises in § 33a I GWB n.F. auch eine Erstreckung der Anwendbarkeit des § 33a GWB auf DMA-Verstöße zur Folge.

Dies gilt unabhängig davon, ob gegen ein Ver- oder ein Gebot verstoßen wurde. Zwar geht § 33 I GWB mit Blick auf Gebote zum Teil ins Leere, da die Ansprüche insoweit bereits aus dem DMA selbst herrühren.[94] § 33a I GWB setzt aber lediglich einen „Verstoß nach § 33 Abs. 1" voraus. Da der Gesetzgeber der 11. GWB-Novelle Verstöße gegen Ver- und Gebote ersichtlich unterschiedslos in § 33 I GWB n.F. bündeln wollte, erfasst der Verweis des § 33a I GWB auf § 33 I GWB auch diese Fälle. Dass die intendierte Bündelung in § 33 I GWB mit Blick auf den Primärrechtsschutz zum Teil ins Leere geht und auch dogmatisch nicht überzeugt,[95] ist hier unschädlich. Denn selbst im Konfliktfall – wenn man also von einem geringeren Schutzniveau des § 33 I GWB n.F. ausgeht[96] – genießt die jeweilige unionsrechtliche Anspruchsgrundlage allenfalls *Anwendungs*vorrang und lässt die *Geltung* des § 33 I GWB unberührt.[97]

Damit kann einheitlich auf § 33a I GWB n.F. zurückgegriffen werden. Auch die zunächst allgemein bejahte Anwendung des § 823 II BGB i.V.m. Art. 5-7 DMA als Schutzgesetzen[98] dürfte damit bereits überholt sein, bevor sie überhaupt relevant wurde. Denn für § 823 II BGB bleibt jedenfalls im Anwendungsbereich der *lex specialis* des § 33a GWB n.F. kein Raum mehr. *Neben* § 33a GWB n.F. kommen aber etwa § 823 I BGB i.V.m. dem Recht auf eingerichteten und ausgeübten Gewerbebetrieb und auch § 826 BGB als mögliche Schadensersatzgrundlagen in Betracht.[99] Außerdem ist

---

94 Dazu soeben, D.I.2.b.
95 Dazu soeben, D.I.2.b.
96 Dazu oben, Fn. 85.
97 Siehe nur *M. Ruffert* in: C. Callies/M. Ruffert (Hrsg.), EUV/AUEV, 6. Aufl., München 2022, Art. 1 AEUV Rn 18.
98 Etwa *B. C. Becker* (Fn. 22), 403 (409 f.; 424); *C. Karbaum/M. Schulz* (Fn. 22), 107 (110); *R. Podszun/P. Bongartz/A. Kirk* (Fn. 7), 3249 (3254).
99 Vgl. zum Kartellrecht *F. Stancke* (Fn. 45), Kap. H Rn. 16 ff. [auch zu weiteren Alternativen].

wiederum an lauterkeitsrechtliche Ansprüche nach § 9 i.V.m. §§ 3, 3a UWG zu denken.[100]

3. Insbesondere: Die jeweils geschützten Akteure

Wie bereits dargelegt, ist für jede Anspruchsgrundlage die Frage zu beantworten, welche Akteure sie jeweils schützt. Richtigerweise ist dabei wiederum nach der Art des Anspruchs zu unterscheiden.[101]

Klare Begrenzungen ergeben sich mit Blick auf die Gebote als eigenständige Anspruchsgrundlagen. Denn sie sind jeweils auf bestimmte in der jeweiligen Norm genannte Akteure zugeschnitten. Gut sichtbar ist dies etwa in Art. 5 IV und V DMA. Hier werden i.R.d. Abs. 4 nur gewerbliche Nutzer, in Abs. 5 dagegen nur Endnutzer unmittelbar geschützt. Dies gilt ungeachtet der Tatsache, dass ErwG 40 und 41 DMA auf einen mittelbaren Schutz auch der jeweils anderen Gruppe hindeuten.[102] Dieser kann sich wegen der weiten Fassung des § 33a GWB im Schadensersatzbereich auswirken, in dem auch mittelbar Geschädigte Schutz genießen.[103] Das ändert aber nichts daran, dass der Primäranspruch aus Art. 5 IV DMA sinnvollerweise nur von einem gewerblichen, Art. 5 V DMA nur von einem Endnutzer durchgesetzt werden kann. Ebenfalls klar auf die jeweils genannten Akteure begrenzt ist der Anwendungsbereich etwa der datenbezogenen Zugangs- bzw. Herausgabeansprüche der Art. 6 VIII-XI DMA (etwa Konkurrenten als „Drittunternehmen" im Fall des Art. 6 XI).[104] Der Interoperabilitätsanspruch des Art. 7 DMA dagegen berechtigt sowohl Konkurrenten als auch Endnutzer. Die in den Geboten enthaltenen Begrenzungen sind zu respektieren und können, da es sich bei diesen um eigenständige Anspruchsgrundlagen handelt, nicht durch einen Rückgriff auf § 33 I GWB n.F. umgangen werden.[105]

Einen weitergehenden Schutz versprechen §§ 33, 33a n.F. für negatorische und Schadensersatzansprüche, wobei § 33 I GWB nach dem Vorstehenden lediglich auf die Durchsetzung von Verboten Anwendung findet, § 33a I GWB dagegen sowohl auf Verstöße gegen Ver- als auch gegen

---

100 Siehe bspw. auch *A. Wolf-Posch* (Fn. 84), Art. 6 XI Rn. 278.
101 Vgl. bereits oben, C.II.3.
102 A.A. wohl *S. Heinz* (Fn. 97), Art. 5 IV Rn. 63, 84, Art. 5 V Rn. 92, 99, 115.
103 Dazu sogleich.
104 Siehe etwa *A. Wolf-Posch* (Fn. 84), Art. 6 VIII Rn. 163 f.; 6 IX Rn. 181 f.
105 Siehe soeben, D.I.2.

Gebote. Der negatorische Rechtsschutz nach § 33 I GWB ist auf „Betroffene" begrenzt. Nach der weit gefassten Legaldefinition des Abs. 3 sind die Grenzen insoweit zwar nicht so eng zu ziehen wie im Fall der positiven Gebote. Insbesondere erfolgt hier keine Beschränkung auf konkret benannte Akteure. Zumindest ein mittelbarer – typischerweise auch in den jeweiligen Erwägungsgründen zum Ausdruck kommender – Schutz (vgl. ErwG 36 ff. DMA) ist aber auch hier erforderlich.[106]

Noch weiter als § 33 I GWB zieht § 33a I GWB den Kreis potenzieller Anspruchsberechtigter.[107] Dessen Wortlaut nach kann – basierend auf der kartellrechtlichen Rechtsprechung des EuGH in *Courage*[108] und der darauffolgenden Vorgabe durch Art. 3 I KartSE-RL – zunächst *jeder* durch missbräuchliches Verhalten Geschädigte Schadensersatz verlangen.[109] Grenzenlos ist der Kreis der Berechtigten bei Lichte besehen aber auch hier nicht. So ist schon angedeutet worden, dass die objektive Zurechenbarkeit solcher Schäden ausgeschlossen sein kann, deren Ersatz gerade nicht dem Zweck der zugrundeliegenden Pflicht entspricht.[110] Hieraus können sich beachtliche Beschränkungen möglicher Anspruchsteller ergeben.[111] So dürfte bspw. bei Verstößen gegen Art. 5 VI DMA lediglich der jeweils betroffene (End-)Nutzer etwaige unmittelbar auf der Hinderung beruhende Schäden[112] liquidieren können.[113] Im Übrigen wird nur mittelbar Geschädigten

---

106 Vgl. zum Verhältnis zwischen der „Betroffenheit" (nach § 33 GWB a.F.) und der klassischen Schutzgesetzlehre aber auch *K. Schmidt* (Fn. 42), S. 1175 ff.
107 Str.; siehe zum Verhältnis der Anspruchsberechtigungen von § 33 und § 33a GWB (mit i.E. überzeugender Differenzierung) nur *J.-U. Franck* (Fn. 42), § 33 GWB Rn. 16 ff., § 33a GWB Rn. 65 m.w.N.
108 EuGH, 20.9.2001 – C-453/99 (*Courage*) = EuZW 2001, 715 ff.
109 Siehe nur *J.-U. Franck* (Fn. 42), § 33a GWB Rn. 18 f. Dies gilt infolge der Erstreckung der 33 ff. GWB auf DMA-Verstöße auch hier. Denn die Effektivitätserwägungen der *Courage*-Rechtsprechung sind übertragbar; zudem ist nicht von einer gespaltenen Auslegung der GWB-Vorschriften auszugehen. I.Ü. könnte es zu einer Erstreckung auch der KartSE-RL auf den DMA kommen; vgl. etwa auch *B. C. Becker* (Fn. 22), 403 (432); *G. Klumpe* (Fn. 54), S. 131 (138).
110 Oben, C.II.3.a.
111 Dazu *J.-U. Franck* (Fn. 42), § 33a GWB Rn. 18, 60, 64 ff. Vgl. insb. auch *G. Wagner* (Fn. 42), § 823 Rn. 541 f., nach dem zwar (mit Blick auf § 823 II BGB) der Individualschutzzweck insoweit „keine tragende Rolle" mehr spiele, der aber dennoch – auch im Lichte der EuGH-Judikatur – von gewissen Begrenzungen ausgeht.
112 Anders ist dies für Schäden, die unmittelbar auf dem Verstoß beruhen.
113 In diese Richtung wohl auch *R. Podszun* in: Hk-DMA (Fn. 22), Art. 5 VI Rn. 121, 124, 134.

häufig auch der *Nachweis* eines Schadens nicht gelingen, wofür wiederum Wertungsgesichtspunkte (mit-)verantwortlich sind.[114]

II. Beschränkung des *private enforcement*?

Immer wieder sind während des Gesetzgebungsverfahrens Beschränkungen des *private enforcement* ins Spiel gebracht worden. Hierzu wurde auf bisher naturgemäß fehlende Kommissions- und Gerichtsentscheidungen zum DMA und die daraus folgende Rechtsunsicherheit verwiesen.[115] Mit Blick auf die deshalb notwendige Rechtsentwicklung durch nationale Gerichte drohten Fragmentierung und Desintegration sowie übermäßige Compliance-Anforderungen.[116] Aufgrund solcher Bedenken ist etwa ein zeitlicher Aufschub der Möglichkeit privater Durchsetzung angedacht[117] und eine Begrenzung auf *follow on*-Schadensersatzklagen gefordert worden[118].

Nach Inkrafttreten des DMA steht fest, dass das fortan geltende Recht solchen Einschränkungen keinen Halt bietet. Ferner wären Beschränkungen aber auch *de lege ferenda* nicht begrüßenswert. Zunächst droht schon keine unzumutbare Rechtsunsicherheit: Erste Orientierung bietet hier schon die kartellrechtliche Praxis.[119] Wo die Vergleichbarkeit von Kartellrecht und DMA an Grenzen stößt, versprechen die Mechanismen des Art. 39 DMA[120] zusätzliche Abhilfe. Verbleibenden Unsicherheiten kann durch Leitlinien der Kommission nach Art. 47 DMA (vgl. auch ErwG 95) begegnet werden. Und unabhängig davon steht zudem auch das Verfahren nach Art. 267 AEUV zur Verfügung.

Beschränkungen der privaten Durchsetzbarkeit sind also nicht *nötig*. Ferner würden sie aber auch die besonderen Potenziale des *private enforcement* weitgehend verschenken. Deutlich sieht man dies an der zum Teil geforderten Beschränkung auf *follow on*-Schadensersatzklagen. Dies

---

114 Vgl. auch *J.-U. Franck* (Fn. 42), § 33a GWB Rn. 60.
115 Vgl. etwa *G. Klumpe* (Fn. 54), S. 131 (134 f.).
116 Siehe insb. *A. Komninos* (Fn. 9), S. 425 (435 f.). Eher krit. auch *G. Klumpe* (Fn. 54), S. 131 (134 f.).
117 *D. Zimmer/J.-F. Göhsl*, Vom New Competition Tool zum DMA, ZWeR 2021, 29 (52).
118 Etwa *A. Komninos* (Fn. 9), S. 425 (435 ff.).
119 *C. Karbaum/M. Schulz* (Fn. 22), 107 (111); *L. K. Kumkar* (Fn. 9), 347 (353); vgl. auch oben, B. mit Fn. 9.
120 Dazu unten, D.III.1.

gilt ungeachtet der Tatsache, dass solche Klagen als für Geschädigte besonders attraktiv gelten und etwa im Kartellrecht einen Großteil der Verfahren ausmachen.[121] Denn vorstehend ist belegt worden, dass gerade der Primärrechtsschutz positive Effekte haben kann. Insoweit ist an dessen Hebelwirkung für den Schutz der jeweiligen privaten Interessen zu erinnern.[122] Etwaige Begrenzungen wären aber auch mit Blick auf den öffentlichen Zweck der privaten Durchsetzung kontraproduktiv. So können gerade auch zivilgerichtliche Verfahren einen wertvollen Beitrag zur Rechtsentwicklung leisten.[123] Insbesondere aber würde eine Begrenzung auf *follow on*-Klagen die Eigeninitiative potenzieller Kläger im Keim ersticken und so die Ergänzung der behördlichen durch private Durchsetzung fast vollständig entwerten. Denn so müsste in allen Fällen bereits die Kommission tätig werden und das Gros der Aufklärungsarbeit vorleisten. Eine wirklich entlastende Funktion hätte das *private enforcement* dann nicht mehr. Das wäre nicht nur bedauerlich, sondern mit Blick auf die in *Courage* aufgestellten (und insoweit übertragbaren) Grundsätze auch primärrechtswidrig.[124]

III. Ausgewählte Probleme der prozessualen Durchsetzung

1. Kooperation und Koordination

Der schon angesprochene Art. 39 DMA ermöglicht eine vertikale Abstimmung zwischen Kommission und nationalen Gerichten. Dabei enthalten die Abs. 1-4 im Wesentlichen (weitgehend Art. 15 VO (EG) Nr. 1/2003 nachgebildete[125]) Abstimmungsmechanismen; so kann ein nationales Gericht die Kommission um Stellungnahmen bitten (Abs. 1), die Kommission aber auch von Amts wegen als *amicus curiae* agieren (Abs. 3).[126]

---

121 Vgl. etwa *H. Schweitzer/K. Woeste* (Fn. 66), 46 (48, 51).
122 Oben, C.III.
123 Siehe oben, C.I.; vgl. auch *A.-C. Richter/M. Gömann* (Fn. 22), 208 (210).
124 A.A. aber *A. Komninos*, DMA (Fn. 9), S. 425 (439 ff.). Ihm ist zwar darin zuzustimmen, dass EU-Sekundärrecht seine private Durchsetzbarkeit beschränken kann. Dies gilt aber nicht, soweit man es wegen des *effet utile* als *notwendige* Ergänzung des *public enforcement* betrachtet.
125 Näher *B. C. Becker* (Fn. 22), 403 (422).
126 Zweifel an der Effektivität des Art. 39 DMA äußert dag. *G. Klumpe* (Fn. 54), S. 131 (134).

Von besonderer Relevanz ist die in Abs. 5 angeordnete (in § 33b GWB n.F. näher ausgeformte[127]) Bindungswirkung. Danach dürfen Gerichte keine Entscheidungen erlassen, die vorherigen (Satz 1) oder absehbaren zukünftigen (Satz 2) Kommissionsentscheidungen zuwiderlaufen.[128] Der Aufforderung zur Aussetzung (Satz 3) ist aus deutscher Sicht nach § 148 ZPO nachzukommen. Der deklaratorische Verweis auf Art 267 AEUV (Satz 4) rundet das Koordinationssystem ab.

2. Veränderungen während laufender Prozesse

Prozessuale Schwierigkeiten drohen *prima facie*, wenn sich während laufender Prozesse das Pflichtengefüge verändert. Beachtliche Veränderungen können etwa[129] aus Aussetzungs- (Art. 9 DMA) oder Befreiungsentscheidungen (Art. 10 DMA) folgen. Dies dürfte zwar Schadensersatzansprüche, die auf abgeschlossenen Pflichtverletzungen beruhen, unberührt lassen.[130] Indes können solche Entscheidungen sowohl Leistungs- als auch Unterlassungs- oder Beseitigungsbegehren den Boden entziehen.[131] Mit Blick hierauf sind zum Teil Bedenken geäußert worden, dass dies die private Durchsetzung mit allzu großen Unsicherheiten belasten könnte.[132] Indes ist zunächst schon zu beachten, dass Entscheidungen nach Art. 9 und 10 DMA Ausnahmen bleiben dürften. Und auch sonst sind Kläger jedenfalls in Verfahren vor deutschen Gerichten hinreichend abgesichert. Denn sie können auf ein Entfallen der Erfolgsaussichten stets mit einer Erledigterklärung reagieren. Bleibt diese einseitig, obsiegt der Kläger bei zuvor erfolgversprechender Klage mit der dann geänderten Feststellungsklage (§§ 263, 264 Nr. 2 ZPO i.V.m. § 256 I ZPO). Schließt der Beklagte sich an, ergeht ein Beschluss nach § 91a I 1 ZPO, wobei in Fällen, in denen der Kläger zunächst obsiegt hätte, in aller Regel auch der Beklagte die Kosten trägt.[133]

---

127 A.A. *B. C. Becker* (Fn. 22), 403 (408): nur klarstellende Funktion.
128 Ausf. zur Bindungswirkung von Entscheidungen nach dem DMA *B. C. Becker* (Fn. 22), 403 (410 ff.).
129 Daneben kann etwa auch Art. 12 DMA zu einer Aktualisierung der Pflichten führen.
130 Vgl. auch *B. C. Becker* (Fn. 22), 403 (425).
131 Vgl. auch *B. C. Becker* (Fn. 22), 403 (425).
132 Etwa *R. Podszun* (Fn. 19), 254 (265): „this may cause severe difficulties for the plaintiff".
133 Vgl. nur *J. Flockenhaus*, in H.-J. Musielak/W. Voit (Hrsg.), ZPO, 20. Aufl., München 2023, § 91a Rn. 22 f.

3. Einschränkung der Dispositionsbefugnis im öffentlichen Interesse?

Erkennt man ein auch-öffentliches Interesse an der privaten Durchsetzung des DMA an,[134] sind sektorale Anpassungen des nationalen Prozessrechts erwägenswert, die dieser Funktion Rechnung tragen. Denn im Zivilprozess besteht die Gefahr, dass Parteien den Prozess vorzeitig einvernehmlich beenden (etwa durch Rücknahme mit Zustimmung des Beklagten oder im Vergleichswege).[135] So könnten Gatekeeper höchstrichterliche oder überhaupt rechtskräftige Entscheidungen gegen sich verhindern, die ansonsten geeignet wären, einen Beitrag zur Rechtsentwicklung zu leisten und auch jenseits des konkreten Prozesses eine verhaltenssteuernde Wirkung zu entfalten.[136] Wird dies verhindert, wird das *private enforcement* seinem auch-öffentlichen Zweck nicht gerecht. Um aber umgekehrt auch berechtigten privaten Interessen (insbesondere der Kläger) Rechnung zu tragen, könnte man bspw. darüber nachdenken, die Dispositionsmaxime nicht schon in erstinstanzlichen, sondern erst in etwaigen Rechtsmittelverfahren einzuschränken. Hier wäre also anzudenken, Vergleiche, Klage- bzw. Rechtsmittelrücknahmen oder Anerkenntnisurteile auszuschließen oder zumindest von einer Zustimmung des Gerichts abhängig zu machen.[137]

4. Statthaftigkeit von Leistungsverfügungen?

Ferner stellt sich die Frage, wie mit den in Art. 5-7 DMA enthaltenen *Gebo*ten im einstweiligen Rechtsschutz umzugehen ist. Denn eine (vorübergehende) *Durchsetzung* positiver Gebote im Wege der *Leistungs*verfügung kommt nur in Ausnahmefällen in Betracht.[138] Sie setzt voraus, dass es der Erfüllung dringend bedarf und die zu erwartenden Nachteile des Antragstellers außer Verhältnis zu dem Schaden stehen, der dem Antragsgegner

---

134 Dazu ausf. oben, A., C.I., C.II.1., C.II.3.
135 Vgl. zu dieser Gefahr auch *R. Podszun* (Fn. 19), 254 (260).
136 Vgl. auch hierzu *R. Podszun* (Fn. 19), 254 ff.
137 Allg. zur Präjudizvermeidung im Revisionsrecht etwa *T. Winter*, Revisionsrücknahme und Anerkenntnisurteil in dritter Instanz, NJW 2014, 267 ff. Zu beachten ist in diesem Kontext aber auch die Diskussion um die Einführung eines Leitentscheidungsverfahrens beim BGH; ein entsprechender RegE liegt bereits vor.
138 *I. Drescher* in: W. Krüger/T. Rauscher (Hrsg.), MüKo-ZPO, Bd. 2, 6. Aufl., München 2020, § 938 Rn. 9 ff.; näher zu den Vss. *M. Huber* in: Musielak/Voit, ZPO (Fn. 133), § 940 Rn. 14 ff.

droht.¹³⁹ Dass die Antragstellerinteressen diejenigen der Gatekeeper dabei jemals erheblich überwiegen, erscheint zunächst gerade in solchen Bereichen unwahrscheinlich, in denen derartige Ansprüche auch Geschäftsgeheimnisse oder sonstige (potenziell) sensible Daten betreffen (siehe etwa Art. 6 VIII-XI DMA; vgl. wiederum auch Art. 8 I 3 DMA). Bezieht man aber neben der Schnelllebigkeit der betroffenen Märkte auch die Schwierigkeit der Schadensbezifferung in die Betrachtung ein und vergegenwärtigt sich die Hebelwirkung frühzeitigen Rechtsschutzes, ist es zumindest nicht von vornherein ausgeschlossen.¹⁴⁰

5. Beweisfragen

Der neuralgische Punkt des *private enforcement* wird häufig im Bereich der Beweisbarkeit von Verstößen und gerade mit Blick auf Sekundäransprüche auch der Bezifferbarkeit von Schäden liegen. Auch dies lehrt schon das Kartellrecht. Neue Herausforderungen ergeben sich ferner mit Blick auf die u.U. fehlende Durchschaubarkeit der eingesetzten Technik.¹⁴¹

Erneut bietet sich eine Differenzierung an. Was zunächst die Primärebene bzw. die Feststellung von Verstößen angeht, hilft in *follow on*-Situationen zunächst die bereits angesprochene Bindungswirkung nach § 33b GWB n.F.¹⁴² Für *stand alone*-Rechtsbehelfe wird erwogen, Art. 8 I 1 DMA als auch in Zivilverfahren anwendbare Beweislastumkehr zu begreifen.¹⁴³ Dies überzeugt, weil ein solches Verständnis vom Wortlaut der Norm getragen wird und auch das Telos des Art. 8, die Effektivität der Durchsetzung sicherzustellen (vgl. auch Abs. 1 Satz 2), hierfür streitet. Der systematische Zusammenhang des Art. 8 DMA steht dem nicht zwingend entgegen,¹⁴⁴ da der regulatorische Fokus auf das *public enforcement* mit Blick auf die auch sonst nur rudimentäre Regelung des *private enforcement* nicht ungewöhnlich ist. Sollte die Praxis sich zu einer solchen Auslegung nicht durch-

---

139 Vgl. wiederum *M. Huber* (Fn. 138), § 940 Rn. 14.
140 Vgl. zu kartellrechtlichen Belieferungsansprüchen *J.-U. Franck* (Fn. 46), § 33 GWB Rn. 30.
141 Ähnl. auch *R. Podszun/P. Bongartz/A. Kirk* (Fn. 7), 2349 (2354). Diff. etwa *B. C. Becker* (Fn. 22), 403 (427).
142 Oben, D.III.1.
143 So *A.-C. Richter/M. Gömann* (Fn. 22), 208 (211 f.); wohl auch *D. Seeliger* in: Hk-DMA (Fn. 22), Art. 8 Rn. 13.
144 A.A. aber *M. Zober*, Durchsetzung des DMA-E, NZKart 2021, 611 (615) [zu Art. 7 DMA-E].

ringen können, wird man über sekundäre Darlegungslasten nachdenken müssen.[145]

Im Schadensersatzbereich ist zunächst zu beachten, dass ein Verständnis des Art. 8 I 1 DMA als Beweislastumkehr sich nur auf die Feststellung des Verstoßes bezieht und die Beweislastverteilung hinsichtlich etwaiger anderer Voraussetzungen unberührt lässt.[146] Was aber das Verschulden betrifft, wird ein Verstoß in der Regel auch (mindestens) eine Fahrlässigkeit des Gatekeepers indizieren, und eine Entlastung kaum einmal in Betracht kommen.[147]

Als besonders schwierig dürften sich indes auch mit Blick auf den DMA die Feststellung und Bezifferung von Schäden erweisen. Erste Linderung verspricht hier die Erstreckung der Auskunfts- bzw. Offenlegungsansprüche nach §§ 33g, 89b ff. GWB n.F. Aber auch unter deren Geltung sind mitunter erhebliche Nachweisschwierigkeiten zu erwarten.[148] Hier ist zunächst zu bedauern, dass die Schadensentstehungsvermutung des § 33a II GWB gerade nicht auf DMA-Verstöße erstreckt wurde. Aufgrund der auch insoweit durchaus vergleichbaren Ausgangssituation wäre eine solche Erstreckung rechtspolitisch wünschenswert gewesen.[149] Falls in der Praxis die zu erwartenden Schwierigkeiten auftreten, sollte hier nachgebessert werden. Hinsichtlich der Schadenshöhe kommt über § 33a III GWB n.F. die Möglichkeit der Schätzung nach § 287 ZPO zur Anwendung. Gerade die Kartellrechtspraxis zeigt aber, dass auch dies nicht alle Probleme löst[150] – nicht zuletzt, weil § 287 ZPO entsprechende Anknüpfungstatsachen voraussetzt.[151]

---

145 So auch *R. Lahme/A. Ruster* (Fn. 22), Art. 39 Rn. 31; *R. Podszun/P. Bongartz/A. Kirk* (Fn. 7), 2349 (2354).
146 Siehe nur *A.-C. Richter/M. Gömann* (Fn. 22), 208 (212).
147 Näher dazu *A.-C. Richter/M. Gömann* (Fn. 22), 208 (212).
148 Dabei ist auch zu beachten, dass die Praxis Ansprüche nach § 33g GWB bisher äußerst restriktiv handhabt, siehe *A.-C. Richter/M. Gömann* (Fn. 22), 208 (213) m.w.N.
149 So auch *A.-C. Richter/M. Gömann* (Fn. 22), 208 (212); vgl. auch *Monopolkommission*, XXIV. Hauptgutachten Wettbewerb, Baden-Baden 2022, Rn. 493; zurückhaltender *B. C. Becker* (Fn. 22), 403 (428). A.A. *G. Klumpe* (Fn. 54), der sich aber für eine tatsächliche Schadensvermutung ausspricht.
150 Vgl. auch *A.-C. Richter/M. Gömann* (Fn. 22), 208 (212).
151 Siehe nur *J.-U. Franck* (Fn. 46), § 33a GWB Rn. 97; *H. Schweitzer/K. Woeste* (Fn. 66), 46 (60).

Insgesamt dürfte es daher vorzugswürdig sein, sich im Bereich der privaten Kartellrechts- und DMA-Durchsetzung stärker von überkommenen Grundsätzen zu lösen und neue Wege zu gehen. Dabei sollte zunächst ein sektorales Sonderbeweisrecht erwogen werden, das ökonomischen Unsicherheiten besser Rechnung trägt.[152] Hier kommen etwa eine wohldosierte Absenkung des Beweismaßes und ein verstärkter Rückgriff auf Erfahrungssätze bzw. Schätzungen in Betracht.[153] Jenseits des Beweisrechts könnte mit Blick auf das öffentliche Interesse an der Durchsetzung des Marktordnungsrechts an punitive (als Quasi-Bußgelder) oder sonst fiktive Schadens- oder Abschöpfungsposten (vgl. bereits § 33 III 2 GWB) nachgedacht werden. Dies gilt gerade dann, wenn trotz der schon *de lege lata* möglichen zivilgerichtlichen Klagen merkliche Durchsetzungsdefizite auftreten.

Derartige Überlegungen rütteln zunächst zweifelsohne an etablierten Prinzipien des deutschen Haftungs- und Beweisrechts, etwa dem schadensrechtlichen Bereicherungsverbot. Man kann sie aber auch als beschränkte Zulassung *echter private attorney generals* verstehen,[154] die als solche nicht zwingend illegitim ist. Denn wo die Offenheit des DMA für private Durchsetzung ohnehin überwiegend auf öffentliche Interessen gestützt wird, da ist es zur Schaffung entsprechender Anreizstrukturen (Anspruch als Quasi-Lohn für die Durchsetzung des Rechts) nicht mehr weit.[155] Freilich müssten hier im Gegenzug anderweitige Begrenzungen der Berechtigten erwogen werden (etwa: nur bestimmte Gruppen von Akteuren können auf diese Weise die Verletzung dieser oder jener Pflicht ohne konkreten Schadensnachweis rügen).

---

152 Ausf. *H. Schweitzer/K. Woeste* (Fn. 66), 46 (53 ff.).
153 Siehe *H. Schweitzer/K. Woeste* (Fn. 66), 46 (58 ff.).
154 Vgl. vgl. bereits oben, C.II.3.b.
155 Vgl. zu Anreizstrukturen wiederum *H. Schweitzer/K. Woeste* (Fn. 21), S. 2 ff., 6 ff.

Johannes Weigl

E. Kernthesen

1. Zivilgerichtliche Verfahren können einen wertvollen (mit Blick auf den effektiven Vollzug des Unionsrechts aber auch notwendigen) Beitrag zur Durchsetzung des DMA leisten. Dabei sollte der Fokus von Wissenschaft und Praxis nicht allein auf Schadensersatzansprüchen, sondern gerade auch auf Primärrechtsschutz und einstweiligem Rechtsschutz liegen [C.I.; C.III.].
2. Der DMA selbst zeigt sich prinzipiell offen für ein solches *private enforcement*. Alle in Art. 5-7 DMA enthaltenen Plichten sind auch *self-executing* [C.II.1.; C.II.2.].
3. Neben einem selbstvollziehenden Charakter setzt das *private enforcement* des DMA *de lege lata* voraus, dass die durchzusetzenden Normen gerade auch die jeweiligen Anspruchsteller schützen. Ungeachtet der Tatsache, dass diese Durchsetzung auch im öffentlichen Interesse ist, sind diese damit allenfalls *unechte private attorney generals*. Indes sind alle in Art. 5-7 DMA enthaltenen Ver- und Gebote zumindest prinzipiell individualschützend [C.II.3.]. Unterschiedlich ist je nach betroffener Pflicht sowie abhängig von der jeweiligen Anspruchsgrundlage aber die Reichweite des Schutzes [D.I.3.].
4. Hinsichtlich der Anspruchsgrundlagen ist zu unterscheiden: Für auf *Verbote* gestützte Beseitigungs- und Unterlassungsansprüche sowie Schadensersatzansprüche sind nach der 11. GWB-Novelle §§ 33, 33a GWB n.F. einschlägig. Dagegen handelt es sich bei den in Art. 5-7 DMA enthaltenen *Geboten* um eigenständige Anspruchsgrundlagen; ein Rückgriff auf § 33 DMA scheidet insoweit aus [D.I.].
5. Beschränkungen des *private enforcement*, etwa durch einen zeitlichen Aufschub oder eine Begrenzung auf *follow on*-Schadensersatzklagen, sind weder mit dem geltenden Recht vereinbar noch rechtspolitisch wünschenswert [D.II.].
6. Aus prozessualer Sicht sollte mit Blick auf die in Rede stehenden öffentlichen Interessen eine Einschränkung der Dispositionsbefugnis im Rechtsmittelbereich erwogen werden [D.III.3.].
7. Die Reaktionen des DMA auf Beweisschwierigkeiten sind zu begrüßen, aber gerade im Schadensersatzbereich nicht ausreichend. Hier ist über ein sektorales Sonderbeweisrecht, aber auch über Modifikationen im Bereich der materiellen Schadensberechnung nachzudenken [D.III.5.].

Private Rechtsdurchsetzung im Digital Services Act

Patrick Zurth[*]

I. Einführung

Die jüngere Regulierung von Plattformen und digitalen Technologien fährt ein zweigleisiges System zur Rechtsdurchsetzung: Sie setzt sowohl auf eine öffentlich-rechtliche Aufsicht durch Behörden als auch auf Nutzerinnen und Nutzer, die ihre Rechte (gerichtlich) verfolgen. Ebenso kennt der Digital Services Act (DSA)[1], der verschiedenen Internetprovidern zahlreiche Pflichten in abgestufter Form auferlegt, beide Wege der Rechtsdurchsetzung, hält sich allerdings bis auf den Entschädigungsanspruch in Art. 54 weitgehend bedeckt, inwiefern er von Privaten durchsetzbare Individualrechte verleiht. Dieses umfassende Regelwerk scheint sich darüber hinaus widersprüchlich im Hinblick auf den Kreis berechtigter Personen zu verhalten und zeigt privatrechtliche Rechtsbehelfe allenfalls kursorisch auf. Die vorliegende Untersuchung möchte daher einen Beitrag zur Systematisierung der neuen Verordnung leisten. Sie behandelt bestimmte Pflichten aus dem DSA, um allgemeine Leitlinien vorzuschlagen, und konzentriert sich dabei auf Hostprovider.

II. Rolle der privaten Rechtsdurchsetzung

Es ist zu erwarten, dass der privaten Rechtsdurchsetzung für den DSA eine größere Bedeutung als behördlichen Maßnahmen zukommen wird. Denn auch auf Basis des bisherigen Rechts, das vom Netzwerkdurchsetzungsgesetz (NetzDG) sowie den Nutzungsbedingungen der Hostprovider und in der Folge dem AGB-Recht (§§ 305 ff. BGB) geprägt wird, haben

---

[*] Dr. iur., LL.M. (Stanford), Akademischer Rat a.Z. am Lehrstuhl für Bürgerliches Recht und Recht des Geistigen Eigentums mit Informationsrecht und IT-Recht (GRUR-Lehrstuhl, Prof. Dr. Leistner, LL.M. (Cambridge)).
[1] In Kraft getreten am 16.11.2022. Die meisten auferlegten Pflichten gelten ab dem 17.2.2014 (vgl. Art. 93 DSA).

private Klagen sowohl qualitativ als auch quantitativ eine viel entscheidendere Rolle als öffentliche Aufsichtsmaßnahmen für eine rechtliche Kontrolle von Content-Moderation gespielt.[2] Das Bundesamt für Justiz (BfJ) verhängte als zuständige Aufsichtsbehörde auf Grundlage von § 4 NetzDG gerade einmal acht Bußgelder – fünf davon ergingen lediglich wegen der Nichtbenennung eines inländischen Zustellungsbevollmächtigten, eines wegen eines mangelhaften Transparenzberichts und zwei wegen eines unzureichend ausgestalteten Meldeverfahrens.[3] Eine mögliche Vermutung, private Akteure würden für einzelne Posts in sozialen Netzwerken das ökonomische Risiko eines Gerichtsverfahrens scheuen, was den Bedeutungsschwerpunkt der Regulierungsdurchsetzung hin zur staatlichen Aufsicht über Löschungsmaßnahmen sozialer Netzwerke verschieben würde, scheint empirisch widerlegt. Und auch für zu Unrecht unterlassene Löschungen von persönlichkeitsrechtverletzenden Inhalten kann auf eine effektive private Rechtsdurchsetzung vertraut werden. Zwar mag diese wegen der mit ihr verbundenen Kosten bei sog. Streuschäden ineffizient sein, wenn der gesamtwirtschaftliche Schaden also beträchtlich, der der vielen einzelnen Akteure für sich genommen aber jeweils relativ gering ist, wie mitunter im Kartell- und Lauterkeitsrecht, und die Privaten somit auf eine Durchsetzung verzichten.[4] Dann ist eine kollektive oder staatliche Durchsetzung in der Tat sinnvoll. Das ist aber bei Persönlichkeitsverletzungen typischerweise nicht der Fall. Hier sind die Folgen für ein bestimmtes Individuum gravierend, während allgemeine Folgen der jeweiligen Einzelfälle vergleichsweise marginal ausfallen.

Dennoch ist zuzugestehen, dass sich der DSA vom NetzDG durch die Möglichkeit deutlich höherer Bußgelder unterscheidet, was behördlichen Aufsichtsmaßnahmen erheblich mehr Gewicht verleihen könnte. Der DSA sieht Geldbußen von bis zu 6% des weltweiten Jahresumsatzes und Zwangsgelder von bis zu 5% der durchschnittlichen weltweiten Tageseinnahmen pro Tag durch den Koordinator für digitale Dienste (Art. 52 Abs. 3, 4 DSA) sowie die EU-Kommission (Art. 74 Abs. 1, 76 Abs. 1 DSA) vor. Dagegen wirkt das NetzDG mit seiner bloß theoretischen Möglichkeit eines Bußgeldes von bis zu 50 Mio. Euro (§ 4 Abs. 2 NetzDG i.V.m. § 30 Abs. 2 S. 3 OWiG) vergleichsweise harmlos, zumal dieser Höchstbetrag nicht nur

---

2 D. *Holznagel*, Put-back-Ansprüche gegen soziale Netzwerke: Quo Vadis?, CR 2019, 518 (518 f.) spricht gar von einer „Klageflut" im Jahr 2018 gegen Sperrungen.
3 So die Auskunft des BfJ vom 1.6.2023 auf meine Anfrage.
4 D. *Poelzig*, Normdurchsetzung durch Privatrecht, Tübingen 2012, S. 382.

durch die Leitlinien des BfJ substantiell relativiert wird,[5] sondern in der Praxis bisher höchstens 4,25 Mio. Euro festgesetzt wurden[6].

Dessen ungeachtet spricht viel dafür, dass auch zukünftig private Akteure den Löwenanteil der Rechtsdurchsetzung schultern werden.[7] Denn so wie schon auf Grundlage des NetzDG Bußgelder nur für systematische Verstöße verhängt werden,[8] ist auch für den DSA davon auszugehen, dass sich eine ähnliche Rechtsauffassung durchsetzen wird[9] und Bußgelder nicht schon bei singulären Verstößen auferlegt werden. Außerdem sind behördliche Verfahren tendenziell viel schwerfälliger als privat initiierte Prozesse.

Die Strategie des *private enforcement* ist aus rechtsökonomischer Perspektive durchaus förderungswürdig. Sie nutzt schließlich die Informationsressourcen privater Akteure sowie die Potentiale der Zivilgerichte.[10] Aus diesem Grund befürwortet auch die EU-Kommission die private

---

5 Das Bußgeld ist abhängig von verschiedenen Parametern, die ein komplexes Bestimmungssystem schaffen. Die NetzDG-Bußgeldleitlinien (Stand: 22.3.2018) sind abrufbar unter https://www.bundesjustizamt.de/SharedDocs/Downloads/DE/NetzDG/Leitlinien_Geldbussen_de.pdf?__blob=publicationFile&v=3 (zuletzt abgerufen am 1.8.2023).
6 So die Auskunft des BfJ vom 1.6.2023 auf meine Anfrage.
7 Vgl. *M. Eifert/A. Metzger/H. Schweitzer/G. Wagner*, Taming the Giants: The DMA/DSA Package, Common Market Law Review Rev. 58 (2021), 987 (1019): DSA beruht primär auf privater Rechtsdurchsetzung; *S. Kuhlmann/H.-H. Trute*, Die Regulierung von Desinformationen und rechtswidrigen Inhalten nach dem neuen Digital Services Act, GSZ 2022, 115 (116): DSA folgt dem Konzept privater Rechtsdurchsetzung; *M. Leistner*, The Commission's vision for Europe's digital future: proposals for the Data Governance Act, the Digital Markets Act and the Digital Services Act—a critical primer, JIPLP 16 (2021), 778 (784 f.): private Rechtsbehelfe sollten wegen ihrer Rolle weiter diskutiert werden; a.A. *G. Eisenreich*, Digital Services Act – ein wirksames Instrument gegen Hass und Hetze im Netz?, RDi 2021, 289 (291): Private klagen nur selten, daher nur mit Bußgeldern der nötige Handlungsdruck.
8 BT-Drs. 18/12356, S. 24; BT-Drs. 18/12727, S. 27; BT-Drs. 18/13013, S. 22; BT-Drs. 19/18792, S. 52; *G. Spindler*, Rechtsdurchsetzung von Persönlichkeitsrechten. Bußgelder gegen Provider als Enforcement?, GRUR 2018, 365 (365).
9 Vgl. etwa *Eifert/Metzger/Schweitzer/Wagner*, DMA/DSA Package (Fn. 7), 1022; für die Befugnisse der EU-Kommission auch *C. Krönke* in: F. Hofmann/B. Raue (Hrsg.), Digital Services Act, Baden-Baden 2023, Vor Art. 64 ff. Rn. 3.
10 Vgl. *G. Wagner*, Prävention und Verhaltenssteuerung durch Privatrecht – Anmaßung oder legitime Aufgabe?, AcP 206 (2006), 352 (405); siehe auch *J.-U. Franck*, Marktordnung durch Haftung, Tübingen 2016, S. 45; für das Kapitalmarktrecht differenzierend *D. Poelzig*, Private enforcement im deutschen und europäischen Kapitalmarktrecht, ZGR 44 (2015), 801 (827 f.).

Rechtsdurchsetzung im Kartellrecht parallel zu ihren Befugnissen.[11] Tragen private Akteure mit ihren Hinweisen auf rechtswidrige Inhalte zu einem „Reinigen" der Plattformen bei, wird diese wiederum für Nutzer generell attraktiver, weshalb die Nutzung privater Ressourcen auch im Interesse der Anbieter ist. Darüber hinaus erhalten Gerichte mehr Gelegenheit, Abwägungsleitlinien und eine Kasuistik zu entwickeln.[12]

III. Individualschutz und Auslegung

1. Deutsches Zivilrecht

Die Frage nach Individualschutz stellt sich im deutschen Zivilrecht v.a. im Rahmen von § 823 Abs. 2 BGB. Ein Schutzgesetz im Sinne dieser Norm zeichnet sich dadurch aus, dass es nach seinem „Zweck und Inhalt zumindest auch dazu dienen soll, den Einzelnen oder einzelne Personenkreise gegen die Verletzung eines bestimmten Rechtsguts zu schützen", wobei ein primärer Schutz von Allgemeininteressen unschädlich ist, ein reflexartiger Schutz durch Befolgung der Norm jedoch nicht genügt.[13] Das geschützte Interesse muss dabei hinreichend klar und bestimmt zum Ausdruck kommen und die Norm ein dem Schutzzweck dienendes Ge- oder Verbot enthalten.[14]

2. Unionsrecht

Weniger geklärt sind Kriterien zum Individualrechtsschutz hingegen im Unionsrecht.[15] Sicher scheint allein, dass es sich um eine Frage der Nor-

---

11 Vgl. Bekanntmachung der Kommission über die Behandlung von Beschwerden durch die Kommission gemäß Artikel 81 und 82 EG-Vertrag, ABl. EG 2004, Nr. C 101/65 v. 27.4.2004, Nr. 13 ff.
12 Ebenso *Franck*, Marktordnung (Fn. 10), S. 45 zu marktordnenden Verhaltensvorgaben.
13 BGH NJW 2018, 1671 Rn. 27; BGH NJW 2014, 64 Rn. 7.
14 *C. Förster* in: W. Hau/R. Poseck (Hrsg.), BeckOK BGB, 66. Edition, § 823 Rn. 277.
15 Vgl. *O. Mörsdorf*, Private enforcement im sekundären Unionsprivatrecht: (k)eine klare Sache?, RabelsZ 2019, 797 (798 f., 817 f.): „eines der letzten Mysterien des Unionsrechts"; *G. Wagner*, Marktaufsichtshaftung produktsicherheitsrechtlicher Zertifizierungsstellen, JZ 2018, 130 (132 f.).

mauslegung handelt.¹⁶ Es bleibt also nur, verschiedene bisher herangezogene Gesichtspunkte als Bausteine eines Mosaiks des unionsrechtlichen Individualschutzes zusammenzusetzen, um Leitlinien für die Auslegung zu entwickeln.

Wenngleich der EuGH mitunter auf den Schutzzweck abstellt, etwa den Schutz der Volksgesundheit oder den Verbraucherschutz,[17] gestaltet sich die Individualschutzbestimmung insgesamt komplexer. Die Literatur vertritt mehrheitlich den Ansatz der „funktionalen Subjektivierung", der subjektive Rechte zu dem Zweck erteilt, die Bürgerinnen und Bürger der EU in die Rechtsdurchsetzung einzuspannen, was in ein extensiveres Verständnis als in Deutschland auf Grundlage der öffentlich-rechtlichen Schutznormtheorie[18] bzw. des zivilrechtlichen Schutzgesetzes mündet, indem Bürgerinnen und Bürger letztlich als Instrument zur Schaffung eines funktionsfähigen Binnenmarktes im Rahmen einer dezentralen Durchsetzungsstrategie dienen.[19] Ein Individualschutzzweck bleibt auf Grundlage dieser Auffassung hingegen unerheblich.[20]

Für diesen Ansatz lassen sich in der Tat Anhaltspunkte in der Rechtsprechung des EuGH finden.[21] Die Literatur lässt es mitunter genügen, dass eine unionsrechtliche Vorgabe Individualinteressen – sei es auch nur reflexhaft

---

16 *Mörsdorf*, Private enforcement (Fn. 15), 814.
17 Vgl. EuGH NVwZ 1992, 459 Rn. 14; EuGH NJW 1996, 3141 Rn. 37 ff.
18 Nach dieser im Rahmen von § 42 Abs. 2 VwGO anzuwendenden Lehre begründen „nur solche Rechtsvorschriften subjektive Rechte, die nicht ausschließlich der Durchsetzung von Interessen der Allgemeinheit, sondern zumindest auch dem Schutz individueller Rechte dienen" (BVerwG NVwZ 2019, 1685 Rn. 19).
19 Vgl. *M. Ruffert* in: C. Calliess/M. Ruffert (Hrsg.), EUV/AEUV Kommentar, 6. Aufl., München 2022, Art. 1 AEUV Rn. 29; *T. von Danwitz*, Europäisches Verwaltungsrecht, Berlin Heidelberg 2008, S. 515 f.; *Franck*, Marktordnung (Fn. 10), S. 197 ff.; *M. Hong*, Subjektive Rechte und Schutznormtheorie im europäischen Verwaltungsrechtsraum, JZ 2012, 380 (381 f.); *Poelzig*, Normdurchsetzung (Fn. 4), S. 272 ff., insb. 281 ff.; *Poelzig*, Private enforcement (Fn. 10), 812 ff.; *F. Schoch*, Individualrechtsschutz im deutschen Umweltrecht unter dem Einfluß des Gemeinschaftsrechts, NVwZ 1999, 457 (463 f.); siehe auch *J. Oster*, Privatrechtliche Schadensersatzansprüche zur Durchsetzung des Unionsrechts am Beispiel der Schadensersatzrichtlinie 2014/104/EU, EuR 2019, 578 (580 ff.); *Wagner*, Prävention (Fn. 10), 416 f., 446 f.; Vorreiter waren v.a. *J. Masing*, Die Mobilisierung des Bürgers für die Durchsetzung des Rechts, Berlin 1997 passim; *M. Ruffert*, Subjektive Rechte im Umweltrecht der Europäischen Gemeinschaft, Heidelberg 1996 passim.
20 *Poelzig*, Normdurchsetzung (Fn. 4), S. 282 f.
21 Vgl. EuGH GRUR 2002, 367 Rn. 25 ff. – Courage/Crehan (Kartellrecht); EuGH LMRR 2002, 63 Rn. 30 f. – Muñoz (Wettbewerbsrecht); EuGH EuZW 2006, 529 Rn. 60 – Manfredi (Kartellrecht).

– fördert, so dass alle Personen mit einem unmittelbaren Interesse an der Normeinhaltung berechtigt werden.[22] Der EuGH verlangt jedenfalls – auch in Fällen mit Bezug zu Allgemeininteressen, die effektiv durchgesetzt werden sollen – eine unmittelbare persönliche Betroffenheit,[23] was andere Stimmen in der Literatur wiederum als Ausdruck einer Annäherung an die Schutznormtheorie deuten[24]. Wenngleich der EuGH seit den achtziger Jahren die Durchsetzungsfunktion privater Rechte mitunter stark in den Vordergrund stellte, ist seine Rechtsprechung über die vielen verschiedenen Rechtgebiete hinweg insofern nicht frei von Brüchen, als sich der Gerichtshof zum *private enforcement* durchaus ambivalent verhält.[25] Ungeachtet dessen kommt eine Ansicht in der Literatur aber zu dem Schluss, Individualschutz bestimme sich bei EU-Richtlinien nach Schutzzwecküberlegungen sowie einer tatsächlichen Individualisierung und Betroffenheit, wobei die Anforderungen daran aufgrund des Prinzips der funktionalen Subjektivierung zu lockern seien.[26]

Das wertungsgeleitete und -begleitete Fortschreiten der europäischen Integration lässt daran aber Zweifel aufkommen. Das Zusammenwachsen Europas hat dazu geführt, dass den Bürgerinnen und Bürgern nicht lediglich die Rolle als „Marktbürger" bleibt und ihnen in immer stärkerem Maße nicht nur binnenmarktorientierte, sondern originäre europäische Individualrechte verliehen werden.[27] Exemplarisch für diesen originären Individualrechtsschutz stehen etwa die Einführung der Unionsbürgerschaft[28] sowie die EU-Grundrechtecharta (GR-Ch).[29] Während das Unionsprimärrecht auf Vollständigkeit angelegt ist und somit nach einer Lückenfüllung durch

---

22 So *Poelzig*, Normdurchsetzung (Fn. 4), S. 285 ff., insb. S. 287: Individualschutz scheidet nur aus, wenn die Norm das Verhältnis zwischen Mitgliedsstaat und EU betrifft.
23 So etwa in EuGH NVwZ 1992, 459 Rn. 14; EuGH NVwZ 2008, 984 Rn. 37, 39; EuGH EuZW 2017, 275 Rn. 44; EuGH NVwZ 2018, 225 Rn. 34 (jeweils Umweltrecht).
24 So *M. Ludwigs*, Verfassung im Allgemeinen Verwaltungsrecht – Bedeutungsverlust durch Europäisierung und Emanzipation?, NVwZ 2015, 1327 (1333 f.). Mitunter wird eine Annäherung an die Schutznormtheorie beim EuGH eher in dessen Bezugnahme auf den Wortlaut und den über den Schutzzweck hinausgehenden Telos gesehen (so *Mörsdorf*, Private enforcement (Fn. 15), 816 f.).
25 Dazu *Wagner*, Marktaufsichtshaftung (Fn. 15), 131 f.; *G. Wagner*, Schadensersatz wegen Verletzung von Unionsrecht – Luxemburg locuta, causa aperta, NJW 2023, 1761 (1762 ff., 1766).
26 So *Ruffert* (Fn. 19), Art. 288 AEUV Rn. 46.
27 *Mörsdorf*, Private enforcement (Fn. 15), 809 f.
28 Mittlerweile Art. 20 AEUV.
29 *J. Köndgen/O. Mörsdorf*, § 6 Die Rechtsquellen des Europäischen Privatrechts, in: K. Riesenhuber (Hrsg.), Europäische Methodenlehre, 4. Aufl., Berlin Boston 2022,

den EuGH ruft,³⁰ droht eine funktionale Subjektivierung in eine erhebliche Rechtsfortbildung des Sekundärrechts durch die Judikative abzugleiten und auf diese Weise in einen Konflikt mit der Zuständigkeit der Legislative zu geraten.³¹

Überzeugender scheint es daher, primär auf den Willen der Rechtsetzungsorgane abzustellen.³² Die Instrumentalisierung der Bürgerinnen und Bürger mag dabei ein Aspekt unter vielen sein.³³ Dem Unionsrecht ist eine gewisse funktionale Natur schließlich nicht abzusprechen, wie etwa auch in Art. 26 Abs. 1 AEUV deutlich wird.³⁴ Ein solcher Wille zur Schaffung von Individualrechten liegt aber vor allem dann nahe, wenn umfassende privatrechtliche Rechtsbehelfe im Regelwerk vorgesehen sind oder – umgekehrt – eine existierende Rechtsfolgenregelung abschließend sein soll.³⁵ Die Rechtsetzungsorgane können also auch bewusst darauf verzichtet haben. Entscheiden sie sich wiederum, Grundrechte der GR-Ch über das Sekundärrecht zu aktivieren (denn nur dann sind Mitgliedsstaaten gebunden, Art. 51 Abs. 1 GR-Ch), führt dies zu einem subjektiven Recht.³⁶ Darüber hinaus misst der EuGH mitunter der Formulierung einer Regelung entscheidende Bedeutung bei, indem er einen Individualschutz mangels ausdrücklicher Rechteverleihung verneinte.³⁷

Auslegungskriterien zur Bestimmung des individualschützenden Charakters einer Norm des Unionsrechts können nach alledem ihre Grundrechtsbezogenheit, die vorgesehenen Rechtsfolgen, eine Instrumentalisierung der Bürgerinnen und Bürger zur Rechtsdurchsetzung, der Wortlaut

---

Rn. 17; siehe auch *M. Ebers*, Rechte, Rechtsbehelfe und Sanktionen im Unionsprivatrecht, Tübingen 2016, S. 124.

30 *Mörsdorf*, Private enforcement (Fn. 15), 814.
31 *Mörsdorf*, Private enforcement (Fn. 15), 815 f.
32 *Mörsdorf*, Private enforcement (Fn. 15), 819; dem folgend *T. Höppner/J. Wick* in: C. Busch (Hrsg.), Verordnung (EU) 2019/1150 zur Förderung von Fairness und Transparenz für gewerbliche Nutzer von Online-Vermittlungsdiensten (P2B-VO) Kommentar, München 2022, Art. 15 Rn. 19; krit. *G. Wagner* in: F. J. Säcker et al. (Hrsg.), Münchener Kommentar zum Bürgerlichen Gesetzbuch, Bd. 7, 8. Aufl., München 2020, § 823 Rn. 542.
33 Dahingehend auch *Ebers*, Rechte (Fn. 29), S. 123 f.
34 Dazu *Oster*, Schadensersatzansprüche (Fn. 19), 579.
35 *Mörsdorf*, Private enforcement (Fn. 15), 818 f. mit Bezugnahme auf die Rspr. des EuGH; *Wagner* (Fn. 32), § 823 Rn. 542; vgl. auch *Wagner*, Schadensersatz (Fn. 25), 1763, 1766.
36 *Mörsdorf*, Private enforcement (Fn. 15), 824; a.A. *Wagner* (Fn. 32), § 823 Rn. 542.
37 Vgl. EuGH NJW 2004, 3479 Rn. 40 f.; EuGH GRUR 2017, 633 Rn. 55 – Schmitt/TÜV Rheinland.

sowie weitere Indizien sein, die auf den Willen der Rechtsetzungsorgane hindeuten. Unterste Grenze ist jedenfalls die persönliche Betroffenheit, an die nach hier vertretener Auffassung allerdings keine allzu geringen Anforderungen zu stellen sind.

3. Maßgeblichkeit der unionsrechtlichen Vorgaben

Wenngleich die Durchsetzung des Unionsrechts letztlich nach deutschem Recht vor deutschen Gerichten erfolgt, ist wegen der vollharmonisierenden Wirkung des DSA[38] sowie im Interesse der Vereinheitlichung im Binnenmarkt die unionsrechtliche Dogmatik primär zu beachten und das deutsche Verständnis des subjektiven Rechts insofern daran zu orientieren.[39] Beschränkt der Verordnungsgeber Durchsetzungsmechanismen bewusst auf den Bereich des Öffentlichen Rechts, trifft auch die Mitgliedstaaten kein Gebot aus Art. 4 Abs. 2 EUV zur Durchsetzung mittels privater Klagen.[40]

IV. Vorgaben des DSA zum Individualschutz

Die infolgedessen maßgeblichen Vorgaben des DSA legen ungeachtet der weiten aufsichtsrechtlichen Befugnisse der Mitgliedsstaaten und der EU-Kommission im Kapitel IV den Grundstein für eine umfassende private Rechtsdurchsetzung. Bereits der Schutzzweck des DSA betont individuelle Rechte in Art. 1 Abs. 1 sowie Erwgr. 3, 9 S. 1 DSA neben weiteren Zielen. Zwar dient etwa die „Reinhaltung" sozialer Netzwerke auch der Wahrung einer sachlichen, freien, demokratischen Diskussionskultur, was im Allge-

---

38 Grds. Vollharmonisierung nach Erwgr. 9 S. 2 DSA (*N. Härting/M. V. Adamek*, Lässt der Digital Services Act Raum für ein „Gesetz gegen digitale Gewalt"?, CR 2023, 316 (317); *Hofmann* (Fn. 9), Art. 1 Rn. 36); Mindestharmonisierung hingegen etwa bei Anordnungen gem. Art. 9 DSA (*S. Gerdemann/G. Spindler*, Das Gesetz über digitale Dienste (Digital Services Act) (Teil 1), GRUR 2023, 3 (7)), was aus Erwgr. 31 S. 4, 32 S. 1 DSA folgt.
39 Vgl. auch *Mörsdorf*, Private enforcement (Fn. 15), 819: Regelungsautonomie des Unionsgesetzgebers; a.A. *Gerdemann/Spindler*, Digital Services Act (Fn. 38), 4: zivilrechtliche Wirkung des DSA bleibt Mitgliedstaaten überlassen.
40 *K. U. Schmolke*, Private Enforcement und institutionelle Balance, NZG 2016, 721 (726).

meininteresse liegt.⁴¹ In ganz erheblichem Maße scheint es dem DSA aber um den Schutz derjenigen zu gehen, die verunglimpft werden oder ihre Meinung nicht frei äußern können. So stellt Erwgr. 3 DSA die Grundrechte der Bürgerinnen und Bürger in den Vordergrund.

Ausdrücklich gewährleistet der DSA in Erwgr. 55 S. 4 DSA den Nutzern einen Rechtsweg zu den Gerichten („Recht auf einen wirksamen Rechtsbehelf"). Zudem sieht Art. 54 DSA Schadensersatz – ein genuin privatrechtliches Instrument – bei Rechtsverstößen vor.

Der DSA geht aber auch von weiteren individuellen Ansprüchen implizit aus. So werden Unterlassungsklagen und Auskunftsansprüche von Art. 9 und 10 DSA vorausgesetzt.⁴² Um Hostprovider weiterhin auf Sperrung rechtsverletzender Inhalte in Anspruch nehmen zu können, bleibt vor deutschen Gerichten die sog. Störerhaftung als materiell-rechtliche Anspruchsgrundlage erhalten.⁴³ Der Raum für die Beibehaltung nationalen Rechts wird hier durch Erwgr. 31 S. 5 DSA eröffnet.⁴⁴ Dies folgt letztlich auch aus Erwgr. 17 S. 2 DSA, wonach Art. 4, 5 und 6 DSA keine Haftungsgrundlage darstellen, sondern diese dem nationalen Recht und übrigen Unionsrecht entnommen werden. Der entgegengesetzte Anspruch auf Wiederherstellung eines zu Unrecht entfernten Inhalts (Put-back-Anspruch) richtet sich ebenfalls weiterhin nach nationalem Recht.⁴⁵ Die deutsche Rechtsprechung gründet diesen Anspruch auf § 280 Abs. 1 S. 1 i.V.m. § 249 Abs. 1 BGB.⁴⁶ Ausdrücklich wiederum – wenngleich formuliert als ein Anspruch auf Rückgängigmachung der ersten Entscheidung – gewährleistet Art. 20 Abs. 4 S. 2 DSA im Rahmen des internen Beschwerdemanagementsystems sowohl das Löschen eines Inhalts (Var. 1) als auch einen Put-back-Anspruch

---

41 Vgl. Erwgr. 1 S. 4, 9 S. 1 DSA: „Risiken und Herausforderungen [...] für den einzelnen Nutzer des jeweiligen Dienstes, die Unternehmen und für die Gesellschaft als Ganzes".
42 *Gerdemann/Spindler*, Digital Services Act (Fn. 38), 7; *D. Holznagel*, Chapter II des Vorschlags der EU-Kommission für einen Digital Services Act, CR 2021, 123 (128); vgl. auch *M. Rössel*, Digital Services Act: Haftungsprivilegierungen, Überwachung und Blockadeanordnungen, ITRB 2023 12 (16).
43 Vgl. auch *M. Dregelies*, Digital Services Act, MMR 2022, 1033 (1035).
44 *Gerdemann/Spindler*, Digital Services Act (Fn. 38), 7.
45 *G. Spindler*, Die Zukunft des europäischen Haftungsrechts für Internet-Provider – der Digital Services Act, MMR 2023, 73 (76); *G. Spindler*, Der Vorschlag für ein neues Haftungsregime für Internetprovider – der EU-Digital Services Act (Teil 1), GRUR 2021, 545 (553).
46 Vgl. BGH GRUR 2021, 1433 Rn. 27 – Hassrede.

(Var. 2, 3).[47] Ferner können sich Nutzer von Organisationen vertreten lassen bei „der Wahrnehmung der mit dieser Verordnung übertragenen Rechte" (Art. 86 Abs. 1 DSA).

Der DSA möchte privaten Rechtsschutz also ermöglichen und betrachtet den vom ihm zur Verfügung gestellten Instrumentenkasten an Rechtsfolgen nicht als abschließend.

V. Kategorisierung der Normen des DSA

Dies wirft die Frage auf, welche Regelungen des DSA als individualschützend auszulegen sind. Dabei ist für jede einzelne Bestimmung gesondert zu untersuchen, ob sie nur öffentlich-rechtlich oder auch zivilrechtlich wirkt.[48] Innerhalb der individualschützenden Normen ist wiederum abzuschichten: Neben einer Differenzierung der Rechtsfolgen ist auch zu fragen, wer in den Schutzbereich der jeweiligen Bestimmung fällt. Die vom DSA auferlegten Pflichten können somit vertraglichen oder gesetzlichen Charakters sein. Gegenüber Außenstehenden kommen nur außervertragliche Schuldverhältnisse in Betracht, während angemeldete Nutzer mit dem sozialen Netzwerk in einem Vertragsverhältnis stehen, das der DSA konkretisieren kann.[49]

1. Nur behördliche Maßnahmen

Behörden können die Einhaltung sämtlicher vom DSA auferlegter Pflichten überwachen. Der Koordinator für digitale Dienste hat umfassende Befugnisse nach Art. 51 DSA und kann Sanktionen nach Art. 52 DSA erlassen,

---

47 *D. Holznagel*, Zu starke Nutzerrechte in Art. 17 und 18 DSA, CR 2022, 594 (598); siehe auch *J. Kühling*, »Fake News« und »Hate Speech« – Die Verantwortung der Medienintermediäre zwischen neuen NetzDG, MStV und Digital Services Act, ZUM 2021, 461 (469); *N. Maamar*, § 4 Sorgfaltspflichten der Anbieter von Vermittlungsdiensten, in: T. Kraul (Hrsg.), Das neue Recht der digitalen Dienste, Baden-Baden 2023, Rn. 108.
48 *B. Raue/H. Heesen*, Der Digital Services Act, NJW 2022, 3537 (3539); *Spindler*, Digital Services Act (Fn. 45), 74; *Spindler*, Haftungsregime (Teil 1) (Fn. 45), 545 f.; *G. Spindler*, Der Vorschlag für ein neues Haftungsregime für Internetprovider – der EU-Digital Services Act (Teil 2), GRUR 2021, 653 (653).
49 *Raue/Heesen*, Digital Services Act (Fn. 48), 3539. Zum Vertrag siehe etwa BGH GRUR 2019, 100 Rn. 19 – Digitaler Nachlass.

sofern nicht die EU-Kommission zuständig ist, der die Aufsicht über die sehr großen Online-Plattformen und Online-Suchmaschinen entweder allein oder jedenfalls vorrangig obliegt (vgl. Art. 56 Abs. 2–4, 65 ff., Erwgr. 137 S. 1, 2 DSA).

a) Einrichtung von Kontaktstellen für Behörden und die EU-Kommission (Art. 11 DSA)

Die Pflicht zur Einrichtung von Kontaktstellen für Behörden und die EU-Kommission (Art. 11 DSA) unterliegt keinen privaten Kontrollmöglichkeiten,[50] weil diese für Individuen nicht unmittelbar grundrechtsrelevant ist. Darüber hinaus ist eine Instrumentalisierung der Bürgerinnen und Bürger hier nicht erforderlich, weil ein Verstoß für die Behörden sehr einfach feststellbar erscheint.

b) Transparenzberichte (Art. 15 DSA)

Ebenso verleihen die Vorgaben zu Transparenzberichten (Art. 15 DSA) keinen Individualschutz.[51] Die Pflicht, mindestens einmal jährlich[52] über die Anzahl erhaltener Anordnungen sowie erhaltener Meldungen und ergriffener Maßnahmen, Informationen über die Eigeninitiative-Moderation und die Anzahl von Beschwerden[53] zu veröffentlichen (Art. 15 Abs. 1 DSA)[54], betrifft keine individuellen Rechte unmittelbar.

---

50 Vgl. *Raue/Heesen*, Digital Services Act (Fn. 48), 3539.
51 *Raue/Heesen*, Digital Services Act (Fn. 48), 3539.
52 Für sehr große Plattformen und Suchmaschinen alle sechs Monate (Art. 42 Abs. 1 DSA). Online-Plattformen müssen ferner alle sechs Monate einen Bericht über die Anzahl aktiver Nutzer veröffentlichen (Art. 24 Abs. 2 DSA).
53 Zusätzliche Angaben müssen von Online-Plattformen (Art. 24 Abs. 2 DSA) sowie von sehr großen Plattformen und Suchmaschinen (Art. 42 Abs. 2 DSA) gemacht werden.
54 Online-Plattformen müssen ihre Entscheidungen ferner an die Kommission übermitteln (Art. 24 Abs. 5 DSA).

c) Meldung von Straftaten (Art. 18 DSA)

Eine Meldung von Straftaten gegen das Leben oder die Sicherheit einer Person[55] durch Hostprovider an zuständige Behörden (Art. 18 Abs. 1 DSA) kann ebenfalls nicht privat erzwungen werden.[56] Eine unterbliebene Strafverfolgung hat keine privatrechtsgestaltenden Implikationen, sondern Individualrechte werden durch Sperrmaßnahmen der Provider gewahrt. So entspringt aus den – der objektiven Grundrechtsfunktion entfließenden – staatlichen Schutzpflichten nach der Rechtsprechung des BVerfG – wenngleich für den DSA und die GR-Ch nicht zuständig – grds. kein Anspruch auf eine Strafverfolgung Dritter, sofern ein Verzicht auf die effektive Verfolgung von Taten gegen höchstpersönliche Rechtsgüter nicht „zu einer Erschütterung des Vertrauens in das Gewaltmonopol des Staates und einem allgemeinen Klima der Rechtsunsicherheit und Gewalt führen kann".[57] Einem derartigen Klima wird wohl mit effektiven Mechanismen zur Fernhaltung und Entfernung rechtsverletzender Inhalte von Hostprovidern entgegengewirkt.

d) Systematische Risiken

Die auf Vermeidung und Beherrschung systematischer Risiken ausgerichteten Pflichten, also insb. Art. 34, 35 und 37 DSA, weisen wegen ihrer engen Verknüpfung zu den Befugnissen der EU-Kommission nach Art. 56 Abs. 2, 65 ff. DSA ebenfalls eine lediglich öffentlich-rechtliche Natur auf.[58] Dies wird dadurch unterstrichen, dass sie ausweislich Erwgr. 75 S. 3 DSA auf ordnungspolitischen Bedenken beruhen.[59]

---

55 Erwgr. 56 S. 1 DSA bezieht sich auf bestimmte EU-Richtlinien und fasst damit u.a. sexuellen Missbrauch, Ausbeutung von Kindern sowie Aufstachelung zum Terrorismus unter diese Straftaten (vgl. *Kuhlmann/Trute*, Digital Services Act (Fn. 7), 118).
56 Vgl. *Raue/Heesen*, Digital Services Act (Fn. 48), 3539.
57 Vgl. BVerfG NJW 2020, 675 Rn. 35 ff. Ein Anspruch auf effektive Strafverfolgung kommt ferner bei Straftaten durch Amtsträger während der Wahrnehmung hoheitlicher Aufgaben sowie in einem „besonderen Gewaltverhältnis" zum Staat in Betracht (dort Rn. 39 f.); siehe auch BVerfG NJW 2015, 150 Rn. 9 ff. – Gorch Fock.
58 Vgl. *Spindler*, Haftungsregime (Teil 2) (Fn. 48), 658; vgl. etwa auch Art. 36 Abs. 1, 43 Abs. 1, Erwgr. 137 S. 1, 2 DSA.
59 *Maamar*, Sorgfaltspflichten (Fn. 47), Rn. 199.

2. Rechte für angemeldete Nutzer

Als angemeldete Nutzer werden für diese Untersuchung solche verstanden, die in einem Vertragsverhältnis mit dem Hostprovider stehen. Vom DSA vorgesehene Individualansprüche sind ihnen vorbehalten, wenn diese als vertraglich zu charakterisieren sind oder vom Normentext entsprechend beschränkt werden. Die vom DSA verliehenen Rechte sind sodann im Hinblick auf die Art von Rechtsfolgen zu kategorisieren: Sind die Pflichten der Anbieter aus der Verordnung positiv einklagbar im Sinne eines primären Leistungsanspruchs, modifizieren sie bestehende Ansprüche der Privaten (Sperranspruch, Put-back-Anspruch) oder führt ihre Verletzung (lediglich) zu Schadensersatzansprüchen?

a) Allgemeine Geschäftsbedingungen (Art. 14 DSA)

Grundsätzlich individualschützend scheint die Regelung zu allgemeinen Geschäftsbedingungen in Art. 14 DSA, die von Providern Angaben zu etwaigen „Beschränkungen" (also plattforminternen Regeln) sowie deren Durchsetzung verlangt, wobei abstrakt gehaltene Vorgaben einzuhalten sind (Art. 14 Abs. 1–4 DSA). Denn diese Vorschrift steht zunächst in einem rein vertraglichen Kontext. Hinzu kommt die Betonung der Grundrechte in Art. 14 Abs. 4 DSA.

Gegen einen Individualschutz etwa durch Art. 14 Abs. 1 S. 1, 2 DSA spricht aber, dass vom Provider festgelegte Beschränkungen keine unmittelbare Rechte verleihen, sondern der bewirkte Schutz letztlich durch „Reinhaltung" der Inhalte erfolgt und somit eher Reflex bleibt. Demgegenüber verschafft Art. 14 Abs. 1 S. 3 DSA Individuen durchaus einen Anspruch auf eine klare, verständliche und leicht zugängliche Abfassung dieser Regeln, indem er sie in die Lage versetzt zu verstehen, welche Regeln sie einzuhalten haben. Ein Leistungsanspruch gerichtet auf eine Zurverfügungstellung in maschinenlesbare Form ist denkbar. Ein einklagbarer Anspruch im Übrigen scheint aber sehr schwer vorstellbar, da er schon nicht vollstreckt werden könnte. Der Tenor wäre zu unbestimmt. Zum Unterlassungsanspruch hat der BGH entschieden, dass ein Klageantrag bzw. Tenor nicht derart undeutlich gefasst sein darf, dass letztlich dem Vollstreckungsgericht die Entscheidung darüber obliegt, welches Verhalten genau untersagt wird, weshalb sich die aus dem Gesetz übernommene Formulierung „gängig und zumutbar" als zu unbestimmt erweist.⁶⁰ Infrage kommt lediglich eine Feststellungsklage (§ 256 ZPO). Ebenso lässt sich womöglich ein Unterlassungsanspruch in Art. 14 Abs. 1 S. 3 DSA hineinlesen, der den – dem Provider eingeräumten – Ermessensspielraum wahren und darüber hinaus eine Geltendmachung mittels kollektiver Rechtsdurchsetzung nach § 1 UKlaG ermöglichen würde, wo die sämtliche angemeldeten Nutzerinnen und Nutzer – losgelöst von individuellen Umständen – schützende Vorschrift auch besser aufgehoben scheint. Erweist sich eine Beschränkung als unwirksam⁶¹ und wurde auf deren Grundlage ein Inhalt gesperrt, wirkt sich dies mittelbar auf den Put-back-Anspruch aus. Auch Schadensersatz scheint denkbar.

Demgegenüber lassen sich einklagbare Leistungsansprüche der Pflicht sehr großer Online-Plattformen und Suchmaschinen entnehmen, ihren Nutzerinnen und Nutzern eine kompakte, leicht zugängliche und maschinenlesbare Zusammenfassung der AGB (Art. 14 Abs. 5 DSA) sowie die AGB in allen Amtssprachen, in denen sie ihre Dienste anbieten (Art. 14 Abs. 6 DSA), zur Verfügung zu stellen. Entsprechendes wird für die Darlegung der wichtigsten Parameter der Empfehlungssysteme in AGB durch Online-Plattformen (Art. 27 Abs. 1 DSA) gelten. Das bereits erörterte Problem der „klaren und verständlichen Sprache" stellt sich aber auch dort.

b) Melde- und Abhilfeverfahren (Art. 16 DSA)

Verlangt werden kann jedenfalls die Einrichtung eines Melde- und Abhilfeverfahrens nach Art. 16 Abs. 1 S. 1 DSA, weil nach der Wertung dieser Norm nicht nur eine Meldung ermöglicht, sondern eine ganze Infrastruktur bereitgestellt werden soll. In Deutschland lässt sich dieser Anspruch gem. § 888 ZPO vollstrecken. Auf die Verfahrensvorgaben des Art. 16 Abs. 1 S. 2 DSA („leicht zugänglich und benutzerfreundlich", elektronische Übermittlung) mag man das zu Art. 14 Abs. 1 S. 3 DSA Gesagte übertragen. Auch hier darf die materiell-rechtliche Bewertung nicht dem formalisierten Vollstreckungsverfahren überlassen werden.

Art. 16 DSA verpflichtet somit nur zur Schaffung einer bestimmten Infrastruktur. Der Anspruch auf Löschung eines rechtsverletzenden Inhalts ist

---

60 Vgl. BGH GRUR 2022, 1447 Rn. 12 ff. – Servicepauschale.
61 Zur Wirkung von Art. 14 DSA im Rahmen der AGB-Kontrolle *Gerdemann/Spindler*, Digital Services Act (Fn. 39), 8.

weiterhin auf Grundlage der Störerhaftung geltend zu machen.[62] Die Verfahrensvorgaben in Abs. 1 S. 2, Abs. 4 (Empfangsbestätigung) sowie Abs. 5 (unverzügliche Entscheidungsmitteilung) entfalten dabei auch keine nur mittelbaren Auswirkungen auf den Sperranspruch. Ein Verfahrensverstoß kann nicht einfach mit einem gesetzlichen Anspruch auf Sperrung sanktioniert werden, wenn primär die Rechte der postenden Person und der betroffenen Person abzuwägen sind und ersterer etwaige Versäumnisse des Providers nicht zum Nachteil gereichen dürfen.

c) Begründung einer Beschränkung (Art. 17 DSA)

Die Pflicht zur Begründung einer Beschränkung (also v.a. einer Sperrung) aus Art. 17 DSA ist zweifellos privatrechtsgestaltend.[63] Der Erhalt einer Begründung (Art. 17 Abs. 1 DSA) ist einklagbar. Für die Anforderungen an den Inhalt der Begründung (Art. 17 Abs. 1 S. 1, Abs. 3, 4 DSA) stellt sich die gleiche Problematik wie bei Art. 14 Abs. 1 S. 3 und Art. 16 Abs. 1 S. 2 DSA. Da der Einzelfallbezug wesentlich stärker ist, scheint eine kollektive Durchsetzung entsprechend weniger geeignet. Auch hat ein Verstoß gegen die Begründungsanforderungen aus den gleichen Gründen wie bei Art. 16 DSA keine Implikationen für einen möglichen Put-back-Anspruch, da entgegenstehende Rechte zu berücksichtigen sind.[64]

3. Rechte auch für Außenstehende

Sucht man im DSA nach möglichen Rechten Außenstehender, die also nicht in einem Vertragsverhältnis mit dem Hostprovider stehen bzw. keinen Account haben, stößt man auf den unklar und scheinbar widersprüchlich verwendeten Begriff des Nutzers, der den Kern des Problems ausmacht.

---

62 Siehe oben IV. Ferner stellt Art. 16 Abs. 3 i.V.m. Art. 6 DSA Schadensersatzansprüche in den Raum, begründet aber ebenfalls keine Anspruchsgrundlage.
63 Ebenso *Spindler*, Haftungsregime (Teil 1) (Fn. 45), 553; *Hofmann* (Fn. 9), Art. 1 Rn. 29.
64 A.A. *Gerdemann/Spindler*, Digital Services Act (Fn. 38), 10: Anspruch auf Wiederherstellung, wenn Verstoß gegen Begründungspflicht.

a) Melde- und Abhilfeverfahren (Art. 16 DSA)

Art. 16 Abs. 1 S. 1 DSA zur Einrichtung eines Melde- und Abhilfeverfahrens spricht noch von „Personen oder Einrichtungen", während ein „Nutzer" – im Gegensatz zu Art. 17 Abs. 1 DSA – gar nicht erwähnt wird. Die Literatur folgert daraus nachvollziehbarer Weise, dass das Melde- und Abhilfeverfahren nicht nur „Nutzern" offensteht.[65] Art. 16 DSA setzt auch nicht voraus, dass der zu meldende rechtswidrige Inhalt die Persönlichkeitsrechte der hinweisgebenden Person verletzt. Es mutet aber kaum verständlich an, dass jeder Mensch der Welt zur Meldung berechtigt wäre, obwohl Personen außerhalb des Netzwerkes nicht pauschal ein berechtigtes Interesse zu unterstellen ist. Dies spricht dafür, das Recht aus Art. 16 Abs. 1 S. 1 DSA außerhalb angemeldeter Nutzerinnen und Nutzer auf betroffene Personen zu beschränken.

b) Internes Beschwerdemanagementsystem (Art. 20 DSA)

Die Ambivalenz des Nutzerbegriffs wird vor allem in der Regelung zum internen Beschwerdemanagementsystem deutlich, die „Nutzern einschließlich meldenden Personen oder Einrichtungen" ermöglicht, sich gegen eine Providerentscheidung zu richten (Art. 20 Abs. 1 DSA). Während die Legaldefinition des „Nutzers" in Art. 3 lit. b) DSA („Dienst in Anspruch nehmen") viel Interpretationsspielraum lässt und Erwgr. 58 S. 3, 4 DSA, der sich auf Art. 20 DSA bezieht, den Terminus „Nutzer" lediglich allgemein bzw. im Hinblick auf meldende Nutzer verwendet, könnte man aus einem systematischen Vergleich mit Art. 16 DSA folgern, dass für das interne Beschwerdemanagementsystem nur Personen mit einem Account gemeint sind. Allein die Meldung eines Inhalts würde einen Außenstehenden dann nicht zum „Nutzer" machen.

Dagegen spricht aber nicht nur eine terminologische Gegenüberstellung zu „aktiven Nutzern" in Art. 3 lit. p) DSA, sondern auch die englische Fassung des Art. 20 DSA, in der von einem *„recipient"* und nicht einem *„user"* die Rede ist. Vor allem aber würde eine streng am Wortlaut verharrende Auslegung dem Telos der Regelung nicht gerecht werden: Weshalb

---

65 *Holznagel*, Nutzerrechte (Fn. 47), 596; *Raue/Heesen*, Digital Services Act (Fn. 48), 3540; *Raue* (Fn. 9), Art. 16 Rn. 16; vgl. auch *Gerdemann/Spindler*, Digital Services Act (Fn. 38), 9; *Spindler*, Digital Services Act (Fn. 45), 76; *Spindler*, Haftungsregime (Teil 1) (Fn. 45), 552.

sollten angemeldete Nutzerinnen und Nutzer eine Providerentscheidung anfechten könnten, die den betroffenen Inhalt selbst nicht gemeldet haben, nicht aber Außenstehende, die keinen Account haben? So enthielt die Textfassung des ursprünglichen Vorschlags der Kommission vom Dezember 2020 eine Berechtigung lediglich für „Nutzer".[66] Die Vorschrift wurde mit dem entsprechenden Zusatz[67] dann so geändert, dass sämtliche Hinweisgebenden einzubeziehen waren.[68] Der Terminus „einschließlich" in Art. 20 Abs. 1 DSA macht den „Nutzer" damit zum Oberbegriff, so dass darunter nicht nur Personen mit einem Account fallen. Auch hier ist aber nicht einzusehen, weshalb Außenstehende, die keinen Hinweis auf eine Rechtsverletzung gegeben haben, zu einer Beschwerde berechtigt sein sollen.[69]

c) Außergerichtliche Streitbeilegung (Art. 21 DSA)

Als „betroffen" i.S.v. Art. 21 Abs. 1 UAbs. 1 DSA und zur Einleitung einer außergerichtlichen Streitbeilegung berechtigt sind sämtliche Personen und Einrichtungen, die einen Inhalt gemeldet haben.[70] Hier erfolgt eine Koppelung an Art. 20 DSA.

VI. Fazit in Thesen

1. Privater Rechtsdurchsetzung wird auch unter dem DSA eine wesentlich größere Rolle zukommen als behördlicher Aufsicht. Der DSA ebnet ihr dafür den Weg.
2. Ob Unionsrecht Individualschutz verleiht, ist anhand gewisser Auslegungskriterien zu bestimmen, die auf den Willen der Gesetzgebungsor-

---

66 Vgl. Vorschlag des DSA COM(2020) 825 final; krit. zu diesem Aspekt *Eifert/Metzger/Schweitzer/Wagner*, DMA/DSA Package (Fn. 7), 1011 f., 1019.
67 Eingefügt durch den Europäischen Rat (vgl. dessen Vermerk 13203/21 vom 18.11.2021). Ein ähnlicher Vorschlag war kurz zuvor vom Rechtsausschuss unterbreitet worden („Online-Plattformen gewähren den Nutzern sowie Einzelpersonen oder Stellen, die eine Meldung übermittelt haben [...]", vgl. Änderungsantrag 190, Stellungnahme des Rechtsausschusses vom 11.10.2021).
68 *S. Gerdemann/G. Spindler*, Das Gesetz über digitale Dienste (Digital Services Act) (Teil 2), GRUR 2023, 115 (116); *Holznagel*, Nutzerrechte (Fn. 47), 595; *Raue* (Fn. 9), Art. 20 Rn. 28.
69 Ebenso *Holznagel*, Nutzerrechte (Fn. 47), 596.
70 Ebenso *Dregelies* (Fn. 9), Art. 21 Rn. 63 f.

gane abzielen. Für den DSA ist vor allem darauf abzustellen, ob Grundrechte unmittelbar betroffen sind.
3. Privatrechtsgestaltende Vorschriften des DSA verleihen einen Leistungsanspruch, modifizieren bestehende Ansprüche und/oder berechtigen zum Schadensersatz.
4. Der ambivalente Begriff des Nutzers kann Außenstehende einschließen.

Wettbewerbsrechtliche Herausforderungen durch international heterogene Gatekeeper-Regulierung – Plädoyer für ein strategisches Umdenken

Liza Herrmann und Lukas Kestler[*]

A. Einleitung

Die großen digitalen Plattformunternehmen haben als global agierende Gatekeeper weltweit vergleichbare wettbewerbsrechtliche Probleme verursacht. Als Reaktion haben zahlreiche Länder mit ähnlichen Gesetzesinitiativen reagiert, wie beispielsweise der europäische Gesetzgeber mit der Einführung des *Gesetzes über digitale Märkte* (Digital Markets Act; DMA)[1] und der britische Gesetzgeber mit dem Vorschlag für einen *Digital Markets, Competition and Consumers Bill* (DMCC-Bill)[2]. Übergeordnete Ziele dieser Regulierungsvorhaben sind die Bekämpfung der beträchtlichen wirtschaftlichen Macht von Plattformunternehmen sowie die Herstellung von Fairness und Transparenz der Märkte im digitalen Sektor. Ein international abgestimmtes Regulierungskonzept zur Problemlösung existiert hingegen nicht und ist auch nicht geplant. Es droht daher die Entstehung eines regulatorischen Flickenteppichs mit unterschiedlichen Standards. Der vorliegende Beitrag untersucht dieses regulatorische Dilemma und analysiert potenziell damit einhergehende Herausforderungen aus Sicht der Legislative und Exekutive. Anschließend diskutiert der Beitrag, ob ein strategisches

---

[*] Die Autoren sind Doktoranden und wiss. Mitarbeitende am Max-Planck-Institut für Innovation und Wettbewerb, München, im Bereich Immaterialgüter- und Wettbewerbsrecht bei Prof. Dr. Josef Drexl, LL.M. (Berkeley). Der Aufsatz gibt ausschließlich die persönliche Ansicht der Autoren wieder. Unser besonderer Dank für ihre wertvollen Impulse gilt Frau Jun.-Prof. Dr. Juliane Mendelsohn. Alle Internetquellen wurden zuletzt am 19.09.2023 abgerufen.
[1] Verordnung (EU) 2022/1925 des Europäischen Parlaments und des Rates vom 14. September 2022 über bestreitbare und faire Märkte im digitalen Sektor und zur Änderung der Richtlinien (EU) 2019/1937 und (EU) 2020/1828 (Gesetz über digitale Märkte), ABl. EU 2022 L 265/1.
[2] Digital Markets, Competition and Consumers Bill, Bill 350 2022-23 (as amended in Public Bill Committee), Stand: 12.07.2023, abrufbar unter: <https://publications.parliament.uk/pa/bills/cbill/58-03/0350/220350.pdf>.

Umdenken bei der Regulierung von Plattformunternehmen notwendig ist: weg von heterogenen Ansätzen hin zu einem kooperativen System?

B. Problemaufriss

I. Tatsächliche Besonderheiten von Plattformunternehmen

Die Geschäftsmodelle digitaler Plattformunternehmen unterscheiden sich in mehrfacher Hinsicht von denen klassischer *Brick-and-Mortar* Unternehmen. Zum einen steht nicht die Produktion und der Vertrieb physischer Produkte im Vordergrund,[3] sondern die Entwicklung datenbasierter Dienstleistungen. Zum anderen besteht der Kernzweck dieser Dienstleistungen regelmäßig nicht darin, eigene Erzeugnisse zu verkaufen,[4] sondern als Intermediär verschiedene Marktakteure zusammenzubringen. Dabei führen die ökonomischen Eigenheiten von digitalen Märkten, wie ausgeprägte Netzwerkeffekte, dazu, dass Plattformunternehmen eine beträchtliche wirtschaftliche Macht erlangen und als Gatekeeper den Marktzugang für beide Marktseiten kontrollieren können.[5] Zudem hat der Datenfokus zur Folge, dass Ländergrenzen für deren Geschäftstätigkeit kein Hindernis darstellen. Die aktuelle Entwicklung von neuen Trackingtechnologien durch Google[6] für seinen *Chrome*-Webbrowser veranschaulicht das: der technische Entwicklungsprozess wird entscheidend geprägt durch das rein nationale *Privacy Sandbox* Verfahren der britischen Wettbewerbsbehörde (Competition and Markets Authority; CMA) und von Google weltweit einheitlich umgesetzt.[7] Ein weiteres Merkmal der Plattformökonomie ist, dass sich die tatsächlichen Geschäftstätigkeiten von Plattformunternehmen und die sich daraus ergebenen Wettbewerbsprobleme, wie die Selbstbevor-

---

[3] Physische Produkte können gleichwohl eine zentrale Stellung im Geschäftsmodell und Ökosystem von digitalen Plattformunternehmen einnehmen, beispielsweise bei *Apple*.
[4] Einige digitale Plattformunternehmen besitzen eine Doppelstellung und nutzen ihre Vermittlungsplattformen zum Verkauf eigener Produkte (z.B. *Amazon*) oder Dienstleistungen (z.B. *Google* im Bereich der Online-Werbung).
[5] Näheres zu Netzwerkeffekten in der Internetökonomie *T. Körber*, Konzeptionelle Erfassung digitaler Plattformen und adäquate Regulierungsstrategien, ZUM 2017, 93 (94); *G. Spindler/A. Seidel*, Die Regulierung von Online-Plattformen, NJW 2022, 2730 (2731 f.).
[6] Google im Sinne des *Privacy Sandbox* Verfahrens meint die Unternehmen *Alphabet Inc., Google UK Limited* und *Google LLC*.
[7] Näher zum Google *Privacy Sandbox* Verfahren siehe unter C.II.2.

zugung von eigenen digitalen Diensten, weltweit ähneln.[8] Zudem zeichnen sich die datenbasierten Geschäftsmodelle von Plattformunternehmen durch eine nie dagewesene Komplexität aus,[9] die zusammen mit der konstanten Weiterentwicklung von Geschäftsmodellen ein rasches Eingreifen von Wettbewerbsbehörden erschwert.

II. Rechtliche Vorgehensweise bei der weltweiten Regulierung von Plattformunternehmen

Diesen skizzierten tatsächlichen Herausforderungen von Plattformunternehmen wird derzeit rechtlich in unterschiedlicher Art und Weise begegnet. Ausgehend vom Grundsatz staatlicher Souveränität erarbeiten Gesetzgeber weltweit eigene Regulierungsansätze. Anders als bei anderen globalen Herausforderungen gibt es keine internationale Abstimmung oder Kooperationsmechanismen staatlicher Organe.[10] Auch die Durchsetzung der einzelstaatlichen Gesetze durch die jeweiligen Exekutivorgane findet, selbst bei sich überschneidenden Sachverhalten, weitestgehend unkoordiniert statt. Das führt zu diversen Herausforderungen aus legislativer und exekutiver Perspektive.

---

8 Für eine ausführliche Analyse von Plattformen, der Plattformökonomie und relevanten Wettbewerbsproblemen *N.Steffen/L. Wiewiorra/P.Kroon*, Wettbewerb und Regulierung in der Plattform- und Datenökonomie, WIK Diskussionsbeitrag 2021, No. 481, WIK, abrufbar unter: <https://www.econstor.eu/bitstream/10419/248437/1/1783947012.pdf>.

9 Vgl. für den Bereich der Online-Werbevermittlung *D. Geradin/D. Katsifis*, An EU competition law analysis of online display advertising in the programmatic age, European Competition Journal 2019, 55 (58 f.).

10 Bzgl. der globalen Herausforderung des Klimawandels siehe bspw. das *Übereinkommen von Paris* der UN über Klimaänderungen, ABl. EU 2016 L 282/4, abrufbar unter: <https://eur-lex.europa.eu/legal-content/DE/TXT/PDF/?uri=CELEX:22016A1019(01)> sowie für die globale Herausforderung des fortschreitenden Handels mit Dienstleistungen siehe das *Allgemeine Abkommen über den Handel mit Dienstleistungen* der WTO von 1995, abrufbar unter: <https://www.wto.org/english/docs_e/legal_e/26-gats.pdfhttps://www.wto.org/english/tratop_e/serv_e/gsintr_e.pdfhttps://www.wto.org/english/tratop_e/serv_e/gsintr_e.pdf>.

C. Heterogene Regulierungsansätze als Herausforderung für die Legislative und die Exekutive

Nachfolgend werden diese Herausforderungen unter Betrachtung von Regulierungsinitiativen ausgewählter Länder beleuchtet und anhand des Google *Privacy Sandbox* Verfahrens illustriert.

I. Aus Sicht der Legislative

1. Regulierungsinitiativen ausgewählter Länder

a) Europäische Union (EU): DMA

Der europäische Gesetzgeber ist seit Inkrafttreten des DMA am 1. November 2022, welcher seit dem 2. Mai 2023 gilt, der legislative Vorreiter. Der DMA verfolgt einen revolutionären *ex-ante* Ansatz. Bestimmtes Verhalten von zentralen Plattformdiensten, welches in einem Regelkatalog aufgeführt ist,[11] ist bereits vor Durchführung des in Frage stehenden Verhaltens als erlaubt bzw. verboten klassifiziert. Der Adressatenkreis des Gesetzes ist begrenzt auf zentrale Plattformdienste von Unternehmen, welche zuvor von der Europäischen Kommission (EU Kommission) als sog. „Torwächter" (Gatekeeper) benannt wurden.[12] Diese Begrenzung soll sicherstellen, dass nur solche Unternehmen in ihrem Handlungsspielraum begrenzt werden, die auf Grund ihrer wirtschaftlichen Machtposition ganze Plattformökosysteme in der digitalen Wirtschaft kontrollieren und dadurch die Bestreitbarkeit und Fairness digitaler Märkte gefährden. Es liegt auf der Hand, dass der europäische Gesetzgeber insbesondere die US-amerikanischen GAFMA-Unternehmen[13] als Adressatenkreis vor Augen hatte. In vielen Aspekten ähnelt der DMA bereits etablierten wettbewerbsrechtlichen Vorschriften in der EU sowie in den EU-Mitgliedstaaten, eine Abgrenzung ist aufgrund

---

11 Vgl. Art. 5, 6 und 7 DMA.
12 Näher zum Anwendungsbereich des DMA *J. Hoffmann/L. Herrmann/L. Kestler,* Gatekeeper's potential privilege - the need to limit DMA centralization, S. 8 f., Journal of Antitrust Enforcement 2023; jnad040, abrufbar unter: <https://doi.org/10.1093/jaenfo/jnad040>.
13 Als GAFMA-Unternehmen zählen *Google, Apple, Meta* (vormals *Facebook*), *Microsoft* und *Amazon.*

der sich überlappenden Gesetzesziele schwierig.[14] Der DMA stellt dabei ausdrücklich klar, dass die europäischen Wettbewerbsregeln, insbesondere Art. 101, 102 AEUV, parallel anwendbar bleiben.[15] Die Durchsetzung der DMA-Vorschriften erfolgt zentralisiert: die EU Kommission ist ausdrücklich die alleinige Durchsetzungsbehörde.[16] Den Wettbewerbsbehörden der Mitgliedsstaaten verbleibt eine rein assistierende Rolle, beispielsweise in Form von Marktuntersuchungen, um mögliche Verstöße gegen den DMA zu untersuchen und diese der EU Kommission mitzuteilen.[17] Der DMA wird auf mitgliedstaatlicher Ebene durch verschiedene nationale Regulierungsvorhaben flankiert, was die regulatorische Komplexität zusätzlich erhöht.[18]

b) Vereinigtes Königreich: DMCC-Bill

Auch das Vereinigte Königreich hat ähnliche Schritte wie der europäische Gesetzgeber eingeleitet. Der Gesetzesvorschlag *DMCC-Bill* befindet sich aktuell im Gesetzgebungsverfahren und orientiert sich inhaltlich an der europäischen Initiative. Hinsichtlich der Adressatenbezeichnung wählt der Gesetzentwurf einen anderen Begriff als *Gatekeeper*, wohl auch, weil dieser Begriff eng mit dem DMA assoziiert wird. So könnten nach dem britischen Vorschlag alle Unternehmen, die einen strategischen Marktstatus (*strategic market status*; SMS)[19] und eine erhebliche und gefestigte Marktmacht in Bezug auf digitale Aktivitäten aufweisen sowie in Verbindung zum Ver-

---

14 Der DMA definiert seine Ziele, *Bestreitbarkeit* und *Fairness*, nicht, sondern geht nur sporadisch in Art. 12 (5) sowie in den EG Nr. 31-34 auf diese ein. Näher zu den sich daraus ergebenden Problemen vgl. *J. Hoffmann/L. Herrmann/L. Kestler*, Gatekeeper's Potential Privilege (Fn. 12), 9 ff.; *H. Schweitzer*, The Art to Make Gatekeeper Positions Contestable and the Challenge to Know What Is Fair: A Discussion of the Digital Markets Act Proposal, ZEuP 2021, 503 (511 ff.).
15 Vgl. Art. 1 Abs. 6, EG Nr. 5, 10 DMA.
16 Vgl. Art. 38 Abs. 7, EG Nr. 91 DMA.
17 Näher dazu *J. Drexl et al.*, Position Statement of the Max Planck Institute for Innovation and Competition of 2 May 2023 on the Implementation of the Digital Markets Act (DMA), GRUR Int. 2023, 864, 871 ff.
18 In Deutschland z.B. durch die 10. GWB-Novelle, BGBl. I 2021, 2; sowie die sich derzeit im Gesetzgebungsverfahren befindliche 11. GWB-Novelle.
19 Der Gesetzentwurf spricht von der Notwendigkeit eines *"strategic market status (SMS) in respect of a digital activity carried out by the undertaking"* (vgl. Part 1, Ch. 1, Para. 2(1) und (2)(b)). Laut Part 1, Ch. 1, Para. 6, 7 liegt eine strategische Bedeutung eines Unternehmens u.a. vor, wenn das Unternehmen *"[...] a position of*

einigten Königreich stehen, in den Anwendungsbereich des DMCC-Bill fallen. Die CMA soll die alleinige Durchsetzungsbehörde werden und die Vorschriften durch eine eigens geschaffene interne Digital Markets Unit (DMU) umsetzen. Um festzustellen, ob ein Unternehmen einen strategischen Marktstatus hat, kann sie sog. *„SMS investigations"* durchführen, welche europäischen Marktuntersuchungen ähneln.[20] Größter Unterschied im Vergleich zum DMA ist, dass der britische Gesetzgeber keinen *one-size-fits-all* Regelkatalog mit *do's* und *donts* entwickelt hat. Vielmehr soll die CMA immer im Einzelfall entscheiden und designierten Unternehmen einen maßgeschneiderten Verhaltenskodex mit *ex-ante*-Wirkung auferlegen können.[21] Orientierung soll eine nicht abschließende Aufzählung von „erlaubten Arten" von Verhaltensanforderungen bieten.[22] De facto hätte die CMA dabei einen großen Ermessensspielraum. Das wirft Bedenken hinsichtlich ihrer weitreichenden Eingriffsbefugnis in die Geschäftsmodelle von SMS-Unternehmen sowie ihrer damit einhergehenden Möglichkeit auf, Wettbewerbsbedingungen auf einem Markt zu nivellieren.[23] Anderseits bietet ein maßgeschneiderter Verhaltenskodex den Vorteil, zielgerichtet gegen unfaires Verhalten eines Unternehmens vorzugehen. Insbesondere scheint die Überwachung von spezifisch entwickelten Verhaltensanforderungen praktikabler und ressourcenschonender als die Überwachung eines universellen Regelkatalogs. Auch betont der britische Gesetzgeber, dass pauschale Verpflichtungen eine unnötige regulatorische Belastung für Unternehmen darstellen können.[24] Dem ist zuzustimmen, insofern pauschale Verpflich-

---

significant size or scale in respect of the digital activity" erreicht hat, was sich an einem quantitativen Umsatzschwellenwert misst.

20 Vgl. Part 1, Ch. 2, Para. 9 ff. DMCC-Bill.
21 Vgl. Part 1, Ch. 3, Para. 19 ff. DMCC-Bill.
22 Vgl. Part 1, Ch. 3, Para. 20 DMCC-Bill.
23 Vgl. *T. Smith/D. Gallagher*, In Defence of Judicial Review: The established UK appeal standard is the best approach for a dynamic digital economy, Stand: 13.06.23, abrufbar unter: <https://papers.ssrn.com/sol3/papers.cfm?abstract_id=4466243>.
24 Näher dazu Pressemitteilung des Parlaments des Vereinigten Königreichs vom 25.04.2023, wonach der DMCC-Bill in Abgrenzung zum DMA Folgendes bezweckt: "[...] *Our new pro-competition regime, focused on the most powerful tech companies, is flexible and principles-based rather than following the EU Digital Markets Act's blanket set of obligations on all 'gatekeepers', which risks creating unnecessary regulatory burdens for firms. Our more targeted and pro-innovation approach involves investigating specific harms, developing tailored obligations, and taking more evidence-based regulatory decisions - informed by significant engagement with the firms themselves.* [...]", abrufbar unter: <https://questions-statements.parliament.uk/written-statements/detail/2023-04-25/hcws737>.

tungen für Plattformunternehmen zu einer überschießenden Marktregulierung führen und damit die Freiheit des Wettbewerbs bedrohen können.

c) Japan: Act on Improving Transparency and Fairness of Digital Platforms (TFDPA)

Der japanische Gesetzgeber ist dagegen bereits weiter fortgeschritten bei der Regulierung von Plattformunternehmen.[25] Bereits seit dem 1. Februar 2021 ist der TFDPA[26] in Kraft. Zentrales Ziel ist die Verbesserung der Transparenz und Fairness von spezifizierten Anbietern von digitalen Plattformen.[27] Die zugrundeliegende Regulierungsmethode ist ein sog. *„co-regulating*-Ansatz", wonach der japanische Gesetzgeber die allgemeinen Rahmenbedingungen zur Zielerreichung vorgibt, die Art und Weise der Umsetzung aber den Unternehmen selbst überlässt.[28] Der TFDPA stellt den Wert von Plattformunternehmen für die Entwicklung der japanischen Wirtschaft und Gesellschaft klar in den Vordergrund. Somit beruhen die Maßnahmen zur Zielerreichung auf freiwilligen und proaktiven Bemühungen der Anbieter digitaler Plattformen, ein staatliches Eingreifen ist ausdrücklich auf ein notwendiges Minimum reduziert.[29] Als Umsetzungsbehörde dient

---

25 Eine generelle Einführung zum Japanischen Kartellrecht bietet *W. Möschel*, Japanisches Kartellrecht – von außen gesehen, ZJapanR / J.Japan.L. 4 1007, 50.
26 Act on Improving Transparency and Fairness of Digital Platforms, Act No. 38 of 2020, die vorläufige Übersetzung (*provisional translation*) ist abrufbar unter: <https://www.meti.go.jp/english/policy/mono_info_service/information_economy/digital_platforms/pdf/1012_001a.pdf>.
27 Bisher sind folgende Plattformanbieter als *„specified digital platform providers"* benannt (Stand: 07.08.2023): *Amazon Japan G.K., Rakuten Group Inc., Yahoo Japan Corporation, Apple Inc. and iTunes KK, Google LLC, Meta Platforms Inc.*, vgl. aktuelle Übersicht unter: <https://www.meti.go.jp/english/policy/mono_info_service/information_economy/digital_platforms/index.html>.
28 Vgl. Key Points of the Act on Improving Transparency and Fairness of Digital Platforms (TFDPA), abrufbar unter: <https://www.meti.go.jp/english/policy/mono_info_service/information_economy/digital_platforms/pdf/0401_001b.pdf> sowie Guidelines on Measures to be Taken by Specified Digital Platform Providers to Promote Mutual Understanding in Transactional Relationships with User Providers of Goods, etc., abrufbar unter: <https://www.meti.go.jp/english/policy/mono_info_service/information_economy/digital_platforms/pdf/1012_001d.pdf>.
29 Vgl. Art. 3 TFDPA, wonach *"[...] Digital Platforms contribute to the enhancement of the benefits of users and play an important role in the vitality and sustainable development of Japan's economy and society, measures relating to enhancing the transparency and fairness of Digital Platforms shall be based on voluntary and proactive efforts by*

das Ministerium für Wirtschaft, Handel und Industrie (METI), welches *„specified digital platform providers"* benennt; letztere müssen das METI mittels eines Jahresberichts über ihre Transparenz- und Fairness-Bemühungen informieren.[30] Sollte das METI dabei potenzielle Verstöße gegen das japanische Wettbewerbsrecht (The Antimonopoly Act; AMA[31]) vermuten, kann die japanische Wettbewerbsbehörde (Japan Fair Trade Commission; JFTC) die weitere Untersuchung übernehmen.[32] Der japanische Ansatz mag im Vergleich zu den bereits vorgestellten Regulierungsinitiativen aus europäischer Sicht überraschen, da er deutlich mehr Vertrauen in ein kooperatives, ehrliches Verhalten von Plattformunternehmen voraussetzt. Allerdings ist die japanische Rechtskultur traditionell geprägt von einer engen Zusammenarbeit von Unternehmen und Verwaltung, das *Konzept der Verwaltungsanleitung* (*gyôsei shidô*) ist bestimmend.[33] Der Autonomie von Unternehmen wird dabei ein großer Stellenwert eingeräumt. Unstrittig wird diese durch den TFDPA verteidigt. Ob es indes ausreicht, vorwiegend auf den *goodwill* von Plattformanbietern zu vertrauen, um eine wirkliche Verbesserung von Transparenz und Fairness im digitalen Sektor zu erreichen, erscheint ungewiss.

Digital Platform Providers [...] and ingenuity by keeping the involvement of the state and other regulation to the minimum necessary [...]". Ein Beispiel für eine Rahmenbedingung ist die Pflicht zur Offenlegung von AGB gegenüber Plattformnutzern nach Art. 1 TFDPA.

30 Der TFDPA bestimmt in Art. 4, dass erst das Kabinett in Japan die Geschäftskategorien und Schwellenwerte festlegt nach welchen ein Plattformunternehmen unter den TFDPA fällt. Der entsprechende Kabinettsbeschluss ist abrufbar unter: <https://www.meti.go.jp/english/policy/mono_info_service/information_economy/digital_platforms/pdf/1012_001b.pdf>.

31 Act on Prohibition of Private Monopolization and Maintenance of Fair Trade, Act No. 54 of 1947), abrufbar unter: <https://www.jftc.go.jp/en/policy_enforcement/2104 1301.pdf>.

32 Vgl. Art. 13 TFDPA.

33 Näher hierzu *L. Ködderitzsch*, Rechtsschutz gegen die Verwaltung in Japan, ZJapanR 5/1998, 31 (42f.); *H. Shiono*, Administrative Guidance in Japan (Gyosei-Shido), IRAS 2/1982, 239 ff.; *A. Sanders*, Einführung in das japanische Recht, HFR 6/2005, 51 (57). Unter dem Konzept der Verwaltungsanleitung (*gyôsei shidô*) versteht *H. Shiono* eine Handlungsform der Verwaltung, bei der ein Verwaltungsträger zur Erlangung eines Verwaltungszweckes mittels eines formal rechtswirkungslosen Verhaltens direkt auf einen Verwaltungsadressaten einwirkt mit der Erwartung, beim Verwaltungsadressaten ein bestimmtes Verhalten (Tun oder Unterlassen) zu erzielen. Nach *A. Sanders* erteilt die Verwaltung hierfür Weisungen (*shiji*), Aufforderungen (*yobo*), Ermunterungen (*kansho*), Empfehlungen (*kankoku*) und Warnungen (*keikoku*), welche rechtlich nicht bindend sind.

d) USA: Verschiedene Ansätze zur Regulierung von Big Tech

Im Gegensatz zu den zuvor dargestellten, in sich geschlossenen Regulierungsansätzen, arbeiten das Repräsentantenhaus sowie der Senat der Vereinigten Staaten seit mehr als zwei Jahren an einem mannigfaltigen Gesetzespaket zur Regulierung von *Big Tech*.[34] Insbesondere das einflussreiche Lobby-Netzwerk umsatzstarker Plattformunternehmen tritt dabei als aktiver politischer Akteur auf.[35] Diese versuchen, einzelne Vorhaben des geplanten Gesetzespakets mit plattformökonomischen Interessen zu infiltrieren oder komplett zu blockieren. Auch die EU steht im engen Kontakt mit dem US-Gesetzgeber: mit Hilfe des seit 2021 bestehenden *EU-US Dialogs über die Wettbewerbspolitik im Technologiesektor*, welcher zusammen mit dem *EU-US-Handels- und Technologierat (TTC)* ein Zweigestirn bildet, soll der digitale Wandel vorangetrieben und bei neuen Technologien auf der Grundlage gemeinsamer demokratischer Werte zusammengearbeitet

---

34 Folgende Regulierungsansätze sollen bzw. sind bereits Teil des Gesamtpakets zur Regulierung von Big Tech:
(1) *American Choice and Innovation Online Act (AICO)*, in zwei Versionen: H.R. 3816 und S. 2992, abrufbar unter: <https://www.congress.gov/bill/117th-congress/house-bill/3816/text> (H.R. 3816) und <https://www.congress.gov/bill/117th-congress/senate-bill/2992/text> (S. 2992);
(2) *Ending Platform Monopolies Act (EPMA)*, H.R. 3825, abrufbar unter: <https://www.congress.gov/bill/117th-congress/house-bill/3825/text>;
(3) *Platform Competition and Opportunity Act of 2021*, in zwei Versionen: H.R.3826 und S. 3197, abrufbar unter: <https://www.congress.gov/bill/117th-congress/house-bill/3826/text> (H.R. 3826), <https://www.congress.gov/bill/117th-congress/senate-bill/3197/text> (S. 3197);
(4) *Merger Filing Fee Modernization Act of 2021*, in zwei Versionen: H.R. 3843 und S. 228, abrufbar unter: <https://www.congress.gov/bill/117th-congress/house-bill/3843/text> (H.R. 3843) und <https://www.congress.gov/bill/117th-congress/senate-bill/228/text> (S. 228);
(5) *Augmenting Compatibility and Competition by Enabling Service Switching Act of 2021 (ACCESS Act of 2021)*, H.R. 3849, abrufbar unter: <https://www.congress.gov/117/bills/hr3849/BILLS-117hr3849ih.pdf>;
(6) *Trust-Busting for the Twenty-First Century Act*, S. 1074, abrufbar unter: <https://www.congress.gov/bill/117th-congress/senate-bill/1074/text>;
(7) *Competition and Antitrust Law Enforcement Reform Act of 2021*, S. 225, abrufbar unter: <https://www.congress.gov/bill/117th-congress/senate-bill/225/text>.
35 Vgl. *P. Popiel*, Digital Platforms as Policy Actors, in: T. Flew/F. R. Martin (Hrsg.), Digital Platform Regulation - Global Perspectives on Internet Governance, Cham 2022, S. 131 (135).

werden.³⁶ Gestützt wird damit auch die *digitale Diplomatie*, eine Kernkomponente und integraler Bestandteil des auswärtigen Handelns der EU.³⁷ Durch einen regelmäßigen Austausch und die gegenseitige Entsendung von Experten nach Brüssel bzw. San Francisco soll die Umsetzung des DMA in Europa unterstützt, aber auch dessen Standards in Übersee bekannter gemacht werden.³⁸ Unabhängig von der Frage, ob der europäische DMA-Ansatz als künftiger *Status quo* für weitere Regulierungsansätze weltweit dienen sollte,³⁹ ist eine enge Zusammenarbeit ausdrücklich zu begrüßen, da nur so zukünftig eine abgestimmte Regulierung von gleichen Problemen erfolgen kann.

2. Legislative Heterogenität als Herausforderung

Festzuhalten bleibt, dass ein regulatorischer Flickenteppich bei der Regulierung von Plattformunternehmen droht. Ein erster begrüßenswerter politischer Abstimmungsmechanismus bei der transatlantischen Regulierung von neuen Technologien steckt erst in den Kinderschuhen. Langfristig ist hingegen anzunehmen, dass die politisch unterschiedlich geprägten Regulierungskonzepte das eigentlich tangierte Problem – die Übermacht von Plattformunternehmen – auf globaler Ebene nicht werden lösen können. Dafür sind die skizzierten Regulierungsinitiativen zu unterschiedlich bei der Art der gewählten Regulierungsmethode und ihrer konkreten Ausgestaltung. Das kann aus mehreren Gründen dazu führen, dass die angestreb-

---

36 Vgl. Pressemitteilung der EU Kommission vom 07.12.2021, abrufbar unter: <https://ec.europa.eu/commission/presscorner/detail/de/ip_21_6671>.

37 Die im Jahr 2021 beschlossene *digitale Diplomatie* der EU soll in enger Zusammenarbeit mit gleichgesinnten Partnern durchgeführt werden und auf universellen Menschenrechten, Grundfreiheiten, Rechtsstaatlichkeit und demokratischen Grundsätzen aufbauen, vgl. Schlussfolgerungen des Rates (Auswärtige Angelegenheiten) zur digitalen Diplomatie der EU vom 18.07.2022, abrufbar unter: <https://data.consilium.europa.eu/doc/document/ST-11406-2022-INIT/de/pdf> sowie Schlussfolgerungen des Rates zur digitalen Diplomatie der EU vom 26.06.2023, abrufbar unter <https://data.consilium.europa.eu/doc/document/ST-11088-2023-INIT/de/pdf>.

38 Im September 2022 hat die EU ein Büro in San Francisco eröffnet, vgl. Presseerklärung vom 01.09.2022, abrufbar unter: <https://www.eeas.europa.eu/eeas/usdigital-eu-opens-new-office-san-francisco-reinforce-its-digital-diplomacy_en>. Auch die US-Wettbewerbsbehörde und das US-Justizministerium werden jeweils einen Experten nach Brüssel entsenden, vgl. Pressemitteilung der EU Kommission vom 30.03.2023, <https://ec.europa.eu/commission/presscorner/detail/de/ip_23_2019>.

39 In diesem Zusammenhang fällt häufig der Term „*Brüssel-Effekt*", vgl. hierzu *A. Bradford*, The Brussels Effect: How the European Union Rules the World, New York 2020.

ten legislativen Ziele künftig unterlaufen werden. Zum einen besteht das Risiko, dass Plattformunternehmen durch geschickte Umstrukturierung oder Abspaltung von Geschäftsbereichen versuchen werden, die legislativen Unterschiede zu umgehen und davon zu profitieren.[40] Beispielsweise drohen einzelne Gatekeeper bereits damit, Geschäftsmodelle anzupassen und spezielle Plattformdienste nicht (mehr) in der EU anzubieten.[41] Davon betroffen wären insbesondere die Plattformnutzer, welche seit Jahren an diese Dienste gewöhnt sind und teilweise davon substanziell abhängige Geschäftsmodelle aufgebaut haben. Zum anderen besteht das Risiko, dass ein *Wettbewerb der Gesetzgeber*[42] bei der Regulierung von Plattformunternehmen entsteht. Das kann sich beispielsweise darin ausdrücken, dass Gesetzgeber bewusst niedrigere Verhaltensverpflichtungen oder Compliance-Anforderungen[43] im Verhältnis zur gesetzgeberischen Konkurrenz festlegen, um dadurch wirtschaftsstarke Plattformunternehmen gezielt zu umwerben.

---

40 *L. Khan* hat Amazon's Geschäftsmodell wie folgt beschrieben: *"It is as if Bezos charted the company's growth by first drawing a map of antitrust laws, and then devising routes to smoothly bypass them",* Amazon's Antitrust Paradox, Yale Law Journal 2017, 710 (716).

41 Jüngstes Beispiel ist *Meta*'s Alternative zum Kurznachrichtendienst *X* (vormals *Twitter*) mit dem Namen *Threads*, der wohl aufgrund der Vorgaben des DMA nicht in der EU verfügbar ist; vgl. <https://www.heise.de/news/DSGVO-konform-Threads-wohl-wegen-Digital-Markets-Act-nicht-in-EU-verfuegbar-9212270.html>. Zudem hat *Meta* in seinem Jahresbericht 2021 (S. 9) an die United States Securities and Exchange Commission (US-amerikanische Börsenaufsichtsbehörde) dies angedroht, abrufbar unter: <https://d18rn0p25nwr6d.cloudfront.net/CIK-0001326801/14039b47-2e2f-4054-9dc5-71bcc7cf01ce.pdf>.

42 Das Konzept eines *Wettbewerbs der Rechtsordnungen* bzw. *Gesetzgeber* (auch Systemwettbewerb genannt) wurde bisher v.a. im Europäischen Privatrecht, speziell im Gesellschaftsrecht, als Gegenentwurf zu Harmonisierungsvorstellungen diskutiert, wobei insb. die *Centros*-Entscheidung des EuGH vom 09.03.1999, C-212/97, ECLI:EU:C:1999:126, Auslöser dafür war; näher hierzu *E.-M. Kieninger*, Wettbewerb und Rechtsordnungen, HWB-EuP 2009, abrufbar unter: <https://hwb-eup2009.mpipriv.de/index.php/Wettbewerb_der_Rechtsordnungen> sowie *L. Klöhn*, Supranationale Rechtsformen und vertikaler Wettbewerb der Gesetzgeber im europäischen Gesellschaftsrecht: Plädoyer für ein marktimitierendes Rechtsformangebot der EU, Rabels Zeitschrift für ausländisches und internationales Privatrecht 2012, Bd. 76, Nr. 2, 276 ff.

43 Bspw. sind Compliance-Pflichten sowohl in Art. 28 DMA als auch in Part 1, Ch. 6 des DMCC-Bill normiert und sehen die Ernennung eines Compliance-Beauftragten vor. Anders verhält es sich im japanischen TFDPA, wonach die Einhaltung der Vorschriften in der Eigenverantwortung der spezifizierten Anbietern zentraler Plattformdienste steht.

II. Aus Sicht der Exekutive

Durchsetzungsbehörden sind an die von ihren jeweiligen Gesetzgebern beschlossenen Regulierungsvorhaben gebunden. Bei grenzüberschreitenden Sachverhalten ist eine Abstimmung mit Behörden anderer Staaten allenfalls über internationale Kooperationsnetzwerke möglich. Ob hiermit die Herausforderungen der Plattformökonomie gelöst werden können, wird im Folgenden erörtert und am Beispiel des Google *Privacy Sandbox* Verfahrens veranschaulicht.

1. Bestehende internationale Kooperationsnetzwerke

Innerhalb der EU bietet das Europäische Wettbewerbsnetz (European Competition Network; ECN), bestehend aus der EU Kommission und den nationalen Wettbewerbsbehörden, eine Austauschplattform für die Anwendung des europäischen Wettbewerbsrechts. Die europäische Kartellverfahrensverordnung[44] erlaubt es den nationalen Wettbewerbsbehörden, die EU Kommission zu Einzelfällen zu konsultieren.[45] Zudem ermöglicht diese Verordnung den Wettbewerbsbehörden, eigene Verfahren nach Art. 101 bzw. Art. 102 AEUV auszusetzen, falls dieselbe Verhaltensweise bereits Gegenstand eines gleichlaufenden Verfahrens einer anderen mitgliedsstaatlichen Wettbewerbsbehörde ist.[46] Auf internationaler Ebene besteht seit 2001 mit dem International Competition Network (ICN) ein Zusammenschluss von derzeit 143 Wettbewerbsbehörden aus aller Welt.[47] Die Förderung von besser abgestimmten Entscheidungen grenzüberschreitender Sachverhalte und mehr Konvergenz ist ein selbsterklärtes Ziel des ICN.[48] Dafür sind Arbeitsgruppen eingerichtet, die Vorschläge zu materiell- und verfahrens-

---

44 Verordnung (EG) Nr. 1/2003 des Rates vom 16. Dezember 2002 zur Durchführung der in den Artikeln 81 und 82 des Vertrags niedergelegten Wettbewerbsregeln, ABl. EU 2003 L 1/1.
45 Vgl. Art. 11 (5) VO (EG) Nr. 1/2003.
46 Vgl. Art. 13 (1) VO (EG) Nr. 1/2003.
47 Vgl. aktuelle Mitgliederliste, abrufbar unter: <https://www.internationalcompetitionnetwork.org/members/>.
48 *ICN,* ICN Factsheet and Key Messages, Stand: April 2022, S. 1, abrufbar unter: <http://internationalcompetitionnetwork.org/wp-content/uploads/2022/08/Factsheet-2022.pdf>.

rechtlichen Fragen des Kartellrechts erarbeiten.[49] Die Arbeitsergebnisse und Beschlüsse des ICN sind jedoch rechtlich unverbindliche Handlungsempfehlungen,[50] die eine schleichende Konvergenz erzielen sollen, aber divergierende Entscheidungen der ICN-Mitglieder in Einzelfällen nicht vermeiden können.[51] Diese Gefahr wird durch den Umstand verstärkt, dass das ICN nicht als Forum zur Kooperation von Einzelfällen genutzt wird.[52]

2. Das Google *Privacy Sandbox* Verfahren

Im August 2019 hat Google seinen Plan angekündigt, *Third Party Cookies* in seinem Webbrowser *Chrome* vollständig abzuschaffen und durch neuartige Trackingtechnologien, die Endnutzern mehr Privatsphäre ermöglichen sollen, zu ersetzen.[53] Die Entwicklung dieser Technologien durch Google dauert unter dem Namen *Privacy Sandbox* noch an. Die CMA eröffnete im Januar 2021 ein Verfahren zur Untersuchung des mutmaßlichen Missbrauchs der marktbeherrschenden Stellung von Google in den Märkten für Webbrowser und Online-Werbevermittlung (sog. „*Ad Tech*"-Branche). Dieses wurde im Februar 2022 durch Verpflichtungszusagen seitens Google beigelegt.[54] Zweck der Zusagen ist die Verhinderung von Wettbewerbsverzerrungen, insbesondere eine Selbstbevorzugung eigener Dienste von Google sowie der Erhalt des Selbstbestimmungsrechts der Endnutzer hinsichtlich der Verarbeitung ihrer persönlichen Daten für die Zwecke zielgerichteter Werbung.[55] Das soll erreicht werden, indem Google grundlegende

---

49 A. Fuchs in: Immenga/Mestmäcker, Wettbewerbsrecht, Bd. I, 6. Aufl., München 2019, AEUV Art. 102 Rn. 41a; F. Stancke, TTIP, CETA und die Rolle des Wettbewerbsrechts in internationalen Freihandelsabkommen, EuZW 2016, 567 (568); R. Podszun, Perspektiven des internationalen Kartellrechts - Zugleich eine Besprechung neuerer Monographien zur globalen Ordnung des Wettbewerbs, GRUR Int. 2010, 302 (304).
50 ICN, Factsheet (Fn. 48), 2.
51 S. Völcker in: Immenga/Mestmäcker, Wettbewerbsrecht, Bd. I, 6. Aufl., München 2019, II. Abschnitt. B. Wettbewerbsrecht und seine internationale Durchsetzung: Kartellbehörden in Drittstaaten und ihre Beziehungen zur EU Kommission Rn. 157.
52 ICN, Factsheet (Fn. 48), 4.
53 J. Schuh, Building a more private web, Chromium Blog, 22.08.19, abrufbar unter: <https://www.blog.google/products/chrome/building-a-more-private-web/>.
54 CMA, Decision to accept commitments offered by Google in relation to its Privacy Sandbox Proposals - Case number 50972, 11.02.2022, abrufbar unter: <https://assets.publishing.service.gov.uk/media/62052c52e90e077f7881c975/Google_Sandbox_.pdf>.
55 CMA, Case 50972 - Privacy Sandbox Google Commitments Offer, 04.02.2022, S. 4, abrufbar unter: <https://assets.publishing.service.gov.uk/media/62052c6a8fa8f510a204374a/100222_Appendix_1A_Google_s_final_commitments.pdf>.

Gestaltungsmodalitäten und Prinzipien bei der Entwicklung der neuen Trackingtechnologien wahrt. Beispielsweise ist vereinbart, dass Google die CMA in den gesamten Entwicklungsprozess einbezieht und spezifische Maßnahmen für die Zusammenführung von Nutzerdaten aus den zahlreichen Diensten von Google ergreift, um einen nicht reproduzierbaren Wettbewerbsvorteil zu verhindern.[56] Google hat untermittelbar nach Annahme und Bekanntgabe der Entscheidung angekündigt, sämtliche Verpflichtungszusagen weltweit umzusetzen.[57] Im Juni 2021 ergriff die EU Kommission ähnliche Schritte gegen Google wie die CMA: sie leitete ein Verfahren ein, um potenzielle Verstöße gegen Art. 102 AEUV im Markt für Online-Werbeanzeigenvermittlung zu untersuchen.[58] Gegenstand der Untersuchung ist u.a. die *Privacy Sandbox* und deren Effekt auf den Wettbewerbsprozess in diesem Markt. Damit ist das identische Verhalten von Google Gegenstand von zwei Verfahren unterschiedlicher Wettbewerbsbehörden: während sich die Entscheidung der CMA bereits in der Umsetzungsphase befindet, steckt das Verfahren der EU Kommission noch in der Untersuchungsphase. Es wird spannend zu beobachten, ob und inwiefern die EU Kommission die Wettbewerbsprobleme dieses Verfahren in der Zukunft auch mit dem neuartigen Regulierungskonzept des DMA adressieren und versuchen zu lösen wird.[59]

---

56 Vgl. ebenda für eine Darstellung sämtlicher Zusagen, S. 4 ff.
57 *W. Malcolm/O. Bethell*, The path forward with the Privacy Sandbox (Google), 11.02.2022, abrufbar unter: <https://blog.google/around-the-globe/google-europe/path-forward-privacy-sandbox/>.
58 Pressemitteilung der Kommission vom 22.06.2021, Kommission leitet Untersuchung zu mutmaßlich wettbewerbswidrigen Verhaltensweisen von Google im Bereich der Online-Werbetechnologie ein, abrufbar unter: <https://ec.europa.eu/commission/presscorner/detail/de/ip_21_3143>. Die Kommission hat Google in diesem Verfahren jüngst ihre Beschwerdepunkte übermittelt, Pressemitteilung vom 14.06.2023, abrufbar unter: <https://ec.europa.eu/commission/presscorner/detail/de/ip_23_3207>; vgl. *L. Kestler*, Strukturelle Abhilfemaßnahmen – erste (An-)Zeichen einer neuen Zeit?, NZKart 2023, 463.
59 Die EU Kommission hat am 05.09.2023 die Muttergesellschaft von *Google, Alphabet Inc.*, als Gatekeeper und acht seiner digitalen Dienste als zentrale Plattformdienste i.S.v. Art. 3 (3) DMA benannt, vgl. <gohttps://digital-markets-act-cases.ec.europa.eu/gatekeepers>.

3. Herausforderungen für Exekutivorgane anhand des Google *Privacy Sandbox* Verfahrens

Diese Verfahrensparallelität verkompliziert die Situation für die EU Kommission. In tatsächlicher Hinsicht muss sie alle Veränderungen bis zum Zeitpunkt ihrer verfahrensabschließenden Entscheidung berücksichtigen.[60] Deshalb muss sie sich in den von der CMA geprägten technischen Entwicklungsprozess der neuen Trackingtechnologien einarbeiten sowie eine eigene rechtliche Beurteilung vornehmen. Letztere erfolgt ausschließlich am Maßstab des europäischen Wettbewerbsrechts, insbesondere anhand von Art. 102 AEUV. Ob die CMA die *Privacy Sandbox* nach dem britischen Wettbewerbsrecht letzten Endes als rechtmäßig ansieht oder nicht,[61] spielt für die Entscheidungsfindung der EU Kommission keine Rolle. Divergierende Entscheidungen durch die CMA und die EU Kommission bezüglich der *Privacy Sandbox* sind damit ohne Weiteres möglich und denkbar und können durch die bestehenden Kooperationsnetzwerke nicht verhindert werden: eine Kooperation über das ECN ist seit dem Brexit im Jahr 2020 unmöglich; auch das ICN stellt kein taugliches Kooperationsforum dar, weil es die Absprache in Einzelfällen ausdrücklich nicht ermöglicht. Die derzeitige heterogene Rechtslage führt folglich auch auf exekutiver Ebene zu Ineffizienzen, weil grenzüberschreitende, identische Wettbewerbsprobleme von mehreren Behörden gleichzeitig untersucht werden.[62] Das kostet nicht nur wertvolle Zeit, sondern birgt auch erhebliche Herausforderungen und Gefahren. Sollte die EU Kommission eine von der CMA abweichende Entscheidung für erforderlich halten, würde das die Komplexität der Märkte erhöhen, was wiederum zukünftige Verfahren verlängert und die Fehleranfälligkeit von Behördenentscheidungen erhöht. Zudem würde dies aus

---

60 Das ergibt sich schon aus der Systematik von Art. 7 (1) der VO (EG) Nr. 1/2003, wonach die EU Kommission die Abstellung einer laufenden Zuwiderhandlung anordnen (S. 1) oder eine bereits beendete Zuwiderhandlung bei berechtigten Interessen feststellen kann (S. 4).
61 Vor Einführung der neuen Technologien besteht für die CMA eine 60-tägige Karenzzeit, in welcher sie deren Rechtmäßigkeit prüfen kann, s. CMA (Fn. 54), 7.
62 Ein weiteres Beispiel ist die gegenwärtig geplante Übernahme von *Activision Blizzard* durch *Microsoft*, wobei divergierende Entscheidungen der EU Kommission und der CMA getroffen wurden. Näheres zum aktuellen Verfahrensstand in Redaktion beck-aktuell, Nachrichten, Pressemitteilungen, Fachnews, becklink 2027091.

Sicht von Google zu (unter Umständen erheblichen) Mehrkosten führen,[63] die am Ende an die Verbraucher weitergegeben werden könnten.

D. Diskussion: Bedarf eines strategischen Umdenkens bei der Regulierung von Plattformunternehmen?

Aufbauend auf dieser Analyse stellt sich die Frage, ob ein „Weiter so" von heterogenen Regulierungsansätzen für Plattformunternehmen zweckmäßig erscheint oder ob ein strategisches Umdenken notwendig ist.

I. Notwendigkeit einer mehrdimensionalen Regulierungsstrategie

Ein Schwarz-Weiß-Denken ist bei der Beantwortung dieser Frage nicht zielführend: nach der momentanen (politischen) Weltlage erscheint ein kompletter Kurswechsel hin zu einem globalen homogenen Regulierungsansatz als unrealistisch. Zu unterschiedlich sind die existierenden Gesetzgebungsvorhaben, zu unterschiedlich sind die politischen und ökonomischen Interessen der Länder, zu ungewiss sind technische Entwicklungsströmungen, zu komplex sind die betroffenen Geschäftsmodelle.[64] Daher ist dem Ansatz, die Regelung digitaler Sachverhalte als ein evolutionäres Verfahren zu verstehen bei dem immer neue „Entdeckungen" gemacht werden,[65] grundsätzlich zuzustimmen. Zweifelsohne gelingt dies leichter auf nationaler Ebene. Allerdings besteht dabei das Risiko eines regulatorischen Flickenteppichs. Entweder setzt sich künftig ein regulatorischer Ansatz als grundlegender Standard durch oder es entwickeln sich verschiedene Regulierungsansätze parallel zueinander. Im zweiten Fall könnten die Plattformunternehmen die eigentlichen Profiteure sein, indem sie die dabei

---

63 Dies könnte ein Grund dafür sein, dass Google die *Privacy Sandbox* Entscheidung der CMA weltweit implementieren möchte.
64 So teilweise auch die Argumentation von Befürwortern eines heterogenen Regulierungsvorgehens, die insb. auf die Stärken eines regulatorischen Wettbewerbes („*Regulatory Competition*") hinweisen, vgl. näher hierzu O. *Budzinski/ J. Mendelsohn*, Regulating Big Tech: From Competition Policy to Sector Regulation? (Updated October 2022 with the Final DMA), Ilmenau Economics Discussion Papers 2022, Vol. 27, No. 168.
65 R. *Podszun*, Empfiehlt sich eine stärkere Regulierung von Online-Plattformen und anderen Digitalunternehmen?, in: Verhandlungen des 73. Deutschen Juristentages, Hamburg 2020/Bonn 2022, Band 1: Gutachten F, S. 62 (134).

entstehende Komplexität ausnutzen. Weder ein „Weiter so" kann daher die richtige Lösung sein noch eine Verkehrung ins Gegenteil. Der Beitrag plädiert im Folgenden für einen Mittelweg und ein strategisches Umdenken bei der internationalen Regulierung von Plattformunternehmen.

II. Der „*Three Pillars Approach*" als möglicher Lösungsansatz

Der nachfolgend entwickelte Lösungsansatz zur Begegnung der dargestellten Herausforderungen stützt sich auf drei Säulen (Three Pillars): die erste Säule besteht aus einem internationalen Abstimmungsmechanismus von Gesetzgebern hinsichtlich der Regulierung von Plattformunternehmen. Die zweite Säule betrifft die Weiterentwicklung des ICN. Die dritte Säule bezieht sich auf die Einbeziehung der eigentlichen Adressaten in den Regulierungsprozess.

1. Pillar One: Internationale gesetzgeberische Abstimmung

Ein internationaler Abstimmungsmechanismus von Gesetzgebern soll als realpolitischer Ansatz mit den tatsächlichen technischen Entwicklungen der Plattformökonomie mithalten können. Unter „Abstimmung" versteht dieser Beitrag keinen Gleichlauf der gesetzgeberischen Bestrebungen. Nationale Besonderheiten, wie das Beispiel Japans zeigt, sind auch künftig zu berücksichtigen, da ansonsten eine Kompromissfindung von Beginn an zum Scheitern verurteilt wäre. Vielmehr sind ähnliche gesetzgeberische Ziele, wie der Schutz von Endnutzern digitaler Plattformen oder Fairness-Bemühungen, in den Fokus zu rücken und allgemeingültige, abgestimmte Prinzipien daraus zu entwickeln. Das knüpft an ähnlichen Bestrebungen hinsichtlich der Entwicklung eines sog. „*Weltkartellrechts*" an, die seit über zwanzig Jahren diskutiert werden.[66]

---

66 *J. Basedow*, Weltkartellrecht, Tübingen 1998; *J. Drexl*, Perspektiven eines Weltkartellrechts, 1998; *R. Podszun*, Neue Impulse für ein globalisiertes Kartellrecht, ZWeR 2016, 360; *O. Budzinski*, The Economics of International Competition Policy: New Challenges in the Light of Digitization?, Ilmenau Economics Discussion Papers 2022, Vol. 26, No.135; *O. Budzinski*, The Governance of Global Competition: Competence Allocation in an International Multilevel Competition Policy System, 2008.

2. Pillar Two: Weiterentwicklung des ICN

Ein möglichst engmaschiges, kooperatives Netzwerk aus internationalen Behörden scheint in Form des ICN bereits zu bestehen. Allerdings ist die aktuelle Ausgestaltung dieses Forums nicht mehr geeignet, um den dargestellten Herausforderungen hinreichend zu begegnen. Eine Weiterentwicklung des ICN in zweierlei Hinsicht ist notwendig: Zum einen sollte es ausdrücklich als Forum zur Verständigung über konkrete, grenzüberschreitende Einzelfälle genutzt werden, insofern sich gleichzeitig mehrere Wettbewerbsbehörden mit einem solchen Fall befassen. Dabei sollte der Fokus auf der Diskussion und Abstimmung von einheitlichen Abhilfemaßnahmen liegen. Zum anderen sollte sich das ICN von seinem ausschließlichen Fokus auf (klassisches) Wettbewerbsrecht[67] lösen und weitere Rechtsgebiete, insbesondere das Datenschutzrecht, berücksichtigen. Wie das Google *Privacy Sandbox* Verfahren eindrücklich veranschaulicht, darf sich in der Datenökonomie, wo personenbezogene Daten das Hauptwirtschaftsgut darstellen, eine Betrachtung nicht allein auf das Wettbewerbsrecht beschränken.[68] Aus diesem Grund ist eine engere Zusammenarbeit des ICN mit anderen Behörden, insbesondere Datenschutzbehörden, für den zukünftigen Arbeitserfolg unerlässlich.

3. Pillar Three: Einbeziehung von Plattformunternehmen in den Regulierungsprozess

Die aktive Einbeziehung der Regulierungsadressaten im frühen Stadium der Gesetzgebung ist unerlässlich für die spätere effektive Rechtsdurchsetzung. Da Gesetzgeber weltweit vor denselben tatsächlichen Herausforderungen, insbesondere der rapiden Weiterentwicklung der datenbasierten Geschäftsmodelle von Plattformunternehmen stehen, ist es umso wichtiger, Plattformunternehmen als Regulierungs-Partner zu begreifen. Hierfür ist ein strategisches Umdenken auf Seiten der Gesetzgeber und Durchsetzungsbehörden notwendig. Wie sowohl der japanische Regulierungsansatz als auch das Google *Privacy Sandbox* Verfahren zeigen, ist Vertrauen die

---

[67] Nach eigener Aussage ist das ICN ausschließlich mit Wettbewerbsrecht befasst – "*It's all about competition, all the time*", vgl. *ICN*, Factsheet (Fn. 48), 1.

[68] Vgl. insofern auch EuGH, Urteil vom 04.07.23, Meta Platforms Inc. u. a., C-252/21, ECLI:EU:C:2023:537, Rn. 48, für die immer engmaschigere Verzahnung beider Rechtsgebiete.

Basis für eine innovative Zusammenarbeit. Davon würden beide Seiten profitieren: Gesetzgeber und Wettbewerbsbehörden bekämen einen vereinfachten Zugang zu den technischen Funktionsweisen der Geschäftsmodelle von Plattformunternehmen; diese wiederum könnten direkt Einfluss auf die Implementierung sie adressierender Vorschriften nehmen und frühzeitig mit der Umsetzung von Compliance-Maßnahmen beginnen. Das darf freilich nicht dazu führen, dass Wettbewerbsbehörden in ihrer Unabhängigkeit beschnitten werden.[69]

E. Fazit

Zur Bewältigung der Herausforderungen der Plattformökonomie bedarf es eines mutigen, strategischen Umdenkens bei allen Beteiligten: den Gesetzgebern, den Durchsetzungsbehörden sowie den Adressaten der Regulierungsvorhaben. Weder ist der aktuell zu beobachtende, international heterogene Regulierungsansatz langfristig zielführend, noch erscheint ein international vollständig homogener Regulierungsansatz als realistisch. Vielmehr bedarf es eines vorausschauenden Mittelweges, für den der hier entwickelte *Three Pillars Approach* einen sinnvollen Lösungsansatz bietet. Für das Gelingen ist Grundvoraussetzung, dass alle Beteiligten ein hohes Maß an Dialog- und Kompromissbereitschaft zeigen – der Schlüssel dafür ist Vertrauen. Realistische Vorbilder könnten die Bemühungen der CMA im Google *Privacy Sandbox* Verfahren sowie das Regulierungsmodell des japanischen Gesetzgebers sein. Noch besteht die Chance, am Scheideweg der Plattformregulierung nationale Einzelmaßnahmen zu verhindern und international abgestimmte, langfristig wirksame Lösungen zu finden.

---

69 Ein Beispiel stellt die Gefahr der Vereinnahmung einer Regulierungsbehörde („*Regulatory capture*") durch Interessensgruppen dar, wozu denkbar auch Vertreter von Plattformunternehmen gehören können. Näher hierzu aus ökonomischer Perspektive E. Dal Bó, Regulatory Capture: A Review, Oxford Review of Economic Policy 2006, Vol. 22, No. 2, 203ff.

Catch me if you can?
Wirksamkeit und Regulierung von Dark Patterns auf digitalen Plattformen

Helena Kowalewska Jahromi und Deborah Löschner

I. Einleitung

Plattformökonomie[1] oder Plattformgesellschaft[2] sind Begriffe, die inzwischen selbstverständlich zur Beschreibung der Organisation des Internets durch Plattformen verwendet werden. Die sonst unüberschaubare Informationsflut lässt sich durch die Aufbereitung in Suchmaschinen, sozialen Netzwerken und Online-Marktplätzen in den Griff bekommen; gleichzeitig verdeutlicht dies die Relevanz und Macht der sogenannten „Gatekeeper". Nutzende sind dadurch in der vulnerablen Position, Plattformen hochfrequent zu verwenden und gleichermaßen abhängig davon zu sein, wie welche Inhalte präsentiert werden. Da Plattformen durch das Design ihrer Websites Einfluss auf den Zugang zu Informationen oder das Entscheidungsverhalten Nutzender nehmen können, versucht der europäische Gesetzgeber genau auf dieser Ebene mit einem Verbot von „Dark Patterns" im DSA[3] Grundwerte des öffentlichen Interesses durchzusetzen.[4]

---

[1] Siehe in der deutschen rechtswissenschaftlichen Diskussion z.B. *K. Tonner*, Verbraucherschutz in der Plattform-Ökonomie, VuR 2017, 161; *C. Busch*, Mehr Fairness und Transparenz in der Plattformökonomie?, GRUR 2019, 788; *C. Busch/G. Dannemann/H. Schulte-Nölke*, Bausteine für ein europäisches Recht der Plattformökonomie, MMR 2020, 667; *R. Podszun/P. Bongartz/A. Kirk*, Digital Markets Act - Neue Regeln für Fairness in der Plattformökonomie, NJW 2022, 3249.
[2] *J. van Dijck/T. Poell/M. de Waal*, The Platform Society: Public Values in a Connective World, 2018.
[3] Verordnung (EU) 2022/2065 über einen Binnenmarkt für digitale Dienste.
[4] *Europäisches Parlament*, Pressemitteilung vom 15.12.2021, abrufbar unter https://www.europarl.europa.eu/news/de/press-room/20211210IPR19209/digitale-dienste-mehr-verbrauchersicherheit-strengere-regeln-fur-plattformen (zuletzt abgerufen am 17.07.2023); Ähnliche Regelungen finden sich im Digital Markets Act sowie in den Entwürfen der KI-Verordnung und des Data Act, siehe dazu auch *M. Martini/I. Kramme/A. Kamke*, Dark Patterns im Scheinwerferlicht des Digital Services Act, MMR 2023, 323, 323.

Was genau vom Begriff „Dark Patterns" umfasst ist, wie diese rechtlich zu beurteilen sind und wie die damit verbundene Verhaltenssteuerung zu erklären ist, wird bislang sowohl in der rechtswissenschaftlichen Literatur als auch interdisziplinär aus psychologischer und verhaltensökonomischer Sicht kontrovers diskutiert.[5] Für die rechtliche Beurteilung ist zunächst jedoch eine Erläuterung der genauen Wirkungsweise von Dark Patterns erforderlich. Insbesondere die Subsumtion einzelner Ausprägungen von Dark Patterns unter allgemein gefasste Normen kann von einer Interpretation des Wortlauts, die auf Erkenntnisse der Psychologie zu Art und Mechanismus der Beeinflussung gestützt werden kann erheblich profitieren.

Allen Formen von Dark Patterns ist gemein, dass das Entscheidungsverhalten potentiell beeinflusst wird, wenngleich die Ansatzpunkte hierfür unterschiedlich sind.[6] Möglich ist die Beeinflussung von Wahrnehmung (Sneak into Basket) oder Aufmerksamkeit (Autoplay), aber auch das Abzielen auf Emotionen (Confirmshaming) oder motivationale Aspekte. Eine fundierte Entscheidung darüber, ob ein Design zu diesen Mustern zählt, erfordert deshalb ein besseres Verständnis über das Ausmaß und die Mechanismen der Entscheidungsbeeinflussung.[7]

Der DSA enthält nun in Erwgr. 67 eine Definition und in Art. 25 eine Regelung von Dark Patterns, die allerdings wegen des hohen Abstraktionsniveaus recht vage bleibt und damit zunächst wenig Rechtssicherheit mit sich bringt. Für die unterschiedlichen Formen von Dark Patterns existiert allein im juristischen Bereich inzwischen eine Vielzahl von Kategorisie-

---

5 Vgl. nur *H. Brignull,* abrufbar unter https://www.deceptive.design/ (zuletzt abgerufen am 17.07.2023); *M. Martini/C. Drews/P. Seeliger/Q. Weinzierl,* Dark Patterns. Phänomenologie und Antworten der Rechtsordnung, ZfDR 2021, 47; *Kühling/Sauerborn,* Rechtsgutachten über die „Rechtlichen Rahmenbedingungen sogenannter ‚Dark Patterns'", Regensburg 2022; *F. Lupianez-Villanueva/A. Boluda/F. Bogliacino/G. Liva/L. Lechardoy/T. Rodriguez de las Heras Ballell,* Behavioural study on unfair commercial practices in the digital environment: dark patterns and manipulative personalisation, Brüssel 2022.
6 *K. Lukoff/ U. Lyngs/ H. Zade/ J. Liao/ J. Choi/ K. Fan/ S. Munson/ A. Hiniker,* How the Design of YouTube Influences User Sense of Agency, New York 2021, S. 1–17; *Lupianez-Villanueva/Boluda/ Bogliacino/ Liva/ Lechardoy/ Rodriguez de las Heras Ballell,* Behavioural study (Fn. 4); *C. Van Nimwegen/K. Bergman/ A. Akdag,* Shedding light on assessing Dark Patterns: Introducing the System Darkness Scale (SDS). 35th International BCS Human-Computer Interaction Conference, 2022.
7 *C. Lacey/ A. Beattie/ T. Sparks,* Clusters of Dark Patterns Across Popular sites in New Zealand, International Journal of Communication 2023, 17, 25.

rungsansätzen.⁸ Nicht zuletzt um den weiten Tatbestand von Art. 25 DSA konkretisieren zu können, lassen sich Erkenntnisse der Psychologie fruchtbar machen.

II. Dark Patterns im DSA

Ziel der Regelungen im DSA ist gem. Art. 1 Abs. 1 DSA die Festlegung von Vorschriften für ein "sicheres, vorhersehbares und vertrauenswürdiges Online-Umfeld", in dem Grundrechte wirksam geschützt und dem Grundsatz des Verbraucherschutzes Rechnung getragen werden. Insbesondere im Hinblick auf Vertrauen in die Online-Umgebung ist der Schutz vor Dark Patterns dabei ein relevanter Baustein. Geschützt werden mit den Regelungen des DSA nicht nur Verbraucher, sondern alle Nutzende, gem. Art. 3 lit. b DSA also "jede natürliche oder juristische Person, die einen Vermittlungsdienst in Anspruch nimmt".⁹

Die Regelung von Dark Patterns ist in Art. 25 Abs. 1 DSA enthalten, obwohl der Begriff dort nicht explizit auftaucht. Das darin enthaltene abstrakte Verbot von Praktiken, die die Entscheidungsfähigkeit von Nutzenden beeinträchtigen, ist jedoch im Zusammenhang mit Erwgr. 67 zu lesen, in dem Dark Patterns auf Online-Schnittstellen von Online-Plattformen definiert werden als Praktik, "mit der darauf abgezielt oder tatsächlich erreicht wird, dass die Fähigkeit der Nutzenden, eine autonome und informierte Auswahl oder Entscheidung zu treffen, maßgeblich verzerrt oder beeinträchtigt wird". Diese Definition weicht von vielen in der juristischen und psychologischen Literatur vertretenen Definitionen insofern ab, als hier weder auf die Zielsetzung des Einsatzes, noch auf das Interesse des Nutzenden eingegangen wird. Frühere juristische Definitionsansätze gehen

---

8 Zunächst unter dem Begriff Dark Patterns (inzwischen Deceptive Patterns) online zusammengetragen von *H. Brignull,* abrufbar unter https://www.deceptive.design/ (zuletzt abgerufen am 17.07.2023); weitere Kategorisierungen finden sich bei *M. Martini/C. Drews/P. Seeliger/Q. Weinzierl,* Dark Patterns. Phänomenologie und Antworten der Rechtsordnung, ZfDR 2021, 47, 52; *Kühling/Sauerborn,* Rahmenbedingungen (Fn. 4), S. 18 f.; *Lupianez-Villanueva/Boluda/ Bogliacino/ Liva/ Lechardoy/ Rodriguez de las Heras Ballell,* Behavioural study (Fn. 4), S. 62 ff.
9 Mit besonderer Betonung der Schutzbedürftigkeit von Kleinstunternehmen *M. Dregelies,* Der Schutz vor Dark Patterns im DSA. Wie Art. 25 DSA die Entscheidungsprozesse von Internetnutzern schützen kann, MMR 2023, 243, 245; vgl. auch *B. Raue* in: F. Hofmann/ B. Raue (Hrsg.), DSA-Kommentar, 1. Aufl., Baden-Baden/ Wien/ Basel 2023, Art. 25 Rn. 50 f., 100.

meist davon aus, dass es sich bei Dark Patterns in Abgrenzung zum eher positiv konnotierten Nudging um eine negativ zu beurteilende Einflussnahme auf die Entscheidungsarchitektur von Internetnutzenden durch Designmuster handelt.[10] Auch aus psychologischer Perspektive spielt vor allem die tatsächliche Beeinflussung von Nutzenden durch Designstrukturen entgegen dem Nutzenden- und im Unternehmensinteresse eine Rolle.[11] Die Beeinflussung kann sich dabei im veränderten Verhalten zeigen oder durch höhere Transaktionskosten beim Versuch der Beeinflussung zu entgehen. Zwar wird in Erwgr. 67 S. 2 auch darauf verwiesen, dass die genannten Praktiken Nutzende zu "unerwünschten Verhaltensweisen oder ungewollten Entscheidungen (...) bewegen [können], die negative Folgen für sie haben". Allerdings ist dieser Aspekt nicht in den Regelungstext des Art. 25 aufgenommen worden, welcher allein auf die Beeinträchtigung der "freien und informierten Entscheidung" abstellt.[12] In Erwgr. 67 S. 4 wird daneben auch der Aspekt des Vorteils für den Anbieter gegenüber einem Nachteil für den Nutzenden genannt. Allerdings ist mit der Formulierung, es "sollten unter anderem" diese "ausbeuterischen" Praktiken dazu zählen, die Definition deutlich weiter gefasst. In der Definition des DSA wird damit keine Abgrenzung zwischen Dark Patterns und Nudging vorgenommen.

Neben den in Erwgr. 67 genannten Anwendungsbeispielen zählt auch Art. 25 Abs. 3 bestimmte Gestaltungen auf, für deren Subsumption unter die Regelung in Abs. 1 die Kommission Leitlinien erlassen kann. Genannt werden "insbesondere" die Hervorhebung bestimmter Auswahlmöglichkeiten ("Misdirection"; lit. a), die als "Nagging" bekannte wiederholte Aufforderung zur Entscheidung (lit. b) und "Roach Motel"-Designs, d.h. erschwerte Kündigung bei einfacher Anmeldung (lit. c), die im juristischen

---

10 vgl. z.B. die Definition der *OECD,* Dark commercial patterns, in OECD Digital Economy Papers 336 (2022), S. 16; vgl. dazu auch *E. Kaprou*, Aggressive commercial practices 2.0: Is the UCPD fit for the digital age?, EuCML 2023, 76, 80-81; *J. Kühling/C. Sauerborn*, "Dark patterns" unter der DSGVO und dem DSA - Neue Herausforderung für die digitale Rechtsordnung, CR 2022, 226, 227 Rn. 4 ff; zuletzt mit der kurzen Beschreibung als "verbraucherfeindliche Benutzeroberflächen" *M. Martini/I. Kramme/A. Kamke*, KI-VO, DMA und DA als Missing Links im Kampf gegen dunkle Designmuster?, MMR 2023, 399, 399.
11 *A. Narayanan/ A. Mathur/ M. Chetty/ M. Kshirsagar*, Dark Patterns: Past, Present, and Future, Queue 2020, 67–92.
12 *Raue* (Fn. 12), Art. 25 Rn. 67, 90 ff. sieht dagegen die "negativen Folgen" gem. Erwg. 67 DSA als im Rahmen des Art. 25 Abs. 1 DSA zu prüfendes weiteres Tatbestandsmerkmal.

Bereich auch bei unterschiedlichen Kategorisierungen regelmäßig als Dark Patterns eingeordnet werden.[13]

Konkret geregelt sind daneben in Art. 27 Transparenzanforderungen sowie die Verpflichtung zum Angebot von Änderungsmöglichkeiten bei Empfehlungssystemen, die in Art. 38 für sehr große Online-Plattformen (VLOPs) insoweit konkretisiert wird, als mindestens eine Option für ein bestimmtes Empfehlungssystem verfügbar sein muss, die nicht auf Profiling gemäß Art. 4 Abs. 4 der DS-GVO beruht.[14] Art. 31 enthält eine Verpflichtung von Online-Plattformen, Händlern, die auf der Plattform Waren oder Dienstleistungen anbieten, die Möglichkeit zu geben, die gesetzlich verpflichtenden Informationen dort zu veröffentlichen. Indirekt dient letztere Regelung dazu, Fälle von "Hidden Information" nicht aus technischen Zwängen entstehen zu lassen.

Anwendbar sind die Regelungen in Art. 25 und 27 DSA - anders als in der DS-GVO oder der UGP-RL - nur für Online-Plattformen, definiert in Art. 3 lit. i DSA als Hostingdienst, der im Auftrag eines Nutzenden Informationen speichert und öffentlich verbreitet, soweit es sich dabei nicht nur um eine unbedeutende Nebenfunktion handelt. Nach Erwgr. 13 sind davon insbesondere soziale Netzwerke umfasst. Art. 31 DSA gilt nur für Anbieter von Online-Plattformen, die Verbrauchern den Abschluss von Fernabsatzverträgen mit Unternehmern ermöglichen.

Art. 25 Abs. 2 DSA nimmt verbotene Praktiken, die in den Anwendungsbereich der UGP-RL oder der DS-GVO fallen, von der Anwendung des weiten Verbots in Abs. 1 aus.[15] Wie genau hier die Abgrenzung vorzuneh-

---

13 Bereits bei *H. Brignull* (zunächst Misdirection und Roach Motel, inzwischen auch Nagging), abrufbar unter https://www.deceptive.design/types (zuletzt abgerufen am 17.07.2023); *Martini/Drews/Seeliger/Weinzierl*, Phänomenologie (Fn. 4) 52; *Kühling/Sauerborn*, Rahmenbedingungen (Fn. 4), 18 f.; eine Einordnung der benannten sowie eine Auflistung weiterer regelmäßig als Dark Patterns beschriebener Praktiken, die nach dem Wortlaut unter das Verbot des § 25 DSA fallen findet sich bei *Martini/Kramme/Kamke*, Lichtblick (Fn. 3), 324 f.; *Lupianez-Villanueva et al.*, Behavioral study (Fn. 4), S. 61 f.
14 Als Dark Pattern mit dem Titel "Personalized ranking" im Falle einer Personalisierung aufgelistet z.B in *Lupianez-Villanueva/Boluda/ Bogliacino/ Liva/ Lechardoy/ Rodriguez de las Heras Ballell*, Behavioural study (Fn. 4), S. 68.
15 vgl. auch Erwg. 67, letzter Satz. Ob auf Online-Plattformen i.S.d. Art. 3 lit. i DSA immer auch die UGP-RL bzw. das UWG anwendbar ist, ist nicht unumstritten. Für soziale Netzwerke bejaht das unproblematisch *B. Raue*, Plattformnutzungsverträge im Lichte der gesteigerten Grundrechtsbindung marktstarker sozialer Netze, NJW 2022, 209, 213; zu Suchmaschinen siehe *G. Spindler/F. Schuster/H.-W. Micklitz/M. Schirmbacher*, Recht der elektronischen Medien, 4. Aufl. 2019, UWG § 4 Rn. 7; BGH GRUR

men ist, ist umstritten. Während teilweise befürchtet wird, dass in Fällen, in denen es zu einer Überlappung von UGP-RL und DSA kommt, der DSA wegen eines höheren Niveaus an Rechtssicherheit häufiger zur Anwendung käme,[16] erwarten Andere dagegen, das bei einer zu ungenauen Bestimmung der spezielleren Regelungen der UGP-RL und der DS-GVO Art. 25 DSA seines Gehalts beraubt werden könnte[17].

Art. 52 überlässt die Festlegung der genauen Sanktionen sowie die Festlegung der Zuständigkeit und des Verfahrens den Mitgliedstaaten. Einheitlich geregelt ist die Durchsetzung gegenüber kleineren Plattformen durch nationale DSA-Koordinatoren (Digital Service Coordinators, DSC),[18] während die Kommission die Vorschriften des DSA europaweit gegenüber sehr großen Plattformen (VLOPs) durchsetzt.[19] Auch ein „Europäisches Gremium für digitale Dienste" soll gem. Art. 61 Abs. 2 lit. a DSA zur einheitlichen Umsetzung beitragen. Daneben besteht nach Art. 54 DSA auch ein Schadensersatzanspruch von Nutzenden gegen Anbieter von Vermittlungsdiensten für Schäden oder Verluste, die aufgrund eines Verstoßes dieser Anbieter gegen die Verpflichtungen aus dem DSA entstanden sind. Davon umfasst sind auch die Vorschriften aus Art. 25, 27 und 31 DSA.

III. Beeinflussung der Fähigkeit zur freien Entscheidung

Zentral bleibt jedoch die Frage, inwieweit die Fähigkeit von Nutzenden, eine freie Entscheidung zu treffen, durch Dark Patterns beeinträchtigt wird, bzw. wann eine bestimmte Gestaltung als insofern beeinträchtigend und damit als nach Art. 25 DSA verboten gewertet werden kann. Neben den beiden Varianten der Täuschung und Manipulation umfasst die Regelung des Art. 25 Abs. 1 DSA auch andere Fälle, in denen die Entscheidungsfähigkeit behindert wird. Bei der Frage, wie diese drei Varianten auszulegen sind,

---

2016, 946 Rn 36, 66 ff – Freunde finden; gegen eine Anwendung auf Online-Handelsplätze *Dregelies*, Entscheidungsprozesse (Fn. 12), 245; dafür (am Beispiel eines Online-Reiseportals) *O. Sosnitza* in: A. Ohly/O. Sosnitza (Hrsg.), UWG-Kommentar, 8. Aufl. München 2023, § 2 Rn. 34.

16 *M. Narciso*, The Unfair Commercal Practices Directive - Fit for Digital Challenges? An Analysis of the European Commission´s Guidance (C/2021/9320), EuCML 2022, 147, 153; *Kaprou*, UCPD (Fn. 5), 76.
17 *Martini/Kramme/Kamke*, Lichtblick (Fn. 3), 326 f.
18 vgl. Art. 49 DSA.
19 vgl. Art. 65 ff. DSA.

können evidenzbasierte Erkenntnisse der Psychologie zu Rate gezogen werden.[20]

1. Rechtliche Beurteilung

Der Begriff der freien, informierten Entscheidung und insbesondere die beiden in Art. 25 Abs. 1 als Unterfälle genannten Varianten der Täuschung und der Manipulation können zunächst rein rechtlich unter Berücksichtigung ähnlicher Konzepte in anderen gesetzlichen Kontexten ausgelegt werden. Zu beachten ist der Grundsatz der europarechtlich autonomen Auslegung unbestimmter Rechtsbegriffe im Sekundärrecht.[21] Um einen weiteren Kontext für das Konzept der Fähigkeit zur freien Entscheidung zu schaffen, wird im Folgenden teilweise dennoch Bezug genommen auf die Verwendung der Begriffe im nationalen rechtlichen Kontext. Um zu einem umfassenden Verständnis der Regelung in Art. 25 DSA beizutragen, soll im Folgenden der zentrale Begriff der Entscheidungsfreiheit (Art. 25 Abs. 1 DSA) insbesondere unter dem Aspekt der dort genannten Unterfälle ihrer Beeinträchtigung durch Täuschung und Manipulation sowie der in Art. 25 Abs. Abs. 3 DSA genannten Regelbeispiele zunächst im rein rechtlichen Verständnis untersucht werden.

a) Der Begriff der Entscheidungsfreiheit im Unionsrecht

Auf europarechtlicher Ebene taucht der Begriff der freien, informierten Entscheidung bzw. eine Beeinträchtigung der Fähigkeit dazu insbesondere im Wettbewerbsrecht auf. Wie im DSA ist die Gewährleistung der Autonomie des Nutzenden bzw. Verbrauchers auch ein Ziel des Europäischen Wettbewerbsrechts.[22] In der Definition der „wesentlichen Beeinflussung

---

20 *Dregelies*, Entscheidungsprozesse (Fn. 12), 243; für die Einbeziehung ähnlich gelagerter Erkenntnisse aus dem Bereich Behavioral Economics in die Auslegung der Verbraucherautonomie im wettbewerbsrechtlichen Kontext *M. Namysłowska* in: H.-W. Micklitz, Münchener Kommentar zum UWG, 3. Aufl. München 2020, UGP-Richtlinie Art. 5 Rn. 45.
21 Wegener in: Calliess/Ruffert, EUV/ AEUV Kommentar, 6. Aufl. München 2022, EU-Vertrag (Lissabon) Art. 19, Rn. 28 m.w.N.
22 Zum Zweck des DSA siehe *Martini/Kramme/Kamke*, Lichtblick (Fn. 3), 324; *Dregelies*, Entscheidungsprozesse (Fn. 12), 245, der ebenfalls Wertungen aus dem Wettbewerbsrecht zur Auslegung von Art. 25 DSA heranzieht; zum Wettbewerbsrecht

des wirtschaftlichen Verhaltens des Verbrauchers" nach Art. 2 Abs. 3 der UGP-Richtlinie[23], umgesetzt in § 2 Abs. 1 Nr. 11 UWG, sowie bei der unzulässigen Beeinflussung gem. Art. 8 UGP-Richtlinie (§ 4a Abs. 1 Satz 3 UWG) wird auf die Fähigkeit des Verbrauchers, "eine informierte Entscheidung zu treffen", abgestellt. Gemeint ist hier eine Entscheidung "in Kenntnis der dafür relevanten Informationen", die den Verbraucher dazu befähigt, Vor- und Nachteile miteinander abzuwägen.[24] Welche eigene Bedeutung dem Aspekt der „freien" Entscheidung zukommt, lässt sich dagegen nicht an bestehendem Recht festmachen.

b) Negative Definitionen der Entscheidungsfreiheit

Sind die Voraussetzungen der freien Entscheidung auch nicht immer positiv definiert, so lässt sich doch häufig negativ feststellen, wann sie beeinträchtigt ist. So ist beispielsweise in Fällen von Täuschung oder Drohung die Fähigkeit zur freien Entscheidung nicht gewährt; dementsprechend schützt in Deutschland im allgemeinen Zivilrecht § 123 BGB mit einem Anfechtungsrecht vor einer Beeinträchtigung der Entscheidungsfreiheit.[25] Im wettbewerbsrechtlichen Kontext (hier vor allem Art. 6 Abs. 1 UGP-Richtlinie/ § 5 Abs. 2 UWG), der insoweit in weiten Teilen sowohl der zivilrechtlichen als auch dem strafrechtlichen Bedeutung entspricht, wird unter einer Täuschung regelmäßig die positive Erregung eines Irrtums oder das Verschweigen von Tatsachen verstanden.[26] Neben objektiv falschen Angaben oder Verschweigen werden im Wettbewerbsrecht auch verschleiernde, tarnende, missverständliche, unvollständige, übertreibende, verunsi-

---

Namysłowska (Fn. 20), Art. 5 Rn. 44; *Raue* (Fn. 12), Art. 25 Rn. 70 interpretiert die Bedeutung der "freien" Entscheidung als nicht rechts- oder vertragswidrig.

23 Richtlinie 2005/29/EG des Europäischen Parlaments und des Rates vom 11. Mai 2005 über unlautere Geschäftspraktiken im binnenmarktinternen Geschäftsverkehr zwischen Unternehmen und Verbrauchern.

24 *H. Köhler* in: H. Köhler/J. Bornkamm/J. Feddersen (Hrsg.), UWG-Kommentar, 41. Aufl. München 2023, § 3 Rn. 3.25; mit Betonung des Falls, dass notwendige Informationen nicht zur Verfügung stehen oder falsche gegeben werden *Dregelies*, Entscheidungsprozesse (Fn. 12), 246.

25 *C. Armbrüster* in: F. J. Säcker/ R. Rixecker/ H. Oetker/ B. Limperg (Hrsg.), Münchener Kommentar zum BGB, 9. Aufl. München 2021, BGB § 123 Rn. 1.

26 O. *Sosnitza* (Fn. 15), § 5 Rn. 115; zu § 123 BGB vgl. *C. Armbrüster* (Fn. 25), § 123 Rn. 28 ff.; zum Verständnis im Strafrecht (§ 263 StGB) siehe *R. Hefendehl* in: V. Erb/ J. Schäfer (Hrsg.), Münchener Kommentar zum StGB, 4. Aufl. München 2022, § 263 Rn. 80.

chernde oder auch einfach unklare Angaben als zur Täuschung geeignet angesehen.[27] Entscheidend ist aber die Erregung einer Fehlvorstellung über tatsächliche Umstände beim Getäuschten, also ein Auseinanderfallen von Vorstellung und Wirklichkeit.[28] Damit handelt es sich bei der Täuschung um einen Fall einer fehlerhaften Informationsgrundlage, aufgrund derer der Getäuschte in seiner Fähigkeit, eine Entscheidung zu treffen, eingeschränkt ist. Positiv gewendet ist also auch hier die Voraussetzung einer freien Entscheidung vollständige Information über relevante Umstände.

Auch im Falle einer Manipulation kann nicht von einer „freien" Entscheidung gesprochen werden. Manipulation ist im Vergleich zur Täuschung der deutlich weniger klar definierte Begriff. Verwendet wird er auf europarechtlicher Ebene in der MarktmissbrauchsVO[29] als Marktmanipulation.[30] Auf nationaler Ebene taucht die Manipulation im Vergaberecht als „Vergabemanipulation"[31] auf, im Strafrecht im Kontext der Manipulation berufssportlicher Wettbewerbe (§ 265d StGB) oder als Computermanipulation gem. § 267 StGB - ein Unterfall der Urkundenfälschung. Verstanden wird darunter in allen diesen Fällen die Beeinflussung eines Ereignisses, Prozesses, Gegenstands oder einer bestimmten Situation in solcher Weise, dass ein Dritter sie falsch interpretieren und damit einem Irrtum erliegen wird, den er zur Grundlage seiner Entscheidung machen könnte. Auch hier wird die Entscheidungsfähigkeit in Bezug auf die der Entscheidung zugrundeliegenden Informationen geschützt.

In Abgrenzung zur Täuschung kann in den beschriebenen Fällen die Manipulation als Einflussnahme auf eine Information charakterisiert werden, die sodann zur Täuschung eines Dritten führen kann.

---

27 *Sosnitza* (Fn. 15), § 5 Rn. 165-207.
28 *Sosnitza* (Fn. 15), § 5 Rn. 115 m.w.N.; *C. Armbrüster* (Fn. 25), § 123 Rn. 14; zum strafrechtlichen Verständnis *S. Beukelmann*, in: W. v. Heintschel-Heinegg (Hrsg.), BeckOnline Kommentar zum StGB, 57. Ed. vom 1.5.2023, § 263 Rn. 9 m.w.N.; ähnlich in Bezug auf Dark Patterns auch *Susser/Roessler/Nissenbaum*, Technology, autonomy, and manipulation , Internet Policy Review 2019, 1, 4, die Täuschung (deception) als Unterfall zu Manipulation (manipulation) sehen; zum Begriff der Täuschung in Art. 25 Abs. 1 DSA ebenso *Martini/Kramme/Kamke*, Lichtblick (Fn. 3), 324.
29 Verordnung (EU) Nr. 596/2014 des Europäischen Parlaments und des Rates vom 16. April 2014 über Marktmissbrauch.
30 vgl. Art. 12 Abs. 1, 2 MarktmissbrauchsVO.
31 *M. Schäfer/F. Sterner* in: G. Motzke/ J. Pietzcker/ H.-J. Prieß (Hrsg.), Beck'scher VOB-Kommentar, 1. Aufl. München 2001, VOBA Rn. 11-14.

c) Rein juristische Auslegung der Begriffe in Art. 25 DSA

Für den Begriff der Täuschung kann in der Auslegung von Art. 25 DSA auf die Auslegung des Begriffs in anderen Kontexten zurückgegriffen werden, da auch hier eine objektiv falsche Informationsgrundlage die Entscheidung beeinträchtigt. Die Verwendung des Begriffs der Manipulation ist in Art. 25 jedoch eine andere: Anders als in den oben beschriebenen Verwendungen bezieht sich der Begriff der Manipulation in Art. 25 Abs. 1 DSA auf die Nutzenden und damit auf die Fähigkeit zur Entscheidung selbst. Viel spricht daher dafür, den Begriff im DSA damit anders auszulegen als oben beschrieben. Eine Möglichkeit wäre, unter Manipulation im Sinne des Art. 25 Abs. 1 DSA in Abgrenzung zur Täuschung und in Anlehnung an die Verwendung im wettbewerbsrechtlichen Kontext eine Gestaltung zu verstehen, die bei voller und richtiger Information nur mithilfe der Darstellung eine falsche Vorstellung hervorruft. Dies würde mit dem Verständnis im Wettbewerbsrecht insoweit übereinstimmen als hier der Begriff der Manipulation auch bei der Überzeichnung eines Kontrasts zur Beeinflussung der Verbraucherentscheidung auftaucht.[32]

Ordnet man die in Art. 25 Abs. 3 genannten Beispiele den Begrifflichkeiten des Abs. 1 zu, so scheinen danach die Hervorhebung einer bestimmten Wahlmöglichkeit (lit. a) sowie die schwieriger als die Anmeldung ausgestaltete Kündigung eines Dienstes (lit. c) unter den Begriff der Manipulation zu fallen.[33]

Die wiederholte Aufforderung, eine bereits getroffene Wahl erneut zu treffen (lit. b) wird im Wettbewerbsrecht regelmäßig als aggressive Geschäftspraktik gem. Art. 8 UGP-Richtlinie (§ 4a Abs. 1 S. 3 UWG) eingeordnet.[34] Sie passt damit weder unter den Begriff der Täuschung noch den der Manipulation und stellt somit eine Variante der "anderweitigen" Beeinträchtigung der Entscheidungsfähigkeit dar.[35]

---

32 OLG Hamburg GRUR-RR 2002, 202.
33 ebenso *Raue* (Fn. 12), Art. 25 Rn. 62, 107 ff, der die Manipulation trotzdem unter dem Oberbegriff "Täuschende Praktiken" behandelt und insgesamt einen "fließenden" Übergang zwischen den Begriffen annimmt.
34 *F. Hofmann*, Lauterkeitsrechtliche Haftung von Online-Plattformen. Die neuen Transparenzvorgaben im UWG 2022 im Kontext lauterkeitsrechtlicher Plattformregulierung, GRUR 2022, 780, 786; *M. R. Leiser/M. M. Caruana*, Dark Patterns: Light to be Found in Europe´s Consumer Protection Regime, EuCML 2021, 237, 247; *Martini/Drews/Seeliger/Weinzierl*, Phänomenologie (Fn. 4), 66.
35 *Raue* (Fn. 12), Art. 25 Rn. 64 f.

Nicht zuletzt muss die Beeinträchtigung oder Behinderung der Fähigkeit zur freien Entscheidung nach Art. 25 Abs. 1 DSA "maßgeblich" sein, um ein Verbot zu rechtfertigen. Die der Formulierung des DSA vergleichbare Bestimmung in Art. 2 lit. e UGP-RL ("wesentliche Beeinflussung") ist regelmäßig dann erfüllt, wenn die Fähigkeit des Verbrauchers zur Entscheidung "spürbar" beeinträchtigt ist.[36] Die Spürbarkeit bezieht sich hierbei allerdings nicht auf das einzelne, von der Beeinflussung betroffene Individuum, sondern auf die objektiv messbare Funktionsfähigkeit des Wettbewerbs, die durch kleine Störungen nicht beeinträchtigt wird.[37] Vorgeschlagen wird deshalb eine Abgrenzung danach, ob die Überwindung der Störung des Entscheidungsprozesses einen nicht unerheblichen Aufwand erfordert.[38] Kriterien für die Feststellung der Maßgeblichkeitsschwelle können daneben das Vorliegen berechtigter Interessen von Nutzenden oder Plattform, die Kombination verschiedener Dark Patterns oder das gezielte Ausnutzen "struktureller Entscheidungs- bzw. Handlungsschwächen" sein.[39]

2. Psychologische Betrachtung

Zu einer eindeutigeren Einordnung, nicht nur der in Art. 25 Abs. 3 DSA genannten, sondern auch weiterer Dark Patterns unter eine der drei Varianten lassen sich Erkenntnisse der Psychologie zu den bei unterschiedlichen Praktiken angewendeten Einflussfaktoren fruchtbar machen.

Eine Entscheidung wird aus psychologischer Perspektive immer dann getroffen, wenn ein Individuum die Auswahl zwischen mindestens zwei Optionen hat. Beim Besuch einer Website müssen unzählige Entscheidungen getroffen werden: Worauf richtet sich die Aufmerksamkeit, sind die Informationen vertrauenswürdig, welche persönlichen Daten werden angegeben? Jede dieser Entscheidungen im Detail zu durchdenken würde uns kognitiv überlasten. Unsere kognitiven Ressourcen sind begrenzt und müssen gezielt eingesetzt werden.[40] Aus diesem Grund nutzen wir unterschied-

---

36 zur Vergleichbarkeit der Regelungen siehe *Dregelies*, Entscheidungsprozesse (Fn. 12), 246, der das Argument des gleichen Wortlauts in der englischen, französischen und polnischen Sprachfassung anführt; ebenso *Raue* (Fn. 12), Art. 25 Rn. 76.
37 *Namysłowska* (Fn. 20), Art. 5 Rn. 51.
38 *Dregelies*, Entscheidungsprozesse (Fn. 12), 246; *Raue* (Fn. 12), Art. 25 Rn. 80.
39 *Raue* (Fn. 12), Art. 25 Rn. 78 ff.
40 G. A. *Miller*, The magical number seven, plus or minus two: Some limits on our capacity for processing information, Psychological Review 1956, 81–97.

liche kognitive Prozesse beim Treffen von Entscheidungen: Das aufwendige, rational-durchdachte Entscheiden steht dem automatisierten, intuitiven und weniger kognitiv belastendem Entscheiden gegenüber.[41]

Diese Annahme einer dualen Architektur findet sich im Zwei-Prozess-Modell nach Kahneman wieder, in dem zwischen zwei kognitiven Systemen unterschieden wird.[42] Die Zuständigkeit von System 1 sind automatisierte Entscheidungen in Situationen, die uns bekannt scheinen. Mit der Hilfe von Heuristiken und kognitive Verzerrungen (Biases) werden Entscheidungen schnell und kapazitätssparend getroffen, sind aber auch fehleranfälliger. Werden Situationen fehlgedeutet und entsprechend unpassende Biases angewendet, kann es zu Fehlentscheidungen kommen. Dem gegenüber steht System 2 als der kontrollierte und bewusste Entscheidungsprozess. Dieser erfolgt langsamer und unter Verbrauch von mehr kognitiver Kapazität, bezieht dafür aber auch umfangreichere Informationen mit ein und ermöglicht ein Abwägen verschiedener Einflussparameter[43].

Beide Systeme können also als ein Spektrum verstanden werden. Umgebungsreize werden mehr oder weniger bewusst verarbeitet und Entscheidungen entsprechend mehr oder weniger automatisiert getroffen. Im Regelfall wird die intuitive Entscheidung von System 1 akzeptiert und erst eine gesteigerte kognitive Verarbeitung aktiviert, wenn es kein passendes „Skript" für eine Situation gibt oder es zu Störungen des gewohnten Handlungsablaufs kommt. Damit das passiert, muss jedoch die Abweichung von bekannten Routinen bemerkt werden. Zusätzlich hängt der Verarbeitungsmodus davon ab, wie viel kognitive Kapazität eine Person situativ zur Verfügung hat. Diese kann durch Zeitdruck oder sonstige Stressoren wie negative Emotionen oder sensorische Überreizung reduziert sein. Außerdem sind die Ziele und Motivationslage einer Person dafür relevant, welche Bedeutung dem Handlungsablauf beigemessen wird und somit wie viel Aufmerksamkeit dem Prozess geschenkt wird. Je relevanter eine Handlung wahrgenommen wird, umso eher wird kognitive Kapazität dafür verwendet.[44]

---

41 vgl. *E. U. Weber/E. J. Johnson,* Mindful Judgment and Decision Making, Annual Review of Psychology 2009, 53-85; B. *Fischhoff/ S. B. Broomell,* Judgment and Decision Making, Annual Review of Psychology 2020, 331–355.
42 *D. Kahneman,* Thinking, fast and slow, London 2012.
43 *Kahneman,* Thinking (Fn. 42).
44 vgl. ebd.; *J. S. B. T. Evans,* Dual-processing accounts of reasoning, judgment, and social cognition, Annual Review of Psychology 2008 (59), 255–278.

Entscheidungen können also immer als Kumulation von Evidenz bezeichnet werden, wodurch die Präferenz zwischen verschiedenen Optionen in eine Richtung verschoben wird. Evidenz sind die Einflussfaktoren, welche von Individuen in einer Entscheidungssituation wahrgenommen und als relevant identifiziert werden können. Diese Evidenz können Hinweisreize für die Aktivierung erlernter Handlungsabläufe sein, wodurch Entscheidungen intuitiv und automatisiert getroffen werden (System 1). Kommt es zu Störungen in diesem gewohnheitsbasierten Entscheiden oder wird eine Entscheidung als individuell bedeutsam wahrgenommen, kann Evidenz auch mit höherer kognitiver Kapazität und somit bewusster und analytischer gesammelt werden (System 2).

a) Wirkweise von Dark Patterns

In zahlreichen Arbeiten wird die vorrangige System-1-Verarbeitung als der zentrale Wirkmechanismus von Dark Patterns vermutet.[45] Cookie-Banner mit unterschiedlich farbigen Auswahlbuttons, aber auch anderen Designs, in denen eine Option vorausgewählt ist, sind Beispiele für die Anwendung des Default-Bias,[46] der die Tendenz beschreibt, eine bereits festgelegte Option auszuwählen.[47] Der Anker-Bias steht für einen ähnlichen Mechanismus: Personen orientieren sich in ihrer Einschätzung an vorgegebenen Ausgangspunkten[48]. Beispielsweise findet sich dieser Effekt bei der Sortierung von Verkaufsprodukten derart, dass die teuersten Produkte als erstes angezeigt werden und somit zum Vergleichspunkt werden[49]. Ebenfalls typischerweise im kommerziellen Bereich finden der Scarcity-Bias (subjektive Wertsteigerung einer Ware durch Wahrnehmung der Verfügbarkeit als

---

45 vgl. *T. Mirsch/ C. Lehrer/ R. Jung*, Digital Nudging: Altering User Behavior in Digital Environments, Proceedings of the 13th International Conference on Wirtschaftsinformatik (WI) 2017, 634–648.
46 *L. Barros/ T. Klein/ A. Shchepetova/ T. Hogg*, The rise of dark patterns: Does competition law make it any brighter?, Competition Law Journal 2022, 136–144; *A. Mathur/ G. Acar/ M. Friedman/ E. Lucherini/ J. Mayer/ M. Chetty/ A. Narayanan*, Dark Patterns at Scale: Findings from a Crawl of 11K Shopping Websites. Proceedings of the ACM on Human-Computer Interaction 2019 (3), 1–32.
47 *E. J. Johnson/ S. Bellman/ G. L. Lohse*, Defaults, Framing and Privacy: Why Opting In-Opting Out. Marketing Letters 2002 (13), 5–15.
48 *A. Tversky/ D. Kahneman*, Judgment under Uncertainty: Heuristics and Biases: Biases in judgments reveal some heuristics of thinking under uncertainty. Science 1974, 1124-1131.
49 *Mathur/Acar/Friedman/Lucherini/Mayer/Chetty/Narayanan*, Scale (Fn. 48), 1–32.

knapp[50]) und der Bandwagon-Effekt (Übernahme der Bewertungen anderer Personen aufgrund des Eindrucks dies sei die Mehrheit[51]) Anwendung. Insbesondere in Bezug auf Privatsphäre-Entscheidungen bei Cookie-Bannern sind Nutzende anfällig für die Verzerrung des Hyperbolic Discounting. Damit wird beschrieben, dass eine gegenwärtige, wenn auch kleinere Belohnung einer künftigen (größeren) Belohnung vorgezogen wird. So wird durch die Verkomplizierung, Tracking-Cookies abzulehnen, eine kleine akute Belohnung (schnelleres Nutzen der angestrebten Website) erlangt, während der Schutz persönlicher Daten als in der Ferne liegender Wert als weniger relevant wahrgenommen wird.[52]

Insoweit Dark Patterns automatisierte Verarbeitungsmuster gezielt nutzen erhöht sich die Vulnerabilität von Nutzenden, da stereotype Verarbeitungsmuster in diesen Kontexten möglicherweise zu einem Verhalten entgegen eigener Interessen führen. Es kann davon ausgegangen werden, dass eine bewusstere Auseinandersetzung mit Dark Patterns, also ein Wechsel auf System 2, erst stattfindet, wenn intuitive Handlungskonzepte als nicht passend empfunden werden oder es zu einer Störung des Handlungsablaufs kommt. Auch in Abhängigkeit von der Bedeutsamkeit der Entscheidung (beispielsweise eines hohen finanziellen Investments), den antizipierten Konsequenzen (beispielsweise dem Abschluss eines längerfristig nicht kündbaren Vertrags) oder der Motivation (beispielsweise dem Interesse daran, die eigenen Daten zu schützen) kann eine Entscheidung bewusster getroffen werden.[53]

Neben Aspekten, die dem Design von Dark Patterns inhärent sind, gibt es auch eine Reihe von situativen und individuellen Faktoren, die über das Ausmaß der Entscheidungsfreiheit mitbestimmen. Aspekte wie Zeitdruck oder die visuelle Reizdichte auf Websites können situativ verändern, wie Nutzende auf Dark Patterns reagieren.[54] Dadurch wird deutlich, dass insbe-

---

50 *L. Mittone/ L. Savadori*, The Scarcity Bias. Applied Psychology 2009, 58(3), 453–468.
51 *R. Schmitt-Beck*, Bandwagon Effect, in: G. Mazzoleni/ K. G.Barnhurst/ I. Ken'ichi/ R. C. M. Maia/ C. M. Rousiley/ H. Wessler, The International Encyclopedia of Political Communication, New York 2015, S. 1–5.
52 *Bösch/Erb/Kargl/Kopp/Pfattheicher*, Proceedings on Privacy Enhancing Technologies 2016, 237–254; *A. E. Waldman*, Cognitive biases, dark patterns, and the 'privacy paradox', Current Opinion in Psychology 2020, 31, 105–109.
53 vgl. Fn 52.
54 *A. M. Bhoot/ M. Shinde/ W. P. Mishra*, Towards the Identification of Dark Patterns: An Analysis Based on End-User Reactions, in: ACM Digital Library, Indiahci '20: Proceedings of the 11th Indian Conference on Human-Computer Interaction, Indiahi 2020, S. 24-33

sondere durch die Häufung von Dark Patterns bei der Internetnutzung ein Maß an kognitiver Belastung erreicht werden kann, welches eine differenzierte Betrachtung weiterer manipulativer Strukturen erschwert.[55]

b) Der Einfluss von Dark Patterns auf das Entscheidungsverhalten

Dark Patterns beschreiben also die potentielle Störung eines bestimmten (z.B. Schuhe kaufen) oder unbestimmten (z.B. Nachrichtenwebsite betrachten) Handlungsablaufs.

Der daraus entstehende Entscheidungsprozess ist, ob und wenn ja in welchem Ausmaß und welcher Art die Auseinandersetzung mit dem Dark Pattern erfolgt. Entsprechend treten Dark Patterns als Störfaktor in einer geplanten Handlung auf, die Aufmerksamkeit liegt auf einem anderen Prozess.[56] Dies stützt die Annahme, dass die Auseinandersetzung mit Dark Patterns vorrangig automatisiert erfolgt; die intuitive Verarbeitung von Dark Patterns ermöglicht eine Komplexitätsreduktion.[57] Deutlich wird dies am Beispiel eines auf einer Nachrichtenwebsite immer wieder auftauchenden Pop-ups mit der Aufforderung, ein Abonnement abzuschließen (Nagging): Würde man sich den Pop-up-Text immer wieder durchlesen, wäre das Zeit- und kapazitätsraubend. Entsprechend fördert dies den automatisierten Umgang in Form eines Klicks auf die intuitiv richtig scheinende Auswahloption.

Ein Grenzwert für die Signifikanz dieser Verhaltensbeeinflussung lässt sich aus psychologischer Sicht nicht definieren. Dennoch erlauben empirische Erkenntnisse eine Einordnung des Ausmaßes der Verhaltensbeeinflussung. Grundlage ist hierfür, dass die Veränderung der Entscheidung oder etwaige Transaktionskosten für das Individuum bemerkbar werden. Evidenzbasierte Untersuchungen zeigen, dass der Mehraufwand an Zeit, negative Emotionen, das Gefühl der Manipulation oder des Kontrollverlustes sowie eine erhöhte kognitive Anstrengung mit der Verwendung von

---

55 Es gibt eine Reihe von Dark Patterns, die auch unabhängig von der Verarbeitungstiefe noch wirken. Die unter anderem nach Gray und Kolleg:innen (2023) als „Forced Action" klassifizierten Strukturen ermöglichen Nutzenden keine Entscheidungsfreiheit. So müssen sich Nutzende beispielsweise beim Pattern „Forced Registration" bei einem Service anmelden, um ein Angebot nutzen zu können.
56 *V. Tarantino/ I. Mazzonetto/ A. Vallesi*, Electrophysiological correlates of the cognitive control processes underpinning mixing and switching costs, Brain Research 2016 (1646), 160–173. https://doi.org/10.1016/j.brainres.2016.05.048
57 *C. Bösch/ B. Erb/ F. Kargl/ H. Kopp/ S. Pfattheicher* (Fn. 52)

Dark Patterns assoziiert sein können.[58] Somit lässt sich kein klarer Wert der Verhaltensmanipulation formulieren, aber ableiten, dass nicht lediglich die Veränderung des Entscheidungsverhaltens, sondern auch die Kosten des Widerstands oder etwaiger „Nebenwirkungen" wie negative Emotionen als relevante Zeichen der Beeinflussung verstanden werden können.

3. Einbeziehung psychologischer Erkenntnisse in die rechtliche Interpretation

Wendet man die Erkenntnisse der Psychologie auf die Auslegung der zunächst unbestimmten Rechtsbegriffe des Art. 25 Abs. 1 DSA an, fällt zunächst auf, dass bei den in der Konfrontation mit Dark Patterns regelmäßig nach System 1 getroffenen Entscheidungen die zugrundeliegende Information gar nicht analysiert wird und damit irrelevant ist. Eine Vielzahl von als Dark Patterns kategorisierten Praktiken kann daher nicht mit dem traditionellen Ansatz der Sicherstellung von vollständiger und richtiger Information für Nutzende bekämpft werden, sondern beruht auf Biases.

Auch eine Interpretation der drei verschiedenen in Art. 25 Abs. 1 DSA vorgesehenen Varianten der Beeinflussung (Täuschung, Manipulation und anderweitige Beeinträchtigung der Entscheidungsfähigkeit) lässt sich nach den unterschiedlichen in der psychologischen Forschung identifizierten Wirkmechanismen deutlich trennschärfer vornehmen.

Während die Täuschung sich wie auch in anderen juristischen Verwendungen weiterhin auf die Schaffung einer fehlerhaften Informationsgrundlage bezieht,[59] kann die Manipulation Praktiken beschreiben, die trotz richtiger und vollständiger Information durch eine bestimmte Darstellung zu einer Beeinträchtigung der Entscheidungsfähigkeit führen. Hier sind Default- und Anker-Bias zu nennen (für die Dark Patterns Kategorien

---

58 K. Bongard-Blanchy/ A. Rossi/ S. Rivas/ S. Doublet/ V. Koenig/ G.Lenzini, "I am Definitely Manipulated, Even When I am Aware of it. It's Ridiculous!" - Dark Patterns from the End-User Perspective, in: W. Ju/ L. Oehlberg/ S. Follmer, Designing Interactive Systems Conference, New York 2021, S. 763 ff.; vgl. A. M. Bhoot/ M. Shinde/ W. P. Mishra (Fn. 54)

59 Je nach den Umständen im Einzelfall ließe sich hier das Regelbeispiel nach Art. 25 Abs. 3 lit. c DSA einordnen.

Preselection⁶⁰ und Pressured Selling⁶¹), ebenso Scarcity und Bandwagon (Scarcity und Social Proof Patterns⁶²). Art. 25 Abs. 3 lit. a DSA liefert einen Anwendungsfall für die Variante der Manipulation im hier vertretenen Verständnis.

Bei Praktiken, die mit Zeitdruck und visueller Reizüberflutung arbeiten, steht die zeit- und kapazitätsraubende Wirkung im Vordergrund, die dann bei einem zusätzlichen Einsatz einer bestimmten Gestaltung der Wahloptionen zur Wirkung eines Default-Bias führen kann. Beim in Art. 25 Abs. 3 lit. b DSA genannten Beispiel Nagging⁶³ handelt sich damit um eine aggressive Technik, die bereits die Fähigkeit – nach der Terminologie des DSA – "anderweitig" beeinträchtigt und damit zu einer für Nutzende möglicherweise ungewollten und potentiell nachteiligen Entscheidung führt.

In der Ausweitung des Begriffs der Manipulation in Art. 25 Abs. 1 DSA könnte man eine Änderung des Verbraucherleitbildes sehen, indem nicht mehr nur auf die Informiertheit des Verbrauchers abgestellt wird, sondern auch "Erkenntnis- und Entscheidungsschwächen" bei vollständiger Information mit einbezogen werden.⁶⁴ Zwar ist der geschützte Personenkreis des DSA nicht auf Verbraucher begrenzt, diese sind aber eine Teilgruppe der dort geschützten "Nutzenden".⁶⁵ Das "Leitbild des aufgeklärten Verbrauchers" stellt nicht auf die besondere Betroffenheit des Einzelnen, sondern auf den fiktiv typischen Durchschnittsverbraucher ab.⁶⁶ Allerdings lässt sich der Aspekt der Erkenntnis- und Entscheidungsschwächen auch im traditionellen Verbraucherleitbild verorten, indem bei der Bewegung von Verbrauchern im von Online-Plattformen geschaffenen Umfeld das

---

60 Beschrieben bei *Martini/Drews/Seeliger/Weinzierl*, Phänomenologie (Fn. 4), 52; *Kühling/Sauerborn*, Rahmenbedingungen (Fn. 4), S. 5-6.
61 *Mathur/Acar/Friedman/Lucherini/Mayer/Chetty/Narayanan*, Scale (Fn. 48), 1 – 32.
62 So eingeteilt bei *Martini/Drews/Seeliger/Weinzierl*, Phänomenologie (Fn. 4), 52.
63 Beschrieben bei *Martini/Drews/Seeliger/Weinzierl*, Phänomenologie (Fn. 4), 52; *Kühling/Sauerborn*, Rahmenbedingungen (Fn. 4), S. 7.
64 so bei *B. Raue/H. Heesen*, Der Digital Services Act, NJW 2022, 3537, 3542; erste Anpassungen des wettbewerbsrechtlichen Verbraucherleitbildes in der Rechtsprechung finden sich bereits in EuGH Urt. v. 4.6.2015 – C-195/14, ECLI:EU:C:2015:361, Rn. 40 – Teekanne; vgl. auch *Namysłowska* (Fn. 20), Art. 5 Rn. 82 f.; *Raue* (Fn. 12), Art. 25 Rn. 53 sieht darin einen Hinweis des Gesetzgebers, dass "beim rechtlichen Schutz der Nutzer stärker verhaltensökonomische Erkenntnisse berücksichtigt werden müssen".
65 vgl. auch *Raue* (Fn. 12), Art. 25 Rn. 50.
66 *Namysłowska* (Fn. 20), Art. 5 Rn. 54, 60 ff., zur Berücksichtigung statistischer und verhaltenswissenschaftlicher Erkenntnisse in das europäische Verbraucherleitbild vgl. Rn. 80 ff.

Maß der "adäquaten Aufmerksamkeit" ein niedrigeres ist als im analogen Bereich bzw. auf weniger kuratierten Seiten im Internet.[67] Dafür würde auch die besondere Schutzwürdigkeit sprechen, die mit den Regelungen des DSA Nutzenden von Online-Plattformen offenbar zugebilligt wird.

Ob die Beeinträchtigung der Entscheidungsfähigkeit durch ein Dark Pattern das erforderliche Niveau der "Maßgeblichkeit" erreicht, könnte davon abhängig gemacht werden, inwieweit sie als "strukturell" verstanden werden kann, sodass sie zu einem Effekt der "rationalen Apathie" führt.[68] Letzteres könnte dann der Fall sein, wenn Dark Patterns in Situationen eingesetzt werden, in denen die Entscheidung für Nutzende nicht von wesentlicher Bedeutung ist oder die Situation typischerweise von Zeit- und/ oder Entscheidungsdruck geprägt ist.[69] Die nicht-kontingente Verkettung von Verhalten und Konsequenz kann diesen Mechanismus verstärken: Negative Auswirkungen wie gesteigerte finanzielle Kosten oder die Freigabe persönlicher Daten kommen nicht direkt in der Entscheidungssituation, sondern erst verzögert beziehungsweise gar nicht für das Individuum spürbar zum Tragen.

IV. Fazit

Je automatisierter Entscheidungen getroffen werden, umso abhängiger sind diese in ihrer Qualität von den angewendeten intuitiven Annahmen und Vorurteilen (Biases). Damit sind Personen auch vulnerabler für Beeinflussungen – insbesondere durch Dark Patterns, die genau an diesen automatisierten Verarbeitungsprozessen ansetzen.

---

67 zu den "besonderen Gefahren in der Digitalen Welt" siehe auch *Q. Weinzierl*, Verhaltensanomalien (Fn. 31), 3; *M. Martini/I. Kramme/P. Seeliger*, "Nur noch für 30 Minuten verfügbar" - Scarcity- und Countdown-Patterns bei Online-Geschäften auf dem Prüfstand des Rechts, VuR 2022, 123, 124; vgl. zum Aspekt der Aufmerksamkeit bzw. Verständigkeit des Durchschnittsverbrauchers *A. Lubberger* in: W. Gloy/M. Loschelder/ R. Danckwerts, Handbuch des Wettbewerbsrechts, 5. Auflage München 2019, § 40 Rn. 47 f., § 59 Rn. 72; *Namysłowska* (Fn. 20), Art. 5 Rn. 61; siehe auch Erwg. 18 der UGP-RL.
68 *Raue* (Fn. 12), Art. 25 Rn. 86.
69 *Raue* (Fn. 12), Art. 25 Rn. 88 f.; *Martini/Kramme/Seeliger*, Countdown-Patterns (Fn. 66), 124; mit uneindeutigem Ergebnis *J. Luguri/L. Strahilevitz*, Shining a Light on Dark Patterns, Journal of Legal Analysis 2021, 43 66f.; vgl. auch die entsprechende Argumentation im Wettbewerbsrecht, siehe nur BGH GRUR 2013, 301 Rn.41 – Solarinitiative; BGH, GRUR 2012, 402 Rn. 34 – Treppenlift.

Eine „freie" Entscheidung ist insofern unmöglich als es keine „Einflussfreie" Entscheidung gibt. Dennoch lässt sich unterscheiden, wie stark welche Mechanismen Entscheidungen beeinflussen. Die psychologische Forschung in Bezug auf Dark Patterns wächst stetig, wenngleich es nach wie vor viele Lücken gibt. Dennoch lassen sich für die Beurteilung der Freiheit einer Entscheidung relevante Fragen ableiten:

- Welche individuellen Faktoren mindern die Fähigkeit zur Wahrnehmung und bewussten Verarbeitung eines Dark Patterns?
- Wie bewusst und mit welcher Gewichtung wird der Entscheidungsprozess bearbeitet?
- Welche Vorurteile (Biases) oder automatisierten Verarbeitungsprozesse werden möglicherweise getriggert?

Diese Kriterien bieten einen ersten Ansatz für einen Prüfungsmaßstab, ob ein neuer Fall unter das Verbot des Art. 25 DSA fällt. Die Formulierung, die nur auf eine Beeinträchtigung bzw. Behinderung einer freien und informierten Entscheidung Bezug nimmt, kann damit sowohl die meisten gegenwärtig bekannten Dark Patterns erfassen, als auch neue Entwicklungen, die zum gegenwärtigen Zeitpunkt noch nicht absehbar sind. Begrüßenswert erscheint insbesondere der Ansatz des Art. 25 DSA im von Online-Plattformen geschaffenen Umfeld nicht nur auf die vollständige Informiertheit von Nutzenden als Voraussetzung der Fähigkeit zur freien Entscheidung abzustellen, sondern auch Beeinflussungen durch eine bestimmte Darstellung oder allgemeine kognitive Überforderung in die Regelung aufzunehmen.

Die Effektivität der Regelung ist maßgeblich von ihrer Interpretation in den Leitlinien der Kommission gem. Art. 25 Abs. 2 DSA sowie von ihrer Durchsetzung durch die mitgliedstaatlichen Koordinatoren für digitale Dienste abhängig. Insbesondere bei Dark Patterns, die nicht offensichtlich sind, ist davon auszugehen, dass eine private Rechtsdurchsetzung gem. Art. 54 DSA häufig schon mangels Erkennbarkeit der verbotenen Praktiken ausscheidet. Darüber hinaus wird es regelmäßig nicht zu Schäden oder Verlusten einzelner Nutzender kommen, die in ihrem Umfang die rationale Apathie überwinden könnten. Zentral erscheint dabei gerade bei der Durchsetzung der Regelungen zu Dark Patterns die behördliche Durchsetzung. Hier scheint es von Vorteil, wenn die Erkenntnisse der Psychologie zu den verschiedenen Einflussfaktoren und Manipulationsmechanismen einfließen, insbesondere in der Interpretation des weiten Tatbestands des Art. 25 Abs. 1 DSA.

The capture of user attention in digital ecosystems: a competition policy perspective[*]

Macarena Viertel Iñíguez[**]

A. Introduction

While recent regulatory initiatives primarily target the collection and processing of data by technology giants may not seem ground-breaking at a first glance, they open the door to further significant steps in the regulatory landscape. Authorities worldwide emphasise the critical role of data in competitive digital markets as it often confers market dominance, which justifies the imposition of obligations to protect smaller players and users. However, it is important to acknowledge that data is not an isolated resource as used by Big Tech to strengthen their market positions. The business model of digital ecosystems is based on a dual strategy consisting of capturing users' attention and collecting data. These are two intrinsically interdependent aspects of the business, akin to two sides of a single coin. Digital ecosystems must constantly engage and hold users' attention in order to foster a continual flow of data.

It is commonly presumed that users are drawn into digital ecosystems for their positive attributes, yet it is important to explore whether the attention invested by users is subject to manipulation. The user attention component, which is key to digital ecosystems' business, is frequently overlooked in competition policy discussions focusing solely on data and associated obligations. The regulatory and enforcement efforts lag behind as a result of this oversight. Understanding the business operations is essential for more effective regulation and enforcement, which calls for analysing user attention capture as part of the process.

---

[*] A draft version of this paper was presented at the 8th Tagung GRUR Junge Wissenschaft Kolloquium zum Gewerblichen Rechtsschutz, Urheber- und Medienrecht on June 24, 2023, at the University of Potsdam. The author expresses gratitude for the valuable feedback received from the attendees, with special recognition to Jun. Prof. Juliane Mendelsohn.
[**] PhD candidate and research fellow Freie Universität Berlin.

The purpose of this article is to discuss the idea of user attention, its relation with online interface design, how it could constitute a market failure under certain circumstances, and how the competition policy can tackle this issue.

B. User Attention: The Raw Material that Digital Ecosystems Seek to Capture

Due to their nature, digital ecosystems are reliant on the provision of attention from users. Digital ecosystems, popularly identified as GAFAM[1], can be defined as a group of goods and services provided by different firms[2] - known as complementors - and offered under the direction of an ecosystem orchestrator[3] that boosts their complementarities[4] to provide value to users[5]. Rochet and Tirole's explanation of network externalities[6] sheds light on the logic behind these interactions. Ecosystems require a significant number of users to provide attention and data in order to function, as their value lies in concentrating this user base to attract external complementors. This is the cross-group externality[7]: complementors want to participate in an ecosystem that guarantees a significant number of users, and users want to participate in an ecosystem that ensures virtually unlimited access to various complementors.

Considering attention as the raw material of digital ecosystems does not diminish the role of data acquisition and usage. Rather, this approach seeks to complement the analysis by incorporating attention, its acquisition, and exploitation as essential elements in the ecosystem's dynamic. Without

---

1 "GAFAM" is the acronym for Google, Amazon, Facebook, Apple and Microsoft. After the renaming of Google to Alphabet and Facebook to Meta, these tech companies are also known under the acronym of "GAMMA".

2 M. Jacobides, C. Cennamo and A. Gawer, Towards a theory of ecosystems, Vol. 39 Issue 8 Strategic Management Journal 2018, 2255 (2263).

3 M. Jacobides and I. Lianos, Ecosystems and Competition Law in Theory and Practice, Centre for Law, Economics and Society Faculty of Law UCL 2021, <https://www.ucl.ac.uk/cles/sites/cles/files/cles-1-2021.pdf>, last accessed 11 June 2023.

4 M. Jacobides, C. Cennamo and A. Gawer, Towards a theory of ecosystems (fn. 2), 2263.

5 C. Panico and C. Cennamo, User preferences and strategic interactions in platform ecosystems, Vol. 43 Issue 3 Strategic Management 2020, 507 (508).

6 J.C. Rochet and J. Tirole, Platform Competition in Two-sided Markets, Vol. 1(4) Journal of the European
Economic Association 2003, 990 (1017-1020).

7 J.C. Rochet and J. Tirole, Two-sided Markets: A Progress Report, Vol. 37(3) Rand Journal of Economics 2006, 645 (657-658).

users providing their attention to Big Tech, they would lack the means to obtain the same quality, level, and detail of data they currently possess. By encompassing attention in the equation, we gain a more comprehensive understanding of the interplay between user engagement and data enrichment in digital ecosystems.

Several academic fields study attention. Particularly, psychology has defined attention as a "multidimensional cognitive capacity"[8] and categorised it into focused, sustained, selective, alternating and divided attention.[9] When analysed from an economic perspective, attention has been defined as a scarce resource due to our limited capacity to allocate it.[10] It has also been recognised as a commodity,[11] as economic players can sell people's attention to others.

Given the limited nature of user attention, market participants are highly interested in understanding how users allocate their attention and exploring ways to influence that allocation. As Williams notes, the way users allocate attention are "literally the object of competition among many of the technologies you use every day. There are literally billions of dollars being spent to figure out how to get you to look at one thing over another; to buy one thing over another; to care about one thing over another".[12] The will to influence user's or consumer's attention is a longstanding idea in the history of markets. Wu describes this phenomenon as *"attention manipulation"*[13] and explains how *"attention merchants"* operate in markets, specifically advertisement markets.[14] He outlines the development of these markets highlighting how advertising formulas and formats have had to adapt over the past century in tandem with technological advancements.[15] These adaptations have advanced from traditional media like print and

---

8   M. M. Sohlberg and C. A. Mateer, Effectiveness of an attention-training program, Journal of Clinical and Experimental Neuropsychology, 9(2) 1987, 117 (119).
9   M. M. Sohlberg and C. A. Mateer, Effectiveness of an attention-training program (fn. 8), 119.
10 V. Hendricks and M. Vestergaard, Reality Lost: Markets of Attention, Misinformation and Manipulation, Springer Open 2019, 1 (4).
11 T. Wu, The Attention Merchants: From the Daily Newspaper to Social Media, How Our Time and Attention is Harvested and Sold, Atlantic Books 2016, 1 (6).
12 J. Williams, Stand Out of Our Light: Freedom and Resistance in the Attention Economy, Cambridge University Press 2018, 1 (33).
13 P. Persson, Attention manipulation and information overload, Behavioural Public Policy Vol. 2 Issue 1 2018, 78 (79).
14 T. Wu, The Attention Merchants (fn. 11), 6.
15 T. Wu, The Attention Merchants (fn. 11), 324.

television to the present-day landscape accessible within our pockets. Wu also explores how the spread of technology has encroached on people's lives and how this is related to the propagation of advertising that is significantly more tailored to the consumer and, as a result, more successful.[16]

For this reason, the engagement of user attention through digital ecosystems is intriguing: enticing users to be receptive to advertising has been a practice as old as the spread of mass media, as exemplified by Wu.[17] What is new is that the conditions for achieving this goal changed radically from the moment users provided exactly what any advertiser would dream of having: first-hand information about their tastes, interests, and personal lives.[18] The relationship of these attention markets with digital ecosystems is evident, especially for those that provide services at no monetary cost to the user. Not only do digital ecosystems provide the space for advertising, but they also know with a fair amount of certainty how to target advertising to the desired audience. Digital ecosystems occupy a critical and enviable position for any market operator, as they receive *perfect* information[19],

---

16   T. Wu, The Attention Merchants (fn. 11), 342ff.
17   T. Wu, The Attention Merchants (fn. 11), 5.
18   In the United States, a 2018 internet user survey found that over 75% were willing to share details like gender, race, marital and employment status (*Statista*, Types of personal information internet users in the United States are willing to share in general versus customization purposes as of June 2018, < https://www.statista.com/statistics/881416/types-personal-information-internet-users-willing-share-usa/> last accessed 22 September 2023). Conversely, a survey among German individuals under 18 from 2008 to 2016 showed personal photos and videos were commonly shared (*Statista*, What kind of personal information have you submitted on the internet?, 2022 < https://www.statista.com/statistics/422310/children-information-submitted-on-the-internet-germany/> last accessed 22 September 2023). Despite this openness, surveyed U.S. adults expressed a lack of control over their information, particularly in physical location and online conversations (*Statista*, Degree of control regarding selected types of personal information according to online adults in the United States as of June 2019, 2023 < https://www.statista.com/statistics/1084331/degree-of-control-regarding-personal-info-usa/> last accessed 22 September 2023). Facebook users in the U.S. also raised concerns in 2018, with 55% highly worried about the sale and use of their personal information by other companies on the platform (*Statista*, Top Facebook user concerns in the United States as of April 2018, 2023 < https://www.statista.com/statistics/1018760/facebook-user-concerns/> last accessed 22 September 2023). This dichotomy between the willingness to share personal information and the feeling of a lack of control over its acquisition, use, and dissemination is addressed by S. Zuboff, The age of surveillance capitalism, Profile Books 2019.
19   As noted by Wu, "with Google's direct proof of clicks and tracking of customers, advertisers could finally see a direct link between their ads and eventual purchases". T. Wu, The Attention Merchants (fn. 11), 264.

effectively eliminating the right amount of uncertainty often associated with healthy market competition. In short, it guarantees *permanence* in the market, which everyone would like: knowing exactly when a product or service is no longer of interest to consumers and identifying emerging needs over time. Moreover, in line with the classic theorem that needs are infinite while resources are limited, digital ecosystems rely on the idea of infinite needs to offer that translates into information to the market and subsequently transform that information into infinite economic income.

This dynamic is not inherently negative; on the contrary, it benefits consumers who find solutions to their needs and economic actors who gain more information to market their products.[20] However, this dynamic assumes that the economic agent acting as an intermediary requires constant access to user information to sustain its economic model. To maintain this continuous flow of information, it relies on capturing and retaining users' attention so that they continue providing information.[21] As noted, user attention is a scarce resource and a volatile element, as it competes with various stimuli from online and offline sources. Scientific research confirms that we cannot allocate the same level of attention, and despite the desire to multitask, our capacity for attention and focus is limited.[22] This naturally poses a challenge for attention intermediaries who constantly rely on user engagement with their ecosystem. If, for any reason, the user's attention ceases to flow towards the attention intermediary, their business model is under threat.

This is where the idea of digital ecosystems employing mechanisms to attract users' attention within their ecosystem becomes relevant. Let us remember that attention intermediaries have perfect information about us, which translates into the possibility of exploiting our cognitive biases in order to keep our attention captured. Moreover, this is a problem in different domains, but the one addressed in this article is one of competition policy. Digital ecosystems enjoy significant presence in various markets and

---

20 O. Budzinski, S. Gaenssle and N. Lindstädt-Dreusicke, Data (R)Evolution - The Economics of Algorithmic Search and Recommender Services, edited by S. Baumann, Handbook of Digital Business Ecosystems, Edward Elgar Publishing Limited 2022, 349 (353-355).

21 "To compete for behavioural advertising revenue, websites and apps need attention and personal data, both of which Google and Facebook have. But Google and Facebook do not sell our data. They do not need to. Instead, they sell prediction services to publishers and advertisers". *M. E. Stucke*, Breaking Away: How to regain control over our data, privacy, and autonomy, Oxford University Press 2022, 1 (95).

22 *V. Hendricks and M. Vestergaard*, Reality Lost (fn. 10), 3.

like any economic actor, they are interested in maintaining their share over time. The following section describes how digital ecosystems capture user's attention and how this practice becomes a problem for competition policy.

C. The Capture of User Attention through Online Choice Architecture

When referring to competition for user attention, Williams highlights the role that *designers* play in the competitive process. Given the intensity of competition, designers have to "privilege our impulses over our intentions even further - and exploit the catalogue of decision-making biases".[23] The design of digital environments that influences user's decision-making is known as *online choice architecture*: how choices are presented to users to influence their decisions, for example, by making some options more attractive or accessible.[24] Online choice architecture must be understood as a neutral term, as it can "help consumers choose between suitable products, make transactions faster, and recommend new relevant products or services";[25] the latter is known in the computational domain as recommendation systems.[26] In its less noble variation, choice architecture can be employed to divert user's attention, to misleading scarcity claims,[27] not beneficial default options[28] or misleading ranking of results, products and services.[29]

How exactly does the interface design attract the user's attention? The concept proposed by Eyal helps in understanding the creation of habits, particularly within the current landscape where "convergence of access,

---

23 J. Williams, Stand Out of Our Light: Freedom and Resistance in the Attention Economy, Cambridge University Press 2018, 1 (33).
24 *Competition and Markets Authority*, Online Choice Architecture. How digital design can harm competition and consumers, Discussion Paper 2022, 1 (2).
25 *Competition and Markets Authority*, Online Choice Architecture, (fn. 24), iii.
26 "[...] RSs are designed with the intention to provide the most relevant recommendations for each individual end-user based on what the RS knows or predicts about that individual's preferences". *A. Fletcher, P.L. Ormosi and R. Savani*, Recommender Systems and Supplier Competition on Platforms, Journal of Competition Law and Economics 2023, 1 (5).
27 *Competition and Markets Authority*, Online Choice Architecture, (fn. 24) 26.
28 *Competition and Markets Authority*, Online Choice Architecture, (fn. 24), 34.
29 *Competition and Markets Authority*, Online Choice Architecture, (fn. 24), 37.

data, and speed is making the world a more habit-forming place".[30] The author introduces the *hook model* as an "experience designed to connect the user's problem to a company's product frequently enough to form a habit".[31] Purohit, Holzer and Barclay extend the *hook model* to a different facet of digital ecosystems: social media.[32] This model functions by cultivating a habit through addictive usage and comprises four stages: trigger, action, reward, and investment.[33] The trigger initiates a user's desire to engage with the platform and can be classified as internal or external triggers.[34] In the digital context, internal triggers might manifest as feelings of boredom or loneliness, while external triggers could include notifications of new messages.[35] The second stage of the actions occurs when the user is prompted to perform a reaction to the trigger, such as giving a "like", commenting on social media, browsing or answering a message.[36] The third stage is the rewarding of the action, which translates into access to new content or social rewards on social media[37], such as receiving likes or comments that in turns translates into a form of validation from the community on the social media.[38] Finally, the investment stage refers to when the user has invested time, effort and sometimes even actual money in using the platform, such as creating their own feed, improving the network of contacts, so it "increases the likelihood of users returning to social media platforms as they have invested value in the form of content, data, followers

---

30 N. *Eyal,* Hooked: How to build Habit-Forming Products, Penguin Publishing Group 2014, 1 (14).
31 N. *Eyal,* Hooked (fn. 30), 14.
32 A. *Purohit, A. Holzer and L. Barclay,* Designing for Digital Detox: Making Social Media Less Addictive with Digital Nudges, Extended Abstracts of the Conference on Human Factors in Computing Systems 2020, <https://dl.acm.org/doi/10.1145/333448 0.3382810> last accessed 9 June 2023.
33 A. *Purohit, A. Holzer and L. Barclay,* Designing for Digital Detox, (fn. 32).
34 Eyal further classifies external triggers into four distinct types: paid triggers, exemplified by advertisements that financially incentivize user attention; earned triggers, which demand an investment of time in cultivating public and media relations; relationship triggers, involving individuals advocating for a product or service through social diffusion; and owned triggers, which require the consumer's permission for their presence within their environment. For instance, these could manifest as newspaper placements or icons on the user's smartphone screen. N. *Eyal,* Hooked (fn. 30), 30ff.
35 A. *Purohit, A. Holzer and L. Barclay,* Designing for Digital Detox, (fn. 32).
36 A. *Purohit, A. Holzer and L. Barclay,* Designing for Digital Detox, (fn. 32).
37 A. *Purohit, A. Holzer and L. Barclay,* Designing for Digital Detox, (fn. 32).
38 N. *Eyal,* Hooked (fn. 30), 70.

and reputation".[39] As explained by Eyal, the investment stage is linked to a long-term reward,[40] given that the "idea behind the investment phase is to leverage the user's understanding that the service will get better with use (and personal investment). Like a good friendship".[41] All these stages fit into the concept of *addictive interface design*[42], that causes influenced users to engage with the digital ecosystem with the purpose to increase their time spent on it.

The underlying issue is distinguishing practices that engage with the autonomy of consumers such as influencing or persuasion from manipulation.[43] This is not a trivial matter, as noted Hanson and Kysar, who observed that companies "will respond to market incentives by manipulating consumer perceptions in whatever manner maximizes profits"[44]. Manipulative interface designs, such as deceptive online choice architecture, have been analysed especially from the perspective of consumer law. With the emergence of e-commerce, consumer protection authorities have taken an active role in disseminating information about dark patterns and how consumers can identify them, as well as issuing regulations or guidelines to set limits for companies involved in digital commerce.[45]

To enhance consumer protection within the digital landscape, the General Data Protection Regulation (GDPR) defines the concept of profiling in Art. 4(4) GDPR, emphasising the ability to analyse or anticipate various aspects of an individual's life. Subsequently, Art. 22 GDPR stipulates the

---

39 A. Purohit, A. Holzer and L. Barclay, Designing for Digital Detox, (fn. 32).
40 N. Eyal, Hooked (fn. 30), 97.
41 N. Eyal, Hooked (fn. 30), 38.
42 OECD, Dark Commercial Patterns, OECD Digital Economy Papers No. 336 2022, (1) 12.
43 N. Economides and I. Lianos, Restrictions on Privacy and Exploitation in the Digital Economy: a Market Failure Perspective, Journal of Competition Law and Economics 17(4) 2021, 765 (835).
44 J. Hanson and D. Kysar, Taking Behavioralism Seriously: The Problem of Market Manipulation, New York University Law Review Vol. 74 1999, 630 (743).
45 For instance, see: (i) *Competition and Markets Authority*, Online Choice Architecture (fn. 24); (ii) European Commission, Behavioural study on unfair commercial practices in the digital environment: dark patterns and manipulative personalisation, Final Report 2022; (iii) *Forbrukarrådet*, Deceived by Design: How tech companies use dark patterns to discourage us from exercising our rights to privacy, Report 2018; (iv) *OECD*, Dark Commercial Patterns, (fn. 42); and, (v) Regulation (EU) 2022/2065 of the European Parliament and Council of 19 October 2022 on a Single Market for Digital Services and amending Directive 2000/31/EC [2022] OJ L 277 (Digital Services Act).

right for users not to be subjected to automated decisions based on consumer profiling that results in legal repercussions for them.[46] The Digital Service Act (DSA) also addresses this theme. In Art. 25 DSA, it regulates the prohibition of online interface design that undermines the consumer's capacity to make rational decisions.[47] Both of these legislative frameworks address the concern of businesses influencing user's decision-making, acknowledging this manipulation as detrimental to consumers at large.

However, capturing user attention through manipulative digital interface has remained unnoticed in competition law assessments. The next section explores the conceptualization of deceptive online choice architecture as a potential market failure.

D. Deceptive choice architecture as a market failure

As per Bator, market failures emerge when they are unable to "sustain 'desirable' activities or to estop [sic] 'undesirable' activities". [48] In simpler terms, a market failure can be characterized as a scenario that hampers effective market performance, which is understood as situations in which firms produce goods and services that are socially desired by consumers, and all associated costs are accurately factored into the provision of these goods. A market failure occurs when the prerequisites for efficient market performance are not fulfilled. Frequently cited instances of market failures encompass issues such as externalities, information asymmetries, and behavioural biases.[49] These factors collectively contribute to situations where markets do not operate optimally or effectively.

---

46 Wiedemann observes that the prohibition of making decisions based on profiling, as outlined in Article 22 of the GDPR, only applies when the decision-making process is entirely automated, meaning that the individual lacks the capacity and authority to deviate from the results of the profiling. Thus, "the GDPR in this regard seems to position itself in favour of the business interests as it refrains from regulating other forms of decision-making". K. Wiedemann, Automated Processing of Personal Data for the Evaluation of Personality Traits: Legal and Ethical Issues, Max Planck Institute for Innovation and Competition Research Paper No. 18-04 2018, 1 (22).
47 *See* in this volume H. *Jahromi and D. Löschner*, Catch me if you can? Befunde zur Wirksamkeit und Regulierung von Dark Patterns auf digitalen Plattformen.
48 F. M. Bator, The Anatomy of Market Failure, Vol. 72(3) The Quarterly Journal of Economics 1958, 351 (351).
49 T. Cowen and E. Crampton, Market Failure or Success, Edward Elgar Publishing Limited 2002, 3 (3).

In his book "How Markets Fail", Cassidy critiques the role that the concept of market failure has assumed in economics. He notes that it is often treated merely as an addendum to the classical free market model theory, essentially being relegated to a theoretical perspective. Cassidy, however, advocates for an approach grounded in reality that places market failures at the very core of economic analysis i.e., a *reality-based* perspective.[50] Cassidy's approach invites us to consider that the reality of markets implies the existence of failures, and these should be an essential part of the analysis rather than an exception to their functioning. The theoretical application of this approach to the subject of this text leads us to the following observation: in digital markets, the limited rationality of consumers' decision- making and firms' ability to influence it are so prevalent that they have become features of these markets. These aspects give rise to an inherent market failure and enable the use of deceptive online choice architecture, which in turn affects one of the goals of competition policy (consumer welfare). Considering the limited rationality of consumers and businesses' capacity to manipulate decision-making as inherent features of digital markets prompts the conclusion that the norm in these markets is not perfect functionality but rather operation with inherent market failures that affect consumer welfare. The deceptive online choice architecture, studied in this paper, stands out as a prime example. A further reflection on these elements is provided below.

A departure from the classical free market approach and a further step in adopting the reality-based approach is to consider not-always-rational decision-making by consumers as a *market feature* rather than an exception to its functioning. Embracing this perspective suggests that such behaviour is intrinsic to how markets operate and serves as an alternative to the traditional notion of the rational economic individual. However, the fact that human decision-making does not always exhibit perfect logic and impeccable rationality does not imply a complete absence of rationality in our decisions. There are some concepts that could inspire the reality-based approach. Haucap offers a broader conception of the principle *bounded rationality*, coined by Simon,[51] by defining it as "a deviation from perfectly

---

50 *J. Cassidy*, How Markets Fail: The logic of economic calamities, Penguin Group 2009, 3 (127-128).
51 According to Simon, while the classical model of the rational human is attractive to economic theory, it is notably absent in theories of imperfect markets and economic development. Consequently, he advocates for a paradigm shift in economic

rational behaviour that cannot be characterized as completely irrational".[52] Another example is the concept of *addicted consumer* assessed by Rosenquist, Scott Morton and Weinstein, who highlight that users engaged with digital platforms cannot be approached from the perspective of the rational consumer model.[53] These notions underscore the idea that if users are not fully aware of their biases and cognitive shortcuts, then it is challenging to assume that digital markets are functioning correctly.[54]

The previous reasoning leads us to reflect on how this limited rationality relates to deceptive online choice architecture as a market failure. Given to the overwhelming amount of stimulation both online and offline to which consumers are exposed, digital ecosystems must refine their online interface design to compete for their attention and a mechanism is influencing the decision-making of consumers. According to Hanson and Kysar, limitations on the decision-making are "endogenous to the economic model"[55], i.e., a market failure.[56] However, these limitations may be a result of online choice architecture intended to help users to find the product or service that fits them, therefore as noted by Economides and Lianos, "[t]he difficulty lies in determining that which distinguishes manipulation from other forms of intervention, such as simple influence and/or persuasion".[57]

---

analyses—an embrace of empirically limited human rationality. This shift is defined by Simon as the principle of bounded rationality: "The capacity of the human mind for formulating and solving complex problems is very small compared with the size of the problems whose solution is required for objectively rational behavior in the real world – or even for a reasonable approximation to such objective rationality". H. Simon, Models of Man: social and rational, mathematical essays on rational human behavior in a social setting, Wiley & Sons 1957, 1 (198).

52 J. Haucap, Bounded rationality and competition policy, edited by J. Drexl, W. Kerber and R. Podszun, Edward Elgar Publishing Limited 2011, (1) 218.
53 *J. Rosenquist, F. Scott Morton and S. Weinstein*, Addictive Technology and its Implications for Antitrust Enforcement, Vol. 100 North Carolina Law Review 2022, 431 (470).
54 *J. Rosenquist, F. Scott Morton and S. Weinstein*, Addictive Technology and its Implications for Antitrust Enforcement (fn. 53), 438.
55 *J. Hanson and D. Kysar*, Taking Behavioralism Seriously (fn. 44), 636.
56 "As the authors very poignantly point out, the possibility of manipulating consumers is relevant because it means firms have no other option than to capitalize on it, otherwise they will be losing precious market opportunity. That gives rise to a market failure: consumer biases are an endogenous force that shapes markets". *M. Mattiuzzo*, Dark Patterns and Manipulation, TechReg Chronicle: Dark Patterns, Competition Policy International 2023, 45 (48).
57 *N. Economides and I. Lianos*, Restrictions on Privacy and Exploitation in the Digital Economy: a Market Failure Perspective, Journal of Competition Law and Economics 17(4) 2021, 765 (835).

The answer to this issue relies on identifying when the online choice architecture seeks to *manipulate* users instead of assist them in their choices. When digital ecosystems employ deceptive online choice architecture or other forms of manipulative online interface design, users' decisions are influenced or skewed. Hence, consumers' choices cease to be autonomous economic decisions, contravening the expectations of traditional competition policy and the ideal of robust market competition. Various examples illustrate this phenomenon in the daily use of digital ecosystems. One technique involves becoming an indispensable channel for users intending to utilise other platforms that require signing up with a Facebook, Google or Apple accounts.[58] Despite users directing their attention to a third-party application or device, these digital ecosystems still profit from this arrangement. Another example is how online choice architecture can leverage exposure effects, causing users to focus their attention on specific elements. As noted by Fletcher, Ormosi, and Savani, this situation, in turn, prompts engaged users to provide data to the elements to which they were specifically exposed, subsequently altering recommendation systems.[59] A more frequent and evident example is the notifications from social networks that prompt interaction from the recipient, a practice known as *nagging*.[60] Even if the user chooses the option to hide notifications, the social networking application consistently reminds that notifications are muted and offers a simple one-click option to activate them while muting them initially requires several steps. These examples can be summarized under Stucke's idea when referring to competition in advertising against Google and Facebook "[...] the winner is already ordained. Those with the more extensive surveillance network, who can sustain our attention longer and better manipulate our behaviour, wield power and collect the profits".[61]

---

58 *Competition Policy International*, DOJ Looks Into Complaints Regarding The "Sign In With Apple" Button, 24th February 2021 <https://www.competitionpolicyinternational.com/doj-looks-into-complaints-regarding-the-sign-in-with-apple-button/>, last accessed 27 September 2023.
59 A. Fletcher, P.L. Ormosi and R. Savani, Recommender Systems and Supplier Competition on Platforms (fn. 26), 12.
60 C. M. Gray, Y. Kou, B. Battles, J. Hoggatt and A.L. Toombs, The Dark (Patterns) Side of UX Design, Proceeding of the 2018 CHI Conference on Human Factors in Computing Systems, Paper No. 534 2018, 1 (5).
61 M. E. Stucke, Breaking Away: How to regain control over our data, privacy, and autonomy (fn. 21), 99.

When the interface design fails to maintain user attention, we frequently witness acquisitions of emerging platforms. Facebook acquired Instagram in an effort to regain the users' attention.[62] It could be argued that YouTube was acquired by Google in the same vein.[63] These acquisitions not only allowed them to eliminate current or potential competition but also enabled them to broaden their addictive interface design by covering other goods and services that were not previously or successfully included in their business strategy, instead of developing and improving them themselves.

This brings us to the consequences of deceptive online choice architecture as a market failure. The primary implications include the exacerbation of entry barriers due to network effects, making the task of attracting user attention more difficult for newcomers[64], asymmetries of information[65], and negative externalities, such as the "prominence to harmful content that attracts attention, which can have negative individual and social impacts".[66] All of these factors harm consumer welfare, a concept that has been subject of debate due to the lack of a unified consensus on its precise

---

62 T. Wu, Blind Spot: The Attention Economy and the Law, 82 Antitrust Law Journal 2019, 771 (775).
63 The New York Times noted at the time that Google's acquisition of YouTube would allow it to thrive in a business that had previously eluded it: the online video traffic business. *The New York Times*, Google to Acquire YouTube for $1.65 Billion, 9th October 2006 <https://www.nytimes.com/2006/10/09/business/09cnd-deal.html>, last accessed 25 September 2023. Three years later, the website CNET published excerpts from the former CEO of Google, Eric Schmidt's statement in the Viacom copyright lawsuit. In it, Schmidt indicated that one of the reasons for the acquisition was the platform's rapid user growth compared to Google Videos. *CNET*, Schmidt: We paid $1 billion premium for YouTube, 6th October 2009 <https://www.cnet.com/culture/schmidt-we-paid-1-billion-premium-for-youtube/>, last accessed 25 September 2023. According to an interim report by the CMA, Google's source of market power in display advertising stems from YouTube. This platform enables targeted advertising and the measurement of outcomes through its access to user data. *Competition and Markets Authority*, Online platforms and digital advertising: Market study interim report 2019, <https://assets.publishing.service.gov.uk/media/5dfa0580ed915d0933009761/Interim_report.pdf> last accessed 25 September 2023.
64 *Ofcom*, Online market failures and harms: An economic perspective on the challenges and opportunities in regulating online services, 2019 <https://www.ofcom.org.uk/__data/assets/pdf_file/0025/174634/online-market-failures-and-harms.pdf> last accessed 15 August 2023, (1) 19.
65 *Ofcom*, Online market failures and harms (fn. 64), 21.
66 *Ofcom*, Online market failures and harms (fn. 64), 23.

definition.[67] Traditionally linked to consumer surplus[68], the concept of consumer welfare was developed in the late 1970s in the United States. Current legal literature argues that this approach treats output as an equivalent of consumer welfare, even when sometimes both concepts are opposed.[69] Furthermore, its role is not universally agreed upon, as it has been employed both as a goal and as an indicator.[70] Consequently, pinpointing the precise infringement or impact of deceptive online choice architecture on consumer welfare can prove to be a complex task. Nonetheless, in the contemporary landscape marked by the ascendancy of Big Tech and its profound influence on consumers' lives, the competition literature appears to be increasingly willing to embrace the ambiguity associated with the notion of consumer welfare. In addition to the classical detriments to consumer welfare, such as incentives to diminish product quality[71] and variety and inundate it with advertisements, there are other elements associated with the use of manipulative online design on the user. Consumer biases are exploited, and addictions created by digital platforms such as social media, have an impact on people's mental well-being.[72] In this scenario, it seems reasonable to subscribe to Mäihäniemi's suggestion, where she indicates that the notion of consumer welfare in the digital context should comprehend situations where "consumers are worse off due to the lack of autonomy, lack of privacy, suffering due to the to the lack of transparency

---

67 In April 2023, the Stigler Center's Conference on Competition and Antitrust delved into the concept and breadth of the consumer welfare standard. A series of papers were presented, presenting contrasting perspectives and highlighting that this is a debate that is far from settled. *Stigler Center for the Study of the Economy and the State*, 2023 Antitrust and Competition Conference – Beyond the Consumer Welfare Standard?, 2023 <https://www.chicagobooth.edu/research/stigler/events/2023-antitrust>, last accessed 27 September 2023.
68 *OECD*, Consumer Welfare Standard: Advantages and Disadvantages Compared to Alternative Standards, OECD Competition Policy Roundtable Background Note 2023, (1) 13.
69 *J. M. Newman*, The Output-Welfare Fallacy: A Modern Antitrust Paradox, Iowa Law Review Vol. 107 2022, (563) 564-565.
70 *G. J. Werden*, Consumer welfare and competition policy, edited by J. Drexl, W. Kerber and R. Podszun, Edward Elgar Publishing Limited 2011, (1) 11-15.
71 "The idea of advertising that actually *adds* value is something of a Holy Grail in both tech and the advertising industry. Engineers knew exactly what ads were doing to web pages – slowing them down, taking up screen space, and diverting the user's attention from what she really wanted to do". T. *Wu*, The Attention Merchants (fn. 11), 262.
72 *J. Rosenquist, F. Scott Morton and S. Weinstein*, Addictive Technology and its Implications for Antitrust Enforcement (fn. 53), 458.

they face".⁷³ In the absence of competition law enforcement, digital platforms lack incentives to innovate in terms of safety, both in terms of privacy and mental health.⁷⁴

Therefore, there are sufficient grounds to regard online choice architecture as a matter of competition concern when it unveils a market failure: the manipulation of user biases as a feature of markets that disrupts the intended functioning of markets, ultimately leading to a detrimental effect on consumer welfare in its broader sense.

E. Exploring legal solutions to the problem of attention capture through deceptive choice architecture as a market failure

Throughout this paper, it has been noted that an essential step for the business operation of digital ecosystems is often overlooked when discussing data in digital environments and how to regulate and enforce related obligations: capturing the user's attention through the use of deceptive choice architecture. As a result, the regulation and enforcement processes start one step behind. To enhance the regulation and enforcement of the digital environment, it is crucial to understand how digital ecosystems' businesses work, including attention capture and online choice architectural design in competitive analysis.

Incorporating attention capture and deceptive online architecture in the competition assessment entails legal implications that span a broad spectrum. This includes updating criteria for enforcement and promoting self-regulation by digital ecosystems, among other techniques. Below, different alternatives for incorporating the examination of deceptive online choice architecture in competition law are reviewed.

---

73 B. *Mäihäniemi*, Attention being bought and sold by online platforms. User's self-determination in governing their own data as a dimension of consumer welfare in antitrust? in EU Antitrust: Hot Topics & Next Steps, Proceedings of the International Conference held in Prague on January 24-25, edited by V. Šmejkal, Faculty of Law of the Charles University 2022, 83 (85).

74 *J. Rosenquist, F. Scott Morton and S. Weinstein*, Addictive Technology and its Implications for Antitrust Enforcement (fn. 53), 474ff.

I. Sharpening and updating the analytical framework – incorporating attention into market definition and consumer welfare metrics

Currently, attention capture is not an essential part of the analysis of potentially anticompetitive behaviour, nor is the analysis of the online choice architecture. In this sense, the contributions made by Wu, Newman, and Rosenquist, Scott Morton and Weinstein on how to deal with situations where attention capture plays a major role are valuable.

Market definition is the instrument par excellence in competition analysis. It is the relevant market that sets the playing field in which the respective conduct will be analysed. Wu proposes to consider attention capture in market definition by means of a test similar to the Small but Significant and Non-Transitory Increase in Price (SSNIP) test that seeks to measure whether one product or another competes for the same spectrum of attention, calling it "Attentional Small but Significant and Non-Transitory Increase in Price" (A-SSNIPS) test.[75] As its name implies, the purpose of this test is to determine "how consumers might react to a small but significant and non-transitory increase in undesired messages or advertising load for a given product"[76] as happens, for instance, with the advertisements that appear before watching a particular YouTube video. The extent of the market in question will be determined based on whether the user accepts (or rejects) the increase in unwanted messages or advertising. Partially adhering to these adjustments of the SSNIP test, Newman also recommends utilizing the advantages of practical indicia, which are based on taking into account elements drawn from real-world situations, such as "products' functional characteristics, the presence or absence of substantial price differences between products, whether companies strategically consider and respond to each other's competitive conduct, and evidence that industry participants or analysts themselves identify a grouping of activity as discrete sphere of competition".[77]

Once the relevant market has been defined, Newman suggests preserving the share allocation criterion and basing it on time spent, active users, and advertising revenues to determine a player's position in the market. While the author acknowledges that each of these metrics alone is not a

---

75 T. Wu, Blind Spot (fn. 67), 772.
76 T. Wu, Blind Spot (fn. 67), 797.
77 J. Newman, Antitrust in Attention Markets: Definition, Power, Harm, University of Miami Legal Studies Research Paper No. 3745839 2020, 1 (22 ff.)

perfect indicator of how attention is being spent, examining them together may assist in better comprehending the dynamics of digital markets. In fact, some of these criteria are already being applied to regulate digital platforms. For instance, as part of the Digital Service Act's implementation, online platforms were required to report their monthly active user count to the European Commission on February 17, 2023.[78] Platforms with over 45 million active users per month are classified as Very Large Online Platforms (VLOPs) or Very Large Online Search Engines (VLOSEs), which subjects them to special requirements for preventing system abuse.[79] On April 25, 2023, the European Commission released a list[80] designating 19 players, including Google, Amazon, Microsoft, Meta, and Apple, as VLOPs and VLOSEs respectively.[81]

In the meanwhile, Rosenquist, Scott Morton, and Weinstein recommend re-evaluating the concept of consumer welfare that drives competition law enforcement. The authors point out that in order to assess consumer welfare, enforcers have historically used as a proxy the notion that an increase in output results from a rise in demand brought on by a decrease in price or an improvement in quality, both of which are favourable to the consumer.[82] However, this presumption "is based on premises that are not met in the context of addictive products".[83] Continuing to rely on the traditional consumer welfare proxy is detrimental because it fosters the perception that offering more products and services in digital ecosystems at no monetary cost, in exchange for our attention, benefits consumers.[84] Yet, this increase comes at the expense of the real-life consumer welfare which, following the

---

78 Article 24(2) Digital Services Act.
79 Article 33 Digital Services Act.
80 *European Commission*, Digital Services Act: Commission designates first set of Very Large Online Platforms and Search Engines, Press release 25 April 2023, <https://ec.europa.eu/commission/presscorner/detail/en/ip_23_2413>, last accessed 5 June 2023.
81 Namely: Google Play, Google Maps, Google Shopping and YouTube as VLOPs, and Google Search as VLOSE; Amazon Store as VLOP; LinkedIn as VLOP; Facebook and Instagram as VLOPs; and, Apple AppStore as VLOP.
82 *J. Rosenquist, F. Scott Morton and S. Weinstein*, Addictive Technology and its Implications for Antitrust Enforcement (fn. 53), 437 ff.
83 *J. Rosenquist, F. Scott Morton and S. Weinstein*, Addictive Technology and its Implications for Antitrust Enforcement (fn. 53), 438.
84 Gal and Rubinfeld note "Despite the fact that the consumer does not pay a direct price for a free good, the change in the price dimension affects other dimensions of competition in ways that can (under some conditions) harm social welfare". *M. Gal and D. Rubinfeld*, The Hidden Costs of Free Goods, Antitrust Law Journal Vol. 80 No. 3 2016, 521 (533).

authors reasoning[85], should comprehend factors such as product quality[86] and variety, privacy protection, innovation and mental health protection. If these aspects are considered part of the consumer welfare objective in the digital age, there is a reason for competition law to intervene when players attempt to attract users' attention through deceptive online choice architecture. As noted by Economides and Lianos, "users are attracted by a small gain – *zero price to use Google or Facebook* – and dissociate that from a large loss – *been exploited in the future*".[87]

II. New theories of harm

Two types of possible harm theories involve attention capture and deceptive online choice architecture: theories that presume harm to competition and theories that presume harm to consumer welfare.

The most evident theory of harm to competition is where one competitor excludes another competitor vying for attention. As an example, Monti cites the merger of Facebook and Instagram. He explains the theory of harm as follows: "Facebook held its users' attention and was concerned that users would switch allegiance to Instagram: in order to safeguard its position, Facebook bought the platform where the attention was going to be deviated to, retaining its dominance".[88] The decision made by the authorities that examined the Facebook/Instagram merger faced significant criticism. Nevertheless, it is important to recognise that at that time, the asymmetry of information and understanding of Big Tech available to enforcers was different from what it is today. This highlights the importance of assessing current digital markets by adopting a theory of harm that places capturing attention through anticompetitive tactics as a central element of the analysis. The case of Facebook/Instagram merger is a prime example of an anticompetitive "killer acquisition" where attention capture played a crucial role for the acquirer to materialise the merger.

---

85 J. *Rosenquist, F. Scott Morton and S. Weinstein,* Addictive Technology and its Implications for Antitrust Enforcement (fn. 53), 479ff.
86 M. *Gal and D. Rubinfeld,* The Hidden Costs of Free Goods (fn. 70), 538.
87 N. *Economides and I. Lianos,* Data, networks, and platforms: What effects on economic development? Concurrences N° 2-2020, 22 (28).
88 G. *Monti,* Attention Intermediaries: Regulatory Options and their Institutional Implications, TILEC Discussion Paper 2020, 1 (24).

Diving into theories of harm affecting competition, Monti refers to three approaches[89] in the Lear Report[90] on merger control that could be considered potential theories of harm in markets involving attention. The first approach consists of examining the exclusivity of the user base and determining whether users engage with more than one platform at once (multi-homing) or not.[91] For instance, in the case of a merger between two social media platforms, concentrating attention capture under the merged entity may harm competition by resulting in a social media platform with increased market power. A second approach involves the size of the user base, which can grow as a result of a merger or acquisition and enables the newly formed firm to reach a broader audience.[92] The third approach refers to the ability to target users based on the data obtained about them, which "rises market power and thereby also entry barriers to new platforms".[93]

Regarding theories of harm affecting consumer welfare, in their reinterpretation of the concept, Rosenquist, Scott Morton, and Weinstein discuss the elements that undermine consumer welfare, referring to the detriment of product quality and variety, the decline in innovation, and the affectation of mental health.[94] It is reasonable to connect theories of harm to these elements to explain how the deceptive choice architecture leads to anticompetitive behaviour. Throughout this work, it has been emphasised how the deceptive choice architecture exploits consumer biases and heuristic, resulting in addictive interfaces that capture the user attention while serving the dual purpose of selling that attention to advertisers and extracting user data. The referred elements by the authors provide insights into how this business strategy affects consumer welfare: (i) prioritising addictive interfaces lead to a decrease in product quality[95] and variety[96] as they

---

89 G. *Monti*, Attention Intermediaries (fn. 88), 25.
90 *Lear*, Ex-post Assessment of Merger Control Decisions in Digital Markets, Document prepared for the Competition and Markets Authority 2019, https://www.learlab.com/wp-content/uploads/2019/06/CMA_past_digital_mergers_GOV.UK_version-1.pdf, last accessed 6 June 2023.
91 G. *Monti*, Attention Intermediaries (fn. 88), 25.
92 G. *Monti*, Attention Intermediaries (fn. 88), 25..
93 G. *Monti*, Attention Intermediaries (fn. 88), 25..
94 J. *Rosenquist, F. Scott Morton and S. Weinstein*, Addictive Technology and its Implications for Antitrust Enforcement (fn. 53), 437ff.
95 J. *Rosenquist, F. Scott Morton and S. Weinstein*, Addictive Technology and its Implications for Antitrust Enforcement (fn. 53), 448.
96 J. *Rosenquist, F. Scott Morton and S. Weinstein*, Addictive Technology and its Implications for Antitrust Enforcement (fn. 53), 474ff.

become linked to excessively targeted advertising aimed at holding user's attention not for competitive merits but for the addiction created; (ii) players are incentivised to invest[97] in deceptive choice architecture rather than innovation to draw in users and drive profits; and (iii) the use of deceptive online choice architecture and addictive interface design has a detrimental impact on consumer mental health, particularly among vulnerable groups like children and adolescents[98], resulting in a loss of consumer welfare.

Applying these theories of harm can be challenging, especially in situations where the burden of proof lies with the enforcer. Nevertheless, their use in non-contentious fields like market studies or even merger control, where the burden of proof for enforcers differs from that of an adversarial process, might help clarify and refine these theories of harm and integrating them into competition law practise.

III. Code of Conduct and Compliance Training

An interesting proposal for self-regulation is the codes of conduct for *Significant Market Status* companies proposed by the CMA.[99] These codes of conduct must be tailored to the reality of the company in question and as explained by Jacobides and Lianos "[i]t constrains the configuration of the ecosystem's architecture by setting out clear upfront rules relating to three qualitatively explicated objectives: fair trading (exploitation), open choices (exclusion), and trust and transparency (consumer protection)".[100] Including the prohibition of deceptive online architecture in a code of conduct reinforces the competitive culture of the digital ecosystem and raises awareness of the harmfulness of this business strategy.

Similarly, a specific measure could involve the adoption of specialized training for UX designers on deceptive online choice architecture and how to avoid its implementation, thus reducing the potential harm to consumers

---

97 *Competition and Markets Authority*, Online Choice Architecture (fn. 24), 29.
98 *J. Rosenquist, F. Scott Morton and S. Weinstein*, Addictive Technology and its Implications for Antitrust Enforcement (fn. 53), 442 ff.
99 *Competition and Markets Authority*, A new pro-competition regime for digital markets, Advice of the Digital Markets Taskforce 2020, https://assets.publishing.servic e.gov.uk/media/5fce7567e90e07562f98286c/Digital_Taskforce_-_Advice.pdf last accessed: 6 June 2023.
100 *M. Jacobides and I. Lianos*, Ecosystem and Competition Law in Theory and Practice (fn. 3), 30.

and competition. As noted by Schneider, Weinmann and vom Brocke, "designers can create digital nudges on the basis of psychological principles of human decision making to influence people's online behaviour. Unintended effects may arise, however, if designers of digital choice environments are unaware of the principles".[101] Thus, trainings could be an advocacy initiative of competition agencies or be promoted as an integral part of each digital ecosystem's competition policy compliance program.[102]

IV. Challenging traditional assumptions of consumer rationality: moving towards a behavioural approach

The notion of rational consumer has historically served as the benchmark for competition law enforcement, which behavioural economists have strongly criticised. There is a vast literature on how consumers make decisions based on their biases and heuristics, which is accentuated in the case of the digital economy. Competition analysis "cannot rely only on old neoclassical tools, but rather requires incorporating insights from behavioural economics",[103] as correctly stated by Rosenquist, Scott Morton, and Weinstein.

Even for some authors such as Akerlof and Shiller, the classical behavioural economics approach would be obsolete in markets such as the digital ones and should be replaced by the framework they call *phishing for phools*. Traditional behavioural economics makes the assumption that consumers' non-rational behaviour prevents them from making rational decisions,

---

101 C. Schneider, M. Weinmann and J. vom Brocke, Digital Nudging: Guiding Online User Choices through Interface Design, Vol. 61 No. 7 2018, 67 (70).

102 According to the Behavioural study on unfair commercial practices in the digital environment by the European Commission, persons who are knowledgeable about UX design or are more conscious of dark patterns are more likely to spot them. *European Commission*, Behavioural study on unfair commercial practices in the digital environment: dark patterns and manipulative personalisation, Final Report 2022 (85), https://op.europa.eu/en/publication-detail/-/publication/606365bc-d58b-11ec-a95f-01aa75ed71a1/language-en/format-PDF/source-257599418, last accessed 6 June 2023.

However, this does not imply that UX designers have a full understanding of how deceptive choice architecture and their role as architects can harm competition policy, which is why it is reasonable to include the measure referred in the main text.

103 J. Rosenquist, F. Scott Morton and S. Weinstein, Addictive Technology and its Implications for Antitrust Enforcement (fn. 53), 436.

when in fact, consumers' decisions are being influenced by *phishers* to ensure that consumers' choices are not made in their own best interest (*phools*), but rather those of the *phishers*.[104]

Whether the traditional behavioural economics model or the more innovative *phishing for phools* model is adopted, the fact is that both are a step in the right direction for competition regulation and enforcement so that they internalise in their functioning a new version of the consumer that is closer to reality, that is, the consumer susceptible to making decisions based on biases and heuristics, whether these are personal or provoked by phishers. If recent European regulations on digital platforms assume the asymmetry between these and consumers, it seems logical to include this consideration in competition law.

Conclusions

Viewing attention as digital ecosystems' essential resource enhances the emphasis on data acquisition and utilization, recognizing capture attention and its pivotal role in their functioning. Attention not only enriches data quality but is also crucial; without it, Big Tech's data depth falters. Amid the competition to grasp attention allocation – a battleground where billions are invested to influence user preferences – the manipulation of consumer's perspective has historical roots, evolving from traditional media to today's digital realm. However, users' voluntary sharing of preferences transformed the landscape, endowing advertisers with unparalleled leverage. While this symbiotic relationship between users, ecosystems, and advertisers holds potential benefits, ecosystems' strategies to sustain attention, leveraging perfect information to exploit cognitive biases, come into focus.

The question delves precisely into the realm of market failures: whether digital ecosystems establish or preserve their market dominance through the employment of deceptive online choice architecture or other manipulative forms of online interface design, rather than as a result of vigorous market competition. When users' decisions are influenced or skewed, their choices deviate from the norms of rational economic decision-making, contradicting the conventions of traditional competition policy and resulting in market failure.

---

104   G. *Akerlof and* R. *Shiller,* Phishing for Phools: The economics of Manipulation and Deception, Princeton University Press 2015, (1) 172ff.

There are several measures suggested that seek to involve competition policy in this issue: updating the framework and economic tests with which markets and market positions are defined; new theories of harm that inspire competition authorities investigations; codes of conduct and compliance trainings as forms of self-regulation; and redefining or updating the standard of competition policy based on the traditional idea of consumer welfare to one that includes the protection of consumers' privacy and mental health.

Plattformrecht als Europarecht

Dr. Tobias Mast

Sofern man Plattformrecht als eigenständiges Rechtsgebiet begreifen kann,[1] ist es ein Teilgebiet des Europarechts. Globale Plattformen als Regelungsgegenstand und Verordnungsrecht als Regelungsebene gehen hier eine Verbindung ein, die diverse rechtspraktische und rechtsdogmatische Besonderheiten bereithält. Diese aus einer übergeordneten Perspektive in den Blick zu nehmen, hilft als Hintergrundfolie dabei, den Gehalt der einzelnen Normen zu würdigen und deren Problemadäquanz zu bewerten. Im Versuch, den hier zusammengefassten Beobachtungen Struktur zu verleihen, wird zunächst das Plattformphänomen dem der Europäischen Union gegenübergestellt (I.), bevor auf die Charakteristiken des Plattformrechts als supranationalem Recht (II.) und europäischem Verwaltungsrecht (III.) sowie auf Fragen des plattformbezogenen Grundrechtsschutzes eingegangen wird (IV.).

I. Plattformen und die Europäische Union

1. Immer engere Union als plattformisierte Union

Im Ausgangspunkt, noch losgelöst von jeder näheren rechtlichen Beurteilung, passt das Plattformphänomen erstklassig zu einer der Leitideen der EU, marktbezogene Sachverhalte, die grenzüberschreitend alle Mitgliedstaaten angehen, auch harmonisiert zu regeln.[2] Online-Plattformen streben

---

[1] Die Anforderungen, die „Plattformrecht" von einem bloßen Sammelbegriff zum Rechtsgebiet erheben würden, sind nicht konsentiert. Vgl. *M. Stolleis*, Wie entsteht ein Wissenschaftszweig?, in: H. Bauer u.a. (Hrsg.), Umwelt, Wirtschaft und Recht, Tübingen 2011, S. 1 (1 ff.); *H. Schulze-Fielitz*, Umweltrecht, in: D. Willoweit (Hrsg.), Rechtswissenschaft und Rechtsliteratur im 20. Jahrhundert, München 2007, S. 989 (989 ff.); *R. Wahl*, Wie entsteht ein neues Rechtsgebiet: Das Beispiel des Informationsrechts, in: P. Baumeister u.a. (Hrsg.), Staat, Verwaltung und Rechtsschutz – Festschrift Schenke, Berlin 2011, S. 1305 (1305 ff.).

[2] Vgl. *P. Craig*, The Evolution of the Single Market, in: C. Barnard/J. Scott (Hrsg.), The Law of the Single European Market, Oxford 2002, S. 1 (2 f.); *F. Schorkopf*, Der

ihrem Geschäftsmodell nach Globalität an und profitieren hierbei von Netzwerk- und Skaleneffekten. Sie verfolgen konzeptionell ein ähnliches Vernetzungsideal wie progressive Unionsfinalität einer *ever closer union*. Während die zunehmende technologische und ökonomische Internationalisierung als Motoren der europäischen Integration wirken können, stellen Plattformen ein potenzielles Realisierungsmittel für diese dar.

Das Niveau der Grenzüberschreitung ist bei Plattformen noch einmal gesteigert im Vergleich zu tradierten Bereichen des europäischen Wirtschaftsrechts, etwa des Telekommunikations-, Energie- oder Arzneimittelrechts. Bei diesen geht es darum, den hürdenfreien unionsweiten Vertrieb der gleichen Produkte zu gewährleisten. Betreiber großer Plattformen gehen demgegenüber noch einen Schritt weiter, sie bieten typischerweise unionsweit nicht die gleichen, sondern *dasselbe* Produkt an: Das in Frankreich genutzte Facebook ist auch das in Deutschland genutzte Facebook usw.[3] Deswegen wirken sich nicht nur Handlungen sowohl der Betreiber selbst als auch der Nutzenden regelmäßig in verschiedenen Mitgliedstaaten aus, sondern auch die mitgliedstaatlichen Maßnahmen im Hinblick auf die Funktionalität und das Angebot der Plattformen. Zu denken ist etwa an Anordnungen zum Vorgehen gegen rechtswidrige Inhalte nach Art. 9 DSA oder die Durchsetzung einer manipulationsfreien Gestaltung und Organisation von Online-Schnittstellen bei (nicht sehr großen) Online-Plattformen nach Art. 25 Abs. 1 DSA durch die Koordinatoren für digitale Dienste – teils mag dies technisch für die Nutzenden eines bestimmten Mitgliedstaats beschränkt umsetzbar sein, so ein Vorgehen dürfte aber nicht die Regel darstellen.

2. DSA, DMA, P2B-VO und TCO-VO als unstrukturiertes Normgeflecht

Die Kommission Juncker legte mit ihrer „Strategie für einen digitalen Binnenmarkt für Europa" (2015) den Grundstein des europäischen Platt-

---

Europäische Weg, 3. Aufl., Tübingen 2020, S. 35 f., 58; *U. Haltern*, Europarecht I, 3. Aufl., Tübingen 2017, Rn. 804.

3 Dass die Betreiber technisch in der Lage sind, die Funktionalität ihrer Plattform geographisch zu spezifizieren und die Nutzungserfahrung datengetrieben hochgradig individuell ausfallen zu lassen, ändert nichts daran, dass es sich prinzipiell um denselben Dienst handelt, auf dem die gewerblichen Nutzenden und Endnutzenden operieren und interagieren können.

formrechts,⁴ auf welchem nun die Kommission von der Leyen mit außerordentlichem Gestaltungswillen aufbaut. Inzwischen existieren vier Verordnungen, die in ihrem Schwerpunkt Plattformen adressieren und zwei Verordnungsentwürfe, die hierauf zumindest in einzelnen Bestimmungen rekurrieren: P2B-VO (2019), Terrorist Content Online-Verordnung (VO(EU) 2021/784, kurz TCO-VO (2021)), DSA und DMA (2022) sowie die im Gesetzgebungsverfahren befindlichen EMFA-E (Art. 17) und Political Advertisement-VO-E (kurz PA-VO-E, Art. 7 Abs. 6).

Wer sich einen Überblick über die Systematik und das Gefüge der Rechtsakte verschaffen möchte, steht aufgrund des fehlenden Gesamtkonzepts, uneinheitlich verwendeter Begriffe und unzähliger Konkurrenzfragen vor Herausforderungen. Nun war nicht zu erwarten, dass die EU eine Kodifikation des Plattformrechts vorlegen würde. Auch Nationalstaaten stehen aufgrund tiefgreifend gewandelter gesellschaftlicher und politischer Verhältnisse seit dem Zeitalter der großen Kodifikationen vor beträchtlichen Herausforderungen, wollen sie die für einen Sachbereich geltenden Rechtsnormen möglichst systematisch in einem Gesetz bündeln.⁵ Aber die EU hat eben auch kein sauber strukturiertes Gesamtarrangement geschaffen, das es etwa erlauben würde, die Rechtsakte in einen „AT" und einen „BT" zu sortieren.

Ein Grund hierfür liegt zunächst darin, dass die P2B-VO und die TCO-VO als kleinere Rechtsakte älter sind als die großen DSA und DMA. So hat man etwa den Begriff des Vermittlungsdienstes in Art. 2 Nr. 2 P2B-VO eng legaldefiniert, bevor man sich sicher sein konnte, dass dieser – in breiterer Definition – zum Zentralbegriff des DSA (Art. 3 lit. g) avancieren würde.

Ein weiterer Grund liegt darin, dass aktuell immer weitere Rechtsakte an bestehende Rechtsakte angedockt werden, noch bevor deren Begrifflichkeiten und Verhältnis zueinander durch EuGH oder Europarechtswissenschaft geklärt wäre. Beispielsweise verweist Art. 17 EMFA-E für das plattformeigene Management von Beschwerden von Medienunternehmen auf die P2B-VO anstatt auf den DSA, obwohl unklar ist, welches der beiden Beschwerdemanagementsysteme (Art. 11 P2B-VO; Art. 20 DSA) für die be-

---

4 *S. Korte* in: C. Calliess/M. Ruffert (Hrsg.), EUV/AEUV, 6. Aufl., München 2022, Art. 26 AEUV Rn. 75.
5 Vgl. *A. Voßkuhle*, Kodifikation als Prozeß, in: H. Schlosser (Hrsg.), Bürgerliches Gesetzbuch 1896 – 1996, Baden-Baden 2001, 77 (83 ff.); *I. Appel*, Zur Aktualität der Kodifikationsidee, in: A. Koch/M. Rossi (Hrsg.), Kodifikation in Europa, Bern 2012, 1 (3 f.); *W. Kahl/P. Hilbert*, Die Bedeutung der Kodifikation im Verwaltungsrecht, RW 2012, 453 (459 ff.); *O. Lepsius*, Gesetzesstruktur im Wandel, JuS 2019, 14 (15 ff.).

treffenden Sachverhalte vorrangig gilt.[6] Generell stehen die Rechtsakte, die teils völlig diverse Bestimmungen enthalten, in einem äußerst komplexen Konkurrenzverhältnis, das nicht etwa einfach dadurch aufgelöst werden kann, dass man DSA und DMA als leges generales betrachtet, die durch die Regelungen in Spezialrechtsakten verdrängt werden. Stattdessen zeigt sich, dass von Norm zu Norm neu entschieden werden muss.

Im ersten Zugriff könnte man für all dies die Organisation und Arbeitsweise der Union, insb. der Kommission verantwortlich machen. Der eigentliche Verwaltungsapparat der Kommission besteht aus zahlreichen Generaldirektionen („GD" bzw. engl. und frz. „DG"), die für bestimmte Politik- bzw. Aufgabenbereiche zuständig und in etwa mit der Ministerialbürokratie auf der nationalen Ebene vergleichbar sind, mitunter aufgrund unterschiedlicher politischer Haltungen aber inkohärente Rechtsetzung forcieren.[7] Allerdings war, soweit ersichtlich, die Generaldirektion CONNECT für alle hier zu besprechenden Rechtsakte federführend mit Ausnahme der eher kleinen TCO-VO (Generaldirektion HOME) und der nur randständig plattformbezogenen PA-VO-E (Generaldirektion Justiz und Verbraucher). Ausschlaggebender dürften also die an die Entwurfserarbeitung in den Generaldirektionen anschließende, komplizierte mehrstufige politische Entscheidungsstruktur der EU,[8] wie auch die Komplexität des Regelungsgegenstands und die beträchtliche Geschwindigkeit geworden sein, in der die Rechtsakte ausgearbeitet wurden.

3. (Über-)Strapazierung der Binnenmarktkompetenz, Art. 114 AEUV?

Europäisches Plattformrecht ist – jedenfalls vorgeblich – Binnenmarktrecht. Die nach dem Grundsatz der begrenzten Einzelermächtigung (Art. 5 Abs. 2 EUV) operierende EU hat keinen expliziten Kompetenztitel für das Plattformrecht und weicht daher für sämtliche hier behandelten Rechtsak-

---

6 *T. Mast*, Interaction Without Affection?, Verfassungsblog, 15.6.2023.
7 *Haltern*, Europarecht (Fn. 2), S. 221 ff.; vgl. *W. Weidenfeld*, Die Europäische Union, 6. Aufl. Stuttgart 2021, S. 144; *G. Sabathil/K. Joos/B. Kessler*, The European Commission, London 2008, S. 43 ff.
8 Vgl. *R. Gorwa*, Freiheit versus Sicherheit, WZB Mitteilungen März 2023, 24 (26 f.), der darüber hinaus den im Digitalbereich tätigen Generaldirektionen divergierende Fachkompetenz bescheinigend. Vgl. generell zum komplexen unionalen Verhandlungsprozess *Haltern*, Europarecht (Fn. 2), S. 487 ff., 523 ff.

te auf Art. 114 AEUV aus („Digitaler Binnenmarkt").⁹ Hierfür kommt zunächst die Normstruktur des Titels selbst gelegen, denn dieser schreibt der EU nicht die Kompetenz zu, ein bestimmtes Sachgebiet zu regeln, sondern prinzipiell jegliches Sachgebiet funktional bzw. an einem bestimmten Ziel ausgerichtet zu regulieren.¹⁰ In ihrer weiten Auslegung soll sich die Binnenmarktkompetenz dementsprechend auch auf primär nichtwirtschaftliche Regelungsgründe erstrecken, solange sich diese nur faktisch negativ auf den Binnenmarkt auswirken können.¹¹

In Spannung gerät dies zur nahezu unbeschränkten Nutzbarkeit der Plattformen. Diese mitteln im Ausgangspunkt jedwede Kommunikation und können daher für jede denkbare Gesprächsthematik und die Ausübung jeden Freiheitsrechts relevant werden. Überblickt man die vielgestaltigen Einzelregelungen der hier interessierenden Rechtsakte, stößt man dementsprechend auf Bestimmungen, die primär dem Schutz des öffentlichen Diskurses, der Krisenbewältigung, der Nutzendenautonomie oder dem Verbraucherschutz zu dienen scheinen. Es bedarf einiges an Argumentation, um auch solche Regelungen von Art. 114 AEUV erfasst zu sehen. Und dennoch spricht einiges dafür, dass der EuGH die Akte als kompetenzgemäß erachten wird. Er ist es gewohnt, bei multifinalen Unionrechtsakten, für die mehrere Rechtsgrundlagen in Betracht kommen, lediglich die primär einschlägige heranzuziehen¹² und hat sich bislang nicht als scharfer Hüter des Prinzips der begrenzten Einzelermächtigung geriert.

Eine am Schwerpunkt oder primären Zweck eines Gesamtrechtsakts orientierte Betrachtungsweise ist aber dann verfehlt, wenn nicht die Auswahl

---

9 Die PA-VO-E stützt sich daneben auf Art. 16 AEUV.
10 Vgl. *S. Kadelbach* in: H. von der Groeben/J. Schwarze/A. Hatje (Hrsg.), Europäisches Unionsrecht, 7. Aufl., Baden-Baden 2015, Art. 5 EUV Rn. 16; *Pache* (Fn. 12), Art. 5 EUV Rn. 26, 41 f.; kritisch zur weiten Auslegung der Binnenmarktkompetenz durch den EuGH etwa *Haltern*, Europarecht (Fn. 2), S. 375 ff., 379 ff.
11 *C. D. Classen* in: H. von der Groeben/J. Schwarze/A. Hatje (Hrsg.), Europäisches Unionsrecht, 7. Aufl., Baden-Baden 2015, Art. 114 AEUV Rn. 160, 162; vgl. *J. P. Terhechte* in: M. Pechstein/C. Nowak/U. Häde (Hrsg.), Frankfurter Kommentar, Bd. III, Tübingen 2017, Art. 114 AEUV Rn. 54 unter Verweis auf EuGH C-58/08 (Vodafone), Slg. 2010, I – 4999 Rn. 32, 36.
12 EuGH C-263/14, ECLI:EU:C:2016:435 Rn. 44 – Parlament/ Rat; *J. Bast*, in: E. Grabitz/M. Hilf/M. Nettesheim (Hrsg.), Das Recht der EU, 65. EL, München 2018, Art. 5 EUV Rn. 18; *S. Kadelbach* (Fn. 10), Art. 5 EUV Rn. 20; *E. Pache*, in: M. Pechstein/C. Nowak/U. Häde, Frankfurter Kommentar zu EUV, GRC und AEUV, Bd. I, Tübingen 2017, Art. 5 EUV Rn. 48 ff.; vgl. aber im Vorabentscheidungsverfahren EuGH, C-547/14, ECLI:EU:C:2016:325 – Philip Morris, Rn. 57 ff., 65 ff.

zwischen Kompetenztiteln, sondern die Existenz überhaupt eines Kompetenztitels in Frage steht. Denn auf einen Kompetenztitel muss sich nicht etwa nur die Verordnung als ganze, sondern jede einzelne Rechtsnorm derselben stützen lassen.[13] Dies gilt auch, wenn der Rechtsakt seinem Schwerpunkt nach Binnenmarktregelungen enthält. Und es gilt auch dann, wenn der Unionsgesetzgeber Rechtsakte als bunte Tüten mit Normen unterschiedlichster Zielsetzung schnürt.[14] Ansonsten bestünde das gesetzgeberische Missbrauchspotenzial, dem Rechtsakt „Kuckucksnormen" unterzujubeln. Ohnehin sinkt die Möglichkeit, einen Gesamtrechtsakt rational einem Kompetenztitel zuzuweisen umgekehrt proportional mit der Normanzahl und der Menge geregelter Aspekte. Aus den Zielen der Union (Art. 3 EUV, Art. 9 AEUV), etwa deren Wert der Demokratie zu fördern, lassen sich demgegenüber nach herrschender Ansicht keine entsprechenden Kompetenzen ableiten.[15]

II. Plattformrecht als supranationales Recht

1. Rechtsangleichung für unionsweit dieselben Plattformen

Im Rahmen der Binnenmarktkompetenz stehen der Union sämtliche Handlungsformen zur Verfügung,[16] rechtsdogmatisch folgenreich greift sie im Plattformrecht aber stets zur selben. Sie folgt dort dem allgemeinen Trend europäischer Gesetzgebung, sich zunehmend gegen mindestharmonisierende und für vollharmonisierende Rechtsakte zu entscheiden und

---

13 Vgl. *J. Bast* (Fn. 12), Art. 5 EUV Rn. 13; *M. D. Cole/C. Etteldorf*, European Media Freedom Act – Background Analysis, Studie im Auftrag des CULT Committee, 2023, S. 16.
14 Vgl. zum EMFA *C. Etteldorf*, Why the Words „But" and „However" Determine the EMFA's Legal Basis, Verfassungsblog, 13.6.2023.
15 *M. Nettesheim*, in: E. Grabitz/M. Hilf/M. Nettesheim, Das Recht der EU, 41. EL, München 2010, Art. 1 AEUV Rn. 10; *C. Calliess*, in: C. Calliess/M. Ruffert (Hrsg.), EUV/AEUV, 6. Aufl., München 2022, Art. 5 EUV Rn. 9; *M. D. Cole/C. Etteldorf*, European Media Freedom Act (Fn. 13), S. 16 f.; vgl. *V. Kraetzig*, Europäische Medienregulierung – Freiheit durch Aufsicht?, NJW 2023, 1485 (1488).
16 *Haltern*, Europarecht (Fn. 2), S. 401, 403.

dementsprechend die Verordnung (Art. 288 Abs. 2 AEUV) als Handlungsform zu wählen.[17]

Das macht im Hinblick auf die unmittelbaren Regelungsziele des Plattformrechts aufgrund des Charakters der Plattformen als unionsweit einheitlicher Produkte durchaus Sinn. Für mindestharmonisierende Richtlinien, die es den Mitgliedstaaten erlauben, im Verhältnis zur Rechtsangleichungsmaßnahme strengere Vorgaben vorzusehen, ist das offensichtlich, denn hier wäre ein unional angestoßenes Regelungsnetz aus 27 potenziell divergierenden Plattformregimen die Folge. Aber auch vollharmonisierende Richtlinien könnten die Plattformbetreiber dazu drängen, ihr einheitliches Produkt mit geographisch differenzierten Funktionalitäten auszustatten. Denn auch bei diesen steht es den Mitgliedstaaten frei, wie sie deren Vorgaben in die Struktur und in die Systematik ihres nationalen Rechts integrieren (Art. 288 Abs. 3 AEUV).[18] Weder muss zwingend durch förmliches Gesetz noch unter Übernahme des Richtlinienwortlauts umgesetzt werden.[19]

Allerdings fällt auf, dass die Handlungsform im Plattformrecht mitunter nicht adäquat gewählt ist und auch mit ihr den Mitgliedstaaten große Spielräume gewährt bleiben. So entspricht das Regelungs- und Durchsetzungskonzept der P2B-VO eher dem einer Richtlinie als dem einer Verordnung; insb. sind die Mitgliedstaaten nicht dazu verpflichtet, eine Durchsetzung von Amts wegen vorzusehen oder Geldbußen festzusetzen (EG 46),[20] woraufhin sich Deutschland für den Weg der privaten Rechtsdurchsetzung entschieden hat.[21]

---

17 Vgl. *F. C. Mayer/D. Steiner*, Europäisches Internetverwaltungsrecht, in: J. P. Terhechte (Hrsg.), Verwaltungsrecht der Europäischen Union, 2. Aufl., Baden-Baden 2022, § 22 Rn. 41.
18 *M. Nettesheim* (Fn. 15), 48. EL (2012), Art. 288 AEUV Rn. 132; *J. Gundel*, in: M. Pechstein/C. Nowak/U. Häde, Frankfurter Kommentar, Bd. IV, Tübingen 2017, Art. 288 AEUV Rn. 23 ff.; *C. Alexander/R. Jüttner*, Rechtsharmonisierung durch privatrechtsgestaltende Richtlinien, JuS 2020, 1137 (1139); vgl. *Haltern*, Europarecht (Fn. 2), S. 405 f.
19 *C. Alexander/R. Jüttner*, Rechtsharmonisierung (Fn. 18), 1137 (1139 f.).
20 *C. Alexander* in: H. Köhler/J. Bornkamm/J. Feddersen (Hrsg.), UWG, 41. Aufl., München 2023, Art. 15 P2B-VO Rn. 1, 5.
21 *C. Alexander* (Fn. 20), Art. 14 P2B-VO Rn. 3.

2. Von mitgliedstaatlichen Innovationsimpulsen zum Brüsseler Labor

So wie das Unionsrecht in seinen prominenten Wirkungsfeldern des Wirtschafts- und Wettbewerbsrechts auf reiche Erfahrungen in seinen Mitgliedstaaten zurückgreifen konnte, ließ sie sich bei einigen der Bestimmungen insb. des DSA offenbar von mitgliedstaatlichen Regelungen, etwa dem NetzDG und den Regelungen für Online-Intermediäre im MStV inspirieren, konnte also auf diesen aufbauen und die rechtswissenschaftliche und fachgerichtliche Kritik an denselben verarbeiten. Einen produktiven und innovationsfördernden Wettbewerb der Rechtsordnungen kann es aber nur solange und in dem Maße geben, wie die Union anderen Rechtsetzungsinstanzen Gestaltungsfreiräume belässt.[22] Rechtspraktisch kommt es mit der breit angelegten Normierung von weitgehend vollharmonisierenden EU-Rechtsakten nun nicht nur zu Adaptions-, sondern auch zu Verdrängungsprozessen, bei denen nationale Pionierleistungen verarbeitet, mutatis mutandis kopiert,[23] dann aber über den Anwendungsvorrang verdrängt werden.

In dem Maße, in dem die Union dabei ihren Digitalen Binnenmarkt mit eigenen Regelungen überwölbt, erstickt sie weitere nationale Innovationspotenziale und muss in einen Modus des Präzedenzlosen umschalten. Zukünftig wird deswegen die Innovationskraft der EU und insb. der Kommission an Bedeutung gewinnen. Ein fruchtbares Wechselspiel zwischen Mitgliedstaaten und EU wird demgegenüber auf absehbare Zeit ausbleiben. Insbesondere können keine Vergleiche zum Europäischen Verwaltungsrecht gezogen werden, welches sich zunächst in weiten Teilen aus den verwaltungsrechtlichen Traditionen der Mitgliedstaaten entwickelt hat, seit einigen Jahren aber umgekehrt jedenfalls auch als Innovationsreservoir für nationale Verwaltungsrechte fungiert.[24] Im Plattformrecht ist ähnliches nicht zu erwarten, weil die vorbestehenden mitgliedstaatlichen Strukturen durch unionale Vorgaben nicht partiell modifiziert, sondern weitgehend verdrängt werden. Für ein Innovationslabor Europa wäre mindestharmoni-

---

22 *J. P. Terhechte*, Wettbewerb der Regulierungen als Integrationsfrage in der Europäischen Union?, in: H.-J. Blanke/A. Scherzberg/G. Wegner (Hrsg.), Dimensionen des Wettbewerbs, Tübingen 2010, S. 279 (289).
23 Mit den Beispielen des deutschen Zugangserschwerungsgesetzes (2009) und des NetzDG (2017) *Mayer/Steiner*, Internetverwaltungsrecht (Fn. 17), § 22 Rn. 68 f.
24 *J. P. Terhechte*, Strukturen und Perspektiven des europäischen Verwaltungsrechts, in: S. Leible/J. P. Terhechte (Hrsg.), EnzEuR, Bd. III, 2. Aufl., Baden-Baden 2021, § 36 Rn. 13.

sierendes Richtlinienrecht förderlicher,[25] es beißt sich aber wie ausgeführt mit den ökonomischen Charakteristiken der Plattformen. Freilich relativieren sich die Unterschiede zwischen Verordnungen und Richtlinien auch im vorliegenden Kontext, wenn sie den legistischen Duktus und den üblichen Detailgrad der jeweils anderen Handlungsform übernehmen.[26]

III. Plattformrecht als Europäisches Verwaltungsrecht

Mit Ausnahme des DSA, der ein komplexes Mischmodell aus indirektem und direktem Vollzug vorgibt und vielfältige Vernetzungsmechanismen vorsieht, installiert das europäische Plattformrecht keine klassische Europäische Verbundverwaltung.[27] Der DMA, der anders als der DSA lediglich die größten Unternehmen adressiert, wählt ein bei der Kommission zentralisiertes Durchsetzungsregime. Die P2B-VO sieht keine starken Verbundstrukturen vor und die TCO-VO geht mit der Befugnis einer jeden von einem Mitgliedstaat benannten Behörde, die Löschung terroristischer Inhalte in allen Mitgliedstaaten zu verlangen (Art. 3 Abs. 1), einen eigenen Weg. Trotz dieser fundamentalen Unterschiede kennzeichnen einige Charakteristiken das Plattformrecht insgesamt.[28]

---

25 Vgl. *V. Mehde*, Der zwischenstaatliche Wettbewerb als Instrument Europäischer Governance, in: H.-J. Blanke/A. Scherzberg/G. Wegner, Dimensionen des Wettbewerbs, Tübingen 2010, S. 217 (222).
26 Zu verordnungsähnelnden Richtlinien *Haltern*, Europarecht (Fn. 2), S. 407 f.; vgl. *Terhechte*, Wettbewerb (Fn. 22), S. 279 (313 f.).
27 Zu Begriff und Konzept *W. Kahl*, Der Europäische Verwaltungsverbund, Der Staat 50 (2011), 353 (353-387); *M. Ludwigs*, Europäischer Verwaltungsverbund, in: W. Kahl/M. Ludwigs/S. Boysen (Hrsg.), HVwR, Bd. II, Heidelberg 2021, § 36 mwN.
28 Es handelt sich um eine Auswahl. Man hätte auch die Unabhängigkeit der Regulierungsbehörden und/oder anderer Stellen (Art. 21 Abs. 3 lit. a, Art. 22 Abs. 2 lit. b, Art. 37 Abs. 1, Abs. 3 lit. a, Art. 41 Abs. 1, Abs. 2 UAbs. 2, Abs. 5, Art. 50 Abs. 1 S. 3, Art. 61 Abs. 1, Art. 40 Abs. 8 lit. b DSA; Art. 17 Abs. 3 UAbs. 3 EUV, Art. 245 Abs. 1 S. 2 AEUV, Art. 28 Abs. 1, Abs. 3 UAbs. 2, Abs. 7 DMA; Art. 13 Abs. 2 S. 2 TCO-VO; Art. 12 Abs. 2 lit. a P2B-VO), die Installierung außergerichtlicher Streitbeilegungsmechanismen und Beschwerdeinstanzen (Art. 16-21, Art. 53 DSA; Art. 27 DMA; Art. 5 Abs. 2 UAbs. 2 lit. b, Art. 10 TCO-VO; Art. 11 P2B-VO), die Einbeziehung Privater und/oder das Konzept regulierter Selbstregulierung (Art. 21 Abs. 7, Art. 22 Abs. 7, Art. 34 ff., Art. 41, Art. 44 ff., Art. 48, Art. 71 f. DSA; Art. 25 f., Art. 28 DMA; Art. 5 Abs. 6 TCO-VO, Art. 17 P2B-VO) behandeln können.

1. Betreiber-Knowhow als Regulierungsprämisse

Das europäische Plattformrecht ist durchzogen von der gesetzgeberischen Erwägung, dass das Knowhow für möglichst effektive und effiziente Lösungen von Sachproblemen bei den Plattformbetreibern selbst verortet ist.[29] Mit diesem „black box"-Problem muss sich das Regulierungsrecht arrangieren. Es wird daher vermehrt lediglich ein Zielwert, nicht aber die Methode zu seiner Erreichung vorgegeben.

So haben nach Art. 8 DMA etwa im Ausgangspunkt die Torwächter selbst die effektive Einhaltung der Verordnungspflichten sicherzustellen. Nach den Art. 34 f. DSA sollen sich zunächst die Betreiber sehr großer Online-Plattformen und Online-Suchmaschinen mit der Analyse und Bewältigung systemischer Risiken befassen. Dieses aus der Not erwachsene Konzept liegt interessanterweise auf einer Linie mit der jüngst vom EuGH angestellten Erwägung, im dynamischen Spannungsfeld zwischen den grundrechtlichen Interessen von Internetdienstbetreibern und ihren Nutzenden könnten auch Verhältnismäßigkeitserwägungen erfordern, es den Betreibern zu überlassen, welche konkreten Maßnahmen sie zur Erreichung des angestrebten Ergebnisses ergreifen wollten.[30]

Indes läuft diese Regulierungsstrategie Gefahr, mit ressourcenschonenden Fassadenlösungen abgespeist zu werden, wenn nicht ständig eigenständige Expertise aufgebaut und Informationsasymmetrien zwischen Regulierungssubjekt und -objekt abgebaut werden. Dem dienen behördliche Befugnisse wie Art. 40 Abs. 3 DSA, der nicht lediglich auf die Offenlegung von Betreiberdaten u.Ä. zielt, sondern darauf, sich die Gestaltung, Logik und Funktionsweise der Systeme erklären zu lassen.[31] In diese Richtung zielen auch die unzähligen Vorgaben, sachverständige Personen in Entscheidungsprozesse einzubeziehen bzw. selbst die notwendige Expertise aufzubauen.[32]

---

29 Siehe zur Wissensgenerierung durch Plattformrecht auch *J. Buchheim*, Der Kommissionsentwurf eines Digital Services Act – Regelungsinhalte, Regelungsansatz, Leerstellen und Konfliktpotential, in: I. Spiecker gen. Döhmann/M. Westland/R. Campos (Hrsg.), Demokratie und Öffentlichkeit im 21. Jahrhundert - zur Macht des Digitalen, Baden-Baden 2022, 249 (257-260).
30 EuGH EuZW 2022, 458 (463) Rn. 75 – Polen/Europäisches Parlament.
31 *C. Krönke*, Die Europäische Kommission als Aufsichtsbehörde für digitale Dienste, EuR 2023, 136 (150).
32 Zum Sachverständigenwesen *C. Nowak*, Europäisches Kooperationsverwaltungsrecht, in: S. Leible/J. P. Terhechte (Hrsg.), EnzEuR, Bd. III, 2. Aufl., Baden-Baden 2021, § 40 Rn. 40.

2. „Big Tech" in Irland

Zwar sind die Mitgliedstaaten im Verhältnis zueinander streng formell gleichberechtigt, wenn sie Unionsrecht vollziehen (vgl. Präambel, Art. 4 Abs. 2 S. 1 EUV).[33] Art. 198 Abs. 1 AEUV zielt auf eine wirksame und gleichförmige Anwendung und Durchsetzung des Unionsrechts in allen Mitgliedstaaten.[34] Faktisch starten sie aber aus ganz unterschiedlichen Positionen und haben ungleiche Lasten zu stemmen. Das europäische Plattformrecht muss sich dabei zu dem Umstand verhalten, dass viele der global agierenden „Big Tech"-Unternehmen (Alphabet, Amazon, Meta, Apple) in Irland zweigniedergelassen sind.

Was zunächst steuerrechtliche Gründe gehabt haben dürfte,[35] könnte nun um eine weitere Form des forum shopping ergänzt werden, wenn mit der innereuropäischen Standortwahl Vorteile im Hinblick auf eine möglichst zurückgenommene Durchsetzung des Plattformrechts einhergingen (regulatorisches forum shopping).[36] Bei indirekten Vollzugsmodellen erschwert bereits der Umstand, dass sich in einem Mitgliedstaat sehr viele Regulierungsobjekte akkumulieren, die Verwirklichung der Regulierungsziele. Es genügt nicht, dass die dort zuständige(n) Behörde(n) gleich gut sind wie ihre Pendants in anderen Mitgliedstaaten; sie müssen besser sein, um ein vergleichbares Regulierungsniveau zu erreichen.

Um einem regulatorischen forum shopping vorzubeugen, halten die Rechtsakte des Plattformrechts unterschiedliche Kniffe in kompetenzieller und organisationsrechtlicher Hinsicht bereit. Zunächst ermöglichen die Vorgaben an die Ausstattung der mitgliedstaatlichen Behörden, divergierende Regulierungsanforderungen zu verarbeiten. Indem etwa Art. 50 Abs. 1 S. 2 DSA insofern vorgibt, die „erforderlichen Ressourcen" bereitzustellen und Art. 13 Abs. 1 TCO-VO die „nötigen Befugnisse" zuzuweisen verlangt, ermöglichen sie eine Auslegung, die kein strikt egalitäres, sondern ein den jeweiligen nationalen Bedingungen angemessenes Instrumentarium fordert.

---

33 *C. Ohler*, Europäisches und nationales Verwaltungsrecht, in: J. P. Terhechte (Hrsg.), Verwaltungsrecht der Europäischen Union, 2. Aufl., Baden-Baden 2022, § 9 Rn. 8.
34 *Ludwigs*, Verwaltungsverbund (Fn. 27), § 36 Rn. 17.
35 Zum Steuerwettbewerb der Mitgliedstaaten *Terhechte*, Wettbewerb (Fn. 22), S. 279 (296 ff.).
36 Vgl. *C. D. Classen,* in: E. Grabitz/M. Hilf/M. Nettesheim, Das Recht der EU, 73. EL, München 2021, Art. 197 AEUV Rn. 4; *Krönke*, Kommission (Fn. 31), 136 (138) Fn. 13.

Kompetenziell überantworten aber sowohl DSA als auch DMA ihre Durchsetzung im Hinblick auf „Big Tech" ohnehin der Kommission. Das Regulierungsniveau hängt deswegen maßgeblich von deren personellen Ressourcen und anderweitiger Ausstattung ab.[37] Die kumulierte Niederlassung in einem Mitgliedstaat ist hier nicht nachteilhaft, geht evtl. sogar mit Vorteilen einer einheitlichen Korrespondenzsprache, bekannter und bewährter Kommunikations- und Reisewege u.Ä. einher. Während die TCO-VO nach ihrem genannten Art. 3 Abs. 1 jede zuständige mitgliedstaatliche Behörde dazu befugt, die Löschung terroristischer Inhalte für alle 27 Mitgliedstaaten anzuordnen, scheint die Durchsetzung der P2B-VO in Irland größeren Problemen ausgesetzt zu sein. Die Durchsetzung ist nach deren Art. 14 f. weitgehend den Mitgliedstaaten überantwortet, ohne ausgeprägte grenzüberschreitende Auffang- oder Unterstützungsbefugnisse vorzusehen.

3. Territoriale Erweiterung des öffentlichen Interesses

Nach dem Kooperationsgebot des Art. 197 Abs. 1 AEUV stellt die für das ordnungsgemäße Funktionieren der Union entscheidende effektive Durchführung des Unionsrechts durch die Mitgliedstaaten eine Frage von gemeinsamem Interesse dar.[38] Das unionale Recht gilt dabei unionsweit und verfolgt unionsweite Zwecke. Deswegen lässt sich für das Unionsrecht allgemein sagen, dass die Mitgliedstaaten verpflichtet sind, den unionsrechtlich geforderten Rechtsgüterschutz nach Möglichkeit über das eigene Hoheitsgebiet hinausgehend auf das gesamte Gebiet der EU zu erstrecken, also auch die Interessen anderer Mitgliedstaaten und ihrer Bürgerinnen und Bürger in den Blick zu nehmen.[39]

Für den hiesigen Bereich wird diese Prämisse eines territorial entgrenzt zu verfolgenden öffentlichen Interesses durch das oben beschriebene Phänomen des Betriebs unionsweit *derselben* Plattformen (I. 1.) auf die Spitze

---

37 Siehe zur Regulierungsarchitektur des DSA *Ruschemeier*, Wettbewerb der Aufsicht statt Aufsicht über den Wettbewerb, in diesem Band, S. 227 ff.

38 *Ludwigs*, Verwaltungsverbund (Fn. 27), § 36 Rn. 3; vgl. zum Äquivalenzgebot der Amtshilfe *F. Wettner,* Das allgemeine Verwaltungsrecht der gemeinschaftsrechtlichen Amtshilfe, in: E. Schmidt-Aßmann/B. Schöndorf-Haubold (Hrsg.), Der Europäische Verwaltungsverbund, Tübingen 2008, S. 181 (197 f.).

39 *Ohler,* Verwaltungsrecht (Fn. 33), § 9 Rn. 40; vgl. W. *Weiß,* Der Europäische Verwaltungsverbund, Berlin 2010, S. 34 f.; *Kahl,* Verwaltungsverbund (Fn. 27), 353 (357); *Ludwigs,* Verwaltungsverbund (Fn. 27), § 36 Rn. 17.

getrieben. Im Falle indirekten Vollzugs haben die nach dem Herkunftslandprinzip operierenden mitgliedstaatlichen Behörden auch solchen Rechtsverletzungen entgegenzuwirken, die allein andere Mitgliedstaaten betreffenden. Sie müssen sich deswegen noch stärker als in anderen Teilgebieten des Europarechts als unionale Sachwalter verstehen. Wird beispielsweise eine (nicht sehr große) Online-Plattform mit Sitz in Frankreich v.a. von Minderjährigen in Deutschland genutzt und werden nur diese Minderjährigen auf ihr Gefahren ausgesetzt, etwa durch systematisch vom Betreiber geduldete magerkeitsverherrlichende und damit Magersucht Vorschub leistende Werbeanzeigen, obliegt der Online-Schutz dieser Minderjährigen nach Art. 28 Abs. 1 DSA dem französischen, nicht dem deutschen Koordinator für digitale Dienste.

Das Beispiel zeigt freilich, dass das oben skizzierte Vernetzungsideal, das mit Plattformen assoziiert wird, Risse erhält: Dieselbe Plattform mag sprachraumübergreifend genutzt werden, aber deswegen bilden 27 mitgliedstaatliche Bevölkerungen noch lange keinen einheitlichen Sprachraum bzw. in der Sprache des Europarechts: keine einheitliche europäische Öffentlichkeit.[40]

4. Tertiäres Recht und Soft Law

Das Plattformrecht ist des Weiteren gekennzeichnet durch extrem weitreichende Befugnisse der Kommission zu delegierten Rechtsakten (Art. 290 AEUV),[41] Durchführungsrechtsakten (Art. 291 AEUV)[42] und Leitlinien (soft law).[43] Diese Rechtsetzungstaktik ist nachvollziehbar angesichts der technischen Komplexität und Dynamik der Digitalökonomie. Das Bedürfnis, mit den ständigen Entwicklungen Schritt zu halten und dabei regulatorische Effektivität und Aktualität aufrechtzuerhalten tritt aber in Zielkon-

---

40 Zu diesem Konzept T. Mast, Gute Öffentlichkeitsarbeit und die Europäische Union, ZaöRV 81 (2021), 443 (448 f.).
41 Art. 33 Abs. 2, 3, Art. 37 Abs. 7, Art. 40 Abs. 8, Art. 43 Abs. 4, Art. 87 DSA; Art. 3 Abs. 6, Art. 3 Abs. 7, Art. 12 Abs. 1, Art. 12 Abs. 3, Art. 12 Abs. 4, Art. 49 DMA; Art. 19 i.V.m. Art. 20 TCO-VO.
42 Art. 15 Abs. 3, Art. 24 Abs. 6, Art. 43 Abs. 3 UAbs. 2, Abs. 5, Art. 83, Art. 85 Abs. 3 DSA; Art. 8 Abs. 2 UAbs. 2, Art. 9 Abs. 1, Art. 10 Abs. 1, Art. 13 Abs. 7, Art. 15 Abs. 2, Art. 17 Abs. 1, Art. 18 Abs. 1, Art. 24, Art. 25 Abs. 1, Art. 29 Abs. 1, Art. 31 Abs. 2, Art. 38 Abs. 1 S. 4, Art. 46 DMA.
43 Art. 22 Abs. 8, Art. 25 Abs. 3, Art. 28 Abs. 4, Art. 35 Abs. 3, Art. 39 Abs. 3 UAbs. 2 DSA; Art. 47 DMA; Art. 5 Abs. 7 P2B-VO; Art. 17 Abs. 6 EMFA-E.

flikt zur demokratischen Legitimation des Kommissionshandelns. Sowohl Durchführungsrechtsakte als auch delegierte Rechtsakte sind rechtlich verbindlich und gegenüber nationalem Recht vorrangig anzuwenden.[44]

Für Durchführungsrechtsakte ist ein Wesentlichkeitsgebot in Art. 290 Abs. 1 UAbs. 2 AEUV vorgegeben, nach umstrittener Ansicht lässt sich dieses auf Art. 291 AEUV übertragen.[45] Der Kommission darf danach zum Schutz des Demokratieprinzips (Art. 2, 10 EUV) nur die Ergänzung oder Änderung „nicht wesentlicher Vorschriften" gestattet werden, was solche ausschließt, die den Erlass politischer Entscheidungen erfordern, weil widerstreitende Interessen auf Grundlage zahlreicher Gesichtspunkte abzuwägen sind.[46] Wie oben ausgeführt wurde, zeichnet sich das Plattformrecht aber durch eine hochgradig multipolare Interessen- und Grundrechtsprägung aus, weswegen Gestaltungsentscheidungen mitunter dieses Wesentlichkeitsgebot strapazieren dürften.

Beispielsweise befugt Art. 40 Abs. 13 DSA die Kommission, die Zwecke festzulegen, für die die plattformseitig herauszugebenden Daten verwendet werden dürfen, ohne dass die hierbei anzustellenden Abwägungsentscheidungen zwischen den Interessen der Plattformbetreiber und der Dateninteressenten substanziell näher angeleitet würden. Im DMA befugt Art. 12 Abs. 1, 3 die Kommission, den Plattformen eigenmächtig weitere Verpflichtungen aufzuerlegen, die den in den Zentralkatalogen der Art. 5 und 6 genannten gleichstehen. Schon anhand der detaillierten Ausgestaltung der Kataloge ist zu erkennen, dass die Auferlegung der Verpflichtungen Ergebnis einer komplexen Abwägung zwischen den Grundrechten der Plattformbetreiber und deren Nutzenden darstellt. Durch die Schranke in Art. 12 Abs. 2 DMA wird dies entschärft, allerdings enthalten auch die dortigen Fallgruppen (insb. lit. f) facettenreiche Entscheidungen.

IV. Plattformrecht und Grundrechtsschutz

Plattformrecht regelt multipolare Interessen- und Grundrechtskonstellationen zwischen Betreibern und Mitbewerbern, gewerblichen und privaten

---

[44] A. *Guckelberger*, Delegierte Rechtsakte und Durchführungsrechtsakte im Unionsrecht, in: W. Kahl/M. Ludwigs/S. Boysen (Hrsg.), HVwR, Bd. II, Heidelberg 2021, § 40 Rn. 59 f.

[45] Befürwortend etwa *Ludwigs*, Verwaltungsverbund (Fn. 27), § 36 Rn. 26; *Guckelberger*, Rechtsakte (Fn. 44), § 40 Rn. 39.

[46] *Guckelberger*, Rechtsakte (Fn. 44), § 40 Rn. 12 mwN.

Nutzenden sowie Drittbetroffenen. Die Grundrechtssensibilität des Phänomenbereichs war den gesetzgebenden Unionsorganen auch durchaus bewusst. Explizites Ziel des DSA ist es nach dessen Art. 1 Abs. 1, zum Grundrechtsschutz im Online-Umfeld beizutragen. Die TCO-VO verweist in ihren Art. 1 Abs. 1 lit. b, Abs. 4, Art. 4 Abs. 3, Art. 13 Abs. 2, Art. 23 Abs. 1 lit. b und Art. 5 Abs. 1 Uabs. 2, Abs. 3 lit. c auf Chartagrundrechte, der DMA und die P2B-VO tun entsprechendes nur, aber immerhin, in ihren Erwägungsgründen (EG 29 S. 3 Hs. 2, 80 S. 1, 109 DMA, EG 52 P2B-VO).

1. „Im wesentlichen vergleichbarer Grundrechtsschutz"?

Aufgrund zweier gegenläufiger Tendenzen erscheint es gleichermaßen denkbar, dass das unionale Niveau des Grundrechtsschutzes in der Praxis des Plattformrechts (vgl. Art. 23 Abs. 1 S. 1 GG) niedrig oder auch hoch ausfallen wird. Die materiellen Gehalte der einzelnen Chartagrundrechte mögen denen des Grundgesetzes vergleichbar sein und ohnehin scheinen sich zunehmend Tendenzen der interpretatorischen Annäherung und entsprechenden Loslösung von jeweiligen Wortlaut- und Systematikspezifika abzuzeichnen. Als bedeutsamer für die praktische Wirksamkeit der Chartagrundrechte i.S.e. „human rights in action" wird sich aber die Art der Grundrechtsprüfung und -anwendung durch die Gerichte, allen voran den EuGH erweisen.[47]

Für ein niedriges Schutzniveau spricht zunächst der Umstand, dass der EuGH in der Vergangenheit die Verhältnismäßigkeit von Maßnahmen regelmäßig deutlich grobmaschiger geprüft hat als etwa das BVerfG.[48] Der Prüfungspunkt der Angemessenheit entfiel mitunter ganz, andere Aspekte wurden nur holzschnittartig erörtert. Schwer wiegt aber auch, dass er nicht nur den gesetzgebenden Organen, sondern auch den Regulierungsbehörden in komplexen Zusammenhängen weitgehende Einschätzungsprärogativen zugesprochen hat. In der Regel wurden diese Prärogativen mit der wirtschaftlichen Komplexität des Sachbereichs begründet,[49] insofern müss-

---

47 Vgl. *H. Sauer*, Staatsrecht III, 7. Aufl., München 2022, § 9 Rn. 26.
48 *D. Ehlers*, Allgemeine Lehren der Grundfreiheiten / Allgemeine Lehren der Unionsgrundrechte, in: ders. (Hrsg.), Europäische Grundrechte und Grundfreiheiten, 4. Aufl., Berlin 2015, § 7 Rn. 132, § 14 Rn. 114 f. mwN; Darstellung bei *C. G. H. Riedel*, Die Grundrechtsprüfung durch den EuGH, Tübingen 2020, S. 160 f., 165.
49 EuGH, ECLI:EU:C:1981:311, Ludwigshafener Walzmühler Erling KG u.a. – Rn. 37 ff.; C-42/84, Remia BV – Rn. 48; C-142/84, BAT und Reynolds – Rn. 61 f.; C-56/93,

te noch argumentiert werden, dass die nicht stets unmittelbar wirtschaftsbezogene Binnenmarktregulierung aufgrund ihrer technologischen Komplexität dem gleichsteht. Das scheint aber kein großer Schritt zu sein, ist das gesamte Plattformrecht doch ersichtlich von der Konzeption geprägt, Sachverstand anzuzapfen und/oder aufzubauen und die Dynamik des Realbereichs zu verarbeiten.

In die entgegengesetzte Richtung zeigt demgegenüber die Digital Rights Ireland-Entscheidung (2014) des EuGH. Seit dieser scheint der Gerichtshof die Grundrechte gründlicher zu prüfen und den Willen zu demonstrieren, als veritables Grundrechtsgericht zu fungieren.[50] Bemerkenswert ist hierbei, dass die Entscheidung in einem solchen technologisch hochkomplexen und dynamischen Feld beheimatet war, wie man sie auch in der Judikatur zum Plattformrecht vorfinden wird.

2. Digitale Grundrechtsinnovationen im Verhältnis EuGH – EGMR – BVerfG

Das divers vollzogene europäische Plattformrecht (III.) wird Gegenstand unterschiedlicher Gerichtsverfahren werden. Gegen Kommissionsakte nach DSA und DMA steht die Nichtigkeitsklage zum EuGH, gegen mitgliedstaatliches Handeln oder Unterlassen das Vertragsverletzungsverfahren zu diesem offen. Nationale Behörden, die indirekt Unionsrecht vollziehen, werden von den nationalen Verwaltungsgerichten kontrolliert werden, das

---

Belgien/Kommission – Rn. 11; C 44/94, Fishermen's Organisations u.a. – Rn. 56 ff.; C-328/99 und C-399/00, Italien und SIM 2 Multimedia/Kommission – Rn. 39: „Da es sich dabei um eine komplexe wirtschaftliche Beurteilung handelt, ist die gerichtliche Kontrolle einer Handlung der Kommission, die eine solche Beurteilung einschließt, auf die Prüfung der Frage zu beschränken, ob die Verfahrens- und Begründungsvorschriften eingehalten worden sind, ob der Sachverhalt, der der beanstandeten Entscheidung zugrunde gelegt wurde, zutreffend festgestellt worden ist und ob kein offensichtlicher Fehler bei der Würdigung dieses Sachverhalts und kein Ermessensmissbrauch vorliegen." Vgl. auch EuGH C-258/14, Florescu u.a. – Rn. 57. Dazu *F. Wollenschläger*, Grundrechtsschutz und Unionsbürgerschaft, in: S. Leible/J. P. Terhechte (Hrsg.), EnzEuR, Bd. II, Baden-Baden 2021, § 13 Rn. 85; *J. Oster*, in: T. Mast u.a. (Hrsg.), DSA/DMA, München 2024 [im Erscheinen], Art. 3 DMA Rn. 107.

50 EuGH C-293/12 und 594/12, ECLI:EU:C:2014:238, Digital Rights Ireland – Rn. 46 f., 51 ff.; *J. Kühling*, Der Fall der Vorratsdatenspeicherungsrichtlinie und der Aufstieg des EuGH zum Grundrechtsgericht, NVwZ 2014, 681 (684 f.); *Riedel*, Grundrechtsprüfung (Fn. 48), S. 250 f.; *T. Kingreen*, in: C. Calliess/M. Ruffert (Hrsg.), EUV/AEUV, 6. Aufl., München 2022, Art. 52 GRCh Rn. 65, 71.

„private enforcement" plattformrechtlicher Vorgaben wird zivilgerichtlicher Prüfung unterliegen.

Die Autorität zur Auslegung des unionalen Sekundär- und Primärrechts kommt aber zuvörderst dem EuGH zu, Art. 19 Abs. 1 UAbs. 1 S. 2 EUV. Er hat nun ein breites sekundärrechtliches Feld an Prüfungsgegenständen, an denen er seine Grundrechtsdogmatik an Digitalphänomenen weiterentwickeln kann. Hier könnten im Hinblick auf Art. 11 GRCh ähnliche Entwicklungen einsetzen wie im Bereich des Datenschutzrechts hinsichtlich Art. 7, 8 GRCh. Denn indem zunehmend sekundärrechtliches Plattformrecht erlassen wird, erweitert sich auch der Anwendungsbereich der Unionsgrundrechte entsprechend (Art. 51 Abs. 1 S. 1 GRCh).[51]

Auf der anderen Seite führt der Anwendungsvorrang des dicht gewobenen europäischen Plattformrechts dazu, dass die nationalen Rechtsordnungen veröden und nationalen Verfassungsgerichten ihr genuiner Prüfungsmaßstab abhandenkommt. Diese kompetenzielle Umverteilung erhöht die Wahrscheinlichkeit, dass digitalsensible Grundrechtsinnovationen zukünftig aus Luxemburg und Straßburg, weniger jedoch aus Karlsruhe zu erwarten sind. Wenn das BVerfG auch darum bemüht ist, sich Mitspracherechte im Konzert des Europäischen Verfassungsgerichtsverbunds zu erhalten, dürften diese Innovation meist mittelbar über den Umweg der GRCh und des Prinzips der unionsrechtsfreundlichen Auslegung ins Grundgesetz gelangen.[52]

3. Sekundärrechtliche Inkorporation und Horizontalisierung der GRCh

Plattformrecht ist also durch Unionsgrundrechte durchwirktes Recht und muss als solches den multipolaren Interessenkonflikten seines Gegenstands gerecht werden. Im Gegensatz zu den verfassungsgerichtlichen Versuchen, private Macht über die unmittelbar den einfachgesetzlichen Normen innewohnenden Apelle hinausgehend im Wege der mittelbaren Drittwirkung der Grundrechte „staatsähnlich" einzuhegen und der Erstreckung dieses

---

51 *Wollenschläger*, Grundrechtsschutz (Fn. 49), § 13 Rn. 43.
52 BVerfGE 152, 152 Rn. 61 – Recht auf Vergessen I; BVerfGE 158, 1 (27) Rn. 46 – Ökotox; eingehend *T. Mast*, Von Kelsen zu Castells? – Zu Tendenzen der Vervielfältigung und Dynamisierung des Rechts, RECHTSTHEORIE [im Erscheinen].

Ansatzes auf Facebook durch den BGH,[53] scheint die Union hier eigene Wege zu gehen. Eine europäische „Lüth"-Entscheidung, die die Horizontalwirkung der Chartagrundrechte generell, insbesondere der Meinungs- und Informationsfreiheit, anerkennen würde, ist nicht in Sicht, sodass sich die europäischen Gesetzgebungsorgane offenbar genötigt sahen, selbst aktiv zu werden.

Zunächst thematisch beschränkt in Art. 5 Abs. 1 UAbs. 2 TCO-VO, dann mit deutlich größerem Anwendungsbereich in Art. 14 Abs. 4 DSA, rekurriert das Sekundärrecht selbst auf die GRCh und bringt deren Grundrechte sprachlich in Stellung, um das Verhältnis zwischen Dienstebetreibern und ihren Nutzenden zu regulieren.[54] Ob man dies als lediglich deklaratorischen Verweis oder als normativ wirkungsvolle Regelungstaktik ansieht, hängt maßgeblich davon ab, ob man – insofern gefestigter als der EuGH – bereits der GRCh als solcher eine Horizontalwirkung in den jeweiligen Konstellationen zuschreibt.[55]

Sieht man den Verweis als konstitutiv in dem Sinne an, dass er die Chartagrundrechte über ihren primärrechtlich vorgesehenen Bereich hinausgehend auf sekundärrechtlicher Ebene „kopiert" und dort in Privatrechtsverhältnissen in Stellung bringt, stellen sich viele Fragen der Norminterpretation und Primärrechtskonformität.[56] Für den staatstheoretisch geprägten Blick muss das traditionell mit Verfassungsurkunden oder jedenfalls der normhierarchisch höchsten Stufe einer Rechtsordnung assoziierte Kon-

---

53 BVerfGE 128, 226 – FRAPORT; BVerfG, 1 BvQ 25/15 – Bierdosen-Flashmob; BVerfGE 148, 267 – Stadionverbot; BGHZ 230, 347 – Facebook.

54 Art. 5 Abs. 1 UAbs. 2 TCO: „Er [der Hostingdiensteanbieter] handelt dabei mit der gebotenen Sorgfalt, verhältnismäßig und ohne Diskriminierung; unter allen Umständen unter gebührender Berücksichtigung der Grundrechte der Nutzer und trägt insbesondere der grundlegenden Bedeutung der Meinungs- und Informationsfreiheit in einer offenen und demokratischen Gesellschaft Rechnung, [...]."
Art. 14 Abs. 4 DSA: „Die Anbieter von Vermittlungsdiensten gehen bei der Anwendung und Durchsetzung der in Absatz 1 genannten Beschränkungen sorgfältig, objektiv und verhältnismäßig vor und berücksichtigen dabei die Rechte und berechtigten Interessen aller Beteiligten sowie die Grundrechte der Nutzer, die in der Charta verankert sind, etwa das Recht auf freie Meinungsäußerung, die Freiheit und den Pluralismus der Medien und andere Grundrechte und -freiheiten."

55 Von keinem eigenständigen normativen Gehalt ausgehend *T. Wischmeyer*, Grundrechtliche Bindung privater Plattformbetreiber unter dem EU Digital Services Act, Rechtsgutachten im Auftrag der GFF e.V., 2023.

56 Ausführlich zur Thematik *T. Mast/C. Ollig*, The Lazy Legislature – Incorporating and Horizontalising the Charter of Fundamental Rights through Secondary Union Law, EuConst 19 (2023), 462 ff.

zept der Grundrechte in dieser neuen Spielart irritieren. Allerdings wird man es jedenfalls nicht als Umgehung des Vertragsänderungsverfahrens nach Art. 48 EUV verstehen können, maßt sich der Sekundärrechtsgeber doch nicht an, die Charta zu ändern, sondern lediglich deren normativen Gehalt auf niedrigerer Stufe zu erschließen bzw. zu kopieren. Ohnehin passt das Unionsrecht nicht in die Schablone nationaler Rechtsordnungen. Die Grundrechte wurden in der Europarechtsgeschichte in einem komplexen Prozess aus den gemeinsamen Überzeugungen der Mitgliedstaaten gewonnen und auch die Charta selbst hatte nicht immer ihren rechtlich verbindlichen Primärrechtsrang. Wer die konstitutive Verweisung per se ablehnen möchte, muss letztlich eine außerhalb des positiven Unionsrechts stehende grundrechtstheoretische Erwägung aus dem alten Baukasten der Staatslehre bemühen.

Indem beide Normen einzelne Grundrechte sprachlich hervorheben und ihren Normappell darauf beschränken, die Betreiber müssten diese „berücksichtigen", stellen sich auch Fragen im Hinblick auf das sekundärrechtlich vorgegebene Grundrechtsniveau und die Lösung von Grundrechtskonflikten. Bei alldem darf nicht aus dem Blick geraten, dass Art. 5 Abs. 1 UAbs. 2 TCO-VO und Art. 14 Abs. 4 DSA als Sekundärrechtsnormen selbst ein niedrigerer Rang als der GRCh zukommt und nach Art. 51 Abs. 1 GRCh an dieser zu messen sind. Da sich das Maß des Grundrechtsschutzes stets relational im Verhältnis zum Schutz divergierender Interessen bestimmt, ist auch nicht ausgemacht, dass durch die sekundärrechtliche Grundrechtsnennung der Grundrechtsschutz für alle Beteiligten gesteigert wäre. Wenn also vielleicht auch nicht allzu schnell mit einer europäischen „Lüth"-Entscheidung zu rechnen ist, sollte der EuGH jedenfalls zu einem für die Praxis des Plattformrechts tauglichen Verständnis der sekundärrechtlichen Inkorporation und Horizontalisierung der Charta beitragen.[57]

---

57 Kritisch zur Rechtskonkretisierungsfunktion des Vorabentscheidungsverfahrens beim EuGH am Beispiel der DSGVO *J. Buchheim*, Rechtsprechung ohne Fall – Strukturprobleme und Verbesserungspotentiale des unionsrechtlichen Vorabentscheidungsverfahrens, AöR 148 (2023), 521 (560 f.).

Wettbewerb der Aufsicht statt Aufsicht über den Wettbewerb? Kompetenzfragen der Plattformaufsicht aus verfassungsrechtlicher Perspektive

*Jun.-Prof. Dr. Hannah Ruschemeier**

I. Auftakt: DMA und DSA als neue Grundpfeiler der Plattformregulierung

Das Paket von DMA und DSA soll neben den zahlreichen anderen Gesetzgebungsbestrebungen der Union im Digitalbereich den Grundstein für ein neues Recht der digitalen Dienste in der Union schaffen.[1] Ausgangspunkt der Betrachtung ist das Regulierungsziel beider Rechtsakte: Der DMA- und der DSA befassen sich beide mit der Größe digitaler Plattformen, d. h. mit ihrer Marktmacht und ihrer Reichweite bei den Verbrauchern.[2] Ein Blick in die junge Gesetzgebungsgeschichte hilft, die Regelungssystematik und Interdependenzen beider Verordnungen besser zu erfassen. Ursprünglich waren im Gesetzgebungsverfahren beide Rechtsakte als eine einheitliche Verordnung vorgesehen. Die spätere Aufspaltung hat dazu geführt, dass DSA und DMA nun zwei unterschiedliche Kategorien und Anforderungen normieren. Der DMA adressiert „Torwächter", der DSA sieht als Kategorie hingegen „sehr große Online-Plattformen und -Suchmaschinen" (VLOPs) vor. In der Praxis ergeben sich hingegen große Schnittmengen beider Regulierungskategorien bei den großen Technologiefirmen. Denn die Torwächter des DSA sind oft auch sehr große Online-Plattformen; die sieben größten Anbieter vereinen 69 Prozent des Marktvolumens der Plattformwirtschaft in Höhe von ca. 6 Billionen Euro auf sich.[3] Der DMA wurde während des Gesetzgebungsverfahrens abgespalten, um ex-ante Re-

---

* Juniorprofessorin für Öffentliches Recht mit Schwerpunkt Datenschutzrecht und Recht der Digitalisierung an der FernUniversität in Hagen. hannah.ruschemeier@fern-uni-hagen.de.
Ich danke Johannes Buchheim für wertvolle Hinweise und Denkanstöße.
1 Zum Verhältnis von DSA, DMA, P2B-VO und TCO-VO („unstrukturiertes Regelungsgeflecht") *T. Mast*, Plattformrecht als Europarecht, in diesem Band, S. 207 ff.
2 *U. Sury*, Zwei neue Regelwerke: DSA und DMA, Informatik Spektrum 2023, 178 (1).
3 *A. Turillazzi et al.*, The digital services act: an analysis of its ethical, legal, and social implications, Law, Innovation and Technology 2023, 83 (88). Zum Ganzen auch: *H.*

gelungen für Torwächter einzuführen. Beide Rechtsakte verfolgen einen risikobasierten Regelungsansatz, wie sich an der Größenabstufung der Regulierungsvorgaben zeigt. Für VLOPs und Gatekeeper gelten strengere Vorgaben als bspw. für andere Vermittlungsdienste. Trotz desselben legislativen Ausgangspunkts unterscheiden sich die Definitionen von VLOPs und Gatekeepern und auch die Regulierungsziele von DSA und DMA. Während der DMA Gatekeeper (vgl. Art. 3) nach der wirtschaftlichen Bedeutung, Umsatz, Marktkapitalisierung und Nutzer:innenzahl bestimmt, stellt der DSA für die VLOPs allein auf die Anzahl der gewerblichen und privaten Nutzer:innen ab.[4]

Der DSA adressiert primär gesellschaftliche systemische Risiken, die sich aus den über VLOPs verbreiteten Inhalten ergeben.[5] In dieser Regulierungsausrichtung auf systemische Risiken, die aus dem Finanzmarktsektor bekannt ist, liegt eine Reaktion auf die spezifischen Gefahren von Plattformen, deren Mechanismus der Inhaltsverbreitung auf kollektiven Interaktionen beruht und mehr als die Summe individueller Beiträge ist.[6] Die Plattformökonomie hat zu besonderen Formen der informationellen Machtasymmetrie geführt, da das Geschäftsmodell der Anbieter:innen auf der aggressiven massenhaften Extraktion von Nutzer:innendaten beruht. Dadurch wird ihre Machtkonzentration manifestiert und fortgeschrieben.[7] Rechtsverletzungen in der Breite und die Gefährdung der Integrität des öffentlichen Diskurses werden dadurch in Kauf genommen, um ökonomische Interessen zu verfolgen. Dieser Schieflage soll der DSA mit seinen besonderen Verpflichtungen für VLOPs wie einem Risikomanagement, vgl. Art. 33, 34 DSA, entgegenwirken.

Der DMA soll andererseits den Wettbewerb der Digitalwirtschaft in der Union schützen und reagiert damit auf die eigeschränkte Wirksamkeit des Wettbewerbsrechts in diesem Bereich. Wenn die Marktmacht eines Unter-

---

Ruschemeier, Die aktuelle Digitalgesetzgebung der Europäischen Union - eine kritische Analyse, ZG 2023, 337 ff.
4 Der DMA hingegen differenziert zwischen privaten und gewerblichen Nutzer:innen, vgl. Art. 3 Abs. 1 b), Art. 2 Nr. 20 DMA.
5 DSA, ErwG. 1, 2, 79 mit explizitem Bezug zu systemischen Risiken und der Funktionsweise von Plattformen und Online-Suchmaschinen.
6 *Ruschemeier*, Digitalgesetzgebung (Fn. 3), 337 (341); *A. Gleiss u. a.*, Identifying the patterns: Towards a systematic approach to digital platform regulation, Journal of Information Technology 2022, 02683962221146803.
7 Zu den kollektiven Auswirkungen und Machtimplikationen: *R. Mühlhoff/H. Ruschemeier*, in: H.-C. Gräfe/Telemedicus e.V. (Hrsg.), Telemedicus – Recht der Informationsgesellschaft, Tagungsband zur Sommerkonferenz 2022, Berlin 2022.

nehmens als zu groß empfunden wird, kommt in der Regel das Wettbewerbsrecht als Abhilfe in Betracht, wenn nachgewiesen werden kann, dass das Unternehmen seine marktbeherrschende Stellung missbraucht (vgl. Art. 102 AEUV).[8] Bisher konzentrierte sich das Kartellrecht der Union auf Art. 101, 102 AEUV und damit auf Missbrauch einer marktbeherrschenden Stellung. Wie das ökonomische Gutachten zum DMA[9] auflistet, verzerren mehrere Merkmale die Märkte auch dann, wenn die etablierten Unternehmen kein missbräuchliches Verhalten an den Tag legen. Statt ex-ante Vorgaben für besonders mächtige Marktteilnehmer konnten die Wettbewerbseinschränkungen aber oft erst nachträglich nach langwierigen Untersuchungen festgestellt werden.[10] Zudem ergeben sich die Risiken für den Wettbewerb des Binnenmarktes nicht nur aus dem Verhalten der Marktteilnehmer – respektive dem Missbrauch einer marktbeherrschenden Stellung – sondern auch aus den besonderen Eigenschaften digitaler Märkte an sich: Informationsasymmetrien, Netzwerkeffekte, Größen- und Verbundvorteile spielen in der Plattformökonomie eine erhebliche Rolle.[11] Wirtschaftliche Macht unabhängig von kartellrechtlicher Marktabgrenzung oder ohne wettbewerbsrechtlichen Schaden konnte bisher nicht vom EU-Kartellrecht adressiert werden. Der DMA ist somit eine Antwort auf die strukturellen Merkmale digitaler Märkte und die Marktmacht einiger Plattformen, die auf diesen Märkten tätig sind, sowie auf die immanenten Grenzen der Beschränktheit des Wettbewerbsrechts.[12]

---

8   *W. Weiß*, in: C. Calliess/M. Ruffert (Hrsg.), EUV/AEUV, 6. Aufl., München 2022, Art. 102 Rn. 1 ff.
9   Sondergutachten 82: Empfehlungen für einen effektiven und effizienten Digital Markets Act – Monopolkommission, 2021.
10 Vgl. *J. Brauneck*, Der Digital Markets Act (DMA) – das neue, bessere digitale EU-Wettbewerbsrecht?, RDi 2023, 27 (28); *F. Lenz*, Plattformökonomie – zwischen Abwehr und Wunschdenken, Berlin 2020, S. 13 ff.
11 *Ruschemeier*, Digitalgesetzgebung (Fn. 3), 337 (343); *J. Laux et al.*, Taming the few: Platform regulation, independent audits, and the risks of capture created by the DMA and DSA, Computer Law & Security Review 2021, 105613; *M. Motta/M. Peitz*, Intervention triggers and underlying theories of harm. Expert advice for the Impact Assessment of a New Competition Tool, European Commission 2020, S. 3.
12 *J. Kühling/T. Stühmeier*, Der DMA kurz vor dem Kompromiss: Effektive und effiziente Digitalregulierung sicherstellen, Zeitschrift für Wirtschaftspolitik 2022, 29 (30 f., 34 f.).

II. Aufsichtsstrukturen im DMA

Die Aufsichtsstrukturen des DMA sind, im Gegensatz zu anderen Unionsrechtsakten, übersichtlich ausgestaltet: Die Kommission ist die einzige Behörde, die den DMA durchsetzt, Art. 20 ff. DMA. Zunächst liegt die Verantwortung, die Verordnungsvorgaben einzuhalten, bei den Torwächtern selbst, Art. 8 DMA.[13] Im Folgenden kann die Kommission dann von Amts wegen oder auf Antrag die Einhaltung dieser Verpflichtungen überprüfen, vgl. Art. 8 Abs. 2 DMA.

Konstatiert die Kommission, dass ein Torwächter gegen seine Verpflichtungen verstoßen hat, so erlässt sie gemäß Art. 29 DMA einen Nichteinhaltungsbeschluss. Dieser Beschluss ordnet die Beendigung der betreffenden Geschäftspraktiken an. Darüber hinaus behält sich die Kommission das Recht vor, zu untersuchen, ob der Torwächter systematisch gegen seine DMA-Verpflichtungen verstoßen hat, wie in Art. 18 des DMA vorgesehen. In diesem Fall können verhaltensbezogene oder strukturelle Abhilfemaßnahmen, wie beispielsweise ein Zusammenschlussverbot, verhängt werden. In extremen Fällen systematischer Nichtbefolgung besteht auch die Möglichkeit, den Torwächter aufzuspalten.

Gemäß Art. 30 des DMA ist die Kommission befugt, Geldbußen zu verhängen. Diese können bis zu 10 % des weltweit erzielten Jahresumsatzes der Unternehmensgruppe des Torwächters betragen und im Falle einer Wiederholungstat sogar bis zu 20 % des Umsatzes. Zusätzlich können bestimmte Melde- und Transparenzpflichtverletzungen, wie etwa die Nicht-Offenlegung des Status als Torwächter, mit Geldbußen von bis zu 1 % des weltweiten Jahresumsatzes geahndet werden. Die Mitgliedstaaten werden gemäß Art. 50 des DMA über einen Beratenden Ausschuss in die Beschlussfassung einbezogen.

Der DMA schweigt zu den Möglichkeiten eines Private Enforcements,[14] es sind keine ausdrücklichen Regelungen für Schadensersatzansprüche vorgesehen, wie dies beispielsweise in Art. 82 der DSGVO der Fall ist. Bei Verstößen gegen datenbezogene Pflichten, die gleichzeitig Verstöße gegen

---

13 Zur Problematik, dass die Expertise zur Einhaltung der gesetzlichen Regulierungsvorgaben primär bei den Regulierungsobjekten (Plattformbetereiber:innen) verortet wird: *Mast*, Plattformrecht (Fn. 1).
14 Dazu ausführlich: *R. Podszun*, Private Enforcement and Gatekeeper Regulation: Strengthening the Rights of Private Parties in the Digital Markets Act, Journal of European Competition Law & Practice 2022, 254.

die DSGVO darstellen, gilt die DSGVO unmittelbar. Sofern der deutsche Gesetzgeber die §§ 33 ff. des Gesetzes gegen Wettbewerbsbeschränkungen (GWB) auch auf den DMA ausweitet, könnten dort Ansprüche auf Beseitigung und Unterlassung (§ 33 GWB) sowie auf Schadensersatz (§ 33a GWB) geltend gemacht werden.[15] Die Stärkung der privaten Durchsetzung könnte die Hürde für die Feststellung von Verstößen gegen das Wettbewerbsrecht im Allgemeinen senken und die Rolle des individuellen Schadens von Wettbewerber:innen und Verbraucher:innen stärken.

Ob das Ziel das behäbige EU-Kartellrecht mit einem effizienteren Durchsetzungsinstrument zu ergänzen durch diese Strukturen erreicht werden kann, ist offen. Kritische Beiträge haben bereits darauf hingewiesen, dass die Kommission die bekannte Geschichte ineffizienter Kartellrechtsdurchsetzung der VO 17/62 wiederhole.[16] Entscheidend ist, dass hinreichende personelle und finanzielle Ressourcen sowie die notwendige regulatorische Expertise bei der Kommission gebündelt werden. Bei 5-10 Torwächtern, denen 18 Verpflichtungen aus dem DMA obliegen, müsste die Kommission die Einhaltung von 90-180 Verordnungsvorgaben laufend überprüfen, neben der Neubestimmung von Gatekeepern, der Aktualisierung von DMA-Verpflichtungen, Marktuntersuchungen, Bußgeldverfahren oder Gerichtsverfahren in Verbindung mit dem DMA.[17] Dass die Erfahrungen der Mitgliedsstaaten nicht weiter eingebunden wurden, dürfte rechtspolitische Gründe haben, es bleibt aber zweifelhaft, ob die Kommission in der Lage ist diese komplexen und zahlreichen Aufgaben alleine zu stemmen.[18] Den nationalen Wettbewerbsbehörden verbleibt die Durchsetzung der Vorschriften des europäischen und des nationalen Kartellrechts, welches nicht durch den DMA verdrängt wird, vgl. Art. 1 Abs. 6 DMA. § 19a GWB fällt grundsätzlich unter die Öffnungsklausel des Art. 1 Abs. 6 DMA, hat aber erhebliche Überschneidungen mit den Gatekeeper-Vorgaben des DMA. Dennoch verbleibt ein Anwendungsbereich für Unternehmen, die keine Gatekeeper im Sinne des DMA sind, bei Verhaltensweisen, die keine „zentralen Plattformdienste" nach Art. 2 Nr. 2 DMA sind und bei neuarti-

---

15 Dazu *H. Schläfke/I. Schuler*, in: P. Schmidt/F. Hübener (Hrsg.), Das neue Recht der digitalen Märkte, 1. Aufl., Baden-Baden 2023, § 13 DMA Rn. 75 f.
16 *D. Beaujean u. a.*, Immer mehr Verordnungen aus Brüssel und ihre Auswirkungen auf die Medienregulierung, MMR 2023, 11 (13 f.).
17 *Podszun*, Private Enforcement (Fn. 14), 254 (256).
18 Zur Rolle der Kommission auch unten: IV. Rolle der Kommission.

gen Verhaltensweisen, die sowohl Fairness und Bestreitbarkeit als auch den Wettbewerb beeinträchtigen.[19]

III. Aufsichtsstrukturen im DSA

Der DSA normiert eine komplexe, mehrpolige Aufsichtsstruktur im Mehrebenensystem, die die Kommission, nationale zuständige Behörden und Koordinatoren für digitale Dienste auf nationaler Ebene[20], die Strafverfolgungs- und Justizbehörden[21] sowie ein neu zu schaffendes Gremium für digitale Dienste[22] als Akteure miteinander verklammert.[23] Auch nicht-staatliche Organisationen oder Personen sind in der Durchsetzungsarchitektur des DSA vorgesehen: Vertrauenswürdige Hinweisgeber:innen („trusted flaggers")[24] werden prioritär behandelt, um die Meldung rechtswidriger Inhalte schneller und zuverlässiger zu machen,[25] Anbieter:innen müssen zentrale Kontaktstellen für Behörden und ihre Nutzer:innen benennen, Art. 11, 12 DSA, zugelassene Forscher:innen können Datenzugänge gegenüber sehr großen Online-Plattformen beantragen (Art. 40 Abs. 8 DSA) und der Plattform-Audit nach Art. 37 DSA wird von unabhängigen Organisationen durchgeführt.

Überwacht wird die Einhaltung der speziellen Vorgaben für VLOPs (Art. 33 ff. DSA) durch die Kommission. In Bezug auf Vermittlungsdienste, die keine VLOPs sind, sieht der DSA ein gestuftes Aufsichtsregime im Mehrebenensystem in der Tradition der europäischen Verbundsverwaltung vor, Art. 57 ff. DSA. Koordinatoren des Bestimmungsortes (was bei digitalen Diensten, die nicht rein länderspezifisch operieren, wohl auf alle Mitgliedstaaten zutreffen wird) können die Koordinatoren am Niederlassungsort auffordern, gegen potenzielle Verstöße vorzugehen, Art. 58 Abs. 1 DSA.

---

19 *T. Käseberg/S. Gappa*, in: R. Podszun (Hrsg.), Digital Markets Act, 1. Aufl., Baden-Baden 2023, DMA Art. 1 Rn. 29.
20 Art. 49 Abs. 1, 2 DSA.
21 Art. 18 Abs. 1, 2, 69 Abs. 1; Art. 51, 69, 82 DSA.
22 Art. 61 DSA.
23 *C. Krönke*, Die Europäische Kommission als Aufsichtsbehörde für digitale Dienste, EuR 2023, 136.
24 Die Anforderungen des Art. 22 Abs. 2 DSA sind nicht an eine bestimmte Rechtsform gebunden, sondern fordern Sachkenntnis, Unabhängigkeit und Objektivität. Nicht mehr erforderlich ist, dass kollektive Interessen vertreten werden. Diese Anforderung war noch in Art. 19 Abs. 2 lit. b DSA-E des Kommissionsentwurfs enthalten.
25 Erwgr. 61 DSA.

Zusätzlich sieht der DSA einen Zusammenschluss von drei Koordinatoren vor, die dem Gremium gegenüber Handlungsbedarf geltend machen können, woraufhin das Gremium den Koordinator am Niederlassungsort zum Tätigwerden auffordern kann, Art. 58 Abs. 2 DSA. Sollte dies alles nicht fruchten, kann in einer letzten Eskalationsstufe die Kommission nach Art. 59 DSA damit befasst werden.[26] Dadurch sollen länderübergreifende Verstöße, die beim DSA der Regelfall sein werden, effektiver geahndet werden können als im Datenschutzrecht.[27] Zusätzlich sieht Art. 60 Abs. 4 DSA das Instrument einer gemeinsamen Untersuchung der Koordinatoren am Bestimmungsort vor, auch ohne Zustimmung des Koordinators am Bestimmungsort. Letztlich bleibt es aber bei der Option der Aufforderung, denn Durchsetzungsbefugnisse gegenüber den untätigen Koordinatoren sieht der DSA selbst nicht vor, dafür bliebe das Vertragsverletzungsverfahren als ultima ratio. Dies begründet sich wohl auch dadurch, dass die Rechtswidrigkeit zentrales Kriterium des Notice-and-Takedown Verfahrens des DSA ist, vgl. Art. 6 ff. Die Prüfung der Rechtswidrigkeit kann sich mangels einer europäischen Strafrechtsordnung und den Kompetenzgrenzen nur nach den nationalen Rechtsordnungen der Mitgliedstaaten richten und hier können sich durchaus erhebliche Unterschiede auftun.[28] Die Koordinatoren am Niederlassungsort und Bestimmungsort können deshalb durchaus unterschiedlicher Auffassung über einen DSA-Verstoß sein, vor dem Hintergrund der jeweiligen nationalen Rechtsvorgaben.[29]

1. Gestufte Regulierungssystematik mit verschiedenen Akteuren

Die graduell differenzierte Regulierung des DSA für unterschiedliche Kategorien von Vermittlungsdiensten manifestiert sich auch in der Struktur der Aufsichtsmechanismen. Die Kommission ist für die Überwachung der Pflichten für VLOPs des 5. Abschnitts des DSA zuständig, Art. 56 Abs. 2 ff.

---

26 Zum Ganzen: *T. Kienle/H. Ruschemeier*, in: T. Mast/M. Kettemann/S. Dreyer/W. Schulz (Hrsg.), Digital Services Act / Digital Markets Act, München 2024, Art. 59 DSA, i.E.
27 Zu den Unterschieden auch: *T. Rademacher/N. Marsch*, in: F. Hofmann/B. Raue (Hrsg.), Digital Services Act, 1. Aufl., Baden-Baden 2023, Vorbemerkungen zu Art. 56 ff., 61 ff. Rn. 5, 23 f.
28 Bspw. sei hier auf die umfangreiche Kasuistik des Bundesverfassungsgerichts zur Reichweite der Meinungsfreiheit im Verhältnis zur strafbaren Beleidigung verwiesen.
29 Zu den Rechtsschutzproblemen: *Rademacher/Marsch* (Fn. 27), Vorbemerkungen zu Art. 56 ff., 61 ff. Rn. 28.

DSA, die zuständigen nationalen Behörden in den Mitgliedstaaten (Koordinatoren für Digitale Dienste, Art. 49 DSA) für alle anderen Vermittlungsdienste. Der DSA verlangt, dafür Koordinatoren für digitale Dienste zu etablieren, wofür die Mitgliedsstaaten eine oder mehrere Behörden benennen sollen, die mit der Überwachung der Anbieter von Vermittlungsdiensten sowie der Implementierung der Verordnung beauftragt sind. Die Trias der Überwachung wird durch das Europäische Gremium für digitale Dienste vervollständigt, wie in den Art. 61-63 des DSA beschrieben. Dieses Gremium setzt sich wiederum aus den nationalen Koordinatoren zusammen und hat den Zweck, eine einheitliche Anwendung der Rechtsvorschriften zu gewährleisten.

Die Vorgaben zu den mitgliedstaatlichen Koordinatoren erinnern in ihrer Struktur an die Datenschutzaufsicht, insbesondere aufgrund der geforderten Unabhängigkeit,[30] in den Einzelheiten zeigen sich jedoch Differenzen.[31] Inhaltlich stehen die Koordinatoren vor der fordernden Aufgabe, den neuen Regelungsrahmen des DSA national effektiv umzusetzen und sich zugleich im unionsrechtlichen Verwaltungsverbund zu verorten. Zudem müssen die Koordinatoren inhaltlich einen umfassenden Interessenausgleich in strukturell mehrpoligen Rechtsverhältnissen anstreben.[32] Zusätzlich zur Förderung des Binnenmarkts im Bereich der Vermittlungsdienste strebt der DSA die Gewährleistung eines sicheren Online-Umfelds an, welches die kollektiven Nutzer:inneninteressen und gleichzeitig die Unionsgrundrechte wahrt sowie den Schutz der Verbraucher:innen sicherstellt. Darüber hinaus verfolgt der DSA das Ziel, die Entstehung von Innovationen zu fördern.[33]

Rechtspolitisch ist für den deutschen Kontext die Wahl auf die Bundesnetzagentur gefallen, der aktuelle Entwurf des Gesetzes zur Durchführung des DSA[34] bestimmt in § 12 die Bundesnetzagentur als zuständige Behörde nach Art. 49 DSA. Die interessante Rechtsfrage liegt im Erfordernis der völligen Unabhängigkeit der Koordinatoren, Art. 50 Abs. 2 DSA; im Datenschutzrecht ist dies durch die Datenschutzbeauftragten der Länder und

---

30 Dazu ausführlicher unten: V. Koordinatoren für Digitale Dienste und nationale Umsetzung.
31 *Kienle/Ruschemeier* (Fn. 26), Art. 59, Rn. 3 f.; *Ruschemeier* (Fn. 26), Art. 58, Rn. 4; *Ruschemeier*, Digitalgesetzgebung (Fn. 3), 337 (347, 358).
32 *Rademacher* (Fn. 27), Art. 49, Rn. 1.
33 ErwGr. 109.
34 https://bmdv.bund.de/SharedDocs/DE/Anlage/Gesetze/Gesetze-20/gesetz-durchfuehrung-verordnung-binnenmarkt-digitale-dienste.pdf?__blob=publicationFile.

der/s Bundesdatenschutzbeauftragten praktisch umgesetzt. Das Verhältnis zwischen dem/der Koordinator:in für Digitale Dienste und den Landesmedienanstalten ist offen, der aktuelle Gesetzesentwurf sieht in § 19 eine qualifizierte Zusammenarbeit mit den Medienanstalten auf Landesebene vor; soweit Belange der Länder betroffen sind (nach Medienstaatsvertrag und Jugendmedienschutz-Staatsvertrag), sollen die Länder informiert und am Verfahren beteiligt werden. Auf Antrag prüft die Koordinierungsstelle die Einleitung von Verfahren und die Anordnung von Maßnahmen.

2. Plattformgröße als Schwellenwert

Der DSA verfolgt, wenn auch nicht explizit, einen risikobasierten Regulierungsansatz, indem er verschiedene Verpflichtungen für die unterschiedlichen Arten von Vermittlungsdiensten vorsieht.[35] Dabei spielt die Plattformgröße, gemessen an der Anzahl der monatlichen Nutzer:innen, die entscheidende Rolle für eine Qualifikation als VLOP. Im DMA hingegen ist die Nutzer:innenzahl nur ein Faktor unter mehreren, um die Torwächtereigenschaft zu bestimmen, Art. 3 Abs. 2 b), zudem sind die Anforderungen als widerlegbare Vermutung formuliert. Der Fokus des DMA liegt auf der Bestimmung der wirtschaftlichen Bedeutung, die sich auch durch Umsatzzahlen definiert. Zusätzlich differenziert der DMA zwischen privaten und gewerblichen Nutzer:innen.

a) Schwellenwerte als verfahrensrechtliche Kategorie

Plattformen und Suchmaschinen mit einer durchschnittlichen Anzahl von 45 Millionen aktiven Nutzer:innen (privat und gewerblich) gelten als „sehr groß" und unterliegen damit den verschärften Anforderungen der Art. 33-43 DSA. Zuständig für Überwachung und Durchsetzung der speziellen Pflichten für VLOPs ist allein die Kommission, Art. 56 Abs. 2 DSA. Zentral im dritten Kapitel des DSA (Art. 33 ff.) sind dort die Vorschriften zur Risikobewertung und -minderung, Art. 34, 35 DSA. Die Anbieter:innen müssen alle systemischen Risiken mindestens einmal jährlich „ermitteln, analysieren und bewerten", Art. 34 Abs. 1 DSA. Zu den systemischen Risiken gehören nach Art. 34 Abs. 2 DSA die Verbreitung rechtswidriger

---

35 Dazu auch *Ruschemeier*, Digitalgesetzgebung (Fn. 3), 337 (351).

Inhalte, nachteilige Auswirkungen auf die Unionsgrundrechte, tatsächliche oder absehbare nachteilige Auswirkungen auf die gesellschaftliche Debatte, Wahlprozesse und die öffentliche Sicherheit, tatsächliche oder absehbare Auswirkungen in Bezug auf geschlechtsspezifische Gewalt, den Schutz der öffentlichen Gesundheit, von Minderjährigen sowie das körperliche und geistige Wohlbefinden einer Person. Des Weiteren bestehen Transparenzpflichten zu Empfehlungssystemen und Online-Werbung, vgl. Art. 38, 39 DSA. Bereits im Datenschutzrecht bestehen allerdings zahlreiche Transparenzpflichten, die auch im Fall des Targeted Advertising greifen, da dort größtenteils personenbezogene Daten verarbeitet werden.[36] Deshalb ist zweifelhaft, inwieweit der DSA diesbezüglich überhaupt über den Status de lege lata hinausgeht. Diese Transparenz- und Offenlegungspflichten haben aber nicht zu einer tatsächlichen Transparenz geführt, da die betroffenen Individuen die Komplexität und Informationsflut schlicht nicht überblicken können. Im Gesetzgebungsverfahren hat man sich nicht dazu durchringen können, Targeted Advertising zu untersagen (Ausnahme für Minderjährige in Art. 28 DSA).

Verfahrensrechtlich ist das Kriterium der Schwellenwerte hinsichtlich des dualen Aufsichtsregimes zwischen nationalen DSCs überzeugend: den mächtigen Akteuren der VLOPs wird mit der Kommission eine ebenfalls einflussreiche Aufsichtsbehörde gegenübergestellt. Die tatsächliche Schlagkraft der Kommission sollte allerdings nicht überschätzt werden, ihre finanzielle und personelle Ausstattung ist im Vergleich zu den VLOPs marginal.[37] Dennoch macht es Sinn, die Überprüfung systemischer Risiken, die sich auf die Union beziehen, bei der Kommission anzusiedeln anstatt dies den nationalen DSCs zu übertragen. Hier zeigen sich auch die gemeinsamen Erwägungen zu DSA und DMA aus der Historie des Gesetzgebungsverfahrens: in Bezug auf die Marktmacht der VLOPs sind die ökonomischen Erwägungen einschlägig, die sich an die Nutzer:innenzahl rückbinden lassen.

---

36 Umfassend: *Mühlhoff/Ruschemeier*, Telemedicus (Fn. 7).
37 Zur Rolle der Kommission auch unten: IV. Rolle der Kommission.

b) Untauglichkeit der Schwellenwerte in Bezug auf die materiell-rechtliche Bestimmung systemischer Risiken

Die verfahrensrechtlichen Wertungen sind jedoch nicht bruchlos auf das materiell-rechtliche Kriterium der systemischen Risiken übertragbar. Die abgestufte Regelungsintensität für VLOPs und andere Vermittlungsdienste ist Ausdruck der Verhältnismäßigkeit. Der Verordnungsgeber legt die Prämisse zugrunde, dass mit einer höheren Nutzer:innenzahl größere Risiken einhergehen und systemische Risiken erst ab einer bestimmten Nutzer:innenzahl entstehen. Dogmatisch betrachtet ist die Verhältnismäßigkeit regulatorischer Maßnahmen zunächst nicht an Schwellenwerte gebunden, sondern Ausfluss einer bipolaren Interessenabwägung zwischen Eingriffstiefe und Zweckerreichung.[38] Dies allein spricht nicht zwingend dagegen, Schwellenwerte als Indiz heranzuziehen. Zu beachten ist allerdings, dass Grundrechtsschutz auch in Bezug auf eine „nur" mittelbare Grundrechtswirkung auf Unionsebene stets auch Minderheitenschutz ist und die Anzahl potenziell betroffener Personen allein nicht über die Schwere des Eingriffs entscheiden kann, sondern ein Faktor unter mehreren ist (Stichwort: Streubreite und Anlasslosigkeit[39]). Der Schwellenwert von 45 Millionen aktiven Nutzer:innen entspricht ca. 10% der Einwohner:innenzahl der Union und wurde als zu undifferenziert und zu hoch angesetzt kritisiert.[40]

Entscheidend ist aber der inhaltliche, materiell-rechtliche Aspekt. Die Risiken, die der DSA adressieren soll, liegen nicht nur in der Reichweite der Plattformen über ihre Nutzer:innenzahlen begründet, wie im Fall von Fake News, Beeinflussung der öffentlichen Debatte oder von Wahlen, sondern vor allem auch in der erheblichen Datenmacht der Anbieter:innen, die sich aus dem Zugriff auf quantitative Datengrundlagen speist, die mithilfe der ebenfalls exklusiven technischen Möglichkeiten dazu genutzt werden, um Plattformnutzung und Werbeverkäufe zu maximieren und zudem die Profile von Nutzer:innen an Dritte zu verkaufen. Als weniger einschneidende Maßnahme gegenüber einem vollständigen Verbot von Targeted Advertising hätte der Verordnungsgeber das systematische Profiling durch die flächendeckende Ausnutzung von Nutzer:innendaten zu kommerziellen Zwecken als systemisches Risiko aufnehmen sollen, dies ist allerdings nicht

---

[38] *H. Ruschemeier*, Der additive Grundrechtseingriff, Berlin 2019, S. 182 ff.
[39] Kritisch dazu: *Ruschemeier*, ebd., S. 140 ff.
[40] *N. Maamar*, in: T. Kraul (Hrsg.), Das neue Recht der digitalen Dienste, 1. Aufl., Baden-Baden 2023, § 4 Rn. 203.

erfolgt. Bisher sind diese Praktiken in den meisten Mitgliedstaaten auch nicht illegal, weshalb sie nicht in den Katalog der systemischen Risiken fallen, soweit keine individualrechtliche Betroffenheit eines der genannten Unionsgrundrechte dargelegt werden kann. Die systematische Ausnutzung von Nutzer:innendaten führt aber – bei Licht betrachtet – zu der Betroffenheit der in Art. 34 Abs. 1 b) DSA aufgeführten Rechte, u.a. die Achtung des Privat und Familienlebens, das Recht auf Datenschutz (Art. 7, 8 GRCh) sowie Meinungsfreiheit (Art. 11 GRCh) und Nichtdiskriminierung (Art. 21 GRCh). Die Gefährdungen dieser Grundrechte und auch entsprechende erhebliche Gefährdungen korrelieren nicht zwingend mit der Größe der Plattform, vielmehr können auch kleinere oder Nischenanbieter:innen erhebliche Gefährdungen für die genannten Rechtsgüter erzeugen, ohne den Pflichten zur Überwachung systemischer Risiken zu unterliegen.[41] Dies eröffnet die Möglichkeit für Akteure, die Desinformation, Privatheitsverletzungen, illegale Inhalte und „legal but harmful content" gezielt verbreiten wollen, sich gezielt Plattformen auszusuchen, die keine VLOPs sind.[42] Einige Plattformen bergen ein höheres Risiko für gesellschaftlichen Schaden durch die langfristige Legitimierung und Normalisierung von Hass, Extremismus oder Gewalt, nicht nur aufgrund der Größe der Nutzer:innenbasis, in der sich kleinere Schäden durch illegale Inhalte kumulieren können.[43]

Die ökonomischen Erwägungen zur Relation von Größe und Marktmacht lassen sich deshalb nicht bruchlos auf Grundrechtsgefährdungen übertragen, denn Märkte schützen weder Privatheit, Meinungsfreiheit oder die öffentliche Debatte.[44] Nach der Funktionsweise des Verhältnismäßigkeitsgrundsatzes können auch schwerwiegende Grundrechtsverletzungen gegenüber Einzelpersonen erheblicher sein, als eine breite, aber wesentlich weniger schwerwiegende Gefährdung z. B. von Antidiskriminierungsrechten auf VLOPs.[45] Nutzer:innenzahlen spielen also eine Rolle bei der Ein-

---

41 *Laux et al.*, Platform regulation (Fn. 11), 105613.
42 Siehe dazu die Beispiele bei: G. *Jasser et al.*, 'Welcome to #GabFam': Far-right virtual community on Gab, New Media & Society 2023, 1728; M. *Atari et al.*, Morally Homogeneous Networks and Radicalism, Social Psychological and Personality Science 2022, 999.
43 S. *Broughton Micova*, What is the Harm in Size, Centre on Regulation in Europe 2021, S. 14.
44 *Broughton Micova*, ebd., S. 7.
45 *Laux et al.*, Platform regulation (Fn. 11), 105613 mit dem Beispiel von „revenge porn", was unabhängig von der Anzahl der Nutzer:innen schwerste Persönlichkeitsrechtsverletzungen der Betroffenen hervorruft.

schätzung von Risiken, sollten aber nicht das einzige Kriterium sein, denn so suggeriert der DSA, dass unterhalb der Schwelle von VLOPs keine systemischen Risiken auftreten können. Aufgrund der zahlreichen Erkenntnisse zu den Gefahren durch Targeted Advertising[46] wäre es angezeigt gewesen, diese Gefahr für den Grundrechtsschutz auch explizit anzuerkennen.

3. Audit Capture als Risikofaktor der Schwellenwerte

Das ambivalente Kriterium der Schwellenwerte verschränkt sich mit den Vorgaben zur Risikoermittlung und -bewertung sowie dem Aufsichtsregime der Kommission über die VLOPs. Die Einhaltung der Pflichten des dritten Kapitels (Art. 33 ff.) wird nicht durch die Kommission direkt aufgrund der Risikobewertung der VLOPs überprüft, sondern zunächst durch die unabhängigen Prüfungen des Art. 37 DSA bewertet. Diese Prüfungen sind nur für die VLOPs obligatorisch, was dazu führt, dass die VLOPs als Auftraggeber:innen begrenzt und identifizierbar sind – es gibt also nur eine beschränkte Nachfrage durch bestimmte Firmen – und gleichzeitig dieser Markt neu geschaffen wird. Die auf VLOPs begrenzte Auditpflicht begründet sich zum einen dadurch, dass größere Unternehmen in der Lage sind diese zu finanzieren, zum anderen ist das materielle Kriterium des systemischen Risikos im DSA an die Größe gebunden. Dies kann verhindern, dass Marktmechanismen greifen, denn signifikante oder kurzfristige Änderungen von Angebot und Nachfrage sind in dieser Konstellation durch die Begrenzung auf VLOPs ausgeschlossen.

An anderer Stelle wurde richtigerweise auf das Problem der „audit capture" hingewiesen.[47] Audit Capture wird von *Laux et al.* als Spielart der aus der ökonomischen Theorie bekannten „regulatory capture" verstanden, welche das Phänomen der Vereinnahmung einer Regulierungsbehörde durch eine Interessengruppe beschreibt, um eigene kommerzielle, ideologische oder politische Ziele durchzusetzen.[48] Im Ergebnis fördern die Behörden sodann die Interessen derer, die sie eigentlich regulieren sollen. In Bezug auf das Anwendungsbeispiel des DSA besteht die Gefahr der Vereinnahmung allerdings nicht primär gegenüber der Aufsichtsbehörde

---

46 Statt vieler: *J. Paterson et al.*, The Hidden Harms of Targeted Advertising by Algorithm and Interventions from the Consumer Protection Toolkit, IJCLP 2021, 1.
47 *Laux et al.*, Platform regulation (Fn. 11), 105613.
48 Übersicht bei: *E. Dal Bó*, Regulatory Capture: A Review, Oxford Review of Economic Policy 2006, 203.

(Kommission), sondern gegenüber den unabhängigen Audit-Organisationen, die nach Art. 37 DSA mindestens einmal jährlich die im 3. Kapitel des DSA normierten Pflichten und Zusagen aus Art. 45, 46, 47 DSA überprüfen sollen.

Eine jährliche Audit-Verpflichtung des DSA wird voraussichtlich zu mehr Algorithmus-Audits und Risikobewertungen in der Branche führen. Allerdings entsteht durch die Verknüpfung von Prüfungen, Risikobewertungen und Datenzugang mit der Unternehmensgröße ein neues Problem. Das aufkommende regulatorische Ökosystem mit Drittprüfer:innen ist auf Kund:innen angewiesen, die als VLOPs im Sinne des DSA gelten, um Fördermittel zu erhalten. Dies könnte dazu führen, dass VLOPs die dominierende Nachfrageseite im Auditmarkt werden und entsprechenden Einfluss auf die von ihnen beauftragten Unternehmen nehmen können.[49] Dieser Einfluss ist im Fall einer dynamischen Marktentstehung und homogenen Nachfrageseite auch unmittelbarer als eine Beeinflussung der Aufsichtsbehörde. Die Gefahr der Audit Capture ist eng mit den Kriterien der Schwellenwerte verschränkt, was sich über den DSA und den DMA verschränkt. Denn die meisten VLOPs werden auch gleichzeitig Gatekeeper im Sinne des Art. 3 DMA sein und über eine entsprechende Marktmacht verfügen, die sich gegen die Audit-Organisationen einsetzen können.[50]

Systematisch ist der Fokus auf die unabhängigen Prüfungen Ausfluss des starken Augenmerks auf Selbstregulierung durch die Vermittlungsdienste im DSA. Das regulatorische Dilemma, zu wenig über den Regulierungsgegenstand zu wissen, soll durch den DSA durch Transparenzpflichten (und daraus folgenden politischen oder öffentlichen Druck) sowie Selbstregulierung der Anbieter:innen gelöst werden, die ihre Maßnahmen gegen systemische Risiken selbst evaluieren. Starke Pfadabhängigkeiten, bei denen die Marktteilnehmer als am besten in der Lage angesehen werden, ihre eigenen Aktivitäten zu regulieren, und die Kommission eher eine marktstrukturierende Rolle einnimmt als direkt einzugreifen, bildeten die Grundlage für die Verpflichtungen im Rahmen des DSA, dessen Rechtsgrundlage wiederum Art. 114 AEUV war.[51] Die Unabhängigkeit von Prüfungen als normative Forderung allein wird nicht dazu führen, dass eine effektive Plattformregu-

---

49 Zum Ganzen: *Laux et al.*, Platform regulation (Fn. 11), 105613.
50 *Laux et al.*, ebd., 105613.
51 *B. Farrand*, The ordoliberal internet? Continuity and change in the EU's approach to the governance of cyberspace, European Law Open 2023, 106 (124).

lierung vollzogen wird, vielmehr bedarf es entsprechender Mechanismen, diese Unabhängigkeit auch abzusichern.

4. Selbstregulierung und Aufsicht im DSA

Die Maßnahmen, die zur Ermittlung und Bewältigung von Systemrisiken ergriffen werden (Art. 33, 34 DSA), beruhen auf den eigenen Risikobewertungen der VLOPs, was auf einen gewissen Spielraum bei dieser Tätigkeit schließen lässt. Die von der Kommission zu bewertenden Maßnahmen, wie z. B. die Risikobewertung und die Risikominderung, werden letztlich von den VLOPs selbst konzipiert, umgesetzt und gemeldet und nicht von einer unabhängigen Stelle extern durchgeführt. Dadurch wird den ohnehin sehr mächtigen Anbieter:innen ein noch weiterer Spielraum in Bezug auf die Rechtskonformität ihrer Angebote eingeräumt.[52] Die Beobachtung und Bewertung der systemischen Risiken ist eigentlich eine Dauerpflicht, soll aber entgegen der Tradition im Human-Rights-Impact-Assessment nicht kontinuierlich, sondern turnusmäßig erfolgen.[53] Die Inpflichtnahme der großen Akteure zur Risikobewertung und -minderung (Art. 34, 35) DSA erscheint einerseits folgerichtig, da sie Zugang und Wissen über die entsprechenden Geschäftsmodelle haben, welches den Aufsichtsbehörden verwehrt bleibt. Zudem ist es begrüßenswert, den VLOPs die Kosten für die Risikobewertung aufzuerlegen, da sie bisher auch weitestgehend einseitig von ihren Geschäftsmodellen profitiert haben. Allerdings ist die nachfolgende aufsichtsbehördliche Prüfung dadurch sehr mittelbar geprägt; tatsächlich überprüfbar sind bspw. die Gestaltung der algorithmischen Systeme und ihre Auswirkung auf systemische Risiken wie geschlechtsspezifische Gewalt für die Kommission kaum. Zudem ist zwischen der Risikobewertung der VLOPs noch die unabhängige Audit-Prüfung geschaltet, die zu den beschriebenen Risiken einer Vereinnahmung der Auditoren durch ihre Auftraggeber führen kann. Schließlich bewertet die Kommission im Ergebnis somit Berichte von Auditorganisationen, die in der Regel große private Firmen sind, die

---

52 Dazu auch: *H. Ruschemeier*, in: H. Richter/M. Straub/E. Tuchtfeld (Hrsg.), To Break Up or Regulate Big Tech? Avenues to Constrain Private Power in the DSA/DMA Package, Max Planck Institute for Innovation & Competition Research Paper No. 21-25, 2021.
53 *A. Mantelero*, Fundamental rights impact assessments in the DSA, Verfassungsblog 2022.

wenig Erfahrung in der Bewertung von Grundrechtsgefährdungen haben dürften und zudem nicht dem öffentlichen Interesse verpflichtet sind.

Kernpunkt der behördlichen Aufsicht über die weiteren Vermittlungsdienste, die keine VLOPs sind, ist das Kriterium der Rechtswidrigkeit. Die Entscheidung über die Rechtswidrigkeit ist nicht explizit im DSA gefordert, Art. 6, 9, 10 DSA setzen rechtswidrige Inhalte voraus, fordern aber nicht die entsprechende Entscheidung. Die zuständige Aufsichtsbehörde muss aber nun inzident die Rechtswidrigkeit prüfen, um die Befolgung des DSA überprüfen zu können. Dies wirft Fragen auf, ob die finale Entscheidung über die Rechtswidrigkeit überhaupt bei einem Koordinator angesiedelt werden kann, der keine Justizbehörde ist. Der Erwägungsgrund des Art. 109 verpflichtet die Mitgliedstaaten, nicht die zuständigen Behörden (Koordinatoren), über die Rechtswidrigkeit von Maßnahmen zu entscheiden. Dies kann nur im Sinne eines finalen Entscheidens verstanden werden, da andernfalls die innerstaatliche Kompetenzaufteilung durchbrochen würde. Vor diesem Hintergrund ist auch Art. 51 Abs. 1-3 DSA zu lesen, wonach bestimmte Befugnisse (Durchsuchung etc.) bei einer Justizbehörde liegen können.[54]

IV. Rolle der Kommission

Die starke Rolle der Kommission sowohl durch die exklusive Zuständigkeit für die Durchsetzung der Pflichten gegenüber VLOPs im DSA als auch als alleinige Durchsetzungsbehörde im DMA ist nicht ohne Kritik geblieben.[55]

Die nationalen Behörden können zwar nach Art. 38 Abs. 7 DMA selbstständig Verstöße gegen die Pflichten der Verordnung untersuchen – nach vorheriger schriftlicher Unterrichtung der Kommission – ihnen stehen aber keine Sanktionsbefugnisse zu. Der Kommission kommen damit die zentralen Befugnisse der Benennung von Torwächtern, der Überprüfung dieser (Art. 3, 4 DMA) und der Verhängung von Zwangsgeldern zu.

Im DSA zeigt sich ein differenziertes Bild: Auf nationalstaatlicher Ebene stellt der DSA strenge Anforderungen in Form der vollständigen Unabhängigkeit der Behörden, Art. 50 Abs. 2. In Deutschland ist die Medienaufsicht vor dem Hintergrund der Rundfunkfreiheit des Art. 5 Abs. 1 S. 2 GG staats-

---

54 Dazu *Rademacher* (Fn. 27), Art. 49, Rn. 15.
55 Sehr kritisch zum DSA: *A. Peukert*, Zu Risiken und Nebenwirkungen des Gesetzes über digitale Dienste (Digital Services Act), KritV, 57.

fern organisiert und wird durch die unabhängigen Landesmedienanstalten wahrgenommen. Dass die Kommission im Aufsichtsregime des DSA die exklusive Zuständigkeit für die Durchsetzung der die VLOPs betreffenden Pflichten, insbesondere zur Bewertung und Kontrolle der systemischen Risiken, Art. 33, 34 DSA, innehat, steht dazu im Kontrast.[56] Die Kommission ist keine unabhängige Verwaltungsbehörde, sondern rechtlich und nach ihrem Selbstverständnis das politische Exekutivorgan der Union. Zum einen versteht sich die Kommission als „politische Kommission", zum anderen kann das Europäische Parlament gegen sie einen Misstrauensantrag stellen, Art. 234 AEUV, und übt deshalb politische Kontrolle aus. Die ausschließliche Zuständigkeit der Kommission für die Durchsetzung der Pflichten des 5. Kapitels des DSA ist keine Zuständigkeit für Durchführungsrechtsakte nach Art. 291 AUEV (wie sie der Entwurf der KI-VO z. B. an zahlreichen Stellen vorsieht), sondern ermächtigt sie zum direkten administrativen Vollzug des Unionsrechts, was an der Kompetenz der Art. 114 AEUV, Art. 5 EUV zu messen ist.[57] Mangels einer eigenständigen europäischen Medienordnung gibt es zurzeit allerdings auch keine unabhängige, staatsferne Medienaufsicht, die am Maßstab von Demokratie und Rechtsstaatlichkeit die unionsrechtliche Plattformregulierung beaufsichtigen könnte. Auch wenn die Bedenken einer „Kommunikationsüberwachungsbehörde" extrem erscheinen, legt die Kritik doch den Finger in die Wunde einer nicht hinreichenden Ausstattung der Kommission für die umfangreiche und komplexe Aufgabe.[58] Die Kommission muss dafür gleichzeitig finanzielle und personelle Ressourcen bereitstellen sowie Expertise generieren, mobilisieren und nutzbar machen (vgl. Art. 64 DSA).[59] Mangels der Kompetenz zur Ausübung unmittelbaren Zwangs muss die Kommission zudem ohnehin auf die Mitgliedstaaten zurückgreifen.

An anderer Stelle wurde die Frage aufgeworfen, ob die Unabhängigkeit der mitgliedstaatlichen Behörden weniger eine Frage der Sicherung rechtsstaatlicher Grundsätze war als eine rechtspolitische Entscheidung, gezielt Defizite in bestimmten Mitgliedstaaten auszugleichen.[60] Es wurde deshalb gefordert, eine unabhängige europäische Digitalbehörde zu schaffen, im

---

56 „überrascht", *M. Bartels* (Fn. 41), § 5 Rn. 112 f.
57 *Rademacher/Marsch* (Fn. 27), Vorbemerkungen zu Art. 56 ff., 61 ff. Rn. 5 f.
58 *Peukert,* Risiken (Fn. 56), 57 (78).
59 *Krönke,* Aufsichtsbehörde (Fn. 23), 136 (138).
60 *Rademacher* (Fn. 27), Vorbemerkungen zu Art. 49 ff. Rn. 17.

Hinblick auf die unabhängige EZB scheint dies auch im Bereich des Möglichen zu liegen.[61]

Weniger im Zentrum der Aufmerksamkeit steht das potenziell durchaus effektive Instrument des Datenzugangs in Art. 40 Abs. 1 DSA, welches sowohl der Kommission als auch den Koordinatoren am Niederlassungsort gegenüber den VLOPs zusteht. Die Ausübung fordert keinen Anfangsverdacht, ist aber auf das erforderliche Maß beschränkt und fordert eine hinreichende Berücksichtigung der Interessen der Anbieter:innen. Bedenken hinsichtlich einer politischen Beeinflussung der Medienlandschaft durch die Kommission, die über das Datenzugriffsrecht Einsichtnahme in die Funktionsweise der VLOPs nehmen können, sind meines Erachtens nicht überzeugend.[62] Sie werden in der Praxis schon daran scheitern, dass die Kommission neben ihren zahlreichen anderen Pflichten gar keine Kapazitäten für eine planende, steuernde Einflussnahme haben wird, zudem haben die VLOPs auch in der Vergangenheit bewiesen, ihre ökonomisch gesteuerten Interessen gegen jegliche Arten rechtlicher oder staatlicher Einflussnahme durchsetzen zu können.

V. Koordinatoren für Digitale Dienste und nationale Umsetzung

Der DSA fordert in Art. 50 Abs. 2 die „völlige Unabhängigkeit" der Koordinatoren für Digitale Dienste.[63] Im Gegensatz zum Datenschutzrecht und bezüglich der Notenbanken findet sich dafür keine primärrechtliche Anknüpfung (vgl. Art. 16 Abs. 2 S. 2 AEUV, Art. 8 Abs. 3 GRCh, Art. 130 AUEV). Die Anforderung der Unabhängigkeit gilt in der nationalstaatlichen Behördenhierarchie und nicht im Vollzug des DSA im europäischen Verwaltungsverbund selbst, andernfalls wären die Aufsichtsstrukturen der Art. 57 ff. DSA hinfällig.

Wie bereits erläutert, sollen diese Anforderungen durch die Bundesnetzagentur erfüllt werden. In der rechtspolitischen Diskussion in Deutschland

---

61 *J. Jaursch*, Der DSA-Entwurf: Ehrgeizige Regeln, schwache Durchsetzungsmechanismen, Stiftung neue Verantwortung 2021.
62 *Krönke*, Aufsichtsbehörde (Fn. 23), 136 (151); *Peukert*, Risiken (Fn. 56), 57 (77).
63 Nachvollziehbar kritisch dazu: *J. Buchheim*, Der Kommissionsentwurf eines Digital Services Act – Regelungsinhalte, Regelungsansatz, Leerstellen und Konfliktpotential, in: I. Spiecker gen. Döhmann/M. Westland/R. Campos (Hrsg.), Demokratie und Öffentlichkeit im 21. Jahrhundert – zur Macht des Digitalen, Baden-Baden 2022, S. 269 ff.

waren die Landesmedienanstalten neben dem Bundesamt für Justiz und der Bundesnetzagentur durchaus im Gespräch für die Rolle als Koordinatoren für Digitale Dienste.[64] Praktisch sieht der Gesetzesvorschlag zur Durchführung des DSA in der aktuellen Fassung[65] jedoch nun vor, dass eine Koordinierungsstelle für digitale Dienste in Bonn errichtet wird, die weder direkter noch indirekter Beeinflussung von außen unterliegen soll, noch um Weisungen ersucht oder solche entgegennimmt, vgl. §§ 14, 15 des Entwurfs. Zwar führt die Präsidentin der Bundesnetzagentur die Dienstaufsicht über die Koordinierungsstelle, dies aber nur „soweit ihre Unabhängigkeit [nicht] beeinträchtigt wird", § 15 Abs. 2 des Entwurfs. Explizite Vorschriften zur persönlichen Unabhängigkeit der Leiterin der Koordinierungsstelle für Digitale Dienste sieht der Entwurf bisher nicht vor.

In der Forderung der Unabhängigkeit liegt ein Eingriff in die Organisationsautonomie der Mitgliedstaaten, der allerdings gerechtfertigt werden kann. Ansatzpunkt können hier die medienrechtlichen Inhalte der Plattformregulierung sein. In Deutschland wird dies unter dem Begriff der Staatsferne des öffentlich-rechtlichen Medienrechts diskutiert; das Bundesverfassungsgericht leitet dies aus Art. 5 Abs. 1 GG ab.[66] Daraus folgt, dass die Landesmedienanstalten nur einer eingeschränkten Rechtsaufsicht unterliegen und primär durch staatsfern besetzte Gremien entscheiden.[67] Inwieweit diese Erwägungen auf die digitale Plattformregulierung übertragbar sind, wurde verfassungsrechtlich noch nicht entschieden.[68] Letztlich hängt dies davon ab, ob inhaltsbezogene, programmatische Aufsichtsbefugnisse unter dem DSA geschaffen werden.[69] Inhaltlich finden sich im DSA allerdings wenige Vorgaben zur Mediengestaltung, auch der dem Datenschutz inhärente Zielkonflikt zwischen Aufsicht und den Datenschutzvorgaben ebenfalls unterworfener staatlichen Datenverarbeitung, stellt sich im Fall des DSA nicht, dieser zielt allein auf die Regulierung *privater*

---

64 *B. Raue/H. Heesen,* Der Digital Services Act, NJW 2022, 3537 (3543).
65 https://bmdv.bund.de/SharedDocs/DE/Anlage/Gesetze/Gesetze-20/gesetz-durchfue hrung-verordnung-binnenmarkt-digitale-dienste.pdf?__blob=publicationFile.
66 BVerfGE 136, 9 (19); *E. Peuker,* Datenschutz durch Plattformregulierung, in: M. Ruffert, Die Regulierung digitaler Plattformen, Berlin 2022, S. 152 f.
67 *D. Holznagel,* Kein Staatsfernegebot für das NetzDG, CR 2022, 245.
68 Ablehnend: *Buchheim,* Kommissionsentwurf (Fn. 64), S. 270.
69 *Rademacher,* (Fn. 27), Vorbemerkungen zu Art. 49 ff., Rn. 14 ff. begründet dies mit dem Zugriff auf die inhaltlich-programmatische Ausgestaltung der Anbieter:innen durch die AGB-Kontrolle des Art. 14 DSA. Die Vorgaben zur Grundrechtskonformität gehen aber nicht über die bisherige mittelbare Grundrechtsbindung hinaus.

Anbieter:innen.[70] Im Zusammenspiel mit der starken Rolle der Kommission ist die Forderung der Unabhängigkeit nicht systematisch konsequent. Inhaltlich soll der DSA schließlich auch den Schutz demokratischer Öffentlichkeiten bezwecken; warum die zuständigen Aufsichtsbehörden in diese Prozesse nicht eingebunden sein sollten, erschließt sich nicht. Diese Perspektive mag sehr durch eine deutsche Sicht auf die Dinge geprägt sein, auch hierzulande sind die politischen Mehrheitsverhältnisse alles andere als gesichert. Gefährdungen demokratischer Rechtsstaatlichkeit durch Regierungen, denen wenig an den Zielen des DSA gelegen ist, durch die Verwaltungsstruktur und unabhängige Regulierungsbehörden auszugleichen, dürfte sich aber im besten Falle als optimistisches Ziel erweisen.

VI. Fazit und Ausblick

Der Erfolg der unionsrechtlichen Plattformaufsicht wird erheblich von der Durchsetzung abhängen; zwischen den Extremen eines schwerfälligen „Bürokratiemonstrums" und schneller Wettbewerbsaufsicht wird sich die Rechtsrealität hoffentlich bald einpendeln.

Die stärkeren Kooperationsmöglichkeiten unterschiedlicher Mitgliedstaaten im DSA, sich „zusammenzuschließen", um so politischen Druck zu erzeugen, sind eine interessante Möglichkeit, gegen das aus dem Datenschutzrecht bekannte und leidige Problem des One-Stop-Shop Mechanismus vorzugehen oder es zumindest abzumildern.

Die Rolle der Kommission ist zu Recht nicht ohne Kritik geblieben. Wie die politischen Verhandlungen um einen Angemessenheitsbeschluss zum Datentransfer in Drittstaaten exemplarisch zeigen, navigiert die Kommission einen vielschichtigen Interessenkonflikt zwischen Binnenmarktinteressen, Grundrechtsschutz und de facto diplomatischen Beziehungen zu Drittstaaten, die durchaus in Konflikt (Stichwort: USA) mit einer effektiven europäischen Plattformaufsicht geraten können. Hinsichtlich der Wettbewerbsaufsicht scheint es nachvollziehbar, den mächtigen Digitalkonzernen die Kommission als ebenfalls mächtige Akteurin gegenüberzustellen, es besteht jedoch auch hier die Gefahr, dass ihre Kapazitäten überschätzt werden. Möglichkeiten des privaten Vollzugs wurden jedenfalls nicht explizit aufgenommen, hier hängt viel von den Regelungen der Mitgliedstaaten ab.

---

70 *Buchheim*, Kommissionsentwurf (Fn. 64), S. 271.

Die Durchsetzung gegenüber den Vermittlungsdiensten, die keine VLOPs sind, kann sich national sehr unterschiedlich ausgestalten, dies hängt von Expertise, Zuschnitt und Ausstattung der zuständigen Koordinatoren ab, zudem sind die unterschiedlichen nationalen Verständnisse des Kriteriums der Rechtswidrigkeit zu berücksichtigen. Letztlich ist der DSA ein verfahrensbezogenes Regime mit wenigen materiell-rechtlichen Vorgaben zum Grundrechtsschutz oder subjektiven Rechten und hat sich deshalb wohl bescheidenere Ziele gesetzt als das „Grundgesetz des Internets" zu werden. Ob sich das Ziel, durch Transparenz automatisch Verantwortung herzustellen, tatsächlich angesichts der erheblichen Machtasymmetrien der VLOPs realisieren lässt, ist offen.

Ungleichbehandlung von Inhalten marginalisierter Personen in Online-Kommunikationsräumen

Felicitas Rachinger

I. Einleitung

Online-Kommunikationsräume spielen eine zentrale Rolle beim Austausch von Informationen, bei der Bildung von Meinungen und in der Kommunikation und Vernetzung mit anderen. Welche Inhalte – auf welche Weise – in diesen Räumen verbreitet werden, entscheiden vor allem diejenigen, die diese betreiben: private Plattformen. Die Inhaltemoderation der Plattformen erhält im rechtswissenschaftlichen Diskurs viel Aufmerksamkeit[1], nicht zuletzt aufgrund zunehmend umfangreicher nationaler[2] und europäischer[3] Regulierung und der sich zunehmend durchsetzenden Erkenntnis, dass von der Kommunikationsgovernance in privaten Räumen öffentliche Werte beeinflusst werden.[4] Ein zentraler Regulierungsansatz für private wie

---

1 Das Thema findet national und international Eingang auf Tagungen wie derjenigen, der dieser Tagungsband entstammt, in Sammelbänden, Zeitschriftenartikeln und sonstigen Publikationen. Beispielhaft seien hier angeführt: G. Hornung/R. Müller-Terpitz (Hrsg.), Rechtshandbuch Social Media, 2. Aufl., Heidelberg 2021; *K. Klonick*, The New Governors: The People, Rules, and Processes Governing Online Speech, Harvard Law Review 2018, 1598; C. Grabenwarter/M. Holoubek/B. Leitl-Staudinger (Hrsg.), Regulierung von Kommunikationsplattformen: Aktuelle Fragen der Umsetzung, Bd 22 der Schriftenreihe Recht der elektronischen Massenmedien REM, Wien 2022.
2 Von besonderer Relevanz sind dabei das deutsche Netzwerkdurschsetzungsgesetz (NetzDG) sowie der Medienstaatsvertrag (MStV), und das österreichische Kommunikationsplattformen-Gesetz (KoPl-G).
3 Verordnung (EU) 2022/2065 des Europäischen Parlaments und des Rates vom 19. Oktober 2022 über einen Binnenmarkt über digitale Dienste und zur Änderung der Richtlinie 2000/31/EG (Gesetz über digitale Dienste); Verordnung (EU) 2022/1925 des europäischen Parlaments und des Rates vom 14. September 2022 über bestreitbare und faire Märkte im digitalen Sektor und zur Änderung der Richtlinien (EU) 2019/1937 und (EU) 2020/1828 (Gesetz über digitale Märkte).
4 Siehe etwa *M. C. Kettemann*, Datenherrschaft und Kommunikationsgovernance als Demokratieschutz: Perspektiven auf die Plattform- und KI-Regulierung der Demokratien, in: I. Spiecker gen. Döhmann/M. Westland/R. Campos (Hrsg.), Demokratie und Öffentlichkeit im 21. Jahrhundert – zur Macht des Digitalen, Frankfurter Studien zum Datenschutz, Band 64, Baden-Baden 2022, S. 367; auch in der Rechtsprechung

öffentliche Kommunikationsregulierungen sind dabei Maßnahmen gegen Hate Speech, von der marginalisierte Gruppen besonders betroffen sind.[5] Daneben wird vermehrt benachteiligende Ungleichbehandlung der Inhalte dieser Personen(-gruppen) durch plattförmige Kommunikationsregeln oder algorithmische Moderations- und Empfehlungspraxen aufgezeigt.[6] Mit dieser Problematik möchte sich der vorliegende Beitrag beschäftigen.

Gemeint sind demnach nicht jene Konstellationen, in denen sich andere Nutzer*innen, also Dritte, herabwürdigend gegenüber marginalisierten Personen äußern, sondern Fälle, in denen diese Personen selbst Inhalte in Online-Kommunikationsräumen verbreiten möchten, dabei allerdings eine benachteiligende Ungleichbehandlung erfahren. Ein Beispiel: 2019 wurde bekannt, dass auf TikTok Inhalte von Personen mit Behinderung bzw. als solche gelesene Personen weniger Verbreitung fanden und von der Plattform gezieltes „Downranking" erfuhren. Als Grund dafür nannte die Plattform den Schutz dieser Personen vor Hate Speech.[7] Dieses Vorgehen wurde mittlerweile abgeändert, es zeigt aber exemplarisch auf, wie teilweise die Sichtbarkeit ganzer Gruppen in Online-Kommunikationsräumen eingeschränkt wird.

Derartige Ungleichbehandlungen können dazu führen, dass marginalisierte Gruppen – wie teils in der realen Welt – „verunsichtbart" werden, ihre Meinungen und Ansichten weniger weit verbreitet werden und insgesamt weniger Vielfalt in Online-Kommunikationsräumen sichtbar ist. Dieser Beitrag nähert sich der Thematik aus rechtswissenschaftlicher Sicht

---

zunehmend erkennbar: BGH, Urteile vom 29. Juli 2021 – III ZR 179/20 und III ZR 192/20.

5 *G. Fischer/E. Goldgruber/C. Millner/S. Radkohl/S. Sackl-Sharif*, Einleitung und fallzentrierter Themenaufriss, in: G. Fischer/C. Millner/S. Radkohl (Hrsg.), Online Hate Speech: Perspektiven aus Praxis, Rechts- und Medienwissenschaften, Wien 2021, S. 13; ähnliches zeigt für den US-Amerikanischen Raum Pew Research Center (Hrsg.), The State of Online Harassment (2021) <https://www.pewresearch.org/internet/wp-content/uploads/sites/9/2021/01/PI_2021.01.13_Online-Harassment_FINAL.pdf> abgerufen am 15.08.2023.

6 Beispielhaft: *T. D. Oliva/D. M. Antonialli/A. Gomes*, Fighting Hate Speech, Silencing Drag Queens? Artificial Intelligence in Content Moderation and Risks to LGBTQ Voices Online, Sexuality & Culture 2021, 700; *G. Mauro/H. Schellmann*, 'There is no standard': investigation finds AI algorithms objectify women's bodies, The Guardian 8.2.2023, <https://www.theguardian.com/technology/2023/feb/08/biased-ai-algorithms-racy-women-bodies?ref=the-enthusiast.ghost.io> abgerufen am 15.08.2023.

7 *C. Köver/M. Reuter*, Tiktoks Obergrenze für Behinderungen, Netzpolitik 02.12.2019, <https://netzpolitik.org/2019/tiktoks-obergrenze-fuer-behinderungen/> abgerufen am 15.08.2023.

an. Dazu wird zunächst auf die Rolle von Plattformen auf die Verbreitung von Inhalten eingegangen (II.). Darauffolgend wird die Bedeutung einfachgesetzlicher Regelungen, deren Anwendungsbereich und Grenzen besprochen (III.). Im Anschluss werden die neugeschaffenen europarechtlichen Bestimmungen im Digital Services Act (DSA)[8] skizziert (IV.). Verfassungsrechtliche Überlegungen zur Abwägung der verschiedenen Grundrechtspositionen und zur mittelbaren Drittwirkung werden in diesem Beitrag weitgehend ausgenommen. Einerseits ist das Anti-Diskriminierungsrecht in großen Teilen europarechtlich überformt und findet nach Umsetzung entsprechender EU-Richtlinien[9] in einfachgesetzlichen Regelungen seinen Ausdruck. Andererseits hat die Nichteinbeziehung verfassungsrechtlicher Überlegungen auch schlicht praktische Gründe, um Rahmen und Länge dieses Beitrags nicht zu überstrapazieren.[10]

II. Der Einfluss von Plattformen auf die Verbreitung von Inhalten

Online-Kommunikationsräume werden in der Regel von privaten Anbietern von Online-Diensten zur Verfügung gestellt, den Plattformen. Diese stellen nicht nur die rein technische Infrastruktur zur Verfügung, sondern steuern auch, welche Inhalte in welcher Form Verbreitung finden, konkret also welche und wie viele Nutzer*innen einen Inhalt zu sehen bekommen – und welche nicht.[11] Plattformen sind dabei in einer besonders machtvollen Position, was *Mendelsohn* als die „normative" Kraft der Plattformen beschreibt.[12] Diese Position folgt aus unterschiedlichen Regelungsmecha-

---

8 Verordnung (EU) 2022/2065 des Europäischen Parlaments und des Rates vom 19. Oktober 2022 über einen Binnenmarkt über digitale Dienste und zur Änderung der Richtlinie 2000/31/EG (Gesetz über digitale Dienste).
9 Hier insbesondere relevant: Richtlinie 2004/113/EG des Rates vom 13. Dezember 2004 zur Verwirklichung des Grundsatzes der Gleichbehandlung von Männern und Frauen beim Zugang zu und bei der Versorgung mit Gütern und Dienstleistungen, Abl. EU L 373/37; Richtlinie 2000/43/EG des Rates vom 29. Juni 2000 zur Anwendung des Gleichbehandlungsgrundsatzes ohne Unterschied der Rasse oder der ethnischen Herkunft, ABl. EG 2000 Nr. L 180/22.
10 Insoweit wird verwiesen auf das laufende Promotionsvorhaben der Verfasserin.
11 *M. C. Kettemann/F. Rachinger/M.-T. Sekwenz*, Deplatforming, in: C. Grabenwarter/M. Holoubek/B. Leitl-Staudinger (Hrsg.), Regulierung von Kommunikationsplattformen: Aktuelle Fragen der Umsetzung, Bd 22 der Schriftenreihe Recht der elektronischen Massenmedien REM, Wien 2022, S. 78.
12 *J. Mendelsohn*, Die „normative Macht" der Plattformen – Gegenstand der zukünftigen Digitalregulierung? Erfassung und mögliche Grenzen der regulierenden und verhal-

nismen, die den Plattformen zur Verfügung stehen. Zwei dieser Regelungsmechanismen möchte ich an dieser Stelle besonders hervorheben: Einerseits die Nutzungsbedingungen der Plattformen und dabei insbesondere die häufig als „Gemeinschaftsstandards" o.Ä. bezeichneten Regelungen, die sich auf die Zulässigkeit bestimmter Inhalte beziehen.[13] Andererseits beeinflussen Plattformen die Verbreitung von Inhalten nicht allein durch diese vertraglichen Regelungen, sondern auch durch den Einsatz algorithmischer Inhaltemoderationssysteme, der sog. Empfehlungssysteme.[14] Verglichen mit diskriminierenden Vertragsbedingungen ist die durch den Einsatz algorithmischer Empfehlungssysteme entstehende Ungleichbehandlung ein neuartigeres Phänomen, das weiterer Erklärung bedarf.

Algorithmische Empfehlungssysteme sind im Alltag der Plattformen unerlässlich geworden: Plattformen profitieren davon, Nutzer*innen so lange wie möglich auf der Plattform zu halten, dabei durch Daten und Werbung Umsatz zu generieren und ihren ökonomischen Erfolg dadurch zu sichern, Nutzer*innen möglichst die Inhalte zu präsentieren, die sie tatsächlich interessieren.[15] Um dies effektiv zu erreichen, wird auf Empfehlungssysteme zurückgegriffen, die den Nutzer*innen individuell angepasste Inhalte präsentieren.[16] Gleichzeitig haben Plattformen ein Interesse daran, rechtswidrige Inhalte zu entfernen: Einerseits, um rechtliche Erfordernisse[17] zu befriedigen, andererseits, um eben ein solches Umfeld für Nutzer*innen zu schaffen, in dem sie sich möglichst wohlfühlen, um sie länger auf der Plattform zu halten und ökonomische Vorteile der Plattform herbeizuführen.

---

tenssteuernden Macht von Unternehmen im Digitalen, MMR 2021, 857; siehe auch *Klonick*, New Governors (Fn. 1).

13 Zur Frage der Vertragsgestaltung von Plattformen durch AGB: T. Mast, AGB-Recht als Regulierungsrecht, JZ 2023, 287.

14 Beispielhaft wird hier auf die Erklärungen von Instagram zu ihren Empfehlungssystemen verwiesen: *A. Mosseri*, Instagram Ranking Explained, Instagram 31.05.2023 <https://about.instagram.com/blog/announcements/instagram-ranking-explained/> abgerufen am 15.08.2023.

15 *N. Just*, Kommunikationsplattformen: Entwicklung, Funktionen und Märkte, in: C. Grabenwarter/M. Holoubek/B. Leitl-Staudinger (Hrsg.), Regulierung von Kommunikationsplattformen: Aktuelle Fragen der Umsetzung, Bd 22 der Schriftenreihe Recht der elektronischen Massenmedien REM, Wien 2022, S. 1.

16 Grundlegend zur Inhaltemoderation etwa *T. Gillespie*, Custodians of the internet: Platforms, content moderation, and the hidden decisions that shape social media, Yale University Press 2018; *Klonick*, New Governors (Fn. 1).

17 In Deutschland insbesondere § 3 NetzDG, in Österreich: § 3 KoPl-G.

Die dabei eingesetzten algorithmischen Systeme weisen aber Probleme auf, die marginalisierte Gruppen besonders betreffen. Der auch bei anderen algorithmischen Systemen auftretende „algorithmic bias"[18] kann bei automatisierten Inhaltemoderationssystemen zur Ungleichbehandlung der Inhalte marginalisierter Gruppen führen. So zeigt eine Studie, dass Inhalte von Personen der LGBTIQ+ Community vermehrt entfernt werden, weil das automatisierte System spezifische Sprachmuster nicht erkennen und richtig kontextualisieren konnte, was zu einer übermäßigen Einordnung der Inhalte als „Hate Speech" führte.[19] Ähnlich liegen Berichte über einen „racial bias" in der Inhaltemoderation vor.[20]

Ungleichbehandlung von Inhalten marginalisierter Personen kann demzufolge unterschiedliche Gründe und Ursachen haben: subtil und oft unerkannt durch den Einsatz algorithmischer Inhaltemoderationssysteme, in Nutzungsbedingungen und Gemeinschaftsstandards oder auch durch bewusste Entscheidungen der Plattformen wie im oben beschrieben Fall von TikTok.

Es sind zunächst die Plattformen, die derartigen Ungleichbehandlungen entgegenwirken können. Sie geben die Regeln und Strukturen der von ihnen bereitgestellten Online-Kommunikationsräume vor und sind somit auch diejenigen, die diese am schnellsten wieder abändern können. Dies führt zur Frage, inwieweit es Aufgabe des Staates ist, regulierend einzugreifen und Plattformen zur Ergreifung von Maßnahmen zur Beseitigung von Ungleichbehandlung zu verpflichten.

III. Einfachgesetzliche Regulierung

Die im vorhergehenden Abschnitt beschriebene Ungleichbehandlung führt dazu, dass Ansichten, Meinungen und Lebensformen von marginalisierten Personen(-gruppen) in Online-Kommunikationsräumen weniger sichtbar, ihre Stimmen weniger hörbar sind. Anknüpfungspunkte für staatliche Regulierung bieten zwei zentrale Aspekte: einerseits die Sicherung von Mei-

---

18 Einen Überblick der Problematik bietet *P. Lopez*, Bias does not equal bias: a sociotechnical typology of bias in data-based algorithmic systems, Internet Policy Review 2021, 1; aus Sicht des Anti-Diskriminierungsrechts: *A. Tinhofer*, Algorithmenbasierte Entscheidungen und Diskriminierung, DRdA 2022, 171.
19 *Oliva/Antonialli/Gomes*, Fighting Hate Speech (FN. 6).
20 *T. Davidson/D. Bhattacharya/I. Weber*, Racial Bias in Hate Speech and Abusive Language Detection Datasets Proceedings of the Third Workshop on Abusive Language Online 2019, 25.

nungsvielfalt, andererseits der Schutz vor Diskriminierung. Wie bereits unter II. ausgeführt, liegt die Verwirklichung dieser beiden Aspekte zunächst in den Händen der privaten Plattformen, deren Tätigkeit von (auch) ökonomischen Interessen geprägt ist. Einfachgesetzliche Instrumente nehmen sowohl in Deutschland als auch in Österreich Einfluss auf diese private Ausrichtung der Plattformen. Gemeinsam ist den beiden Ländern dabei vor allem der Diskriminierungsschutz.

Konkret bietet das deutsche Recht zwei zentrale Anknüpfungspunkte für die rechtliche Beurteilung von Ungleichbehandlungen von Inhalten marginalisierter Personen. Den ersten liefert das in § 94 MStV enthaltene Diskriminierungsverbot für Medienintermediäre, das journalistisch-redaktionell gestaltete Angebote erfasst. Im österreichischen Recht existiert keine vergleichbare Bestimmung. Der zweite Anknüpfungspunkt liegt in den antidiskriminierungsrechtlichen Bestimmungen des AGG, das auf europarechtlichen Richtlinien fußt. In Österreich sind diese Richtlinien im öGlBG[21] umgesetzt. Aufgrund dieser gemeinsamen Basis können österreichisches und deutsches Recht in diesem Fall rechtsvergleichend betrachtet werden und grundlegende Überlegungen angestellt werden, die für beide Rechtsordnung relevant sind. Gleichzeitig divergieren die österreichische und deutsche Regelungen in für das Plattformrecht entscheidenden Punkten.

1. § 94 MStV

Mit der Einführung des § 94 MStV wurde ein neues Instrument geschaffen, das explizit der Sicherung der Meinungsvielfalt dienen soll. Demnach dürfen Medienintermediäre journalistisch-redaktionell gestaltete Angebote nicht diskriminieren, wenn sie auf deren Wahrnehmbarkeit einen besonders hohen Einfluss haben. Das Diskriminierungsverständnis des MStV entspricht nicht dem des AGG, ist es doch nicht auf die Beseitigung von gesellschaftlichen Ungleichheiten bestimmter marginalisierter Gruppen gerichtet. Stattdessen enthält § 94 MStV ein medienrechtliches Diskriminierungsverbot.[22] Es steht in engem Zusammenhang mit den in § 93 MStV genannten Transparenzvorschriften, die die Offenlegung der von den Me-

---

21 Bundesgesetz über die Gleichbehandlung (Gleichbehandlungsgesetz – GlBG).
22 A. Zimmer/D. Liebermann in: H. Gersdorf/B. P. Paal, BeckOK Informations- und Medienrecht, 40. Edition, München 2023, MStV § 94 Rn. 2.

dienintermediären festgelegten Kriterien der Inhaltemoderation erfordern. Wird von diesen Kriterien ohne sachlich gerechtfertigten Grund systematisch abgewichen (Abs. 2 1. Fall) oder werden journalistisch-redaktionell gestaltete Angebote durch die Kriterien unbillig systematisch behindert (Abs. 2 2. Fall), liegt eine Diskriminierung iSd § 94 MStV vor.

Das Erfordernis der Systematik bedeutet, dass keine Einzelfälle aufgegriffen werden können[23], stattdessen ist nach § 8 Abs. 3 und § 9 Abs. 3 MI-Satzung insbesondere auf Dauer, Regelmäßigkeit, Wiederholung und Planmäßigkeit der Abweichung oder Behinderung abzustellen. Es handelt sich jedoch nur um eine demonstrative Aufzählung, das Abstellen auf (unter anderem) Planmäßigkeit bedeutet nicht automatisch den Ausschluss unbeabsichtigter Diskriminierungen.[24]

§ 94 MStV zielt somit darauf ab, journalistisch-redaktionell gestaltete Inhalte vor systematischer Diskriminierung zu schützen. Geht es um journalistisch-redaktionell gestaltete Angebote marginalisierter Personen(-gruppen), stellen die Formulierungen „ohne sachlich gerechtfertigten Grund" (Abs. 2 1. Fall) und „unbillig" (Abs. 2 2. Fall) Anknüpfungspunkte für ein Aufgreifen derartiger Ungleichbehandlung dar. Die Einschränkung auf journalistisch-redaktionell gestaltete Angebote führt jedoch zum Ausschluss einer großen Anzahl von Inhalten, die in Online-Kommunikationsräume Verbreitung finden, wodurch die Relevanz der Bestimmung auf Fälle der Ungleichbehandlung von Inhalten marginalisierter Personen(-gruppen) deutlich beschränkt wird.

2. Antidiskriminierungsrechtliche Bestimmungen

Im Gegensatz zum Diskriminierungsverbot des § 94 MStV zielen klassische antidiskriminierungsrechtliche Bestimmungen, wie sie im AGG und im öGlBG enthalten sind, gerade auf den Schutz marginalisierter Personen(-gruppen) ab. Auf Grundlage zweier EU-Richtlinien[25] werden unmittelbare und mittelbare Diskriminierungen im Bereich des Zugangs zu und der Versorgung mit Gütern und Dienstleistungen verboten.

---

23 *P. Schneiders*, Keine Meinungsmacht den Medienintermediären? – Zum Diskriminierungsverbot für Medienintermediäre im Medienstaatsvertrag, ZUM 2021, 480 (487).
24 *Schneiders*, Keine Meinungsmacht (Fn. 24), 486 f.
25 Richtlinie 2004/113/EG des Rates vom 13. Dezember 2004 zur Verwirklichung des Grundsatzes der Gleichbehandlung von Männern und Frauen beim Zugang zu und bei der Versorgung mit Gütern und Dienstleistungen, Abl. EU L 373/37; Richtlinie 2000/43/EG des Rates vom 29. Juni 2000 zur Anwendung des Gleichbehandlungs-

Das Angebot von Online-Kommunikationsräumen durch Plattformen kann im Regelfall als Dienstleistung iSd EU-RL gesehen werden, solange etwa über Werbung oder Verkauf von Daten Umsatz generiert wird.[26] Das deutsche AGG schränkt die Anwendbarkeit auf Massengeschäfte ein.[27] In Österreich ist eine derartige Einschränkung nicht vorgesehen.

Während die Bestimmungen des AGG für alle gesetzlich geschützten Diskriminierungsgründe anwendbar sind (Geschlecht, Alter, Behinderung, sexuelle Orientierung, Religion oder Weltanschauung, Rasse oder ethnische Zugehörigkeit), orientierte sich Österreich stärker an den EU-RL und ist im Bereich der Güter und Dienstleistungen nur bei Diskriminierungen aufgrund des Geschlechts und der ethnischen Zugehörigkeit sowie zusätzlich im Bereich der Behinderung[28] Diskriminierungsschutz gegeben. Der ohnehin enge Anwendungsbereich wird im Bereich von Ungleichbehandlungen aufgrund des Geschlechts zusätzlich durch eine Ausnahme für „Inhalte von Medien" verschärft, die die Anwendung des öGlBG weiter einschränkt. Relevant ist dies etwa für sexistische Inhalte, die nicht als diskriminierende Belästigung aufgegriffen werden können.[29] Einer Anwendung auf Fälle der Diskriminierung in der Moderation dieser Inhalte steht die Ausnahme jedoch nicht grundsätzlich entgegen, liegt die Diskriminierung in diesen Fällen doch nicht in den Inhalten selbst, worauf sich die Ausnahme in ihrem Kerngehalt bezieht.[30]

Dort, wo die Bestimmungen des AGG bzw. des öGlBG zur Anwendung kommen, stellt sich die Frage, ob eine Ungleichbehandlung lediglich der Inhalte marginalisierter Personen(-gruppen) ohne etwa eine Ungleichbehandlung beim Zugang zur Plattform an sich überhaupt einen Anwendungsfall des Antidiskriminierungsrechts darstellen kann. Das bezieht sich auf die Frage, ob lediglich Benachteiligungen beim Vertragsabschluss erfasst

---

grundsatzes ohne Unterschied der Rasse oder der ethnischen Herkunft, ABl. EG 2000 Nr. L 180/22.

26 Maßgeblich ist der Dienstleistungsbegriff des Art. 57 AEUV; ErwgG 11 der RL 2004/113/EG; EuGH 26.4.1988, Rs 352/85, Rn. 16; für Österreich: ErläutRV 415 BlgNR 23. GP 8.
27 Bei Benachteiligungen aufgrund der Rasse oder der ethnischen Herkunft entfällt dieses Erfordernis.
28 Der Bereich der Behinderung ist nicht im sonst gültigen öGlBG, sondern im Behindertengleichstellungsgesetz geregelt.
29 *H. Hopf/K. Mayr/J. Eichinger/G. Erler*, in: H. Hopf/K. Mayr/J. Eichinger/G. Erler (Hrsg.), GlBG, 2. Aufl., Wien 2021, § 30 Rn. 17.
30 Ibid.

werden können oder ob auch solche bei der Gestaltung der Vertragsbedingungen und der Ausübung der Leistungsverpflichtung erfasst sind.

§ 19 AGG bezieht sich auf Benachteiligungen bei der Begründung, Durchführung und Beendigung zivilrechtlicher Schuldverhältnisse. In Österreich wird von der Erfassung von Gleichbehandlung „hinsichtlich der Art, nicht aber hinsichtlich weiterer Faktoren" gesprochen.[31]

Vor diesem Hintergrund liegt jedenfalls dann ein Anwendungsfall vor, wenn der Vertrag für Nutzer*innen durch die Ungleichbehandlung nicht mehr von Bedeutung ist. Denkbar wäre zum Beispiel die Erfassung besonders extremer Fälle des Shadowbanning, bei denen den Inhalten von Nutzer*innen im Wesentlichen überhaupt keine Reichweite mehr zukommt, wenn der Zusammenhang zu einem Diskriminierungsgrund gegeben ist. Aber auch benachteiligende AGB-Klauseln oder eine diskriminierende Anwendung dieser kann erfasst sein.[32]

Gerade subtilere Formen der benachteiligenden Ungleichbehandlung, die den Vertragsabschluss für Nutzer*innen nicht prinzipiell uninteressant machen und auch in keinem direkten Bezug zum Vertrag stehen, sind mit einfachem Antidiskriminierungsrecht schwer oder je nach Fall überhaupt nicht zu greifen. Das ist insbesondere mit Blick auf die Hauptleistung der Plattformen relevant, die zwar die Verbreitung von Inhalten schulden[33], eine gewisse Reichweite der Inhalte aber im Regelfall wohl nicht als Leistungspflicht argumentiert werden kann. Hinzu kommt dort, wo die gesetzlichen Regelungen anwendbar sind, die schwierige Beweisbarkeit der Diskriminierung.[34] Strukturen der Inhaltemoderation sind häufig nicht transparent und ändern sich regelmäßig. Auch wenn Transparenzbestimmungen des DSA[35] dieses Problem aufgreifen, werden betroffene Einzelpersonen vielfach überhaupt nicht wissen, dass eine Ungleichbehandlung vorliegt. Dementsprechend schwer sind entsprechende Schritte, trotz Be-

---

31 *Hopf/Mayr/Eichinger/Erler* (Fn. 36), § 30 Rn. 12; ErläutRV 415 BlgNR 23. GP 9.
32 G. *Thüsing*, in: F. J. Säcker/R. Pixecker/H. Oetker/B. Limperg (Hrsg.), Münchener Kommentar zum BGB, 9. Aufl., München 2021, § 19 AGG Rn. 140.
33 Statt vieler *J. M. Schmittmann*, Teil 9 Plattformrecht, in: T. Hoeren/U. Sieber/B. Holznagel (Hrsg.), Handbuch Multimedia-Recht, 58. Ergänzungslieferung 2022, Rn. 25; D. *Holznagel*, Overblocking durch UGC-Plattformen: Ansprüche der Nutzer auf Wiederherstellung oder Schadenersatz?, CR 6/2018, 369 (370).
34 Zur besonderen Problematik bei algorithmischen Entscheidungssystemen C. *Orwat*, Diskriminierungsrisiken durch Verwendung von Algorithmen, Antidiskriminierungsstelle des Bundes, Berlin 2019, 107 ff.
35 Insb. Art. 14, 15, 24, 27 DSA; daneben auch § 93 MStV, § 4 öKoPl-G.

weislasterleichterungen im Antidiskriminierungsrecht. Hier liegt eines der grundlegenden Probleme in der Struktur des Antidiskriminierungsrechts, das primär auf individuellen Rechtsschutz ausgerichtet ist, allerdings keine kollektiven Rechtsschutzmöglichkeiten für die für Einzelpersonen oft schwer aufzuzeigende strukturelle und systematische Diskriminierung zur Verfügung stellt.[36] Der individuell betroffenen Person steht bei Verletzung des AGG oder des öGlBG zunächst ein Schadenersatzanspruch zu. Das AGG verweist zudem auf die Beseitigung der Beeinträchtigung sowie die Unterlassung weiterer Beeinträchtigungen. Diese Ansprüche stehen jedoch ausschließlich der individuell betroffenen Person offen. Eventuell weiter bestehende Diskriminierung anderer Personen – wie es etwa beim Einsatz algorithmischer Systeme häufig der Fall sein wird – wird nicht berücksichtigt.[37]

Insgesamt bieten sowohl § 94 MStV als auch das AGG und das öGlBG somit zwar jeweils mögliche Anknüpfungspunkte für das Aufgreifen benachteiligender Ungleichbehandlung von Inhalten marginalisierter Personen(-gruppen), beide Regelungsinstrumente weisen jedoch Einschränkungen auf, die eine effektive Anwendung bzw. Durchsetzung in der Praxis erschweren.

IV. Europäische Digitalregulierung: der Digital Services Act

Plattformregulierung wird aktuell maßgeblich von europarechtlichen Rechtsakten geprägt.[38] Für Inhalte in von Plattformen betriebenen Online-Kommunikationsräumen bildet der Digital Services Act (DSA) der EU den entscheidenden Anknüpfungspunkt. Der DSA soll unter anderem dem Zweck dienen, die in der EU-GRCh verankerten Grundrechte zu schützen.[39] An mehreren Stellen bezieht sich der DSA dabei auf das in Art. 21

---

36 A. Mair, Die Effektivität des Antidiskriminierungsrechts, in: G.-P. Reissner/A. Mair (Hrsg.), Antidiskriminierungsrecht: Aktuelle Entwicklungen, Wien 2022, S. 23; die nach § 23 AGG eingerichteten Antidiskriminierungsverbände sind lediglich befugt, im Rahmen ihres Satzungszwecks in gerichtlichen Verfahren als Beistände in der Verhandlung aufzutreten.
37 § 21 AGG; § 38 öGlBG.
38 T. Mast, Plattformrecht als Europarecht, in diesem Band, S. 207 ff.
39 Art. 1 Abs. 1 DSA.

GRCh verankerte Recht auf Nichtdiskriminierung,[40] das somit explizit durch den DSA geschütztes Rechtsgut ist.

Im Unterschied zu den oben besprochenen einfachgesetzlichen Bestimmungen des nationalen Rechts wird im DSA ein Regulierungsansatz gewählt, der eine grundrechtsorientierte Ausgestaltung von Online-Kommunikationsräumen durch Plattformen von Anfang an begünstigen beziehungsweise erleichtern soll.[41] Statt punktuelle Diskriminierungsverbote zu schaffen, werden den Plattformen Regeln an die Hand gegeben, die möglichst diskriminierungsfreie Räume schaffen sollen.

Einen Beitrag dazu liefern eine Vielzahl der im DSA enthaltenen Bestimmungen: beispielsweise das Erfordernis effektiver Meldeverfahren illegaler Inhalte, Bestimmungen in Bezug auf Werbung (auf deren Diskriminierungsgefahr an dieser Stelle nur hingewiesen sei) oder die im DSA enthaltenen Transparenzgebote[42]. Mit Blick auf Ungleichbehandlungen im direkten Zusammenhang mit Inhalten marginalisierter Personen(-gruppen) lassen zwei der neuen Vorschriften besonderes Potenzial vermuten: Einerseits Art. 14 DSA, der spezifische Vorgaben für Allgemeine Geschäftsbedingungen aufstellt und insbesondere deren grundrechtsorientierte Anwendung und Durchsetzung verlangt, andererseits der mit Art. 34 DSA eingeführte Risikobewertungsmechanismus.

1. Grundrechtsorientierte Anwendung und Durchsetzung von AGBs

Nach Art. 14 DSA haben Plattformen in ihren AGBs in Bezug auf ihre Inhaltemoderation nicht nur bestimmte Transparenzerfordernisse zu erfüllen, sondern bei deren Anwendung und Durchsetzung auch sorgfältig, objektiv und verhältnismäßig vorzugehen sowie Grundrechte zu berücksichtigen. Der DSA legt damit einen Grundstein für die weitere Bindung von Plattformen an Grundrechte.[43] ErwgG 47 konkretisiert diese Erfordernisse mit

---

40 Z.B. ErwgG 3 DSA, ErwgG 52, 81, Art. 34, Art. 48 DSA.
41 K. *Nathanail* in: T. Kraul (Hrsg.), Das neue Recht der digitalen Dienste (DSA), Baden-Baden 2023, § 2 Rn. 14 ff.
42 Zur Bedeutung der Transparenzgebote für Fälle des Shadowbanning: *P. Leerssen*, An end to shadow banning? Transparency rights in the Digital Services Act between content moderation and curation, Computer Law & Security Review 2023, 1.
43 *Maamar* (Fn. 48), § 4 Rn. 45 ff.; *J. P. Quintais/N. Appelman/R. Ó Fathaigh*, Using Terms and Conditions to Apply Fundamental Rights to Content Moderation, German Law Journal 2023, 1.

Blick auf ein „nicht diskriminierend[es]" Vorgehen, was durch den Verweis auf die GRCh als Ausdruck des Rechts auf Nichtdiskriminierung iSd Art. 21 GRCh verstanden werden kann. Dieser bezieht sich im Vergleich zu AGG und öGlBG auf eine breitere Liste an Diskriminierungsgründen und umfasst in beispielhafter Aufzählung etwa Diskriminierungsgründe wie soziale Herkunft, genetische Merkmale, politische oder sonstige Anschauung, Vermögen oder Geburt.[44] Im Unterschied zu antidiskriminierungsrechtlichen Bestimmungen bezieht sich Art. 14 DSA jedoch nicht auf die diskriminierungsfreie Gestaltung von AGBs. Zwar sollen nach ErwgG 47 die Anforderungen des Art. 14 DSA auch für die Gestaltung von AGBs gelten, aus Ermangelung dieser Anforderung im Normtext ist allerdings davon auszugehen, dass sich Abs. 4 lediglich auf Anwendung und Durchsetzung der AGBs bezieht und damit die grundlegende Ebene der diskriminierungsfreien Gestaltung der in AGBs enthaltenen Regeln der Inhaltemoderation nicht miteinbezieht.[45]

Art. 14 Abs. 4 DSA bezieht sich somit – neben anderen einzubeziehenden Interessen – lediglich auf eine nicht diskriminierende Anwendung und Durchsetzung der von Plattformen aufgestellten Regeln der Inhaltemoderation. So gesehen erinnert die Bestimmung an § 94 Abs. 2 1. Fall MStV, die diskriminierende Abweichungen von Kriterien der Inhaltemoderation ohne sachlich gerechtfertigten Grund untersagt. Art. 14 Abs. 4 DSA geht wesentlich weiter als § 94 MStV und bezieht sich nicht ausschließlich auf journalistisch-redaktionell gestaltete Inhalte. Die Bestimmung bietet somit Potenzial, die benachteiligende Ungleichbehandlung von Inhalten marginalisierter Personen(-gruppen) vergleichsweise umfassend aufzugreifen. Gleichzeitig ist das Ziel des Art. 14 Abs. 4 DSA aber nicht in erster Linie die Einführung eines Diskriminierungsverbotes. Stattdessen ist das Recht auf Nichtdiskriminierung nur eine der vielen nach Art. 14 Abs. 4 DSA zu berücksichtigenden Interessen. Wie die neue Regelung in der Praxis angewandt werden wird, ist noch offen.[46]

---

44 *M. Rossi* in: C. Calliess/M. Ruffert (Hrsg.), EUV/AEUV, 6. Aufl., München 2022 (2022) Art. 21 GRCh, Rn. 9 ff.
45 So auch *N. Maamar* in: T. Kraul (Hrsg.), Das neue Recht der digitalen Dienste (DSA), Baden-Baden 2023, § 4 Rn. 47; aA *B. Raue*, in: F. Hofmann/B. Raue (Hrsg.), Digital Services Act, Baden-Baden, Wien, Basel 2023, Art. 14 Rn. 74 ff.
46 Teilweise wird in der Bestimmung großes Potenzial gesehen, so etwa *Quintais/Appelman/Ó Fathaigh*, Terms and Conditions (Fn. 49).

2. Diskriminierung als systemisches Risiko im DSA

Für sehr große Online-Plattformen (im Englischen Very Large Online Platforms, VLOPs) sieht der DSA einen verpflichtenden Risikobewertungsmechanismus vor. Nach Art. 34 DSA haben VLOPs systemische Risiken zu ermitteln, zu analysieren und zu bewerten, die sich aus Konzeption oder Betrieb der Dienste und verbundener Systeme oder der Nutzung der Dienste ergeben. In einer jährlichen Analyse ist festzustellen, ob und wie Regeln und Praxen der VLOPs zu systemischen Risiken beitragen. Wird ein systemisches Risiko festgestellt, sind entsprechende Risikominderungsmaßnahmen vorzunehmen (Art. 35 DSA). In der umfangreichen Liste der systemischen Risiken wird explizit auf „etwaige tatsächliche oder vorhersehbare nachteilige Auswirkungen auf die Ausübung der Grundrechte, insbesondere [...] auf das in Artikel 21 der Charta verankerte Grundrechte auf Nichtdiskriminierung" hingewiesen. Wie für Art. 14 DSA ist also auch hier das Diskriminierungsverständnis des Art. 21 GRCh maßgeblich. Auch die Risikobewertung ist Ausdruck der zunehmenden Grundrechtsbindung von Plattformen.[47]

Mit Blick auf die benachteiligende Ungleichbehandlung von Inhalten marginalisierter Personen(-gruppen) bedeuten die Bestimmungen der Art. 34, 35 DSA, dass diese Fälle in die Risikobewertung miteinzubeziehen sind. Das betrifft auch Fälle, in denen es durch Empfehlungssysteme und sonstige algorithmische Systeme zu Diskriminierung kommt. Auch Diskriminierung in AGBs und deren Durchsetzung ist zu berücksichtigen (Art. 34 Abs. 2 DSA).

Als Maßnahme der Risikominderung kommt nach Art. 35 DSA etwa eine Anpassung dieser Systeme in Frage.[48] Der Risikobewertungsmechanismus des DSA stellt somit eine Möglichkeit dar, die in diesem Beitrag thematisierte Ungleichbehandlung auf rechtlicher Ebene aufzugreifen. Insbesondere eröffnet die Risikobewertung die Möglichkeit, im Gegensatz zu Bestimmungen des klassischen Antidiskriminierungsrechts (dazu bereits oben III. 2.) nicht auf Einzelfälle abzustellen, sondern systemische Problemfelder und ihre Auswirkungen auf eine Vielzahl von Personen aufzugreifen.

---

[47] A. Mantelero, Fundamental rights impact assessments in the DSA: Human rights and the risk-based approach of the new EU regulations on the digital society, Verfassungsblog 1.11.2022 <https://verfassungsblog.de/dsa-impact-assessment/> abgerufen am 15.08.2023; Maamar (Fn. 48), § 4 Rn. 213.

[48] Maamar (Fn. 48), § 4 Rn. 219.

Eine sinnvolle Risikobewertung ist jedoch nur dann möglich, wenn einerseits unter der Vielzahl der möglichen Risiken auf jedes davon ausreichend Rücksicht genommen wird und gleichzeitig auch das erforderliche Wissen über das Risiko vorliegt. Ohne umfangreiches Wissen über die Formen, in denen Diskriminierung in Online-Kommunikationsräumen auftreten kann, insbesondere auch über versteckterer Formen der Diskriminierung, ist es kaum möglich, diese als Risiko zu erkennen.[49] Für einen effektiven Risikobewertungsmechanismus wird es daher auf die Kompetenzen und Methoden der diese durchführenden Personen entscheidend ankommen.

V. Fazit

Für das Aufgreifen benachteiligender Ungleichbehandlung von Inhalten marginalisierter Personen(-gruppen) bieten sich unterschiedliche einfachgesetzliche Rechtsinstrumente an. Aus unterschiedlichen Gründen zeigen sich diese jedoch nicht als effektiv: § 94 MStV ist etwa durch die Einschränkung auf journalistisch-redaktionelle Inhalte nur beschränkt von Relevanz, im Bereich des einfachen Antidiskriminierungsrechts ist der Anwendungsbereich in Österreich stark eingeschränkt. In beiden Ländern wird die Durchsetzung des einfachgesetzlichen Diskriminierungsschutzes durch die individuelle Ausrichtung des Rechtsschutzes erschwert, zudem erweist sich das Aufzeigen von Ungleichbehandlungen in der Praxis als problematisch. Potenzial bieten die neuen Bestimmungen des DSA, dessen Regelungen nicht nur auf individueller, sondern auch systemischer Ebene auf Diskriminierungsgefahren reagieren. Gleichzeitig sind die Anforderungen an Nicht-Diskriminierung im DSA vielfach vage gehalten und immer in Abwägung mit anderen Grundrechten gestellt, weshalb auf die konkreten Folgen der Bestimmungen in Bezug auf den wirksamen Schutz vor Diskriminierung nur grobe Schlüsse gezogen werden können. Eine wesentliche Beschränkung liegt in der Nicht-Erfassung der Gestaltung der AGBs in Art. 14 DSA sowie den vagen methodischen Anforderungen an den Risikobewertungsmechanismus des DSA, die für eine effektive Risikobewertung unter Be-

---

49 Zur Relevanz der Berücksichtigung von Intersektionalität: *A. Allen*, An Intersectional Lens on Online Gender Based Violence and the Digital Services Act, Verfassungsblog 1.11.2022 <https://verfassungsblog.de/dsa-intersectional/> abgerufen am 15.08.2023.

rücksichtigung spezifischer Aspekte der Ungleichbehandlung von Inhalten marginalisierter Personen(-gruppen) erforderlich wären.